中国图书馆事业发展报告

少年儿童图书馆卷

主编：韩永进

编委：汪东波　黄天助　褚树青　范并思

　　　杨　柳　柯　平　马艳霞　申晓娟

　　　李　丹　张若冰　杨　凡

国家圖書館出版社
National Library of China Publishing House

图书在版编目(CIP)数据

中国图书馆事业发展报告. 少年儿童图书馆卷/韩永进主编. --北京：
国家图书馆出版社,2017.7
ISBN 978 - 7 - 5013 - 6053 - 6

Ⅰ.①中…　Ⅱ.①韩…　Ⅲ.①儿童图书馆—图书馆事业—研究报告—
中国　Ⅳ.①G259.2

中国版本图书馆 CIP 数据核字(2017)第 038981 号

书　　名　中国图书馆事业发展报告·少年儿童图书馆卷
著　　者　韩永进　主编
责任编辑　高　爽
─────────────────────────────────
出　　版　国家图书馆出版社(100034　北京市西城区文津街 7 号)
　　　　　　(原书目文献出版社　北京图书馆出版社)
发　　行　010 - 66114536　66126153　66151313　66175620
　　　　　　66121706(传真)　66126156(门市部)
E-mail　　nlcpress@ nlc. cn(邮购)
Website　www. nlcpress. com ──→投稿中心
经　　销　新华书店
印　　装　北京鲁汇荣彩印刷有限公司
版　　次　2017 年 7 月第 1 版　2017 年 7 月第 1 次印刷
─────────────────────────────────
开　　本　710×1000(毫米)　1/16
印　　张　20.75
字　　数　300 千字
─────────────────────────────────
书　　号　ISBN 978 - 7 - 5013 - 6053 - 6
定　　价　120.00 元

目　　录

前　言

　　"少年智则国智,少年富则国富,少年强则国强。"少年儿童是一个国家、民族的未来和希望。发展少年儿童图书馆事业对于便利少儿读者多读书、读好书,更好地满足未成年人精神文化需求,意义重大。

　　我国的少年儿童图书馆服务萌芽于20世纪初。1914年在北京建立的京师通俗图书馆设立了首个少儿阅览室;1917年天津社会教育办事处创办了最早的独立建制少年儿童图书馆;此后,吉林、上海、浙江等地也陆续设立了若干少年儿童图书馆。到30年代,全国已建有少年儿童图书馆和小学图书馆110多所。新中国成立后,少年儿童图书馆事业得到恢复和发展。据1953年统计,全国有38个省市建立了少年儿童图书馆(室),加上小学图书馆,少年儿童图书馆数量达到212所。

　　改革开放以来,少儿图书馆事业得到了党和政府的高度重视。1980年5月26日,中共中央书记处第23次会议讨论通过《图书馆工作汇报提纲》,该提纲明确要求,中等以上的城市和大城市都要设立少年儿童图书馆,县(区)、市图书馆要设立少年儿童阅览室。1981年5月,文化部、教育部、共青团中央在京联合召开了全国少年儿童图书馆工作座谈会,国务院办公厅于会后转发了座谈会报告。报告提出要"在中等以上的城市和大城市的区,逐步建立专门的少年儿童图书馆。今后凡新建公共图书馆,都必须考虑少年儿童阅读设施的安排"。"各级政府对发展少年儿童图书馆事业要保证必要的经费,在财力上给予支持。"2011年国务院印发的《中国儿童发展纲要(2011—2020年)》也明确要求:"公共图书馆设儿童阅览室或图书角,有条件的县(市、区)建儿童图书馆。"截至2015年年底,全国县级以上公共图书馆设有数以千计的少年儿童分馆和少年儿童阅览室,提供阅览座席22.4万余个;全国共有独立建制少年儿童图书馆113家,拥有图书馆员2262人,馆藏总量达3698万册/件,馆舍面积37.56万平方米,阅览座席3.37万个。

　　近年来,国家关于少年儿童图书馆给予的政策支持呈现出一些重要的特点和趋势。一是在对公共文化服务体系建设进行顶层设计和统筹规划时,特别强调对少年儿童群体给予重点保障。如2015年1月,中办、国办联合发布《关于加快构建现代公共文化服务体系的意见》,进一步明确了"保障特殊群体基本文化权益。将老年人、未成年人、残疾人、农民工、农村留守妇女儿童、生活困难群众作为公共文化服务的重点对象"的要求。二是在图书馆法律法规及相关政策文件中,对建设少年儿童图书馆做出明确规定。如2010年《文化部关于进一步加强少年儿童图书馆建设工作的意见》规定:"各级公共图书馆都要开设专门的少年儿童阅览室";2015年《公共图书馆法(征求意见稿)》规定:"县级以上人民政府设立相应的公共图书馆,并在公共图书馆内设置少年儿童阅览区域;有条件的地区可以单独设立少年儿童图书馆。"三是在公共图书馆服务设施建设与资源配置方面,越来越重视对少年儿童特殊需求的针对性与适应性。《公共图书馆建设标准》(2008)和《公共图书馆服务规范》(2012)中,均明确要求公共图书馆的"少年儿童阅览区应与成人阅览区分开,宜设立单独的出入口,有条件的可设室外少年儿童活动场地";《全国公共图书馆事业发展"十二五"规划》也提出要加快少年儿童适用数字资源的建设。四是在全民阅读立法中,突出强调促进少年儿童阅读的重要性。例如,2016年《全民阅读促进条例(征求意见稿)》在"重点群体阅读保障"专章中,详细规定了政府和未成年人监护人在促进未成年人阅读方面的职责,并分别对学龄前儿童、中小学生,以及农村留守儿童、低收入家庭儿童等特殊儿童群体阅读提出了相应的保障要求。

随着少年儿童图书馆事业发展逐步深入,越来越多的业界同人开始关注少年儿童图书馆事业的发展,然而,目前少年儿童图书馆方面的理论研究稍显薄弱,统计数据较为片面,服务实践尚处于探索阶段。为此,国家图书馆研究院联合业界专家学者,精心组织编撰了《中国图书馆事业发展报告·少年儿童图书馆卷》,系统梳理我国少年儿童图书馆事业的发展历程,全面总结有关理论研究成果和实践经验,研究存在的问题并探讨解决方案和发展路径,以帮助广大图书馆从业者深刻了解少年儿童图书馆的发展现状,为各级文化主管部门推动少年儿童图书馆建设提供参考借鉴。全书分为资源建设、服务、阅读推广、设施建设、人力资源和民办少儿图书馆六个部分,文末还提供了新中国成立以来少年儿童图书馆建设相关政策及标准规范目录,为进一步研究提供线索。

我们真诚希望能以本书为引,引发业界同人给予少年儿童图书馆事业发展更多的关注与重视,为少年儿童图书馆事业发展提供有益借鉴。囿于时间仓促,本书难免有纰漏与不当之处,敬请各位读者批评指正。

韩永进

2016年11月

第一章　少年儿童图书馆资源建设

第一节　概述

一、少儿文献资源建设历史回顾

从整个历史发展脉络来看,我国少儿文献资源建设紧随改革发展及时代变迁步伐,经历了一个从简单到规范,从单一到多元,从独立到合作的发展历程。采选和编目制度愈加科学、系统、规范,资源类型愈加丰富多样,资源建设工作也从单一馆的封闭建设,变成协同服务、资源共享。

在采选的制度上,从根据少儿图书馆自身情况采购图书的理念的提出,到结合各自特点及地方特色的采选原则的制定,采选制度从粗放逐步走向细化和规范,更加具体化、科学化、特色化。在藏书类型上,随着少儿出版物的丰富、数字图书的出现,从单一收藏儿童相关印刷型载体,到收藏视听资料、电子图书、多媒体数据库、玩具、手稿、科技模型等多载体并存。特别是数字图书馆建设不断加强,形成了多元化复合型馆藏结构模式。在资源的使用对象方面,也不断细化,开始重视为0—3岁低龄婴幼儿、15—18岁高中生提供适合他们年龄层次的资源。在馆际合作上,从各自为政,到联合编目,并逐步走向建立区域性的统一服务平台,整合电子资源、借还服务,构建地区性的共建共享体系,打通了服务节点,实现了整体规划,发挥了资源和服务的整体效应。

二、少儿文献资源建设概况

少儿文献资源建设是指以服务0—18岁少年儿童、少儿工作者及所有需要少儿文献或有关少儿的文献的家长读者为目的,图书馆按照统一的标准和规范,遵循科学的方法和规划,有系统、有目的、有针对性地选择、收集、组织少儿文献资源的活动。本报告数据采集主要来自我国公共图书馆少儿部(室)以及独立建制少年儿童图书馆,共回收问卷251份,其中少儿文献资源建设部分有效问卷246份。时间节点为2010年至2014年五年间资源建设情况。各类型资源收集统计到的数据不一,在后面章节中再具体论述。中小学校设立的图书馆(室)和非公共机构设立的少儿图书馆、绘本馆等相关数据未收入本报告。

1. 经费投入情况

2010年至2014年全国少儿图书馆文献购置总经费累计29 083.94万元,五年间增长35.76%,而我国五年间GDP增长速度为55.57%,地方财政收入(本级)增速为86.79%,各地区公共图书馆新增藏量购置费增长49.38%。我国五年间GDP增长速度、地方财政收入(本级)增长速度、各地区公共图书馆新增藏量购置费增长速度分别是全国少儿图书馆文献购置经费增长速度的155.4%、242.7%、138.09%。近几年来国家对于少儿图书馆资源建设重视度虽有提高,但与我国经济增长比例相比,投入增长比例依然偏低。

表1-1 2010—2014年少儿图书馆文献购置经费、国内GDP、
地方财政收入增长情况表

年度	少儿图书馆文献购置经费		国内GDP		地方财政收入(本级)	
	总额(万元)	同比增长(%)	总额(亿元)	同比增长(%)	总额(亿元)	同比增长(%)
2010	4829.72	—	408 903	10.6%	40 613.04	24.6%
2011	5962.73	23.46%	484 124	9.5%	52 434	29.1%
2012	5605.89	-5.98%	534 123	7.7%	61 077	16.2%
2013	6128.75	9.33%	588 019	7.7%	68 969	12.9%
2014	6556.85	6.99%	636 139	7.3%	75 860	9.9%

依据国家图书馆研究院2015年9月出版的《中国公共图书馆事业发展基础数据概览》的统计数据,全国独立建制少儿图书馆图书购置经费2013年7486万元,2014年7858万元,同比上涨4.97%。东部地区独立建制少儿图书馆2014年新购藏量247.46万册/件,新增藏量购置费5040万元;中部地区2014年新购藏量62.72万册/件,新增藏量购置费2326万元;西部地区2014年新购藏量23.42万册/件,新增藏量购置费492万元。2014年东部地区独立建制的少儿图书馆的新购藏量约为中部地区的2.95倍、西部地区的9.57倍,新增藏量购置费约为中部地区的1.17倍、西部地区的9.24倍。文献购置经费投入受制于当地经济发展水平,东部地区经费投入大大高于中西部地区,区域投入比例仍然十分不平衡。

目前,公共儿童图书馆(室)主要经费仍来自于财政拨款,各省(自治区、直辖市)、地(市)、县三级图书馆经费,分别由相应地方政府拨款。1982年文化部发布的《省(自治区、市)图书馆工作条例》对财政经费对少儿图书馆的投入做出了规定:"要保障省馆必要的经费,并根据图书资料不断积累的特点,图书购置和业务活动经费应逐年有所增加。购书费在总经费中的比例,一般不应低于百分之四十。"而2010年文化部颁布的《关于进一步加强少年儿童图书馆建设工作的意见》(文社文发〔2010〕42号)中更正式地指出:"各级文化行政部门要进一步增强责任意识、大局意识,把加强少年儿童图书馆的工作,作为当前和今后一个时期文化建设的一项重大任务,在政策、经费投入、人才培养等方面予以重点支持,促进少年儿童图书馆事业的快速发展。"并明确要求"各级文化行政部门要按照文化部颁布的少年儿童图书馆评估标准中的有关规定,保障少年儿童图书馆(室)的文献购置经费"。而在《公共图书馆评估指标》中对各级少儿图书馆要求达到的藏书量和文献购置经费均有明确的标准,同时各地区图书馆的数量和等级与全国文明城市考评相结合,对图书馆的发展起到了良好的促进工作。

由于少儿图书馆的资源建设经费投入受当地经济发展水平及地方政府重视程度的制约较大,发展不均衡状况较为突出。在本次统计范围内2014年图书采购经费高于100万的少儿图书馆基本都分布在省会、特区、直辖市或民营经济特别发达的地区,除浙江省温州市图书馆少年儿童图书馆、东莞市图书馆少年儿童图书馆外,均为独立建制的少年儿童图书馆。独立建制的少年儿童图书馆其设立本身就因地方政府的重视所致,再加上地方财政的支持,故发展迅速。仅2014年来看,市县级公共图书馆少儿文献购置经费平均每馆8.8万元,省级公共图书馆少儿文献购置经费平均每馆38万元,独立建制的少年儿童图书馆购书总经费平均每馆50.56万元(2014年市县级、省级公共图书馆少儿文献购置经费数据来自于本次统计①,独立建制的少儿图书馆经费数据来自于《图书馆决策参考》2015年第5期文《我国少年儿童图书馆事业发展与对策建议》),分别是前两者的5.75倍和1.33倍。

2. 文献分配比例

在纸质图书采购分配比例上,大多数图书馆以文学类图书采购为主要馆

---

① 本次统计数据来源即2014年采集自我国公共图书馆少儿部(室)以及独立建制少年儿童图书馆的数据,共回收问卷251份,其中少儿文献资源建设部分有效问卷246份。

藏,其次是艺术类、教育教学类、语言文字类图书。从下表可以看出,在各类图书馆少儿文献中G类(科教文体)和I类(文学)所占比例最高,其次是J类(艺术);而Q类(生物科学)、O类(数理化)、B类(宗教、哲学)总和不足10%。

表1-2　各类文献馆藏情况统计表(数据采集自本次调研收集
到的246家少儿图书馆(室))

文献分类		该类少儿图书馆文献统计
J	册数(册)	3 196 062
	所占比重(%)	15.18
H	册数(册)	2 011 122
	所占比重(%)	9.55
G	册数(册)	2 820 532
	所占比重(%)	13.39
I	册数(册)	9 708 294
	所占比重(%)	46.1
K	册数(册)	1 400 114
	所占比重(%)	6.65
Q	册数(册)	530 936
	所占比重(%)	2.52
O	册数(册)	722 396
	所占比重(%)	3.43
B	册数(册)	668 669
	所占比重(%)	3.18

而在普通图书和电子图书的采购比例上,近三年来数字资源采购增长较快,但因总体经费的限制,以采购纸质图书为主的采购模式仍占据主要。逐步加大少儿文献数字资源采购以适应方便新型的电子阅读基本为大势所趋,但在总体分配比例及采购的延续性上各个馆呈现不同的情况。根据本次统计,2010—2011年数字资源采购经费超过文献购置总经费25%的少儿图书馆有3家,2012年有6家,2013年有9家,2014年增至11家。

三、少儿文献资源建设法律政策

我国自1949年以来,没有颁布专门的图书馆法律。在发布的图书馆政策文件中,涉及指导少儿文献资源建设的文件有 5 个,其中 3 个为中央政府发布,2 个为地方政府发布。中央政府颁发的文件包括 1957 年文化部社会文化事业管理司发布的《文化部社会文化事业管理局印发儿童图书馆座谈会情况并请研究如何加强改进公共图书馆的儿童阅览室工作》、1981 年国务院办公厅发布的《国务院办公厅转发文化部等单位关于全国少年儿童图书馆工作座谈会的情况报告的通知》和 2010 年文化部发布的《文化部关于进一步加强少年儿童图书馆建设工作的意见》。地方政府发布的文件包括 1986 年天津市文化局发布的《天津市市、区、县少年儿童图书馆工作条例》和 1988 年湖南省文化厅发布的《关于加强湖南省市、县少年儿童图书馆(室)建设的若干规定(试行稿)》[1]。而其中最值得一提的是 2015 年 1 月通过的《广州市公共图书馆条例》,其第三十条规定"在本市依法登记注册的出版单位出版的图书、报纸、期刊、音像制品、缩微制品、电子出版物等,应当在出版之日起六十日内,向广州图书馆呈缴两册(件);少年儿童出版物应当同时向广州少年儿童图书馆呈缴两册(件)",提出并实施了呈缴本制度。且对于违反规定的单位在其第五十六条规定,"出版单位未按照本条例第三十条第一款规定呈缴出版物的,广州图书馆或者广州少年儿童图书馆可以通知出版单位限期呈缴;仍不呈缴的,由市文化执法机构责令改正,给予警告",使该项政策具有强制性,提高了政策效用,为丰富和完善图书馆馆藏奠定了基础。

少儿图书馆评估细则中资源建设部分,对少儿图书馆资源建设做了比较详细的指导。2015 年 1 月 9 日文化部发布的《公共图书馆评估指标》,对省级、市级、县级少儿图书馆的年新增藏量购置费、图书年入藏量、报纸和期刊年入藏量、低幼读物年入藏量、视听文献年入藏量、数字资源总量的基本值和良好值都进行了严格规定,并考察少儿图书馆采选政策的制定,同时重点依据《全国少年儿童图书馆基本藏书目录》考察图书、报刊、期刊等各类文献入藏情况,并对文献编目和文献保护工作规定了详尽的考察内容。这些标准对少儿图书馆做好文献资源建设起到了良好的促进工作,使其有章可循,特别是规定各级图书馆新增藏量购置费的数值对地方财政加大对图书馆资源建设的投入提供了有力保障。

除此之外,还有两个图书馆行业标准,即《公共图书馆建设标准》和《公共图书馆服务规范》。这两个公共图书馆行业标准涉及的公共图书馆资源建设的采集原则、馆藏总量和人均新增藏量、共建共享指导等指标,对少儿文献资源建设具有一定的参考价值。

这些政策文件和行业标准,主要从资源采集原则、资源建设的数量指标、资源的内容要求、资源共建共享等四个方面做了指导。

1. 采集原则

资源建设应当根据各少儿图书馆的任务、藏书和读者的需要,有选择、有计划地采购图书。不能简单地按照书形确定购书比例。资源建设应遵循以下原则,包括:与日益增长的读者需求和本地区经济、文化与社会事业发展相适应;与国家知识产权保护等法律法规的要求相一致;与本馆文献资源建设规划、采集方针及服务功能相匹配;有利于形成资源体系和特色;有利于促进区域文献资源共建共享;有利于积淀与丰富历史文献[2]。

2. 数量指标

1981 年国务院颁发的文件就指出"应按照学生数目,安排一定数量的图书购置费"。在 2004—2009 年的少儿图书馆评估标准细则中,在文献入藏方面,考查对象包括各种中外文图书,同时把连环画和低幼读物作为单列指标。在考查资源总量的基础上,重点考查年入藏数量。2010 年《文化部关于进一步加强少年儿童图书馆建设工作的意见》对少儿图书馆资源建设工作做出针对性更强、内容更详细的指示并且"要求各级文化行政部门,要按少年儿童图书馆评估标准的规定,保障少年儿童图书馆(室)的文献购置费"[3]。

《公共图书馆建设标准》和《公共图书馆服务规范》中的数量指标作为参考数据。《公共图书馆建设标准》中,明确提出了未来 5—10 年的具体指标,确定人均拥有公共图书馆藏书指标为 0.6—1.5 册。《公共图书馆服务规范》中规定,馆藏印刷型文献以图书、报刊合订本的册数计。省级馆、地级馆、县级馆的入藏总量分别应达到 135 万册、24 万册、4.5 万册以上,省、地、县级馆年人均新增藏量分别应达 0.017、0.01、0.006 册以上。而在 2015 年 1 月 9 日文化部发布的《公共图书馆评估指标》中要求:省级、市级、县级少儿图书馆的年新增藏量购置费基本值分别为 80 万元、30 万元、10 万元,良好值分别为 150 万元、50 万元、20 万元;省级、市级、县级少儿图书馆的总藏量基本值分别为 15 万册/件、8 万册/件、2 万册/件,良好值分别为 40 万册/件、20 万册/件、10 万册/件。

3. 内容

在少儿文献资源馆藏内容上,1986 年天津市文化局发布的《天津市市、区、县少年儿童图书馆工作条例》中提出了具体的馆藏原则,要"提高藏书质量,注意藏书的综合性、科学性和通俗性原则,以收藏普通中文书刊资料为主,古旧、外文书刊可根据特殊需求酌情购买。注意各类书刊的合理比例,正确处理品种与数量的关系,防止漏购、重购,经选订的多卷书、丛书和连续出版物,收藏要配套、完整"[4]。而1988年湖南省文化厅发布的《关于加强湖南省市、县少年儿童图书馆(室)建设的若干规定(试行稿)》则要求"本省少儿出版物应尽量采集"[5]。这条规定,客观上有利于加强少儿地方文献的采集。而随着时代的发展和出版类型的丰富,至2010年发布的《文化部关于进一步加强少年儿童图书馆建设工作的意见》顺应潮流的变化,要求"采集知识性、趣味性、教育性强的图书、报刊、音像制品和电子出版物等",将馆藏载体形式由单一纸质文献扩展到音像制品和电子出版物,并提出"要加强文献信息资源建设工作,特别重视未成年人喜闻乐见的动漫作品、多媒体等新型载体资源的采集","要不断丰富和充实未成年人喜闻乐见的数字资源",为少儿馆藏文献资源的多元化打下了基础。

4. 共建共享

1957年文化部在《文化部社会文化事业管理局印发儿童图书馆座谈会情况并请研究如何加强改进公共图书馆的儿童阅览室工作》中就指出:"少年儿童图书馆应该加强同中小学图书室的联系。"2010年文化部又根据当下少儿图书馆界发展的特点,发出《文化部关于进一步加强少年儿童图书馆建设工作的意见》一文,"要求要丰富文献信息资源,要积极支持、鼓励少年儿童图书馆开展联合编目、馆际互借等资源共建共享工作,逐步建立少年儿童文献信息资源共建共享体系",并提出"国家图书馆应编制《少年儿童图书馆(室)基本藏书目录》,作为各级少年儿童图书馆文献入藏的参考",为少儿图书馆共建共享工作指明了前进方向[6]。

四、少儿文献资源建设的特点及影响因素

1. 特点

少儿图书馆由于服务对象的特殊性,资源建设以收集少儿阅读的相关信息资源为主,读者服务上注重引导少儿阅读和开展灵活多样、丰富多彩的少儿读书活动。因此,少儿图书馆的资源建设有其特殊的一面:

(1)年龄分段性

随着儿童年龄的逐渐增长,其认知能力和阅读需求呈现出阶段性的变化。根据儿童的特点和我国的实际,大致分为0—2岁阶段,以纸板书、布书、玩具书和初级绘本为主;3—6岁阶段以中高级绘本为主;7—10岁阶段,以桥梁书、拼音读物、各类科普读物及儿童文学为主;11岁以上,阅读范围较为宽泛,逐渐与成人阶段接轨。

(2)图书为主,多种载体形态并存

少儿文献资源建设中,主要以图书为主,辅以期刊、报纸、视听资料、数字资源、玩具、图片等,呈现多载体格局。为适合儿童的认知规律和心理特征,纸质图书的开本、材质、色彩、内容等呈现多样性,如适合婴幼儿阅读且不易损毁的纸板书、布书、泡沫书,可以当作玩具、寓教于乐的玩具书、拼图书、剪纸书、折纸书、发声书、发光书、翻翻书、立体书等,吸引儿童的阅读趣味。近年来,随着数字资源的普及和重视,少儿文献资源建设中,数字资源的比例有逐步加大的趋势。

(3)学科普及读物为主,用大于藏

由于少儿阅读担负有青少年教育的作用,满足少儿基本阅读需求是首要任务,故而其采购重点首先强调资源对少儿的使用价值和利用率,与各学科的学习及少儿认知发展需要接轨,倾向于采购具有普及意义的经典少儿读物以及科普读物,对于较为生僻,少儿使用率较低的资源采购退居其次。

(4)健康导向性

少儿图书馆具有启蒙少儿认知的作用,是儿童的第二课堂,担负未成年人思想道德建设的社会责任。因而在文献采选上格外注重思想内容上的筛选,要求内容健康向上,无不良思想倾向或显著知识性错误,避免少儿误入歧途。受到公众普遍认可的经典性读物,《少儿图书馆基本藏书目录》及宣传部门、教育部门、科普部门等各系统部门的推荐读物受到重视。

2. 影响因素

(1)采购方式

由于大部分公共图书馆经费来源主要靠财政拨款,其主要采购渠道及方式采用政府统一招标采购。这一方式有利于保证中标公司的实力、提高经费利用效率、杜绝腐败,但也存在由于追逐低价,部分图书质量不高,以次充好,采购面不广等问题。而大部分民办少儿图书馆、绘本馆,其主要通过电商自采或书商批发,虽然在经费、采购规模、复本量上欠缺,但部分私营少儿图书馆、绘本馆藏书富于特色,具有针对性、灵活性。

(2)阅读风潮和导向

少儿图书馆资源建设应适应和满足读者及社会的阅读需求,其阅读风向变化除了读者本身的阅读趣味外,与学校及老师的推荐、出版物及名人推荐、各大电商少儿书籍购买排行榜、少儿阅读网站、各类微博和微信推荐阅读、阅读指导书、阅读推广人等息息相关。如近年来出版的《朗读手册》《幸福的种子》《世界图画书阅读与经典》《经典绘本的欣赏与讲读》《图画书应该这样读》占据阅读指导书销售榜前列,绘本阅读受到国内家长前所未有的重视,成为一股阅读热流。

(3)城市发展水平

少儿文献资源建设经费多少与城市经济社会发展水平,该城市的文化建设意识息息相关。经济文化水平较高的地区,通常对少儿文献资源建设的经费投入也较多。根据国家图书馆研究院 2015 年 9 月出版的《中国公共图书馆事业发展基础数据概览》的统计,2014 年全国独立建制的少儿图书馆新增藏量购置费超过 500 万元的省及直辖市分别为天津、辽宁、浙江、福建、广东、吉林,多数为经济强省或市。

(4)地域特色

少儿特色资源的建设受地方地理和文化特点的影响,如厦门市少年儿童图书馆建立的港台儿童文献书库、闽南童谣和故事数据库,广州市少年儿童图书馆建立的"广州记忆"(青少年版)数据库等。

五、少儿文献资源建设原则

少儿文献资源建设主要以思想性、科学性、教育性为指导原则,着重采集知识性、趣味性强,符合少年儿童心理特征和认知规律的文献资源。要保障文献资源的采访质量,应注意以下几项基本原则:

1. 思想性原则

少年儿童处于成长发育阶段,思想尚未成熟,辨别能力不强,因此文献的采集首先要体现鲜明的思想性,对宣传热爱祖国、热爱人民、热爱中国共产党、热爱社会主义,宣传社会主义核心价值观,褒扬杰出人物的优秀品德、先进事迹、体现高尚情操,内容积极、健康、向上的适合少年儿童阅读的文献,应重点收藏;对格调低下、思想内容不健康的文献,要坚决拒之门外。

2. 实用性原则

藏以致用是公共少儿图书馆在工作中普遍执行的一个原则。少儿文献资源建设以少儿读者及少儿教育工作者阅读需求为基础,特别是基层图书馆,要以"用"为中心。就目前而言,要建立复合型馆藏资源体系,建立以图书、报刊等纸质资源为主,辅以视听资料、数字资源、盲文等多元的资源体系。

特别是数字资源,随着读者阅读需求的改变,也要做相应的调整,在文献购置费中设定一定比例,专门用于采购少儿文献数字资源。注重其实用性,在具体实施的过程中还需遵循以下几点:第一,互动性原则。依据受众读者的特点,少儿文献数字资源应具有互动性。由于儿童用户的心理特点,他们的注意力往往不够集中,对于抽象的文字叙述往往难以理解、印象模糊。数字资源可以借助互动性拉近与小读者之间的距离,使小读者边阅读边想象,体验身临其境的阅读氛围。第二,趣味性原则。少儿文献数字资源应采用儿童喜闻乐见的表现形式,在数字资源的内容上挖掘有特色、有一定深度的趣味性主题,把计算机操作、信息检索等知识传授和能力训练与小读者所喜爱的趣味性游戏融为一体,达到寓教于乐的目的。第三,易用性原则。在数字资源操作平台的界面设计上,应充分考虑儿童用户对知识的接受能力。为了更好地吸引小读者,资源平台常采用色彩明亮活泼的图形操作界面,并设计简单友好的用户检索阅读界面,充分体现了以少儿为中心的设计理念。

3. 经济性原则

经济性原则即节约原则,少儿图书馆文献资源建设应量力而行,切忌脱离实际,盲目采购。在文献采选中要注意品种,控制复本,对高价文献要慎重选购。要注重投入产出比,以便把有限的采购经费最大限度地发挥其特定的经济效益。

4. 目的性原则

少儿图书馆藏书的主要目的是为了适应以少年儿童为中心的读者群的多样化需求,要针对少年儿童读者的不同年龄层次、知识结构和阅读兴趣,有目的地进行文献采集,并兼顾教育工作参考阅读所需的文献,所采集文献的阅读水平以普及型为主,学科内容以基础性为主,并注重文献载体的多样化。

5. 系统性原则

少儿图书馆藏书的系统性主要体现在对馆藏文献中的重点部分、特色部分的采集要完整、全面、配套,合理确定各学科之间、各文献类型之间的结构比例,保证藏书的质量。在充分重视馆藏传统重点的同时,还要针对新兴科学、高新技术、新型文献的出现,适时发展馆藏新领域。文献采集要做到计划补充、长期积累、适时调整、与时俱进。

6. 特色化原则

根据当地经济和社会文化发展的状况,结合馆藏文献的特点,确定馆藏特色范围,形成具有地方特色、学科特色、专题特色、文种特色、文献类型特色等各类特色馆藏。特色资源不求大而全,要求精而特,努力做到"人无我有,人有我全,人全我特"。

7. 共享性原则

加强各少儿图书馆之间的分工协作,通过联合采集,优势互补,建立相对完备的信息资源保障体系;同时通过建立馆际互借和文献传递系统,使各少儿图书馆之间的文献资源相互提供利用,从而实现广泛的文献资源共享。

8. 互补性原则

在注重传统印刷型文献的同时,逐步扩大少儿文献数字资源的采选,注意两者之间的互补;现刊与过刊、社科类文献与科技类文献的采集要做到合理互补。遵循互补性原则,尽量避免文献资源建设过程中的重复建设和因此带来的资源浪费[7]。除此之外,少儿文献数字资源建设应紧密围绕数字图书馆的总体建设目标,综合考虑馆藏特点、学科内容、用户需求等多方面的因素,逐步建立起一个结构科学、内容全面、层次分明、布局合理、可持续发展的数字资源体系。

六、少儿文献资源采购方式

少儿文献资源购买方式目前以现采为主,辅以订单订购和网络订购;非购买方式的采集以征集、交换和捐赠居多。同时,随着科学技术的发展,文献不断以新的形式出现,采集方式也随之发生变化,网上采集已然成为新型的文献采集方式,例如通过向当当网、亚马逊、巴诺、卓越、京东等少儿文献资源比较丰富的网上书店订购,因其库存清晰、物流及时,成为保障读者所需图书能够及时到库的有效方式之一,能补充中标书店现场所没有或无法订购到的少儿文献资源。

七、馆配商

随着少儿图书馆文献采集主动性的逐步增强,对图书市场的专业性、规模性和服务的主动性等要求也逐步提高。少儿图书馆获得文献资源的途径主要来自于馆配商,随着图书馆专业化的供货市场的逐步成熟,少儿图书馆需要具有一定实力的、有自身特点的馆配商提供优质的服务。目前馆配商一般会由公司内团购部负责少儿文献资源的采购,其提供的服务形式主要包括:第一,安排专门人员定期为图书馆提供少儿类、教育类等相应类别的预订书目,让采选人员更有的放矢地从中划定订单,大大节约了采编老师的时间和精力。第二,同时馆配商还在公司的仓库和门店,把少儿类资源按类集中摆放,这大大方便了图书馆客户现场采购。第三,馆配商每年免费组织采选人员参加全国各种书市和图书交易会,提供现场采购和书目预订服务。第四,有些馆配商还提供图书编目、分类上架以及盖馆藏章、加贴防盗磁条、书标和条形码等一条龙服务。

大部分的少儿图书馆都采用了招标模式来选择图书馆配商,随着采购招标工作的不断深入,对馆配商综合能力的评价已成为少儿图书馆在招标过程中重要的评估因素。少儿图书馆只有与信誉良好的馆配商的合作,扩大图书品种的选择范围,确定优质高效的图书供应渠道,才能保障图书馆馆藏文献的科学性和系统性。

少儿图书馆在招标条件的拟定中主要从以下几个方面对馆配商进行综合能力评价:

1. 馆配商的商誉

商誉是衡量馆配商的一个重要指标。只有诚实守信,严格按照招标合同办事,给少儿图书馆提供优质图书和售后加工服务,才能在同行业中树立良好的商誉。

2. 采购方式的提供

目前馆配商提供的采购方式有两种:书目征订和现货采选。两种采购方式各有优缺点,书目征订能基本保证图书的数量,但到书周期长,图书质量难以把控;而现货采选则能缩短到书周期,有效地控制图书质量,但因受时间、空间等客观影响,图书的品种和数量将受到限制。如何将两种采购方式有效的结合,是检验馆配商能力的重要标准之一。

3. 提供各类信息的能力

馆配商是否能提供"全、新、快、准"的各类少儿书目数据,是否具备前端出版信息的沟通能力,使少儿图书馆能够对整个出版业、出版资源有更加直观乃至深层次的了解,这是选择馆配商的又一项重要标准。

4. 文献编目加工能力

馆配商提供的 MARC 数据质量高低是少儿图书馆考核馆配商的重要指标之一。馆配商要成为少儿图书馆的长期供应商,就必须重视 MARC 数据的质量。要做到这一点,馆配商首先要保证其编目人员的稳定性;其次是了解合作少儿图书馆的分编细则和要求,做到提供个性化编目数据。有些馆配商还提供分类上架、盖馆藏章、加贴防盗磁条、书标和条形码等简单工序的服务。

5. 网络技术开发和应用能力

馆配商的网站书目数据更新的速度和使用的便捷程度也成为评价馆配商的标准之一。近几年,随着我国图书发行业在信息网络建设上的加大投入,逐渐实现了图书馆、馆配商、出版社之间的信息交流与传递。图书馆可以从网上直接获取采访、编目数据,了解图书的可供信息;出版社则通过网络了解该社图书的销售情况;馆配商作为第三方,应通过网络的应用处理好图书馆与出版社之间的供求关系,将自身能力直接或间接地转化为竞争优势[8]。

第二节　少儿文献资源建设现状

一、少儿图书

本书中的少儿图书,主要指内容适合0—18岁少年儿童阅读的印刷型出版物。除了传统定义的49页以上的图书外,还包括开本形式多样、图文并茂的连环画、漫画、低幼画册或绘本、立体书、卡片书、异形书、口袋书等。本节从少儿图书的出版情况入手,论述近五年少儿图书出版的品种数、主题分布情况和核心出版社情况。同时对近五年少儿文献资源建设经费投入情况进行统计分析,归纳总结了少儿藏书的特点和藏书利用情况。以独立建制少儿图书馆为例,对总藏量、年度更新藏量、少儿读者人均拥有量分别进行统计分析。基于对少儿图书资源建设现状的调查分析,从建设理念、学科比例、内容、采选方式、基本藏书目录五个方面对少儿图书资源建设提出了建议。受限于数据统计无法细分,因此独立建制少儿图书馆所统计的经费是包括所有资源建设的投入,资源利用情况是指(除电子资源)所有载体形式资源的总体流通情况。

1. 我国2009—2014年少儿图书出版情况

(1)出版总体情况

2009—2014年,全国共出版少儿图书153 464种,仅占2009—2014年全国出版图书的6.65%,如图1-1所示。其中新出版94 871种,比例为66.53%;重版、重印58 593种,比例为33.47%。少儿图书出版种数呈现逐年增长趋势,2009年出版15 591种,2010年出版19 794种,2011年出版22 059种,2012年出版30 966种,2013年出版32 342种,2014年出版32 712种,2014年出版种数是2009年的2.09倍。少儿图书占全国出版图书总量的比率也呈现逐渐增长趋势,由 2009 年的 5.17% 提高到 2014 年的 7.29%,提高了 2.12 个百分点。少儿图书出版总量虽逐年增长,但占全国出版图书总量的比例偏小,且重版、重印比例高,该情况使得少儿图书采购选择范围受到了一定程度的限制。

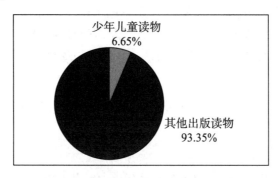

图 1-1　全国少年儿童读物出版情况

（2）主题内容分布情况

2009—2014 年少儿图书出版的主题,社会科学主题的出版数量为 138 501 种,比例为 90.25%;自然科学主题的出版数量为 9339 种,比例为 6.09%;综合类的出版数量为 4558 种,比例为 2.97%;哲学主题的出版数量为 1037 种,比例为 0.67%;马克思主义、列宁主义、毛泽东思想主题的出版数量为 29 种,占全部少儿图书出版量的比例为 0.02% 如图 1-2 所示。

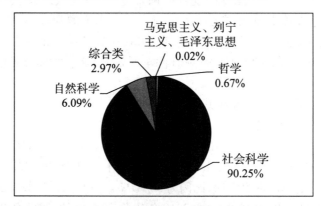

图 1-2　2009—2014 少年儿童出版读物主题分布情况

2009—2014 年出版的少儿图书主题分布,排名前 10 位主题从高到低分别为 G 类文化、科学、教育、体育,占 33.76%;I 类文学,占 35.11%;J 类艺术,占 12.54%;H 类语言、文字,占 5.22%;Z 类综合性图书,占 2.97%;K 类历史、地理,占 2.53%;Q 类生物科学,占 1.87%;P 类天文学、地球科学,占 0.9%;N 类自然科学总论,占了 0.81%;B 类哲学、宗教,占了 0.68%,这 10 类主题占了全部的 96.39%。出版的图书中,主要集中在 G 类文化、科学、教育、体育,I 类文学,J 类艺术,这三类主题的图书,占了全部少儿图书出版量的 81.41%。如图 1-3 所示。

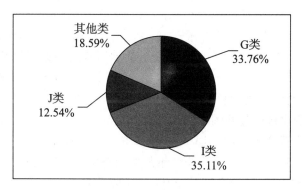

图 1-3　2009—2014 少年儿童出版读物学科分布情况

从出版数据可以看出,少儿图书出版以社会科学主题居多,占了 9 成以上,自然科学主题较少,还不到 1 成。2009—2014 年出版的少儿图书中,T 类工业技术、O 类数理科学、化学、E 类军事、R 类医药卫生四类图书的出版规模有逐年扩大的趋势。这四类读物出版量总和,2009 年占当年少儿图书出版总量的比例为 1.3%,2014 年比例达到了 1.9%,提高了 0.9 个百分点,2012 年比例甚至达到了 2.6%。

(3)核心出版社情况

根据 2015 年的统计资料显示,出版少儿图书的出版社全国共 350 家。2009—2014 年年平均出版少儿图书 200 种以上的出版社有 24 家,分别是浙江少年儿童出版社、湖南少年儿童出版社、二十一世纪出版社、中国少年儿童出版社、接力出版社、少年儿童出版社、江苏少年儿童出版社、吉林出版集团有限责任公司、四川少儿出版社、新蕾出版社、浙江教育人民出版社、北京科学技术出版社、北方妇女儿童出版社、人民邮电出版社、海豚出版社、国防工业出版社、辽宁少年儿童出版社、长江少年儿童出版社(原湖北少年儿童出版社)、新疆青少年出版社、上海人民美术出版社、化学工业出版社、北京出版社、哈尔滨出版社、希望出版社。这 24 家出版社 2009—2014 年共出版少儿图书读物 66 140 种,占 2009—2014 年全国出版少儿图书总数的 43.09%。特别是浙江少年儿童出版社、湖南少年儿童出版社、二十一世纪出版这三家出版社,2009—2014 年年平均出版少儿图书皆在 1000 种以上[9-13]。

2. 少儿图书收藏情况及主要特点

(1)近五年经费投入情况

关于经费投入情况发放问卷 251 份,其中有效问卷 246 份,其中独立建制少儿图书馆 44 份,公共图书馆少儿部 202 份,其中省级公共图书馆 17 份,市县级公共图书馆 185 份。因受限于数据统计无法细分,该处所做的分析,是资源建设经费的总体投入情况。独立建制少年儿童图书馆资源购置费数额较大,年购书经费 100 万以上的就有 11 家,占了 25%,近五年基本呈现稳步增长趋势,该结论与其他专家 2009 年的调查结果一致,独立建制少年儿童图书馆资源购置费比普通公共图书馆少儿文献更充裕[14]。独立建制少年儿童图书馆资源购置费 2014 年同比 2010 年每馆平均增加了 56.78 万元,增长了 92.27%,如表 1-3 所示(因广州少年儿童图书馆资源购置费投入特别巨大,2013 年文献购置费达 1865 万元,2014 年文献购置费达 1450 万元,因此为客观反映我国少儿图书馆资源购置费的情况,计算每馆平均购置费情况时,该馆数据不计入)。

独立建制少儿图书馆 2014 年平均资源购置费为 118.32 万元,公共图书馆少儿部为 46.8 万元,独立建制少儿图书馆投入是公共图书馆少儿部的 2.52 倍。省级公共图书馆用于少儿文献购置费 2014 年同比 2010 年每馆平均增加了 20.36 万元,增长了 115.42%,虽然增幅较大,但投入购置费的绝对数额仍较小,如表 1-4 所示。市县级公共图书馆少儿文献资源购置费投入量小且不稳定,时高时低,每馆平均年购置费仅几万元,有的甚至一年只有几千元用于购置少儿文献资源,2014 年同比 2012 年每馆平均仅增加 4.24 万元,近三成的市县级公共图书馆没有专门划拨经费用于购置少儿文献,如表 1-5 所示。

表 1-3 独立建制少年儿童图书馆资源购置费情况表

年份	2010	2011	2012	2013	2014
购置费总量(万元)	2707.87	3110.36	3418.61	5426.98	5206.16
每馆平均购置费(万元)	61.54	70.69	77.70	123.34	118.32

表 1 - 4　省级公共图书馆少儿文献资源购置费情况表

年份	2010	2011	2012	2013	2014
购置费总量(万元)	299.92	335.75	429.48	578.12	646
每馆平均购置费(万元)	17.64	19.75	25.26	34.00	38.00

表 1 - 5　市县级公共图书馆少儿文献购置费情况表

年份	2010	2011	2012	2013	2014
购置费总量(万元)	844.24	1627.78	1100.40	1396.23	1627.30
每馆平均购置费(万元)	4.56	8.80	5.95	7.55	8.80

(2)收藏基本情况

本小节统计的少儿图书收藏数量为 108 家独立建制少年儿童图书馆馆藏图书和 202 家省级、市县级公共图书馆馆藏少儿图书之和,截至 2014 年 12 月,共计 3430.12 万册,每馆平均拥有少儿图书 11.03 万册(其中 108 家独立建制少年儿童图书馆的数据来源于《中国图书馆年鉴2014》,其余公共图书馆的数据来自本次问卷调查)。

(3)少儿藏书的主要特点

①社会科学为主,自然科学为辅

回收独立建制少儿图书馆问卷 51 份,其中有效问卷 44 份,馆藏分类统计数据显示,少儿图书核心馆藏主要为 I 文学类、J 艺术类、H 语言文字类、G 教育类,如图 1 - 4 所示,该四类图书占了全部馆藏的近六成。自然科学类少儿图书馆藏量较大的主要有数理科学、化学、生物及自然科学综合类普及读物。馆藏图书以社会科学为主,自然科学读物相对缺乏,这与少儿图书出版情况吻合,要改变这种状况,需要从出版源头多提供优秀的少儿自然科学读物供采选。

文学类图书占了所有少儿图书总量 31.46%,该类图书主要包括各国各年代的儿童小说、歌谣、民间故事、寓言、神话、谜语、笑话、童话、故事等。文学类图书中,大量的图书还配有彩图和拼音,激发少儿阅读兴趣和辅助阅读。各种文学名著,对于小学和初中生主要配缩减版、简写版、导读版为主,高中生主要配原版。针对不同年级需求收藏不同版本。例如各馆对于教育部指定的新课标必读丛书,皆作为重点收藏,保证丛书目录所列图书全部收藏,并配备足够的复本,以方便各年级少儿借阅。

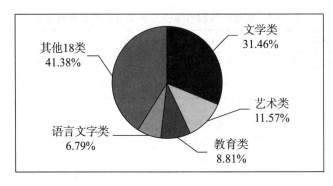

图 1-4　馆藏少儿图书主要学科分布情况

　　艺术类图书占了所有少儿图书总量的 11.57%,该类图书主要包括各种题材的连环图画及配合学前教育的低幼画册。连环画的题材包括各年代故事、文学作品、德育、智育、人物故事、推理侦探故事、武侠功夫故事、科幻故事、科学普及知识等。低幼画册的内容主要为适合 0—6 岁学前幼儿的品德教育、看图识字、智力开发、算术、艺术、文学等。

　　语言文字类图书占了所有少儿图书总量 6.79%。该类图书主要是汉语学习参考资料居多,常用外国语的资料语种主要是英语,其他包括日语、德语、俄语等,除了配备一些字典、词典等工具书外,馆藏量较少。少儿属于学习语言和写作的启蒙阶段,因此语言文字类图书的使用频率也较高。这类图书主要包括汉语拼音、词汇、阅读、写作、修辞及各种字典、词典。写作类图书主要包括各种文体和各学年段的作文选。分类法中专门设有包含各主题内容的"拼音读物"类目,是提高少年儿童,特别是低幼儿童认字能力和阅读水平的重要读物。

　　教育教学类图书占全部馆藏的 8.81%。"支持各级正规教育"是国际图联和联合国教科文组织认为的公共图书馆使命之一[15]。少儿图书馆(室)读者对象主要为 0—18 岁的各级正规教育的学生,因此"支持各级正规教育"是少儿图书馆(室)的重要使命。为完成这一使命,全国少儿图书馆(室)大量收藏了各学科门类的教学和学习参考资料,例如对应各年级各科的教学参考书、习题、试题及解答、课外读物,适合各年级少儿使用的学习版字典、辞典、百科全书等工具书。这部分馆藏对于少儿完成各自的学业提供了较大帮助。有研究表明,少儿读者 37.6% 的图书馆利用行为与学校活动相关,例如做作业、使用参考资料、做项目研究等[16]。使用《中国图书馆分类法(儿童图书馆·中小学图书馆版)》的图书馆,采用分散著录,学习参考资料分散在各学科门类的教育教学类目中。使用《中国图书馆分类法》的图书馆,这部分馆藏主要集中在 G 类教育类中。

②低幼读物图文并茂、形式多样

低幼读物的对象主要为 0—6 岁的学龄前幼儿,这个年龄段属于阅读兴趣培养的重要阶段。培养少年儿童的阅读兴趣和习惯是公共图书馆的核心使命之一。因此针对 0—6 岁这个阶段的幼儿配备合适的馆藏就显得非常重要。有数据显示,儿童利用图书馆的经历会影响其一生对图书馆的利用。孩提时代对图书馆的美好印象对其成年后利用图书馆的行为产生正面的、积极的影响[17]。

根据 0—6 岁幼儿心理特征,这部分馆藏图书以各种绘本、低幼画册、连环画、漫画为主,占了全部馆藏的三成多。以各种题材系列书形式出现较多。出版材质,除了传统纸质外,还有各种塑料、布艺、泡沫等各种材质。开本尺寸多样,有竖版和横版,尺寸从 11 厘米到 40 厘米不等。小开本图书,装帧比较结实,主要适合 0—3 岁幼儿阅读,这类图书以图为主,色彩鲜明,画面形象生动,很少或几乎没有文字,有撕不烂的卡片书、泡泡书、立体书、异形书等。大开本图书主要是各种画册和绘本,适合 4—6 岁幼儿园阶段的幼儿阅读,这类图书图文并茂,以讲故事的文学类居多,有的书上还配有锻炼少儿动手能力的画画、折纸、剪纸、填色、拼图、立体拼装等附件,或在故事中插入问题,答案用深颜色覆盖后附在问题之后,提供解密卡,激发孩子的好奇心。

③年龄特征显著

少儿图书主要依据各年龄段少儿心理特征、受教育程度及学习成长需求配备,因此各类馆藏的年龄特点显著。馆藏图书分配的阅览室主要分为学龄前幼儿、小学、初中、高中。

采购的馆藏资源以少年儿童为中心,尽可能准确地适应各年龄层次少年儿童的认知水平和心理特征[18]。馆藏图书学科深度以普及读物为主,注重实用。在采选馆藏的时候,会对版本做一个甄别,选择内容比较浅显易懂的通俗本、节本、缩写本、改写本、注音版、学生版、青少版,色彩比较丰富的图文版、绘本版、彩绘版、彩图注音版等。

3. 独立建制少年儿童图书馆经费及馆藏情况

(1)概况

2014 年独立建制少儿图书馆馆藏总量为 3392.289 万册,馆均 31.41 万册。虽然馆藏平均数比较高,但分布不均衡。总馆藏量名列前茅的省市有广东、吉林、辽宁、天津、浙江、福建、上海。有些省份少儿图书馆平均馆藏量仅有几万册,例如安徽省、贵州省、黑龙江省、四川省、甘肃省、山西省、陕西省。有些省份虽然机构数量少,但馆藏量比较大,如广东省和吉林省只有4家少儿图书馆,但平均馆藏分别达到140.208万册和128.017万册。有些省份机构数量较多,但馆藏量却比较小,如安徽省有8家少儿图书馆,但平均馆藏量仅有4.48万册。

(2)经费投入情况

独立建制少儿图书馆2012、2013、2014年购书专项经费分别为5607.2万元、6857万元、7572.7万元,呈现逐年增长趋势,说明国家对独立建制少儿图书馆资源建设的重视,加大了文献资源建设的投入。2014年购书专项经费比2012年增加1965.5万元,增长了35.05%。如图1-5所示。2014年每馆平均购书经费为70.12万元。

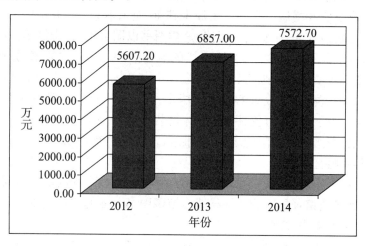

图1-5 独立建制少年儿童图书馆2012—2014购书专项经费投入情况

(3)总藏量及年度新增情况

2012、2013、2014年馆藏图书总量分别为2530.689万册、2737.267万册、3000.877万册,分别占当年馆藏文献总量的78.66%、86.49%、88.46%。2014年比2012年图书总量增加了470.188万册,增长了18.58%,图书占文献总量的比例逐年增大,形成了独具特点的以图书为主,期刊报纸、视听资料、电子图书、玩具、图片等为辅的复合型少儿文献馆藏模式。如图1-6所示。

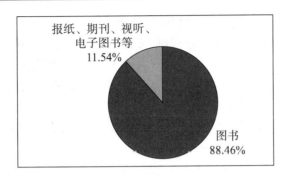

图 1-6　独立建制少年儿童图书馆馆藏图书占文献总量比例图

2012、2013、2014 年年新增藏量(不包含电子图书)分别为 261.185 万册、284.136 万册、333.589 万册,呈现逐年增长趋势。2014 年比 2012 年增加了 72.404 万册,增长了 27.72%

(4)读者人均拥有年新增藏量

2012、2013、2014 年全国少儿图书馆有效借书证数量分别为 1 164 104 张、1 439 589 张、1 853 080 张,呈现逐年增长趋势,2014 年比 2012 年增加了 688 976 张,增长了 59.19%,如图 1-7 所示。2012、2013、2014 全国少儿图书馆读者人均年新增藏量分别为 22.43 册、19.74 册、18 册,呈现逐年下降趋势,说明读者人数的增长比例超过了馆藏文献数量的增长比例。

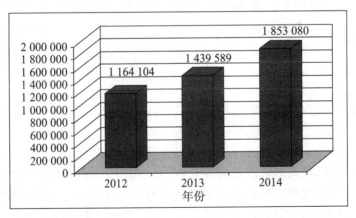

图 1-7　独立建制少年儿童图书馆 2012—2014 年有效借书证情况

4. 少儿重点馆藏收藏情况

从服务对象而言,少儿重点资源主要包括专门针对少儿心理特征和认知规律进行创作的绘本、连环画、漫画、低幼画册等。所藏数量在少儿文献资源总量中占三成多,比例分别为连环画、漫画 14.15%,绘本 10.31%,低幼画册8.80%。特别是独立建制少年儿童图书馆,这几种类型资源平均每馆收藏近8.41 万册,其中绘本 2.67 万册,低幼画册 2.42 万册,连环画、漫画 3.32 万册,这些资源成为少儿服务的重点馆藏。

2004 年至今的各次少儿图书馆评估标准文件中,在文献入藏方面皆有单列连环画和低幼画册入藏品种的评估指标。2010 年《文化部关于进一步加强少年儿童图书馆建设工作的意见》指出"要特别重视未成年人喜闻乐见的动漫作品、多媒体等新型载体资源的采集,努力满足未成年人的需求"。

(1)绘本

绘本,在英语国家被称作 picture book,直译为"图画书"。绘本这个名词最早是从日本传入我国,现已与图画书通用。绘本是一种以图画为主,辅以文字,内容兼具文学气质和绘画意蕴,充满作者个人智慧和内心体验的书籍艺术形式[19]。

儿童文学家彭懿在他的《世界图画书:阅读与经典》中指出,"绘本是用图画与文字共同叙述一个完整的故事,是图文合奏的。在绘本里,图画不再是文字的附庸,而是图书的生命,甚至有很多绘本是一个字也没有的无字书"。

①特点

绘本主要有两个特点:第一,绘本是以图文的相互关系为文本基础。绘本以图片为主要叙述手段,而文字主要作为辅助的工具来引导对图片的解读。第二,强调画面的连贯性。绘本的图画,大多是把故事融化于画面中,凭其连续性来展开故事[20]。

②出版情况

有数据调查显示,目前我国出版发行的儿童绘本,超过八成是国外引进作品,不到两成是国内原创作品。国内原创绘本因地位边缘化、内容贫乏单一、艺术创造力不足等原因,创作与出版总体水平相对滞后[21]。

引进的作品,大多形成了品牌效应,例如明天出版社的信谊世界精选图画书系列,河北教育出版社的启发精选世界优秀畅销绘本、启发精选美国凯迪克大奖绘本,南海出版公司的爱心树系列,21 世纪出版社的蒲蒲兰绘本系列,希望出版社的耕林童书馆,贵州人民出版社的蒲公英童书馆等。这些引进版绘本作者均为蜚声国际的儿童文学大师,加上其成熟的市场和运作手段,使得引进版儿童绘本在市场占据主体地位。国内原创作品,除了接力出版社的情韵中国系列,保冬妮图画书,杨红樱画本·纯美童话系列等少数作品形成品牌外,缺乏大规模具有品牌效应的优秀作品。

儿童绘本的主题内容广泛,台湾学者谢依婷在其硕士论文中,以人本思想为核心,以生命教育的内涵为参考依据,对台湾儿童绘本进行深入研究,为台湾儿童绘本主题提出分类标准,将绘本主题分为四大类:第一,人与自我类,包括面对自我、自我成长、自我实现;第二,人与他人类,包括人与家庭、人与朋友、人与社会、人与国家及人与人类;第三,人与自然类,包括人与动物、人与植物与人与环境;第四,无主题绘本,包括传递知识、教授技艺、研讨数学[22]。

③馆藏情况

在本次回收的 251 份问卷中,填报有收藏绘本的图书馆为 147 家,比例为 58.57%。收藏绘本量计 107.30 万册,占少儿文献资源总量的 10.95%,主要收藏馆为独立建制少年儿童图书馆。25 个独立建制少年儿童图书馆藏量合计达 667 405 册,占绘本总藏量的比例为 62.20%,平均每馆藏量为 26 696 册。9 个省级公共馆藏绘本 59 446 册,比例为 5.54%,平均每馆收藏绘本 6605 册。113 个市县级公共馆藏绘本 346 163 册,比例为 32.26%,平均每馆收藏绘本 3063 册。

④案例

在绘本资源建设中,表现比较突出的有广州市少年儿童图书馆和重庆市少年儿童图书馆,馆藏绘本都在 15 万册以上。广州市少年儿童图书馆收藏绘本 191 081 册,是此次调查中绘本藏量最高的少儿图书馆,占艺术类图书的 32.87%,占纸质文献总藏量的 5.30%,形成了自己的绘本特色馆藏。广州市少年儿童图书馆设有专门的绘本馆,普通绘本复本数为 15 本,经典绘本复本数为 20 本。由于读者旺盛的借阅览需求,未来还会将复本提高到 50 本以上。重庆市少年儿童图书馆收藏绘本 15 万册,占纸质文献总藏量的 16.03%,也形成一定规模的绘本特色馆藏。该馆利用绘本图书,开展各种亲子阅读活动,定期向读者推荐优秀绘本,推荐内容图文并茂,包括图书封面、主要内容、推荐理由及适合阅读的年龄,受到少儿读者的欢迎[23]。重庆市少年儿童图书馆在由中国图书馆学会主办、图书馆报承办的首届"全国优秀绘本馆评选活动"中荣获了"全国十佳绘本馆"的称号[24]。

(2)低幼画册

①特点

低幼画册是以低幼儿童为阅读对象,适合亲子阅读方式,以启迪知识、开发智力为目的,以图画为主,附有简单文字讲述的画册[25]。

低幼画册适合年龄大概为0—6岁,图文并茂,以彩色居多。题材广泛,包括:品德教育、看图识字、智力开发、语言、算术、计算、音乐、舞蹈、美术、体育游戏、文学等。其装帧形式多样,开本大小不一,形状各异,以小册子形式居多,属于较容易破损类馆藏。为了满足低龄幼儿读者的阅读需求,少儿图书馆(室)便专门采购了大量的低幼画册,形成了特色馆藏。大部分独立建制的少儿图书馆还按照年龄段,专门划分出了低幼阅览室,专门为低龄幼儿读者服务。

②出版情况

出版少儿图书的出版社,基本上都有出版低幼画册。按全国出版统计网的数据统计显示,2012年28家少儿类图书出版单位的前10位依次为中国少年儿童出版社、二十一世纪出版社、四川少年儿童出版社、安徽少年儿童出版社、明天出版社、接力出版社、湖北少年儿童出版社、浙江少年儿童出版社、希望出版社和江苏少年儿童出版社[26]。

③馆藏情况

在本次回收的251份问卷中,填报有收藏低幼画册的图书馆为140家,比例为55.78%。收藏低幼画册计91.51万册,占少儿文献资源比例为9%,主要收藏馆为独立建制少年儿童图书馆,如图1-2所示。28个独立建制少年儿童图书馆藏量合计达678 270册,占低幼画册总藏量的比例为74.11%,平均每馆藏量为24 224册。7个省级公共馆藏低幼画册58 391册,比例为6.38%,平均每馆收藏低幼画册8342册。105个市县级公共馆藏低幼画册178 439册,比例为19.51%,平均每馆收藏低幼画册1699册。

④案例

厦门市少年儿童图书馆低幼画册馆藏量达11.55万册,占纸质文献总藏量的比例为21.20%,为该次调查中馆藏低幼画册量最大的馆。该馆利用靠近台湾的地理条件,每年投入固定购书经费,采选500种以上台版儿童读物。该馆所藏低幼画册,包括大陆中文版、台版及英文原版三种,其中台版近1万册、英文原版近2.5万册、大陆中文版8.05万册。该馆开辟了两个大开间近600平方米的低幼阅览室,为0—6岁学龄前婴幼儿服务。低幼阅览室设备和书架的购置,环境的布置,全部依据儿童特征,色彩鲜艳,童趣十足。阅览室实行"流通服务为主、多种服务并举"的综合化服务模式,划分出开架外借书库区、普通阅览区、亲子阅览区以及玩具游艺区。并凭借丰富的资源常年举办故事会、画画乐园、巧手屋等亲子活动。

（3）连环画及漫画

①特点

连环画多指在文字之上配有多幅连续的图片来辅助文字讲解故事的出版物，传统的连环画多改编自先期出版的文学作品。连环画开本较小，多以黑白线描为构图的主要方式。

中国传统漫画书是指运用讽刺幽默的意喻画面和夸张的语言手法，创作的单幅或多幅画面。现代意义上的漫画是以日本印刷体漫画为代表，多指通过高密度、多幅、连续纷繁的画面和诙谐含蓄的大众语言，表现特定的故事情节的中长篇连载和单行本，多为黑白画面。目前馆藏中以现代意义上的漫画居多。这种以电影分镜头式语言讲述故事的新漫画（俗称卡通漫画），因其阅读轻松、内容简单有趣，吸引了广大少儿读者的眼球，成为各馆大量采购的出版物[27]。

②出版情况

我国最早定名"连环图画"的是 1925 年由上海世界书局出版的《三国志》《水浒》《西游记》《岳飞传》等五部函装套书。20 世纪 50 年代，我国逐步建立了连环画出版机构。上海人民美术出版社、北京人民美术出版社、天津人民美术出版社等，出版了大量的艺术质量较高的连环画。如 60 本一套的《三国演义》，5 本一套《杨家将》《山乡巨变》《白毛女》《鸡毛信》等。80 年代后又增加了科普科幻故事、人物传记、现代通俗小说等出现了多样化的趋势。但是 1985 年以后连环画出版出现严重的重复现象，连环画的出版陷入了低谷。而这一时期漫画开始涌入了人们的视线[28]。目前出版的传统连环画多为旧有经典作品的重印版。

80 年代中后期，日本卡通漫画大量涌入中国市场，成为少儿文献资源的重要组成部分。我国漫画受其影响，于 90 年代中期产生了本土新漫画。1994 年率先推出《画书大王》纯本土新漫画，涌现出中国第一代动漫新人，如颜开、郑旭升、陈翔、赵佳、姚非拉等。同时也出现了《少年漫画》《卡通王》《北京卡通》《漫画大王》《科普画王》等优秀漫画刊物。2012 年，全国共出版动漫期刊 27 种[29]。

③馆藏情况

在本次回收的 251 份问卷中，填报有收藏连环画、漫画的图书馆为 150 家，比例为 59.76%。收藏连环画、漫画量计 147.23 万册，主要收藏馆为独立建制少年儿童图书馆。31 个独立建制少年儿童图书馆收藏量达 1 027 930 册,占连环画、漫画总藏量的比例为 69.81%,平均每馆藏量为 33 159 册。8 个省级公共馆收藏连环画、漫画 47 305 册,比例为 3.21%,平均每馆收藏连环画、漫画 5913 册。111 个市县级公共馆收藏连环画、漫画 397 042 册,比例为 26.98%,平均每馆收藏连环画、漫画 3576 册。

④案例

在本次调查中发现广州市少年儿童图书馆、沈阳市少年儿童图书馆及天津市少年儿童图书馆在连环画、漫画的收藏中形成规模特色。东莞图书馆漫画馆则是第一家漫画专题馆。广州市少年儿童图书馆在《馆藏文献采访规则》中规定入藏范围包括"国内外优秀少儿动漫原创作品",明确指出了动漫图书在馆藏建设中的重要性。其以 18.38 万册连环画、动漫图书馆藏量,居调查对象首位。沈阳市少年儿童图书馆,馆藏连环画、漫画 15 万册,占纸质文献总藏量的比例 14.02%。

天津市少年儿童图书馆重点将连环画作为少儿特色资源进行重点收藏,新中国成立后出版的连环画均收藏在库。收藏连环画 17 590 种,172 241 册,占纸质文献总藏量的比例为 11.42%内容主要包括古今中外名著、神话故事、戏曲、革命英雄故事、寓言传说、名人传记等。2014 年采购了"中华连环画数字阅读馆",分为 16 个大类,共计 15 000 余册,进一步丰富连环画资源。2015 年 3 月至 11 月开展中华连环画史话暨优秀获奖作品,推广连环画。随着动漫热的兴起,该馆也将动漫作为特色进行重点收藏。400 平方米的动漫馆收藏了许多国家和地区的动漫图书,共计 73 361 册,其中大陆与港台动漫 11 219 种,48 571 册;日文动漫 10 953 种,24 790 册,日本出版的原版动漫书收集较齐全。

东莞图书馆漫画馆建立于 2004 年 7 月,是我国第一家以动漫图书、期刊和数字资源为主题的漫画专题馆。目前拥有大陆及港台漫画书 5 万余册,期刊 50 余种,视频资源 2000 余件。漫画馆占地面积 600 平方米,分为阅览区、互动区、展示区和电子检索区,可以同时提供书籍阅览、动画欣赏、在线涂鸦、作品展示等系列服务。漫画图书馆以文献资源为依托,以动漫活动为契机,本着发展东莞本土原创动漫,服务于广大漫迷朋友的理念,搭建动漫文化阅读平台、动漫知识学习平台、动漫交流平台、动漫产业服务平台。开展的活动有动漫原创作品大赛及作品展、动漫讲座、漫画名家与漫迷见面会、动漫舞台剧表演、COS 秀、原创动漫企业文化推广及周边产品展、动漫游园等系列活动,已成为漫画家、漫画专业人士、动漫企业人士、动漫社团及广大漫迷爱好者的交流、互动、学习、展示、推广平台[30]。

（5）藏书利用情况

①少儿读者持证及图书利用情况

本小节统计的持证数为 108 家独立建制少年儿童图书馆馆藏图书和 202 家省级、市县级公共图书馆少儿部少儿读者之和,截止到 2014 年 12 月底,全国公共图书馆持证少儿读者 3 499 150 张。

2014 年全国各图书馆接待少儿读者 17 029 453 人次,少儿图书年流通 39 422 708 册次,每证年平均借阅图书 11.27 本,国民阅读调查中 2015 年我国成年国民人均纸质图书的阅读量为 4.58 本,阅读电子书 3.26 本,综合起来 2015 年成年国民人均阅读图书 7.84 本,比较而言,少儿读者阅读热情较高[31]。其中独立建制少年儿童图书馆少儿读者每证年平均借阅图书 12.54 本,高于全国平均值。

②独立建制少儿图书馆图书利用情况

2012、2013、2014 年全国少儿图书馆书刊外借人次分别为 943.070 万人次、976.876 万人次、982.212 万人次,呈现逐年增长趋势,2014 年比 2012 年增加了 39.142 万人次,增长了 4.15%。

2012、2013、2014 年全国少儿图书馆书刊外借册次分别为 2087.166 万册次、2285.368 万册次、2324.431 万册次,呈现逐年增长趋势,2014 年比 2012 年增加了 237.265 万册次,增长了 11.37%。

2012、2013、2014 年全国少儿图书馆书刊馆藏利用率分别为:78.46%、79.27%、73.77%,数据表明,馆藏利用率较高,也说明馆藏质量较高,与读者需求契合度较高。

2012、2013、2014 年少儿公共图书馆延伸服务中流动图书馆书刊借阅人次分别为 189.833 万人次、252.765 万人次、310.048 万人次,2014 年比 2012 年增加了 120.215 万人次,增长了 63.33%,说明近几年少儿公共图书馆延伸服务得到了比较大的发展。

2012、2013、2014 年少儿图书馆延伸服务中流动图书馆书刊借阅册次分别为 362.225 万册次、445.163 万册次、513.197 万册次,2014 年比 2012 年增加了 150.972 万册次,增长了 41.68%。

二、少儿连续出版物

少儿连续出版物因特定的读者对象和刊载特点被广大小读者所喜爱,既占有了国内出版市场的一席之地,也成为少儿图书馆馆藏建设的重要组成部分。

1. 少儿连续出版物发展概况及工作规范

(1)发展概况

少儿连续出版物主要包括期刊和报纸,期刊是较系统地传播某一领域的知识或发表研究成果的出版物,而报纸则以消息报道为主要内容。期刊和报纸,一般统称为报刊。期刊,又名杂志,从历史的发展上看,最早的儿童杂志,大概可以追溯至创立于1782年,即230多年前的法文版《儿童之友》(L'ami des enfants),其早于早期著名的儿童读物《格林童话》,而国内较早出现的少儿杂志当属创刊于1922年的《儿童世界》。报纸以刊载新闻为主,包括评论文章、特写和其他内容的文章,是重要的社会舆论工具和大众传播工具。

相比于西方,中国少儿报刊事业的起步虽然晚了一个世纪,但其在推广儿童教育理念,促进儿童文化启蒙等方面同样发挥了重要的作用。作为少儿成长过程中最能适应其生理和心理发展特点的阅读载体,而受到小读者的普遍认可和接受,也成为少儿连续出版物的主要馆藏和利用的核心。

(2)工作规范

在少儿图书馆的馆藏体系建设中,为确保少儿报纸、期刊馆藏建设的系统性和标准化,文化部和相关行业主管部门曾颁布过若干行业标准及条例,如2012年,国家图书馆编制了指导少儿图书馆馆藏建设的《少年儿童图书馆(室)基本藏书目录》,专门为儿童图书馆连续出版物列出了入藏参考目录;此外,文化部每四年发布一次的《少年儿童图书馆的评估标准》[32],也就报刊年入藏数量规定了明确的考核指标,这些无疑都对少儿图书馆的连续出版物建设具有指导意义。

通常各馆按实际情况围绕实用性和标准化原则,对具体工作内容进行相关规范:

采访:目前工作手段多为预订方式,中文期刊以《全国报刊简明目录》为蓝本,通过邮局或直接向出版发行机构订购;外文期刊以世界图书出版公司出版的《外文现期期刊目录》和中国图书进出口公司《外国报刊目录》为蓝本,分别向两家公司订单订购;其他如直接选购、代购、邮购、呈缴、征集、赠送、调拨等方式在地方性图书馆采访实践中尚不具备代表性;还有部分在线订购的电子商务模式。

分类及主题标引:图书馆工作者必须将报刊加以科学、系统化的组织,以形成一个内在联系的有机整体,方便读者更加简单、有效地利用书刊,这就要进行分类标引。目前图书馆的分类是按《中国图书馆图书分类法期刊分类表(第二版)》实施,主题标引,则依据《汉语主题词表》或《中国分类主题词表》进行。在实际工作中,可根据各馆的规模及收藏的品种与数量,在大原则下,自行规定分类与主题标引的深度。通过分类与主题标引,确定报刊的排架及检索,方便读者利用期刊和报纸。

著录:著录是目录组织的基础,准确著录是报刊目录质量的保证。目前报刊著录多采用《连续出版物著录规则》(GB3792.3—85)标准文本。这一标准的制定和实施为机读目录格式化,实现信息资源共享奠定了基础,标志着我国连续出版物工作已走向标准化和规范化。

目录组织:少儿连续出版物大多按查找角度建立分类目录和刊名字顺目录。其中分类目录按中国图书馆图书分类法所列的 22 个大类先后顺序排列,刊名目录按中文拼音首字母或字顺排列,既方便读者使用也方便工作人员管理,满足少儿读者的需求。

典藏管理与组织方面:因少儿连续出版物主要为普及读物,且各馆以用为主,以藏为辅,故大多少儿图书馆连续出版物除重点收藏报刊外,不做全年装订,而是采用单刊典藏,过刊外借,提高使用效率。

馆藏体系考核:2015 年 1 月文化部发布的《公共图书馆评估指标》WH/T 70.1—2015 给出相应指标体系[33],同时颁布《全国少儿图书馆基本藏书目录》(报刊)指导具体工作。

2. 少儿连续出版物出版情况

(1)出版市场概况

在实际工作中,少儿连续出版物中发行量最大、读者最多、对社会各方面影响最大的主要为期刊和报纸两大门类。相比较期刊而言,报纸侧重报道和消息发布。

按 2015 年报纸征订目录统计,目前我国发行报纸总数 1915 种,其中面向少儿读者的总数为 85 种,约占总比例的 4.43%。其中,中央级报刊 17 种,占总数的 0.88%;省市级 68 种,占总数的 3.55%。我国少儿报纸按门类可划分为综合类、文学类、科普类、学习类。其中综合类 18 种,占少儿报纸总数的

21.18%。文学类4种,占总数的4.71%。科普类报刊8种,占总数的9.41%。学习类55种,占总数的64.71%。但学习类因面对不同的学生年龄段、科目以及对应的教材往往一种刊物衍生发行了20多种版本,这也是目前少儿类报纸发行的一大特点。

我国目前有少儿类期刊接近200种,其数量在全国9000多种期刊中仅占2.22%,但在政府组织的历次刊物评选中常有受少儿读者喜爱的刊物入选,而且取得了很好的市场发行量。例如:在每三年评选一次的"中国出版政府奖"评奖中,2011年《舰船知识》获奖,《父母必读》《兵器知识》《小学生天地》等获得提名奖;在2013年度最受读者欢迎的50种期刊评选中《父母必读》《故事大王》《格言》《故事会》《红领巾》《环球军事》《舰船知识》《漫画派对》《青年文摘》《小学生天地》《小学生之友》《小星星》《幼儿画报》《意林》《中学生天地》入选;在2014年正式揭晓的第三届"中国出版政府奖"中,《航空知识》《科学世界》《故事会》《幼儿画报》入选;《青年文摘》《幼儿画报》《意林》《格言》《故事会》《咬文嚼字》《少年文摘》《漫画派对》《读者》等入选中国百强报刊[34]。

而画刊作为期刊中的一个组成部分,因直观形象、图文并茂更受到少儿读者的欢迎,也成为各级少儿图书馆藏书建设的一个特色。

中国较早的画刊是1921年的《时报图画周刊》和1925年北京《晨报》的《星期画刊》。目前少儿画刊的发行品种也有近60种,如《英语画刊》《开心幼儿画刊》《婴儿画报》《幼儿画刊》《小猕猴智力画刊》《科幼世界画刊》《小葵花故事画刊》等都一直为小读者所认可。

2011年至2014年《中国出版年鉴》提供数据显示:近年来少儿连续出版物(期刊,画刊)总体呈现略微增长趋势,其中期刊品种逐渐增加,画刊品种基本稳定。

表1-6 近年来少儿期刊、画刊的种数、印数变动表[35-37]

年份	种数		平均期印数(万册)		总金额(万元)	
	期刊	画刊	期刊	画刊	期刊	画刊
2010	98	51	976	134	106 573	26 954
2011	118	58	1387	113	167 154	22 260
2012	142	60	1497	91	187 275	22 348
2013	144	61	1583	76	201 250	19 974

按《中国新闻出版统计资料汇编2014年》,数据显示少儿类期刊,画刊等:种数占比2.35%,总印数占比16.74%,总金额占比11.53%。

由此可见,少儿的期刊、画刊印数和出版总价占比与种数比例极不对称,体现出品种不多但印数大,总价高等特点,成为整个出版物市场中令人关注的领域。

(2)代表性少儿刊物

少儿连续出版物相对整个连续出版物市场来说,呈现出品种少、印数大的特点,以2013年为例,选择发行量在25万册以上、较有代表性的20种的少儿连续出版物进行统计,该20种刊物种数仅占全部少儿连续出版物比例10%,但印数却占到了少儿刊物总发行量的80%。可见,这些刊物在整个少儿连续性出版物市场中呈现出独霸一方的局面,且这些发行量高的期刊都有一个显著的特点,出版周期快,信息量大(旬刊、半月刊较多),受众面广。

表1-7　平均期印数在25万册以上的代表性少儿期刊[38]

刊名	平均期印数	刊名	平均期印数
幼儿画报(旬刊)	607 239	中学生阅读. 初中版(半月刊)	273 391
儿童文学(旬刊)	289 086	小学生天地(旬刊)	680 000
新少年(月刊)	321 562	最小说(旬刊)	252 000
小学生优秀作文(月刊)	287 119	小学生导刊(旬刊)	720 400
故事会(半月刊)	1 843 333	第二课堂(月刊)	412 275
小学生时代(月刊)	1 039 067	初中生(旬刊)	339 600
中学生天地(月刊)	962 000	漫画派对(半月刊)	620 000
初中生必读(月刊)	710 000	小哥白尼(旬刊)	306 708
小学生之友(旬刊)	640 000	我们爱科学(旬刊)	340 699
初中生之友(旬刊)	300 000	小学生导读(月刊)	820 000

目前,各馆基本是以文化部考评时国家图书馆编制的《少年儿童图书馆(室)基本藏书目录》(连续出版物部分)作为标准,参照期刊市场的发行量变化指标,选择重点入藏期刊品种,最大限度地满足读者阅读需求。

随着国家有计划的调控,加之少年儿童图书产业的全面兴起和儿童文学作品的增量出版,期刊品种数上下波动的幅度较前减缓,但期刊的整体水平与世界品牌期刊的差距日益缩小。

3. 少儿连续出版物入藏状况

近年来在国家加大文化教育投入的大形势下,各级公共图书馆及独立建制的少儿图书馆在连续出版物馆藏体系建设方面都有了长足的发展,同时文化部也通过考评工作,强化了相关数据的汇总和分析,从而对各少儿图书馆乃至一个区域内少儿图书馆的连续出版物馆藏体系的特点和不足做出评价和指导,为重新梳理馆藏文献体系建设的方针,调整采购预算的分配,强化内部管理提供了指导性意见,在全国范围内起到了提升少儿刊物文献体系建设有效性的作用,更好地满足了小读者的阅读需求。

(1)基础数据情况

在经费使用方面:统计数据来自108个独立建制的少年儿童图书馆,180个设有少儿部及专类馆藏的综合性图书馆(含省、市县两级)。1982年文化部颁布的《省(自治区、市)图书馆工作条例》中指出,"要保障省馆必要的经费,并根据图书资料不断积累的特点,图书购置和业务活动经费应逐年有所增加。购书费在总经费中的比例,一般不应低于百分之四十"[39]。参照一般工作实践,大部分图书馆购书经费中少儿连续出版物占总购书经费15%以内(以厦门少儿图书馆为例,报刊25万/202万=12.37%)。基础复本率各地不一,基本以经费及读者阅读频次情况做相应调整,总体在2.0—3.0之间。以此可反推少儿刊物采购经费占总经费之合理比例,也是具体操作环节的参照。

在资料获取途径方面:目前图书馆少儿出版物主要通过订购方式获取,地方出版机构发行的少儿连续出版物一般很少通过赠送或呈缴的方式入藏。说明目前获取文献的手段单一,经费来源也主要依靠政府财政拨款。

为规范和提升馆藏体系建设的质量,文化部曾下发指导性考核标准,相关基础馆藏目录对少儿图书馆连续出版物的入藏数量和品种都有具体规定:

表1-8 文化部公共图书馆评估指标(连续出版物)[40]

级别	省级	市级	县级
基本值	200 种	100 种	50 种
良好值	500 种	300 种	100 种

2015年,国家图书馆研究院向全国少年儿童图书馆发放了事业发展情况调查问卷。问卷反馈的少儿连续出版物方面的数据如下:

表 1-9　少儿连续出版物馆藏情况表

级　别	样品	数据完整	数据缺失	报刊合计（种）	报刊平均种数
独立建制少儿图书馆	46	33	13	15 672	474
省级公共图书馆少儿部	16	8	8	1126	141
市县级公共馆少儿部	189	137	52	10 434	76

数据说明:调查显示,独立建制的少儿图书馆入藏报刊种数符合文化部考核指标要求,而公共图书馆系列似乎有所欠缺,这应该是统计口径上理解差异导致。在实际工作中,公共图书馆系列(尤其是省级公共图书馆)报送的数据通常是少儿部入藏少儿报刊数,而独立建制少儿馆通常是全馆入藏报刊数。参照我国目前少儿期刊、画刊总数近 200 种的数量,省级公共图书馆少儿部报刊覆盖率 70%以上,属可接受范畴;县市级图书馆介于良好值与基本值之间,客观体现了该级别图书馆报刊入藏的实际情况;而独立建制少儿图书馆统计数量为馆藏报刊总量,包含部分非少儿刊物,平均值接近文化部考评良好值标准。

(2)各行政区域少儿连续出版物收藏总体情况

按国内地区行政区域划分为东北、华北、华东、中南、西南、西北。虽然从连续出版物馆藏建设稳定性的角度看,同一区域内少儿图书馆近几年收藏情况基本稳定,但我国区域发展基础的不均衡性,在连续出版物的收藏方面也可见一斑:各区域波动性较大,呈不均衡状态,这种差距随时间的推移还有扩大的趋势。具体在西南、西北更为明显,从近年来的《中国期刊年鉴》统计数据可见,西南、西北区域近年入藏报刊数量波动性较大。尤其 2014 年出现较大跌幅。

据调研数据统计:华北地区共有少儿图书馆(室)机构数 19 个,2014 年区域平均入藏报刊 207.16 种;东北地区共有少儿图书馆(室)机构数 20 个,2014年区域平均入藏报刊 410.2 种;华东地区共有少儿图书馆(室)机构数 31 个(江西未提报),2014 年区域平均入藏报刊 325.71 种;华中地区共有少儿图书馆(室)机构数 15 个,2014 年区域平均入藏报刊 313.73 种;华南地区共有少儿图书馆(室)机构数 7 个(海南未提报),2014 年区域平均入藏报刊 732.14种;西南地区共有少儿图书馆(室)机构数 9 个(西藏,贵州未提报),2014 年区域平均入藏报刊 252.56 种;西北地区共有少儿图书馆(室)机构数 7 个(青海,宁夏,新疆未提报),2014 年区域平均入藏报刊 49 种。

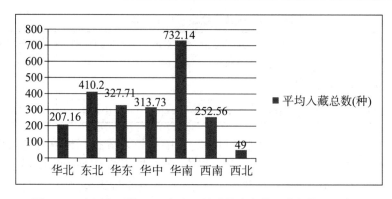

图 1-8 中国各区域 2014 年少儿馆连续出版物入藏报情况示意图

数据显示,同是独立建制少儿图书馆在不同区域范围内受地方经济及历史上重视程度的影响,也表现出较大的数据分化。参照国家图书馆研究院 2014 年汇总数据,考虑到经费来源对入藏数量的影响关系,西北地区数量偏低能够得到合理解释。但必须指出,这种差距对于国家整体的文化发展战略是极为不利的,文化与经济发展的内在联系也会对区域经济的发展造成负面的影响,甚至导致恶性循环。这也是未来相关主管部门应该予以重视和加强投入加以改进的领域。

三、少儿文献数字资源

少儿文献数字资源是指以数字形式把符合未成年人阅读需求的文字、图像、声频、视频等有序的、可利用的信息资源存储在光、磁等介质上,以光电信号的形式传播,并通过计算机局域网或互联网进行本地或远程读取和使用的一种信息资源。

1. 少儿文献数字资源出版情况

根据少年儿童的自身特点和阅读需求,少儿文献数字资源出版形态呈现多样性,主要包括电子图书、电子期刊、有声读物、多媒体数据库、少儿 APP 应用等。

(1)电子图书

电子图书的主要格式有 TXT、HTML、PDF、DOC 等,需通过 PC、阅读器、手机、平板电脑等终端平台进行阅读,具有易复制、成本低、占用空间小、携带方便等特点。目前除了超星、方正、书生等几家大型电子书供应商所提供的电子书阅读平台外,在数字化浪潮的冲击下,国内多家专业少儿出版社也建立了各自的数字出版中心,有些少儿出版社将数字出版业务委托给技术公司,自身提供内容资源,积极向少儿数字出版转型。值得一提的是,"点点书库"和"中华连环画数字阅览室"所制作的电子图书特点鲜明,前者主要涉及动漫类电子书,后者则以连环画电子书为发展方向,符合少年儿童的阅读兴趣,深受青少年读者的喜爱。

(2)电子期刊

电子期刊的特点和阅读方式与电子图书基本相似,发行方式通常有直接发行和代理商发行两种。

目前我国采用代理商发行方式的主要有同方知网、万方数据、维普资讯、龙源期刊和博看期刊等,前三者以学术类期刊为主,而后两者主要代理综合类期刊。另外,由中国少年儿童新闻出版总社(简称"中少社")开发的"中少快乐阅读平台",汇集了该社5种报纸11种期刊,适合0—18岁各年龄层的少儿读者阅读,其"类纸书"翻页式的阅读体验深受小读者的青睐。

(3)有声读物

有声读物针对的人群非常广泛,在少儿出版领域主要适用于儿童的早期教育。有声读物结合了学龄前儿童的阅读特点,把知识融入读物当中,以声音的形式表现出来。让孩子在阅读中学习知识,边玩边学,寓教于乐。目前我国较具影响力的有声数字平台包括了"天方听书""懒人听书""中华听书""好看听书"等,这些数字平台都设有童书专区供少儿读者阅读。

(4)多媒体数据库

多媒体数据库是少儿数字出版最常见的一种出版形态。目前我国少儿多媒体数据库主要呈现两种类型,一种是以同种资源类型为主体的专题性数据库,如"库客音乐图书馆""公元集成教学图片库"等;另一种是以不同种资源类型汇集各类主题的综合性数据库,如"乐儿科普动漫库""爱迪科森少儿多媒体图书馆"等。另外多媒体数据库在中小学教学领域上也有所应用,如"新东方中小学数字图书馆"和"万方中小学数字图书馆"都属于该类型的数据库。

(5)少儿APP应用

少儿APP即指基于智能移动设备如智能手机、平板电脑上的第三方应用程序的少儿文献数字资源,其具有界面精美、交互性强、操作简便、功能多样、寓教于乐等特点。如接力出版社于2012年与法国伽利玛出版社共同开发的"第一次发现丛书——瓢虫"就是一款多媒体互动的少儿APP。此款APP应用集游戏、体验、教育等多功能为一体,在互动体验中,孩子可以给瓢虫喂食、引导瓢虫飞行,让孩子在快乐的游戏中了解瓢虫的世界[41]。

2. 少儿文献数字资源的类型特点及政策环境

(1)类型与特点

目前馆藏少儿文献数字资源主要有以下几种类型:第一,电子图书,主要代表有超星电子书、方正电子书、书生电子书等。第二,电子期刊,主要代表有同方知网、万方数据、维普资讯、龙源期刊、博看期刊等。第三,数据库,包括各种专题的图像数据库、音频数据库、视频数据库等。载体形态包括:磁盘型、光盘型和网络型三种。内容形式包括:文本、图像、音频、视频等。从获取途径看,少儿文献数字资源建设以外购为主,自建为辅。

少儿文献数字资源由于其读者对象的特殊性,除一般数字资源的特点外还具有以下两个显著特点。第一,表现形式多样性。少儿文献数字资源充分运用文字、图片、音频、视频、动画等多种表现形式展现内容,让儿童通过多种感官体验阅读的乐趣。第二,交互性强。少儿文献数字资源不但能听能读,还可以与儿童进行互动,借助互动性拉近与读者之间的距离,使儿童边阅读边想象,体验身临其境的阅读氛围。

(2)政策环境

我国少儿文献数字资源建设起步较晚,于2000年启动"中国少年儿童信息大世界——网上图书馆"项目,联合全国14家少儿图书馆进行建设,探索建立受少年儿童、教师、家长及儿童工作者欢迎的数字资源平台。除此以外,在发展之初,仅有为数不多的少儿图书馆敢于尝试数字资源建设。由于受当时资源、技术、条件、经验等各种因素的限制,在开发内容上偏重于面向儿童教育者及服务者,且网站的用户界面设计读者针对性不强,因此一直以来真正适合少年儿童的数字图书馆不多。近年来,随着信息技术的飞速发展,社会、政府逐步意识到少儿数字图书馆建设的重要性,已有越来越多的少儿图书馆加入数字资源建设中,不管从内容还是制作质量上都有了长足的进步[42]。

①国家宏观政策的扶持

近年来,中央先后出台了一系列关于大力发展文化事业,加大公共文化服务力度的政策,为少儿图书馆事业发展提供了良好的政策环境。其中,《中共中央关于深化文化体制改革推动社会主义大发展大繁荣若干重大问题的决定》(2011年)明确地提出要"完善国家数字图书馆建设"。2011年年底,文化部、财政部共同出台了《关于进一步加强公共数字文化建设的指导意见》，强调进一步加大全国公共数字文化建设力度，重点实施文化共享工程、数字图书馆推广工程和公共电子阅览室建设计划等公共数字文化惠民工程。《文化部信息化发展纲要》(2013 年)提出要进一步推动公共数字文化惠民工程建设，加强数字文化产业的发展和服务开发。一系列政策的出台为推动全国少儿数字图书馆建设起到了重要的保障作用。

②数字图书馆相关工程的立项

全国文化信息资源共享工程、数字图书馆推广工程和公共电子阅览室建设计划共同构成了文化部三大惠民工程，这三项工程相互配合，有力地推动了少儿数字图书馆的发展。"全国文化信息共享工程"于 2002 年 4 月正式启动，采用现代信息技术，对全国现有各类文化信息资源进行数字化加工和整合，并通过文化信息网络实现信息资源在全国范围内的共建共享。2011 年 5 月，"数字图书馆推广工程"正式启动，在国家数字图书馆工程和各地数字图书馆建设已有成果的基础上，将全国各馆已建成的数字图书馆系统链接起来，搭建成一个高度共享的数字资源平台，逐步形成覆盖全国的数字图书馆服务体系。2014 年 3 月，"数字图书馆推广工程"首次将少儿图书馆纳入实施范围，共有 5 家省级少儿图书馆、63 家市级少儿图书馆开展工程建设。"公共电子阅览室建设计划"是在上述两项工程取得积极进展的基础上实施的又一重要工程，这一工程的实施将推动公共电子阅览室的免费开放和设施建设，满足了未成年人基本义化需求，是加快构建公共文化服务体系的重要举措。

③各地数字图书馆建设的兴起

从 2012 年起，全国各地相继将"数字图书馆建设"列入地方政府相关文件，纳入财政预算，将数字图书馆发展提升到一定高度。全国各地图书馆的新馆建设如火如荼，许多数字图书馆建设与新馆建设同步启动，规划专项经费开展数字图书馆建设[43]。这里的数字图书馆建设内容自然也包含了少儿文献数字资源建设。

3. 我国少儿文献数字资源建设情况

(1)经费投入情况

此次调研的 251 家图书馆中，设有数字资源专项采购经费的图书馆共有92 家(当中已排除有资源但未填写经费的图书馆)，2010—2014 年投入的经费总额达 4713.08 万元，数字资源采购经费平均每馆 51.23 万元。其中该五年合计专项经费达 100 万以上的，独立建制少年儿童图书馆 10 家，公共图书馆少儿部(室)3家;经费达50万—100万之间的,独立建制少年儿童图书馆4家,公共图书馆少儿部(室)5家;经费达10万—50万之间的,独立建制少年儿童图书馆9家,公共图书馆少儿部(室)20家;经费达10万以下的,独立建制少年儿童图书馆3家,公共图书馆少儿部(室)38家。从中可以明显看出,独立建制少年儿童图书馆数字资源建设经费投入的数额要比公共图书馆少儿部(室)来得多。此外,从本次调研得知,东部地区的建设经费要高于西部地区,省级图书馆的建设经费要高于市县级图书馆,这些都与地域经济条件的差异有直接的关系。

(2)馆藏情况

少儿文献数字资源建设途径主要包括自建和采购两个部分。截至2014年,此次调研的251家图书馆数字资源总量约为926TB,其中自建资源187.27TB,占20.22%,采购资源738.72TB,占79.78%。

①自建情况

此次调研共有47家少儿图书馆开展了自建资源建设工作,各图书馆根据馆藏特点结合地方特色,通过数字化加工建设了一批类型丰富、特色鲜明的数字资源。目前我国少儿图书馆自建资源的建设方式主要以自身馆藏的单馆建设为主,同时借助全国文化信息资源共享工程、数字图书馆推广工程开展的数字资源建设项目,从不同程度上参与了全国范围的数字资源联合建设工作。

从调研数据统计得知,全国各级少儿图书馆自建数据库共89个,数据容量达187.27TB。其中,17家独立建制少年儿童图书馆自建数据库45个,平均每馆2.65个,数据容量达59.29TB,平均每馆3.49TB;30家公共图书馆少儿部(室)自建数据库44个,平均每馆1.47个,数据容量达127.98TB,平均每馆4.27TB,详见图1-9。

从内容方面看,我国少儿图书馆自建数字资源主要包括三个部分:一是馆藏文献的数字化加工,主要是各图书馆将本馆的书目数据和文献全文的数字化;二是专题特色数据库的建设,主要是各图书馆将本馆的特色馆藏进行整理并开展的数字化加工;三是视频类数据库建设,主要是各图书馆将本馆特色馆藏与本地区的地域特色、少儿特色有机结合,形成集文字、图片、视频、音频为一体的多媒体资源库。

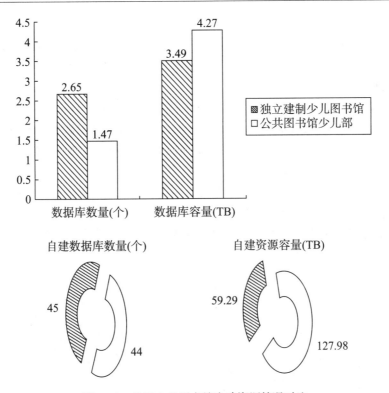

图1-9　我国少儿图书馆自建资源情况对比

　　通过调研发现,全国各级少儿图书馆自建数据库中,以专题特色数据库的数量最多,视频类数据库次之。在专题特色数据库建设方面,以选择地方历史、地域文化等主题居多,如重庆市少年儿童图书馆的“红岩历史多媒体库”、广州少年儿童图书馆的“广州记忆特色数据库”、厦门市少年儿童图书馆的“闽南儿童地方文献数据库”等。视频类数据库则主要集中在讲座视频、动漫视频、知识教学视频等,如武汉市少年儿童图书馆的“童窗讲坛”和“家教讲坛”、鄂尔多斯市东胜区少年儿童图书馆的“蒙古族少儿动漫资源库”、大连少年儿童图书馆的“科普视频资源”等。

　　总体上看,全国各级少儿图书馆的自建数据库已形成一定的规模,其中东北地区和华东地区发展较快,西南地区和西北地区相对滞后。数据库资源建库形式虽多样化,但数据库资源内容主题较为集中,不够系统完整,且数据库整体质量不高。

②采购情况

此次调研共有 76 家少儿图书馆开展了采购资源建设工作,各图书馆结合本地区的政治、经济、文化发展情况,在充分考虑读者需求的基础上,按年度开展商业数字资源的采购工作。

从调研数据统计得知,全国各级少儿公共图书馆外购数据库共 342 个,数据容量达 738.72TB。其中,30 家独立建制少年儿童图书馆外购数据库 207 个,平均每馆 6.90 个,数据容量达 276.13TB,平均每馆 9.20TB;46 家公共图书馆少儿部(室)外购数据库 135 个,平均每馆 2.93 个,数据容量达 462.59TB,平均每馆 10.06TB,详见图 1-10。此外,本次调研发现有 28 家独立建制少年儿童图书馆馆藏电子书 507.48 万册,平均每馆 18.12 万册;64 家公共图书馆少儿部(室)馆藏电子书 156.41 万册,平均每馆 2.44 万册。

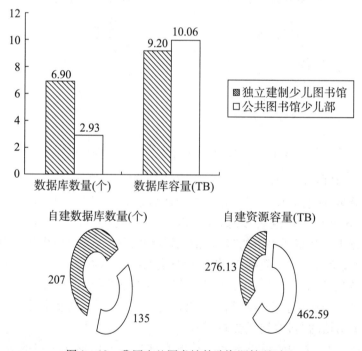

图 1-10 我国少儿图书馆外购资源情况对比

数据显示无论独立建制少年儿童图书馆还是公共图书馆少儿部(室),外购资源的数量和容量都远高于自建资源,说明我国少儿文献数字资源建设方式主要以采购为主,自建为辅。

根据文化部 2015 年 1 月发布的最新《公共图书馆评估指标》所要求的,省级少儿图书馆数字资源馆藏量指标应在 4—10TB 之间,而市县级少儿图书馆则对数字资源容量不做要求。从本次调查数据看,所有省级少儿图书馆基本上都能达到评估指标的要求。

从内容方面看,我国少儿文献数字资源采购主要以电子图书、电子期刊、多媒体数据库等普及性商业数据库为主。我国少儿图书馆采购数字资源采用动态管理模式,每年度各馆都会根据数字资源使用情况统计和读者需求变化进行数字资源的续订更新工作。从调研数据可见,我国少儿图书馆现有外购数字资源的品牌集中度较高,从资源类型来看,电子图书方面,购买主要集中在“超星电子书”“方正电子书”“点点书库”“中华连环画数字阅览室”等;电子期刊则主要集中在“CNKI 中国知网”“龙源期刊”“博看期刊”“万方数据”“中少快乐阅读平台”等;多媒体数据库的购买主要集中在“新东方多媒体学习库”“爱迪科森少儿多媒体图书馆”“乐儿科普动漫库”等,具体详见下表。

表 1－10　全国少儿图书馆电子图书采购情况

排名	资源名称	独立建制少儿馆采购数量(个)	公共图书馆少儿部采购数量(个)	合计资源采购数量(个)
1	超星电子书	6	33	39
2	中华连环画数字阅览室	10	20	30
3	方正电子书	7	21	28
4	点点书库	14	12	26

表 1－11　全国少儿图书馆电子期刊采购情况

排名	资源名称	独立建制少儿馆采购数量(个)	公共图书馆少儿部采购数量(个)	合计资源采购数量(个)
1	博看期刊	11	27	38
2	CNKI 中国知网	2	32	34
3	万方数据	1	26	27
4	龙源期刊	3	23	26
5	中少快乐阅读平台	13	5	18

表 1－12　全国少儿图书馆多媒体数据库采购情况

排名	资源名称	独立建制少儿馆采购数量（个）	公共图书馆少儿部采购数量（个）	合计资源采购数量（个）
1	新东方多媒体学习库	2	22	24
2	爱迪科森少儿多媒体图书馆	10	13	23
2	乐儿科普动漫库	16	7	23
3	库客音乐图书馆	3	15	18
4	知识视界	9	5	14
5	贝贝国学	6	6	12

　　总体而言,全国各级少儿图书馆在自建数字资源的同时,通过商购方式选择性地引进了适合本馆服务需求的各类商业数字资源,虽然投资较大,但却节省了大量的时间和人力,加快和丰富了图书馆的数字资源建设。但由于这些商购数字资源的品牌集中度较高,数字资源的重复性购买现象严重,较不利于今后资源的共享,造成资源的浪费。

　　目前我国少儿文献数字资源常用的存取形式主要有本地镜像和远程访问两种。以本地镜像为主,远程访问为辅。

　　(3)共享情况

　　目前我国少儿文献数字资源可提供共享主要包括本馆自有资源、省域共享资源和全国共享资源三部分。本馆自有资源主要是各馆通过自建、采购等方式建设的数字资源;省域共享资源是在资源区域授权的基础上,省级少儿图书馆借助统一用户认证系统,打造省内统一的数字资源服务平台,实现省内各级少儿图书馆的数字资源无差异共享;全国共享资源主要是借助国家的重大数字文化工程,发挥我国各级少儿图书馆在数字资源建设方面的整体优势与规模效益,通过各级少儿图书馆多向传输和交互共享形成的数字资源,主要包括全国文化信息资源共享工程和数字图书馆推广工程所建设的数字资源[44]。

　　4. 我国少儿文献数字资源服务方式及利用情况

　　(1)访问方式

　　少儿文献数字资源访问方式分为仅限馆内访问、馆外自由访问、读者认证与区域授权访问三种。

①仅限馆内访问

本次调研的样本共有数据库431个,只有69个数据库采用了这种访问方式,仅占总量的16%。这类仅限馆内访问的数字资源主要为各馆自建的影视欣赏、VOD视频点播等受版权保护无法开放的视频类数据库。

②馆外自由访问

根据调研数据表明,有78个数据库采用了这种访问方式,占总量的18%。这类高开放程度的数字资源常出现在各馆自建的专题特色数据库,由于这些自建资源多为本馆特色资源,从而较好地解决了版权问题。

③读者认证和区域授权访问

本次调研中,有284个数据库采用了这种访问方式,占总量的66%。这些数据库大多属于外购型数字资源,说明了我国少儿图书馆外购数字资源多倾向于这种读者认证与本地合作的服务方式,因而各馆在少儿文献数字资源采购过程中,应充分考虑到儿童群体特征,通过开放便捷的网络服务满足其阅读需求。

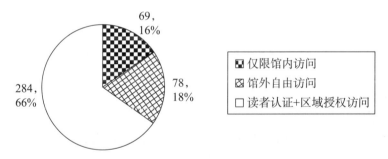

图1-11 我国少儿图书馆数字资源访问方式

(2)服务方式

随着信息技术的高速发展,少儿图书馆数字资源的服务方式呈现多元化,多种创新的服务手段先后启用,其中以网络在线服务、移动终端服务、触摸屏服务等为主。

①网络服务方式

在网络快速发展的今天,少儿图书馆已经清楚地认识到网络服务的重要性,网络服务是少儿数字图书馆最为常见的数字资源服务方式,基本上全国各级少儿数字图书馆都能提供该种服务方式。

②移动终端服务方式

随着计算机、网络和无线通信技术的迅猛发展,各种便携式移动终端大量涌现,互联网已经进入移动时代。移动图书馆服务将是网络环境下图书馆服务的主流形态。此次调研中,251家图书馆中已有48家图书馆提供了移动终端服务,占调研总数的19.12%。少儿图书馆移动服务平台的开发使用,除了与本地移动运营商有关外,还与外购商业数字资源是否支持移动终端功能有密切的关系。目前市面上可支持移动终端功能的少儿商业数字资源已经越来越多,如"中华连环画数字阅览室""乐儿科普动漫库""爱迪科森少儿多媒体图书馆""贝贝国学"等。

③触摸屏服务方式

触摸屏服务可以为读者提供最方便、简单、直观的信息获取服务。目前我国少儿图书馆触摸屏的使用主要集中在服务宣传、资源介绍及电子报刊等方面,触摸屏与读者的交互还比较少。触摸屏作为一种新媒体服务方式,虽未普及使用,但已经在少儿图书馆中逐步流行起来。此次调研中,251家图书馆中已有家39家图书馆提供了触摸屏服务,占调研总数的15.54%。该项服务方式在省级图书馆开展得比较好,这与图书馆自身情况和读者需求是分不开的。目前已有一些数字开发商把数字产品应用到触摸屏服务上,如"中华连环画数字阅览室""爱迪科森少儿多媒体图书馆""贝贝国学""超星少儿"等[45]。

(3)利用情况

在服务效果方面,因许多数字资源利用统计模块设计不完善,利用数据获取困难,因此主要利用少儿图书馆网站点击量来分析少儿文献数字资源的利用情况。

图书馆网站是进入现代化信息时代后又一检验图书馆服务能力的重要指标之一。本次调研共收到49家有效的图书馆网站年点击量统计,其中29家独立建制少年儿童图书馆网站年点击量达1419.06万次,平均每馆48.93万次;20家公共图书馆网站年点击量达186.3万次,平均每馆9.32万次。

根据《公共图书馆评估指标》提出的最新要求,省级少儿图书馆年网站访问量的指标在10万—30万次,市级少儿图书馆6万—12万次,县级少儿图书馆2万—5万次。调查数据显示,大部分少儿图书馆都能达到评估指标的要求。根据本次调查结果,全国各级少儿图书馆基本达到评估标准[46]。

四、其他类型少儿文献资源

少儿文献资源体系除了印刷型图书、连续出版物以及电子图书、数据库等数字资源外，还包括玩具、科技模型、挂图等，随着读者需求的变化与信息技术的快速发展，还出现了立体书、AR 图书、点读书等新类型的少儿文献资源。

1. 玩具

（1）特点

在这里玩具专指供 14 岁以下儿童玩乐和游戏的产品。玩具被公认为儿童学习、发育和成长中的一个重要组成部分，能够帮助儿童在身体、智力、社交和情感上得到发展。加拿大玩具协会把玩具分成了 16 种，分别是：球、洋娃娃、填充玩具、建筑玩具、模拟玩具（如火车套装、汽车、吉他等）、视觉玩具（如颜色、蜡笔、万花筒）、模型混合玩具、音乐和韵律玩具、运动和室外玩具、车辆玩具、电动和电池操作玩具、游戏玩具、爱好和工艺品玩具、电动玩具和游戏、装饰玩具[47]。

玩具的特点主要体现在：一是娱乐性，玩具需满足孩子们自由摆弄、操纵运用，以符合孩子们的心理爱好和能力水平；二是文化教育性，婴儿期，玩具的颜色鲜艳、造型优美、悦耳声音和简单动作，成为婴幼儿期的孩子认识世界、探索世界的最好载体；幼儿期，玩具不仅可以培养孩子良好的性格，也是思想品德教育有效的手段；青少年期，结合玩具与多媒体元素能激发孩子们探索未知事物的求知欲，了解世界各国风土人情开阔视野，锻炼思维能力和动手能力；三是多样性，玩具面对的受众群体、地域文化、消费习惯、文化习俗等方面存在差异，使得玩具存在多样性；四是潮流性，每种玩具无论从款式、用料、形象都符合其历史潮流的特性[48]。

（2）生产情况

目前我国玩具行业属于分散行业，即行业由大量中小型企业组成，企业数量众多但规模较小，2010 年年底我国规模以上的玩具企业有 1905 家，2014年年底为 1410 家[49]。但随着玩具安全和环保标准的提高，品牌玩具企业和优势龙头企业的不断发展和扩张，我国玩具行业将走上内涵式增长的道路，行业集中度也将逐渐提升。目前在所属的细分市场上具有相对优势的玩具产品，如邦宝股份的积木、群兴玩具的童车、互动娱乐的车模、奥飞动漫的动漫产品等。在资源有限的前提下，企业不能生产出满足各种需求的玩具，将来市场细分和专精的趋势将会越来越明显。

随着玩教结合的教育模式逐步升入人心,具备娱乐和教育两大功能的玩具被广泛运用。家长的教育意识也在不断更新,从孩子一出生就根据孩子不同的成长阶段有计划、有针对性地购买各种益智玩具。2010 年中玩协提出了"玩具课堂"理念和构想,并每年举办中国(北京)国际玩具动漫教育文化博览会。旨在让家长了解玩具在孩子成长中的重要作用,玩具能够帮助孩子学习,玩具对于孩子的健康成长、智力发育有着积极作用,能够为孩子的阅读、写作、数学、人际交往和创造性奠定良好的基础[50]。

(3)馆藏情况

在本次回收的 251 份问卷中,填报有收藏玩具的图书馆为 50 家,比例为 19.92%,近 9 成的省级馆和市县馆没有收藏玩具,独立建制的少儿馆中,也仅有近 6 成的馆有收藏玩具。该情况与儿童图书馆评估要求还有一定的距离,评估中要求各馆要设置低幼儿童玩具室,玩具收藏成为必备馆藏之一。

50 家图书馆收藏玩具量计 11 883 件,收藏馆主要为独立建制少年儿童图书馆,如图 1 - 10 所示。26 个独立建制少年儿童图书馆藏量合计达 9067 件,占玩具总藏量的比例为 76.30%,平均每馆藏量为 203 件(为了更客观准确地反映我国少儿图书馆玩具收藏整体情况,数量特别大的沈阳市少年儿童图书馆不计入平均值)。4 个省级公共馆藏玩具 176 册,比例为 1.48%,平均每馆收藏玩具 44 件。20 个市县级公共馆藏玩具 2640 册,比例为 22.22%,平均每馆收藏玩具 58 件(为了更客观准确地反映我国少儿图书馆玩具收藏整体情况,数量特别大的东莞市图书馆不计入平均值)。

(4)案例

沈阳市少年儿童图书馆玩具收藏量达 3800 件,是调查中玩具收藏规模最大的馆,还专门设置了玩具室。在市县馆中,东莞市图书馆收藏的玩具量为 1536 件,是调查中玩具收藏规模最大的市县成人馆,还设置了专门的馆中馆——玩具图书馆。玩具的类型包括建筑、创意、音乐、体能、扮演、棋类、卡牌、技巧、拼图及电脑十几类。所藏玩具能促进儿童器官、语言、概念及社交能力等方面的发展和提高。它主要为 8 岁或以下儿童及父母提供亲子玩乐,是儿童游戏的乐园,也是父母于孩子流通情感和思想的温馨场所。

相比其他省份,广东省各市、县、区公共图书馆对玩具收藏比较重视,据了解广州市图书馆、广州少年儿童图书馆、东莞市图书馆、东莞少年儿童图书馆、佛山市图书馆、广州市海珠区图书馆、广州越秀区图书馆、湛江市少年儿童图书馆、深圳市盐田区图书馆、始兴县图书馆 10 家图书馆均设立了专门的玩具室供读者免费使用。广州图书馆玩具图书馆内有 400 余件玩具,且分为角色与交流、构建与空间等类别。该玩具图书馆的运营采用新的政府购买服务的形式,由第三方的玩具公司来公益运作。并在玩具的选择上,为家长提供咨询[51]。佛山市图书馆玩具馆拥有科学探索、角色扮演、数学启蒙、音乐艺术、构建活动五大类优质玩具 200 余件。部分玩具由专供国际学校的优质教育资源供应商提供,市面上罕见。每月第一和第三个周六举办"玩具总动员"特色主题活动,专业老师带领孩子们一起开动脑筋,探索玩具的无限可能[52]。

2. 新型少儿文献资源

(1)立体书

立体书被称为 Pop-Up Book,也有称之为 Movable Book(可动书),可读、可看、可动,还可玩。书中图形从平面变化转变为立体变化,形成"可站立"或可活动的图形,翻阅时,可手动将书中平面的东西变成立体的图形,或是一打开两页之间的立体图形就会自动立起来。设计上有机械、立体、空间、声音、形象或图像的延伸,增加阅读的效果。立体书可以简单地分为玩玩书、造型书、立体书、翻翻书以及其他等类型。

(2)AR 图书

增强现实技术(Augmented Reality),简称 AR。对二维码、图片的识别,它可以将静态文字和图片变得有"生命力"。利用 AR 增强现实技术,使读者与书中形象进行交流,充满趣味性和新奇性。2013 年的江苏书展上,中国矿业大学出版社就曾展示过一款《采掘机械与液压传动》,号称国内首部采用 AR 纸数互动移动阅读技术的图书[53]。2015 年 12 月 20 日,温州少图首家"3D 立体书体验馆"试开馆,吸引了不少小读者与家长前来感受数字资源带来的全新阅读体验[54]。

近年,浙江少年儿童出版社、中国矿业大学出版社、中国少年儿童新闻出版总社、接力出版社、湖南少年儿童出版社、中信出版社、电子工业出版社、科学普及出版社等出版机构都在图书中嵌入 AR 技术。

(3)点读书

点读书是基于点读笔之上的一种新型电子图书读物,由点读笔和图书配套组成。点读书采用趣味语音教学模式,克服儿童不会认字、盲人无法识字的障碍,用一支点读笔点击书籍上的图片,点读笔就可以发出与之相对应的发音、句子、诗歌或故事。具有点读、同步翻译、朗诵复读等功能,实现"哪里不会点哪里"。

目前点读书主要集中在英语学习方面,主要有洪恩英语系列、外语教学与研究出版社之丽声系列、机械工业出版社安妮花系列、外语教学与研究出版社与剑桥大学出版社的剑桥国际少儿英语、中国青年出版社典范英语系列、中国地图出版社儿童英语自学系列、中国妇女出版社美国小学英语系列等。

第三节   问题与对策

一、存在突出问题

1. 少儿文献资源投入人均数额还比较小

数据显示,近五年少儿文献资源建设经费投入总体数额逐年增长,充分说明国家越来越重视少儿阅读。但少儿读者人数增长幅度超过了资源购置费投入的增幅,因而人均拥有的资源购置费呈下降趋势。

2. 少儿文献资源建设缺乏法律政策规范

调查发现,指导少儿文献资源建设的法律政策欠缺,有些文件年代久远,已经不能适应读者需求和环境变化的情况。这导致了少儿文献资源建设处于一个比较无序的状态。少儿文献资源保障体系建设缺乏法律政策的保障。少儿文献数字资源的版权问题也是个不容忽视的问题,特别是音频、视频资源和各馆自建数据库的版权,都需要法律政策的规范。

3. 联合共享共建的机制还未完全建立

一方面,图书馆行业内的共建共享机制还没有完全建立,特别是公共图书馆少儿部(室)和独立建制的少年儿童图书馆之间,另一方面,和教育系统、博物馆系统等跨部门的共享机制也没有建立。

4. 资源的年龄分层还不够细化

资源的年龄细分应该进一步细化,例如针对0—6岁的学龄前幼儿的资源没有细分。0—3岁的低龄婴幼儿和4—6岁的幼儿园阶段的幼儿,心理特征或认知程度截然不同,因而对资源的需求差异很大,但大部分的少儿文献资源,只笼统划分为0—6岁。另外在调查中也发现,各馆对少儿抚育者、教育者的资源建设没有特别提及。在少儿文献资源建设中,这部分的资源应该如何建设,有待进一步研究。少儿文献资源分级目录及分级服务体系有待建立。

5. 资源采购模式单一

少儿文献资源建设目前所采用的采购模式比较单一。大部分的馆基本上都采用政府公开招标采购。在采购过程中供货商评价体系中价格因素所占比例大,这样导致资源质量没有得到很好的保障。而且供货商受制于利润因素,对于部分读者急需的少量经典资源,因手续烦琐、利润微小等原因,存在供货不及时或无法供货的问题。因此要把公开招标、单一来源采购、自主采购等多种采购模式结合起来。

6. 资源建设制度保障缺乏

从调查的数据来看,大部分的馆没有提供资源建设的相关规章制度。从内容上看,收集到的采选方针和条例,都比较笼统,只规定了大致的采访原则,对复本数、馆藏特色、各载体的经费分配等重要内容少有涉及。对少儿文献数字资源建设的趋势研究不足,导致数字资源建设没有规划,经费投入不稳定。

7. 供需匹配机制缺乏

目前,少儿文献资源的建设主要通过采购方式进行,而采购来源主要来自于出版社或发行商提供的文献,或者是电子资源提供商提供的产品,读者被动借阅图书馆提供的现有资源,对于读者的需求情况和阅读倾向变化情况出版商或发行商很少从图书馆方面得到信息反馈,他们的出版决策更多来自于销售情况以及编辑部门的主观臆断,因而在供需对接方面存在机制方面的障碍。

二、对策

1. 宏观方面

（1）经费投入需持续加强

我国拥有占总人口三分之一的少年儿童,资源购置费人均数额小,面对如此庞大的少儿人口数,国家还需要持续加大对图书馆的投入力度,特别是大力发展少儿图书馆事业,进一步保障少年儿童的基本文化权益。在调研的图书馆中,公共图书馆少儿部（室）特别是基层公共图书馆少儿部（室）,少儿文献资源建设投入费用数额小,从几千元至几万元不等,且极不稳定,时高时低。因此建议各级公共图书馆中少儿文献资源购置费的投入,应在文献总购置费中要有一定比例,并应出台相关制度措施保障专款专用。

（2）相关法律政策需制定完善

建议国家层面，从法律政策和标准方面加强对文献建设的指导。各级地方政府和文化主管部门则根据本地区的少年儿童的情况、经济状况、社会文化环境等，制定针对少年儿童服务的资源建设标准指南，这些地方性文件中，规定为少年儿童服务的馆藏应该达到的标准和要求。例如人均拥有馆藏量、年馆藏更新率、总体藏书的新旧要求等[55]。

（3）建立联合共建共享机制

各级领导者需建立共建共享资源发展观，打破行政区划，加强公共图书馆少儿部和独立建制少年儿童图书馆之间的共建合作，进一步建立完善地区级或国家级少儿文献资源联编中心，负责资源建设统一规划，统筹地区少儿文献资源建设，特别是建立少儿文献数字资源采购区域规划或沟通协调机制，联合采购、联合编目、共享使用，使得有限的资源建设经费得到更充分的利用，提高办馆效益。同时，需要文化管理部门与教育部门进行协调沟通，进一步打破体制管理壁垒，促进跨系统、跨行业少儿文献资源共享机制的形成。

（4）树立科学的资源建设理念

少年儿童处于成长阶段，辨别能力不强，因此在少儿文献资源建设中，首要注重思想性，弘扬杰出人物的优秀品质和先进事迹，体现高尚道德情操的资源，对于一些思想内容不健康、有暴力倾向或庸俗低级趣味的资源，我们要把好关，坚决拒之门外。

因经费有限，特别是基层图书馆，少儿文献资源建设应以实用为原则，坚持"藏以致用""以用为主"的资源建设理念，实现资源建设的最大效益。馆藏资源载体形式多样，仍以图书为主，期刊为辅，有选择、有重点地收集图片、动画片、幻灯片、视听、音像资料、电子文献[56]。省级或副省级少年儿童图书馆，除了提供服务利用外，还要担负起区域性儿童资源中心的职责，做好区域性资源保障体系的建设。

（5）资源应符合少儿心理特征和认知规律

结合少儿的心理特征和认知规律，在采选的内容选择方面要注重知识性、教育性与趣味性相结合。调研中发现，文学、艺术、教育、语言这四类是少儿文献资源的核心馆藏，但少儿的需求多种多样，除了这四类图书外，我们还应该采选各类优秀作品，提供给少儿阅读。建议重点收藏的范围包括：第一，国内外优秀儿童文学、艺术作品；第二，适合少年儿童阅读的社会科学、自然科学普及读物;第三,国内外有关少年儿童教育学、心理学、素质教育及教学参考文献;第四,中小学各科学习参考资料;第五,注音读物及双语对照读物;第六,对少年儿童进行道德教育、爱国主义教育,提高自身修养的读物;第七,绘本、连环画、漫画、低幼画册。其中少儿读物及中小学教育教学中的丛书、多卷书、连续性出版物,要力求配套完整。

建立资源分级服务体系,应该认识到处在不同年龄段的少儿读者在生理和心理发展上差异显著,在阅读内容、阅读行为、阅读方式方面都呈现出不同的阶段性特征。同样,每种少儿文献资源,都有特定的读者,特定的读者群。把读者或读者群定位在哪个年龄段或哪个层面上,是少儿文献资源建设不可回避的重要问题,也是少儿读者服务工作的核心。我国少儿图书馆目前针对不同年龄段少儿读者提供符合其年龄特点,采取有针对性的阅读引导服务方面有相当的工作欠缺。建议建立少儿文献资源分级目录及分级服务体系,提高阅读针对性和有效性。

(6)采选方式多举并行

少儿文献资源建设目前所采用的采购模式比较单一。因此建议建立多渠道的采购模式,科学划分采购比例,提高公开招投标质量,以公开招投标为主,兼顾特殊渠道采购。探索引入电商参与图书馆公开招投标的政策机制和模式;另外为了保证采购图书的质量,建议以现采为主,辅以勾选书目采购和选择性地参加相应的书市或书展。

(7)各馆应重视资源馆藏评价

相对单个馆而言,资源建设应该立足于各馆的功能定位、主要任务和服务对象需求,设立采选原则和馆藏规划,每年制订采选计划,并对每年的采选情况做执行情况分析。定期开展馆藏资源调研工作,从馆藏数量、馆藏质量、馆藏使用效率等多个维度,对总体馆藏情况进行合理的评价。从而使得资源建设工作更加规范有序,最大限度地满足本馆读者需求。

一定数量的文献资源是图书馆赖以生存的物质基础,是文献资源质量的保证。馆藏文献数量主要从馆藏保障率、读者满足率、馆藏资源对各学科文献的覆盖率等方面进行评价。对于文献资源数量评价,主要从文献保障率、文献增长率等两个方面进行评价。

高质量的馆藏文献是图书馆发挥其功能和实现其价值的根本保证,馆藏文献质量评价比数量评价更为复杂,更能体现图书馆规模的大小和发展水平。一般来看,馆藏文献质量与满足读者需求能力成正比,图书馆文献质量越高,读者利用率就越高,满足读者需求能力就越强。馆藏文献质量主要从馆藏文献内容、馆藏文献结构、馆藏文献利用等方面进行评价。一般采用读者评议法、书目核对法、文献利用率统计法、馆藏结构分析法等几种方法对文献的质量进行评价[57]。

(8)建立畅通的供需匹配机制

建议由文化主管部门或图书馆协作组织定期将少儿图书馆的流通及读者需求情况汇总分析并发布提供文献资源生产商出版决策,最好是用自动化方式直接从各业务系统中提取数据实时更新,从而实现高效省力的对接方式,从而解决读者需求、图书馆采购与出版商供应的信息不对称的问题。

2. 各类型资源建设对策

(1)少儿图书

①馆藏图书学科比例方面

经过专家们长期的实践经验,建议对于少儿图书的学科建设,藏书比例大体可为:除文学以外的社科通俗读物、自然科学通俗读物占30%;中外儿童文学作品占20%;少儿艺术类占40%;其他学科内容的占10%[58]。各馆可根据流通情况、图书破损剔旧情况、借阅周期、分馆数量等实际情况,制定合理的复本数,确定合理的入藏比例。

②基本藏书目录方面

调研中发现,目前对于《少年儿童图书馆(室)基本藏书目录》,各馆都有针对性的采购,但覆盖率如何,无法统计。这涉及数据的比对,需要采访人员,把基本藏书目录和书目数据库的数据进行比对后,进行有针对性的采选。例如由国家图书馆少年儿童馆编制的《全国少年儿童图书馆基本藏书目录(2012)》和《全国少年儿童图书馆基本藏书目录(2014)》,以及由国家教育部和国家图书馆少年儿童馆联合推荐的《绘本100》等,都可作为评估馆藏的参考书目。因此如何提高基本藏书目录的科学性和指导价值,成为今后要研究的问题之一。建议今后要拓宽读者沟通机制,及时把握读者阅读需求和风向,加强对学校推荐书目、电商销售排行榜、儿童阅读网站、儿童阅读指导类书籍、各类微博和微信推荐书目等重视程度。

③重点馆藏择优入藏

针对绘本而言,通过调查显示,市场上大部分的绘本是进口的作品,但进口作品也未必全都适合孩子阅读。因此要根据孩子的年龄特征进行采选。同时要选择内容、装帧都比较好的出版社。在经费有限的情况下,可以优选各种进口获奖经典作品如美国"凯迪克图画书奖"、英国"格林纳威奖"、国际儿童图书协会设立的"国际安徒生图画故事书奖"、信谊幼儿文学奖及"丰子恺儿童图画书奖"等优秀的原创作品。

对连环画、动漫而言,在采选要特别注意区分年龄层次,要选择专门以少儿为对象创作的作品,对内容进行甄别,精选优质作品。目前市场上销售的动漫类图书质量良莠不齐,有部分包含了暴力倾向和低级趣味,因此在采选时,要特别对内容进行甄别。

对于低幼画册,许多馆都设置为易耗品,因其页码少,装帧简单,很容易破损散页,因此利用周期短。这部分图书的采选,因为使用对象更多是婴幼儿,因此也要注意图书材料的安全性,不选择有金属或锐角的图书。图书的内容上,建议不采选那些手工制作、贴纸等一次性使用的图书。

（2）少儿连续出版物

从核心刊物发行量统计可以看出,少儿读者对刊物阅读需求量和选择方向上呈明显的趋向性,故馆藏文献体系及相关读者阅读上也应进行适当的调整,以适应需求或进行相关引导。与此同时,电子媒介逐渐进入少儿阅读领域并有蓬勃发展的势头,这也是少儿图书馆的馆藏体系方针调整中应当引起关注的一点。考虑到经费投入的实际困难,同时纸质报刊保存利用的特殊性,建议未来在馆藏体系建设中更多发掘电子媒介的潜力。鉴于电子媒介的特点,它不仅仅是将纸质期刊的数字化,而是借助了电子平台在声、图、动画等方面进行多维组合,超过了纸质文献的单一体验而受到小读者更多的青睐,成为一种时尚和趋势。如果我们意识到当代电子媒介的高度参与特征与少儿期刊的参与性诉求之间的契合,那么针对少儿期刊的未来拓展,我们便有许多文章可做。例如:少儿图书馆可以与有代表性的刊物合作,建立网上虚拟社区,巩固读者群的参与感等。

（3）少儿文献数字资源

①提高知识产权意识,避免侵权风险

数字资源来源的多样性易造成数字资源产权不明确,导致少儿图书馆在进行数字资源建设与服务过程中,存在着一定的知识产权风险。目前,我国少儿图书馆在馆藏数字化和资源发布利用方面存在一些未规范授权导致的版权侵犯问题。同时,在进行数字资源建设的过程中,也缺乏对馆藏资源的保护意识,容易造成馆藏特色资源的被盗取与滥用。

除了约定授权和法定授权之外,少儿图书馆应充分利用多种途径获得知识产权的授权。比如购买商业数据库获得使用授权;以版权捐赠的方式和著作权人达成无偿获得版权或者使用许可的协议;积极利用开放获取资源(即Open Access,简称OA),形成开放获取资源库等[59]。

③加大宣传与使用培训,提高数字资源利用率

根据数字资源服务现状来看,数字资源利用率较低。主要原因有:第一,资源宣传不够。部分少儿图书馆对数字资源"重藏不重用"。第二,使用技能培训不够。少儿读者数据库知识的匮乏直接影响到数字资源的有效利用。第三,应用模式受限。少儿图书馆部分数据资源由于受到著作权保护等原因,只能限于馆内使用,读者只有到馆里才能利用这部分资源,显然会受到时间和空间上的制约。第四,检索阅读方式繁杂。各种检索方式层出不穷,阅读方法繁杂,让许多小读者感到无所适从。针对以上问题建议:加强数字资源的宣传和推介,提高读者数字资源利用能力,推进远程访问系统的建设,提升少儿文献数字资源的检索功能[60]。

(4)其他少儿文献资源

对玩具而言,通过调查发现虽然历次评估标准对玩具馆舍面积做了初步的考核,但对玩具的采选,包括数量、类型没有进一步的要求。各馆玩具的采选、馆藏、利用等的指导比较不明确。因此要细化图书馆评估的有关玩具室建设标准要求。玩具的采选应当依据玩具材质,注重玩具对象的年龄细分,细化采选标准,完善玩具编目体系,实现玩具的自动化管理;重视儿童安全,有针对性地完善玩具消毒,保障儿童健康,为图书馆玩具建设提供指导意见。引入新模式的发展方式,采用新的政府购买服务的形式,由第三方专业的玩具公司来公益运作,杜绝商业化,只在玩具的选择方面,为家长提供相关理念、概念、实践及技巧的咨询。

对于目前出现的立体书、AR图书、点读书等新型少儿文献资源,应该加大关注力度,不断提高对新媒体、新技术、新需求的反应速度,并注意追踪研究少儿阅读兴趣的变化规律,根据读者需求规划采购,加快资源建设步伐。

参考文献:

[1][28] 国家图书馆研究院.我国图书馆事业发展政策文件选编(1949—2012)[M].北京:国家图书馆出版社,2014:36,81,255,434,593.

[2] 国家图书馆研究院.我国图书馆事业发展政策文件选编(1949—2012)[M].北京:国家图书馆出版社,2014:36.

［3］［6］国家图书馆研究院.我国图书馆事业发展政策文件选编（1949—2012）［M］.北京：
　　　国家图书馆出版社,2014：255.

［4］国家图书馆研究院.我国图书馆事业发展政策文件选编（1949—2012）［M］.北京：国
　　　家图书馆出版社,2014：434.

［5］国家图书馆研究院.我国图书馆事业发展政策文件选编（1949—2012）［M］.北京：国
　　　家图书馆出版社,2014：593.

［7］［16］肖希明.信息资源建设［M］.武汉：武汉大学出版社,2008：148.

［8］李世芳.图书馆配商综合能力评价初探［J］.图书馆工作与研究,2009,（8）：44－45.

［9］新闻出版总署财务司.2009 中国新闻出版统计资料汇编［M］.北京：中国统计出版社,
　　　2009：76－78.

［10］新闻出版总署出版产业发展司.2010 中国新闻出版统计资料汇编［M］.北京：中国统
　　　计出版社,2010：76－78.

［11］新闻出版总署出版产业发展司.2011 中国新闻出版统计资料汇编［M］.北京：中国书
　　　籍出版社,2011：76－78.

［12］新闻出版总署出版产业发展司.2012 中国新闻出版统计资料汇编［M］.北京：中国书
　　　籍出版社,2012：76－78.

［13］国家新闻出版广电局规划发展司.2013 中国新闻出版统计资料汇编［M］.北京：中国
　　　书籍出版社,2013：76－78.

［14］李晓明.中国公共图书馆未成年人服务调查［M］.北京：国家图书馆出版社,2013：
　　　63－64.

［15］于良芝,许晓霞,张广钦.公共图书馆基本原理［M］.北京：北京师范大学出版社,
　　　2012：66.

［17］于良芝,许晓霞,张广钦.公共图书馆基本原理［M］.北京：北京师范大学出版社,
　　　2012：133.

［18］［21］郭群.中国原创绘本的发展困境及对策探析［J］.编辑之友：装帧,2014（1）：88－
　　　91,100.

［19］［30］李瑛.作为历时形态的中国绘本发展［J］.锦阳师范学院学报.2006（12）：
　　　138－141.

［20］张兆非.2002—2008 年绘本出版调查研究——以视觉文化传播的视角［D］.保定：河
　　　北大学,2009：12－14.

［22］［56］谢依婷.台湾儿童绘本主题研究——以 1988—2007 年绘本为例［D］.台湾：佛光
　　　大学,2008：12－14.

［23］［48］玩具行业简要分析（上）［EB］.（2015－06－24）.［2015－12－05］.http://www.
　　　360doc.com/content/15/0624/17/20625606_480392068.shtml.

［24］重庆市少年儿童图书馆网站.市少儿图书馆在全国少年儿童阅读年活动中屡获佳绩

[EB/OL]. (2014 - 11 - 27). [2015 - 12 - 05]. http://www. cqst. org. cn/article. asp? id = 2808.

[25] 郝弋非. 中图法(未成年人图书馆版)"连环画、低幼画册"类目设置探讨[J]. 图书馆,2014(4):135 - 136.

[26] 中国出版网.2013 年新闻出版产业分析报告[EB/OL]. (2014 - 07 - 10). [2015 - 12 - 05]. http://www. chuban. cc/toutiao/201407/t20140710_157016. html.

[27] 全国新闻出版统计局.2012 年新闻出版产业分析报告[EB/OL]. (2013 - 09 - 12). [2015 - 12 - 05]. http://www. ppsc. gov. cn/cydc/201309/t20130912_145638. html.

[29] 张兆非.2002—2008 年绘本出版调查研究——以视觉文化传播的视角[D]. 保定:河北大学,2009:15 - 17.

[31] 光明日报.第十三次全国国民阅读调查数据在京发布. (2016 - 04 - 19). [2016 - 04 - 27]. http://epaper. gmw. cn/gmrb/html/2016-04/19/nw. D110000gmrb_20160419_1-09. html.

[32] 中华人民共和国文化部. 公共图书馆评估指标[M]. 北京:国家图书馆出版社,2015:103,129,155.

[33] 中华人民共和国文化部. 公共图书馆评估指标[M]. 北京:国家图书馆出版社,2015:99 - 151.

[34][35] 中国期刊年鉴杂志社. 中国期刊年鉴:2013 年卷[M]. 北京:中国期刊年鉴杂志社,2013:475.

[36] 中国期刊年鉴杂志社. 中国期刊年鉴:2010 年卷[M]. 北京:中国期刊年鉴杂志社,2010:616.

[37] 中国期刊年鉴杂志社. 中国期刊年鉴:2014 年卷[M]. 北京:中国期刊年鉴杂志社,2014:374.

[38] 中国期刊年鉴杂志社. 中国期刊年鉴:2013 年卷[M]. 北京:中国期刊年鉴杂志社,2013:476 - 477.

[39] 国家图书馆研究院. 我国图书馆事业发展政策文件选编(1949—2012)[M]. 北京:国家图书馆出版社,2014:94.

[40] 中华人民共和国文化部. 公共图书馆评估指标[M]. 北京:国家图书馆出版社,2015:114,140,166.

[41] 彭宏艳.我国少儿数字出版发展现状及对策研究[D]. 北京:北京印刷学院,2015:18 - 22.

[42] 朱琏.论少儿数字图书馆建设:以自建互动电子图书为例[J]. 河南图书馆学刊,2011,31(2):108 - 109.

[43] 李晓明.我国数字图书馆发展研究:以省市级公共图书馆为例[M]. 北京:国家图书馆出版社,2014:143 - 145.

[44] 李晓明.我国数字图书馆发展研究:以省市级公共图书

馆出版社,2014:98-99.

[45] 李晓明.我国数字图书馆发展研究:以省市级公共图书馆为例[M].北京:国家图书馆出版社,2014:128-129.

[46] 中华人民共和国文化部.公共图书馆评估指标[M].北京:国家图书馆出版社,2015:118,143,169.

[47] 彭莉.来自加拿大玩具协会的玩具安全报告[J].海外速递.2008(6):70-73.

[49] 2015年国内玩具行业发展趋势[EB/OL].(2015-10-16).[2015-12-05].http://www.chyxx.com/industry/201510/349973.html.

[50] 中国报告大厅.2015年玩具行业发展趋势分析[EB/OL].(2015-04-15).[2015-12-05].http://www.chinabgao.com/freereport/65836.html.

[51] 新快网.广图玩具图书馆已经开放每周四下午接受预约[EB/OL].(2014-01-07).[2015-12-05].http://news.xkb.com.cn/guangzhou/2014/0107/301389.html.

[52] 佛山在线.佛山市图书馆玩具馆明日开放每周末4场免费活动[EB/OL].(2015-03-28).[2015-12-05].http://www.fsonline.com.cn/2015/0328/129137.shtml.

[53] 法制晚报电子版."VR+早教"不再是纸上谈兵[EB/OL].(2016-04-30).[2015-12-05].http://www.fawan.com/Article/sq/zt/2016/04/30/334711.html.

[54] 温州文化信息网.温州少图首家"3D立体书体验馆"试开馆[EB/OL].(2015-12-23).[2015-12-05].http://www.wzwh.com/zyxx/201512/t20151223_196267.htm.

[55] 张广钦.国外公共图书馆建设标准语规范概览[M].北京:国家图书馆出版社,2009:15.

[57] 姚秀花,张玉梅,李胜华.高校图书馆文献资源评价探析[J].科技情报开发与经济,2010,20(24):56-57.

[58] 杨玉麟,屈义华.公共图书馆资源建设与服务[M].北京:国家图书馆出版社,2013:45.

[59] 李晓明.我国数字图书馆发展研究:以省市级公共图书馆为例[M].北京:国家图书馆出版社,2014:103-104.

[60] 孟广菊.少儿图书馆数字资源的"营销"策略[J].图书馆学刊,2013,(6):32-33.

（执笔人：黄天助、池莲香、苏妍、林卢鹏、张国英、张盛）

第二章　未成年人服务

第一节　未成年人服务概述

　　本章论述的未成年人服务,是指我国独立建制的少年儿童图书馆和附设在一般公共图书馆中的少儿部(室),为未成年人群体以及与这一群体密切相关的周边人群,如家长、看护人、教师等,所提供的各种图书馆服务。我国图书馆未成年人服务是伴随着近代图书馆的产生而产生的。1914 年建立的京师通俗图书馆设立了我国首个少儿阅览室;1917 年,天津社会教育办事处创建了我国最早的独立建制的少年儿童图书馆,专为 8 岁以上、12 岁以下的少年儿童服务;随后,吉林、上海、浙江、江西等地也陆续设立了若干少年儿童图书馆或者在公共图书馆中开设了儿童阅览室。这些早期的图书馆未成年人服务多面向学龄儿童,以开辟专门的空间陈列儿童图书,提供专门资源供儿童来馆使用为主。至 20 世纪 30 年代末,我国已建有少年儿童图书馆和小学图书馆 110 多所[1],越来越多的图书馆将为少年儿童提供阅读服务列为一项正式的业务工作。之后,受日本侵华战争影响,我国图书馆事业发展出现了严重的停滞和倒退,未成年人服务也基本处于停顿状态,直到 1949 年中华人民共和国成立,少年儿童图书馆事业和未成年人服务工作才重新得到发展。虽然期间也曾受到"文化大革命"等运动的冲击,但总的来说,我国图书馆未成年人服务工作呈现螺旋式上升的发展态势。截止到 2014 年年底,全国独立建制的少年儿童图书馆已达 108 所[2];另外,根据国家图书馆相关研究团队的调研,以是否设有少儿阅览室或网站是否提供少儿服务为界定标准,全国约有 63% 的公共图书馆开展有未成年人服务[3]。在不断地调整创新中,我国图书馆未成年人服务取得了积极进展,呈现出更加全方位、多功能、多层次的发展态势,推动着各地的少年儿童图书馆(室)成为广大未成年人的学习乐园、知识乐园、活动乐园和休闲空间。

一、逐步确立儿童优先的服务原则,不断创新服务理念

理念是行动的先导,一定的发展实践都是由一定的发展理念引领的。未成年人服务的发展理念是否科学、是否符合发展规律和发展目的,从根本上决定着未成年人服务发展的成效。儿童发展是国家经济社会发展与文明进步的重要组成部分。联合国《儿童权利公约》和《中华人民共和国未成年人保护法》都规定未成年人享有生存权、发展权、受保护权、参与权等权利。文化权利是基本人权的重要组成部分,因此,对少年儿童来说,文化权利是其基本权利,是儿童发展权的重要组成部分[4]。"儿童优先"已经成为国际图书馆界的通行惯例,世界各国的公共图书馆、社区图书馆都将服务少年儿童作为首要任务。然而,由于历史和现实的原因,在很长一段时期内,我国的公共图书馆并未将"儿童优先"落到实处,与发达国家相比还存在着较大差距。随着我国社会经济的快速发展,儿童权利得到了前所未有的重视,《中国儿童发展纲要(2011—2020)》中明确将"儿童优先原则"设定为五个必须坚持的工作原则之一[5]。按照纲要的这一规定,儿童优先理应成为各公共图书馆的重要工作原则,在开展服务的过程中优先考虑少年儿童的利益和需求。在良好的国家政策环境和我国图书馆事业不断繁荣的大背景下,"儿童优先"正在全面融入各图书馆未成年人服务工作中,并由此带动了"平等、免费、无障碍""以人为本""读者至上""开放办馆""品牌服务""生活即教育"等理念从口号到切实行动指南的转变,直接影响了图书馆未成年人服务的发展方向。概述如下:

1. 公益服务理念

公共图书馆被看作是"天下之公器",全社会共有是其基本特征,公益服务是对其的基本要求,而"免费"则是公益的基本表现形式。对于图书馆的未成年人服务来说,公益服务就是图书馆免费向少年儿童开放,少年儿童可以免费获取图书馆的馆藏资源和基本服务,包括免费进馆、免费阅览、免费借书、免费使用图书馆的设备、免费听讲座、看展览及参加图书馆组织的各类文化活动等。随着公共图书馆精神在我国的复兴以及国家对少年儿童图书馆事业支持力度的不断加大,我国图书馆未成年人服务已经从有偿服务、与"创收"挂钩这样的思想中转变过来,公益服务成为社会共识,免费开放、免费服务成为图书馆未成年人服务常态。

2. 人本服务理念

人本服务的理念要求的是"以人文本",即以人的利益和要求作为考虑问题的出发点和落脚点。"以人文本"是科学发展观的核心,也是服务行业的核心理念和工作指针。对于同属服务行业的图书馆未成年人服务来说,人本服务理念就是要求图书馆以未成年人的需求为第一需求,为其提供科学化、专业化、规范化和人性化服务,这是公共图书馆作为公共文化服务机构的要求,也与图书馆服务纵深化发展方向相符,"一切为了读者""读者至上,服务第一"等服务口号就是人本服务理念的具体体现。人本服务理念在我国图书馆未成年人服务中主要体现在以下两个方面:一是平等,即图书馆向所有的未成年人敞开大门,不论年龄、身份、户籍、衣着,都可以来到图书馆,受到一视同仁的接待;二是为弱势少年儿童群体的服务创造便利条件,使其可以和正常少年儿童一样得到同等高效、优质的图书馆服务。

3. 开放服务理念

社会属性是公共图书馆的重要属性,服务的开放性是体现图书馆社会性的重要方面,尤其是在越来越开放的全球化大背景下,开放服务更是图书馆保持其与社会发展平衡的重要手段和必然趋势。在当前我国图书馆的未成年人服务中,开放服务的理念已经被越来越多的少年儿童图书馆(室)实践,主要体现在以下几个方面:一是进馆的开放,不需要任何证件和手续,未成年人用户就可以到图书馆来接受服务;二是服务范围的开放,提供给用户使用的图书馆面积占比越来越高,开架式服务成为发展趋势;三是服务参与的开放,图书馆主动寻求社会力量合作为未成年人提供更加丰富、多元和专业的服务。

4. 品牌服务理念

品牌在市场营销学中的定义是"用以识别某个消费者或某群消费者的产品或服务,并使之与竞争对手的产品或服务相区别"[6]。可以说,品牌是与众不同和优质的代名词。在社会经济快速发展的今天,一方面,少年儿童对文化产品的要求越来越高,另一方面,文化市场的竞争愈加激烈。以品牌理念为核心为少年儿童开展深层次、多样化的公共文化服务,是少年儿童图书馆(室)提高服务效率、提升服务能力的重要举措,也是未成年人服务走向专业化、精品化的表现。国家文化部、财政部2011年年初出台的有关全国公共图书馆免费开放的政策中就要求全国所有一级馆、省级馆、省会城市馆、东部地区馆形成2个以上服务品牌,品牌建设已经成为国家层面对公共图书馆在基础服务之上提出的更高要求[7]。在当前图书馆未成年人服务领域,品牌服务的理念正在不断增强,在品牌理念指导下的服务品牌建设如火如荼,比如赤峰市图书馆针对少年儿童开展的"少儿活动中心"大品牌建设[8];南宁市少年儿童图书馆"童心看南宁"户外类品牌服务活动、"儿童双语跳蚤市场"学习理财类品牌服务、"我阅读、我快乐"竞技比赛类品牌服务等系列品牌活动建设[9]等。开发服务品牌,打造品牌形象,创新品牌活动,正在成为我国越来越多少年儿童图书馆(室)的实践。

5. 体验服务理念

所谓体验,简而言之是指通过实践来认识事物,这是一种帮助人们更容易深入全面地了解事物、加深认识、增长知识的方式。尤其是对于形象思维处于主导地位的少年儿童来说,倡导主体参与和内心感受的体验更是帮助其成长的有效手段。在教育领域,体验教育已经成为儿童教育中一个重要的命题。在我国图书馆未成年人服务领域,体验服务的理念也受到了越来越多的关注并被付诸实践。比较典型的比如杭州少年儿童图书馆提出并践行的"生活即教育"办馆理念。"生活即教育"源自于著名教育家陶行知先生的理论,2012年重新装修开放后的杭州少年儿童图书馆将其引用并融入少儿图书馆的服务当中,通过开发一系列诸如"生活体验课堂""我的十万个为什么""75号列车旅行团"等与日常生活紧密关联的体验式的服务,达到教育少年儿童的目的,实现服务内容由传统的书本式阅读向体验式阅读转型,服务形式从被动支持学历教育转变为主动培养少年儿童自学能力的转变。此外,温州市图书馆的"儿童知识银行",厦门少年儿童图书馆的"开心农场"等也是在体验服务理念的指导下将社会生活体验引入图书馆未成年人服务中的典型案例。

二、引入现代管理理论和技术,服务管理日趋规范

随着我国少年儿童图书馆事业的不断发展,各地少年儿童图书馆(室)对服务管理工作也愈加重视,积极引入现代管理理论和技术,探索未成年人服务管理的新模式、新方法,对服务过程、结果、可能发生的危机等方面进行控制管理,使我国图书馆未成年人服务管理日趋规范,逐渐从传统的经验管理向现代管理方式转变,从单纯注重服务数量到讲求服务质量转变。

1. 应用现代技术手段,推动服务管理方式的现代化

图书馆事业的不断发展伴随着图书馆自动化系统的不断升级换代,各地少年儿童图书馆紧跟事业发展,及时引入新技术,应用于未成年人服务管理中。20世纪90年代末,引入ILAS系统,在未成年人文献服务中,以馆员用光

笔扫描条码读入处理系统,代替原来落后、低效的手工管理,并实现文献检索服务,大大提高了文献服务水平和服务效率。21世纪初,随着少年儿童图书馆流通点建设的不断发展,为更好地满足文献服务从单体馆扩大到服务网络的大流通需求,Interlib图书馆集群管理系统逐渐替代ILAS系统,较好地解决了文献大流通过程中的有序管理。2007年10月,经过慎重的方案论证及紧张筹备后,RFID技术在厦门市少年儿童图书馆的中山公园分馆成功投入使用,其成为全国首个使用RFID技术进行业务管理的少儿图书馆[10]。这些自动化技术的应用,使各地少年儿童图书馆的未成年人服务管理手段、管理方法从传统走向现代,简化了文献服务中的借还操作,实现了自动文献盘点,自助文献借阅,大大提高了各地少年儿童图书馆文献管理水平和文献服务效率。同时,各地少年儿童图书馆还积极利用新技术,加强对小读者文献利用、阅读情况的行为分析,不断提高未成年人服务的专业性、针对性、有效性。如广州少年儿童图书馆通过在Interlib图创系统中提取2012年的读者借阅样本数据,对数据进行分析,得出该馆2012年读者图书借阅现状,进而找出不足,为优化服务提供对策建议[11]。

2. 引入质量管理体系,实现服务管理过程的规范控制

我国图书馆未成年人服务的内容日益丰富、规模不断扩大,服务过程也日趋复杂。为了保证良好的服务运行体系,规范的过程管理就显得更为必要。制定合理有效的规章制度是规范管理的重要手段之一,通过制定各种服务条例、规范、办法、流程等规章制度,可以约束工作人员的行为、规定工作实施的程序、确立开展服务的方法,确保为未成年人提供高效、有序的图书馆服务,这也是我国各地少年儿童图书馆(室)普遍实施的服务管理方式。随着现代质量管理理论的发展和盛行,体现全面质量管理理念的ISO质量管理体系也开始受到一部分少年儿童图书馆的关注,并将其运用到日常服务工作中。如杭州少年儿童图书馆于2011年引入ISO 9001质量管理体系,运用该质量管理体系提供的标准、要求,对图书馆的借阅服务、文化活动、信息咨询和全媒体服务进行了全面梳理,使这四项服务的每个服务环节、每个服务过程都得到有效控制,服务过程有记录,为工作回溯和工作改进提供依据。杭州少年儿童图书馆以此为契机,建立起了一整套服务管理体系,除服务直接过程有完善的制度、流程,所有与组织、提供、实施服务有关的人、环境、资源、安全等也都建立起一套科学规范的制度,较好地实现了服务的标准化、规范化,最终确保服务目标的实现。

3. 多种渠道收集读者意见,全面监测评估服务效果

对服务效果的监测评估是服务管理的重要方面。尤其是伴随着"读者至上,服务第一"等以用户需求为中心服务思想的全面确立,有效对接读者需求,通过其对服务的感受、评价、希望、建议等来改进服务工作、提升服务绩效成为图书馆未成年人服务管理中的重要工作。各地少年儿童图书馆(室)发展出了多种方式用于收集获取读者意见,对未成年人服务结果进行监测,对服务成效进行评价。一是读者意见簿、意见箱。这虽然是一种传统的读者意见收集方式,但也是到馆读者反馈其意见、建议的最直接、最便捷的方式,因此,仍为各地少年儿童图书馆(室)广泛就应用。二是读者见面会、交流会。当面交流、沟通便于图书馆深入了解读者需求、读者利用图书馆的感受,这也是各地少年儿童图书馆(室)广泛采用的读者意见反馈方式。三是在官网上设置读者意见反馈通道。建有官网的少年儿童图书馆普遍在网页上设置了读者意见反馈通道,如首都少年儿童图书馆开设了"红红姐姐咨询台",东莞少年儿童图书馆、大连少年儿童图书馆、武汉少年儿童图书馆等都在其官网首页设置了"互动交流"栏目,杭州少年儿童图书馆在官网上开设了"馆长信箱"等。四是开设微博、微信、读者 QQ 群等社交媒体平台,随时随地畅通读者意见反馈渠道。如国家少年儿童图书馆、上海少年儿童图书馆、厦门少年儿童图书馆、杭州少年儿童图书馆、大连少儿图书馆等都开通了官方微博、微信接受读者意见。五是开展读者满意度调查。读者满意度调查是文化部公共图书馆评估内容,《公共图书馆规范》(GB/T 28220—2011)也将之作为公共图书馆日常管理工作,用作读者监督图书馆服务质量的手段。因此,各地少年儿童图书馆(室)不仅开始主动进行读者满意度调查工作,而且把调查活动作为从整体上把握和推进未成年人图书馆服务管理工作的重要方法。

4. 借鉴危机管理理论,加强服务过程中的风险防范

图书馆的服务是一个向社会开放、以人为对象的过程,在服务实施过程中存在着各种隐患与危机,比如由个别读者行为失当或妨碍他人等原因引起的读者冲突危机,由读者投诉引发的服务或形象危机等。尤其是未成年人服务主要面向的是缺乏自主行为能力的少年儿童,安全和危机防范意识显得更为重要。近年来,部分少年儿童图书馆(室)已经开始将危机管理纳入服务管理中,尤其注重危机和风险的提前识别、预防和应急预案的制订,旨在为未成年人营造一个安全、舒适的服务环境,提供质优高效的服务。以杭州少年儿童图书馆为例。在图书馆 ISO 9001 质量管理体系中,遵循"预防在前"的原

则,从图书馆性质、工作流程、馆舍特点等角度预设危机发生的可能,建立了杭州少年儿童图书馆读者投诉处理办法、文化活动读者入场管理办法、用户个人信息保密制度、网络信息安全制度、安全消防工作制度、安全应急预案等一系列规章制度,防患于未然,最大程度减少服务中发生危机事件的概率。同时,杭州少年儿童图书馆还在服务过程中加强危机的识别和预防,如在文化活动组织过程中,组织前需经过评审,对合作方进行资质等审查,及时识别其合法性、正规性;实施中要对活动过程中涉及的"人员能力情况""设备和仪器"情况、"业务流程文件"完备和准确情况等进行确认,以进一步确保活动开展的各个环节、各项资源无差错、无遗漏等。

三、服务内容不断丰富、形式不断拓展,服务精细化程度明显提升

在儿童优先原则的引领下,为满足社会经济快速发展大环境中全国少年儿童不断增长的精神文化需求,各地少年儿童图书馆(室)与时俱进,在深化借阅等基本服务的基础上,不断丰富服务内容、拓展服务形式,逐渐将更多的服务类型纳入到日常服务工作中,多层次、精细化服务趋势明显。

1. 借阅服务方便快捷

借阅服务,包括文献资料的阅览、外借以及书目检索等周边服务,是我国少年儿童图书馆(室)诞生初期就设有的基本服务项目,少儿流通人次、文献外借人次、文献外借册次等借阅服务数据也成为衡量一个图书馆未成年人服务能力、水平和效率的最基本指标。表2-1列出了2012—2014年我国独立建制的少年儿童图书馆借阅服务的基本情况,三年间,总流通人次提升了10.3%,书刊文献外借人次提升了4.2%,书刊文献外借册次提升了11.4%,这些指标持续且稳定的提升表明了我国未成年人服务不断向上的发展态势。

表2-1 2012—2014年全国独立建制少年儿童图书馆借阅服务情况表[①]

年度	机构数量（个）	总流通人次（万人次）	书刊文献外借人次（万人次）	书刊文献外借册次（万册次）
2012	99	1937.64	943.07	2087.17
2013	105	2131.47	976.88	2285.37
2014	108	2136.91	982.21	2324.43

① 数据来源:《中国图书馆年鉴2013》《中国图书馆年鉴2014》《中国图书馆年鉴2015》。

随着社会发展带来的技术进步以及用户需求环境的变化,我国少年儿童图书馆(室)提供借阅服务呈现出更加方便快捷的特点:

一是书目检索更加方便。随着卡片式目录的逐步淘汰,机读目录成为主流,读者可以通过计算机在图书馆 OPAC 系统中检索书目信息;一些图书馆,如国家图书馆、广东少年儿童图书馆等开发了手机 APP 软件,读者可以更加方便地使用移动设备随时随地查询书目信息。

二是开架服务趋势明显。在开放服务理念的引领下,越来越多的少年儿童图书馆(室)选择了开架阅览这种可以让读者更自由地选择文献的服务方式。藏、阅一体的趋势更加明显,杭州少年儿童图书馆、上海浦东图书馆、衡阳市少年儿童图书馆等均取消了闭架藏书库,实现了全开架阅览。

三是可供外借的文献资料类型不断增多。除了纸本图书之外,期刊、视听光盘等也逐渐被列入到可以外借的文献资料中,一些少年儿童图书馆(室)开始尝试玩具等其他资料的外借服务,如杭州图书馆从 2013 年开始推出拼图、模型、毛绒等玩具以及工具和拉书小推车的外借服务。

四是单证可外借文献数量明显提升,可借时间有所延长。各个图书馆根据各自馆藏的变化,结合读者的需求,不断调整各类文献的借阅数量和时长,总的趋势是单证可外借文献数量不断提升,可借时间不断延长。以杭州图书馆为例,单证可外借普通图书的册数从 2009 年的 6 册提升到 2011 年的 10 册进而在 2013 年提升到 20 册,外借时间从 30 天延长到 40 天,之后还可续借一次 15 天。广州少年儿童图书馆目前单证可外借图书的最高册次是 15 册,外借时间为 30 天,可再续借一次 30 天。

五是外借方式更加灵活。除了提供到馆、电话以及网上等多种方式的续借服务外,部分图书馆还提供集体外借服务;馆际互借也在少儿图书馆和公共图书馆、学校图书馆之间发展起来,比如延吉市少年儿童图书馆就与延边大学图书馆、延边州图书馆建立了馆际互借合作关系[12],昆明市少年儿童图书馆也与昆明市图书馆及市内五所区图书馆实现了馆际互借[13];另外,随着网络的发展,自助借还服务也逐渐兴起,越来越多的少年儿童图书馆(室)添置了自助借还机、24 小时图书馆等设备,方便读者使用。值得一提的是部分少年儿童图书馆还开发了转借服务,图书一直在读者之间流通而不用还回图书馆,颠覆了传统流通方式。转借系统整合图书馆的业务系统,内嵌入图书馆微信公众号,读者可以在微信公众号上查看到其他人想要转借的图书信息,与对方直接联系,双方见面当面扫一扫图书二维码就能将图书从一个读者转借到另一读者名下。目前国内开展该项服务的有广州少年儿童图书馆、厦门少年儿童图书馆、东莞图书馆等[14]。

2. 信息服务针对性强

信息服务是在借阅服务的基础上发展起来的,是为了更好地将有价值的信息传递给用户。目前,我国少年儿童图书馆(室)的信息服务主要以两种方式呈现。

一是编辑出版信息刊物。各馆借助自身的资源优势,对信息进行二、三次加工,编辑出版面向不同未成年人群体及教师等未成年人相关人群的信息刊物。比较有代表性的有:广州少年儿童图书馆从1997年就开始编辑出版面向青少年及其家长的《星星树》刊物和面向教育工作者的《芳草地》刊物,并建有刊物的文本检索库,读者可选择具体一期或输入任意文本进行查询[15];长春市少年儿童图书馆充分发挥馆藏文献信息资源优势,从2006年开始定期出版信息刊物《少儿教育摘编》,主要面向全市中小学校长、部分少年儿童教育工作者发行,每两个月出版一期,为广大少儿教育工作者提供科学、操作性强、及时有效的信息[16];杭州少年儿童图书馆的自办刊物《放学后》以方便阅读和携带的纸质"口袋本"形式推出,供读者免费取阅,引导孩子健康成长,促进亲子沟通;重庆市少年儿童图书馆编制的《读点经典》《少儿文摘》等二、三次文献,切实帮助广大读者有效利用、吸取知识,获取资源等[17]。

二是参考咨询服务。除了传统的到馆咨询,辅导、帮助读者利用图书馆馆藏和服务外,不少少年儿童图书馆(室)发展出了电话和在线咨询方式,为读者提供图书馆服务导览、业务咨询、书目检索、数据库使用等服务[18]。在线咨询以BBS咨询、E-mail咨询、常见问题(FAQ)咨询、微博咨询、微信咨询为主,最常见的形式是以读者留言的形式开展参考咨询服务,实时在线咨询和联合参考咨询还不普遍[19]。有条件的少年儿童图书馆(室)提供个人专题信息服务,为教师、少儿工作者及其他专业人士搜集整理所需专题信息,如广州少年儿童图书馆近年来完成了素质教育与创新教育的研究,各地学校人事制度改革经验、措施和办法,小学自主教学、学校教学行政管理,学校教育与家庭、社会教育等一系列信息咨询服务课题[20];天津市少年儿童图书馆为市教研室教研员服务,对特定课题提供跟踪监视,免费为其提供有价值的信息资料,已成为天津市教育教学研究室编写教材、研究课题的基地[21]等。

3. 导读服务形式多样

导读是我国图书馆未成年人服务的重要内容,其目的在于开启少年儿童的阅读兴趣,从小培养其良好的阅读习惯,帮助其提高阅读效率。导读服务可以分为阅读推荐和阅读指导两种基本类型。

阅读推荐就是馆员帮助少年儿童在众多的书籍中找到适合他们阅读水平和阅读兴趣图书的过程。馆员凭借自己的专业知识,通过一定的调研,掌握少年儿童的阅读需求,以图书展台、专题书架、网上推荐等形式推送出各种主题的书单,引导孩子们多读书、读好书。阅读推荐是我国少年儿童图书馆(室)开展导读服务的最基本形式之一,各少年儿童图书馆(室)积极地开列各种书单,满足不同少年儿童群体不同目的的阅读需求,比较常见的有新书推荐、好书推荐、专题书目推荐、获奖图书推荐等。比如重庆少年儿童图书馆网站上开设了好书推荐、好文分享、专题阅读、亲子阅读、知识园地等阅读导航服务;武汉市少年儿童图书馆的图书推荐服务除了定时新书通报外,特别从专家、馆员和读者等多个角度开设了专家荐书书单、馆员荐书书单和读者荐书书单,帮助小读者更好地选择需要的图书。

阅读指导最主要的是对少年儿童阅读方法和阅读技巧的指导,帮助他们更好地理解所阅读的内容,提高阅读效率。少儿图书馆(室)开展阅读辅导的方式是多种多样的,比较常见的有:阅读辅导班、阅读故事会、阅读俱乐部、阅读表演等。

阅读辅导班是相对传统的阅读指导模式,主要面向学龄儿童,以课堂教学的方式传授阅读方法和阅读技巧,时间多集中在假期。以桂林市象州县图书馆为例,2014 年暑期,象州县图书馆举办了以“书香童年”为主题的国学经典阅读培训班,通过文化志愿者国学老师指导孩子们学习《少年中国说》《弟子规》等国学名著,培养其阅读传统文学作品的能力[22]。

阅读故事会是针对低幼儿童的一种较为普遍的阅读指导方式。在特定的时间和环境内,由馆员(或图书馆志愿者)面对面地向孩子口头讲述童话、寓言、民间故事等小朋友喜欢的文学作品,通过即时的交流和分享帮助低龄儿童更好地提升阅读能力。各地少年儿童图书馆(室)积极开展各种讲故事活动,打造阅读故事会品牌,如西藏图书馆的“阿佳讲故事”,广州少年儿童图书馆“图书馆员讲故事”,绍兴图书馆的“月亮姐姐讲故事”,襄阳市图书馆的“爱心妈妈讲故事”,深圳宝安区图书馆的“图图姐姐讲故事”等。阅读故事会已经成为各地少年儿童图书馆(室)为低幼儿童开展导读服务的主要形式之一。

阅读俱乐部又被称作书话会、阅读沙龙等,是图书馆组织读者一起探讨阅读感受、分享阅读体验的一种阅读指导方式。阅读俱乐部面向的人群主要分为两类:一是青少年,他们已经具备了一定的独立阅读能力,希望可以和同龄人分享自己的阅读感受,同时他们对阅读的理解还不成熟,需要一定的帮助和引导,而图书馆作为组织者正可以在其中发挥作用。由于我国未成年服务中对青少年的服务相对较弱,专门针对青少年的阅读俱乐部相对较少,一般都由成人阅读俱乐部共同提供服务,如杭州图书馆的"文澜阅读沙龙"、厦门市图书馆的"新锐阅读沙龙"、宁波大学园区图书馆的"阅读沙龙"等都有举办专门面向青少年的专场活动,在日常活动中也不排斥青少年参加。二是亲子类阅读俱乐部,主要目的是希望父母可以和孩子一起分享阅读体验,通过指导家长来帮助孩子更好地阅读,比如重庆沙坪坝区图书馆的"妙妙屋"亲子快乐阅读俱乐部,深圳光明新区图书馆的"趣味阅读沙龙"等。

阅读表演秀是让小读者将文学作品以"演"的形式表现出来,通过将文字转化成表演的过程,更深刻地理解原作的内容,更直接地表达自己的阅读感受。作为一种新型的阅读方式,阅读表演秀可以给小朋友带来更多的阅读乐趣,因此深受他们的欢迎,越来越多的图书馆也开始实践这一阅读指导方式。如广州图书馆一直践行儿童阅读方式"立体化、多元化"的原则,将通过故事表演的形式提高少年儿童的阅读兴趣作为其服务的重点之一[23];金陵图书馆的"亲子表演小剧场"从 2010 年年初开始上演,特别受小朋友和家长的欢迎;广西图书馆、合肥图书馆、北京平谷区图书馆、天津河西区图书馆等图书馆纷纷通过阅读表演比赛的形式推动少儿阅读的开展,2014 年由中国图书馆学会主办、江阴市图书馆承办的"全国图书馆绘本剧展演活动"更是将阅读表演秀活动推向了高潮,以故事表演带动阅读成为我国图书馆少儿阅读指导活动中越来越重要的方式[24]。

4. 培训服务涵盖广泛

少年儿童图书馆(室)的资源优势和用户特点,使得其具备了开展培训服务的先天基础。随着社会经济的发展和家长对子女的教育问题越来越重视,各种培训服务逐渐成为少年儿童图书馆(室)重要的服务项目之一。我国少年儿童图书馆(室)目前主要针对以下三个方面开展的培训服务:

一是课业指导。少年儿童图书馆(室)开辟专门的空间和时间,为学龄儿童准备一些诸如字典、词典、百科全书等工具书,有条件的配备一些电脑设备、与课业相关的专题图书和数据库资源,并且由馆员自己或者邀请一些老师和社会志愿者对学生的课业进行指导,为学龄儿童在图书馆营造一个学习的环境。课业指导有长期性的,比如深圳少年儿童图书馆的"四点半学校"、衡阳市少年儿童图书馆的"课业中心"就是孩子们每天放学后学习、阅读的重要场所;也有集中在寒暑假的,比如厦门市图书馆的学生假期课业辅导、顺德北滘图书馆的"春风学堂"暑期小学生课业辅导等。

二是才艺培训在提倡素质教育的社会大环境下,家长们越来越关注孩子综合素养的培育。各地的少年儿童图书馆(室)为满足社会需求,纷纷推出了各种培养少年儿童的兴趣爱好、提升其综合素质的才艺培训项目。作为公共文化机构,少年儿童图书馆(室)由于自身较高的平台和政府背景,使得其推出的培训项目一方面能够得到较高的信任,另一方面也能与较高水平的师资对接,保持一定的水准。天津市少年儿童图书馆的培训中心、广州少年儿童图书馆的素质兴趣班、温州市少年儿童图书馆的阳光公益培训班、湛江市少年儿童图书馆的培训中心等都有着类似的运作机制,一般都与专业的老师合作,培训服务的内容涉及科技类、手工类、棋类、书画类、体育类、艺术类、语言类、写作类等各个方面,教学形式活泼、寓教于乐,颇受欢迎。

三是图书馆使用培训。图书馆使用培训的内容包括图书馆的业务流程、文献构成、服务项目、数字资源的使用方法,等等,目的是帮助读者更好地了解图书馆,更有效地利用图书馆资源。如广州少年儿童图书馆的"走进图书馆"活动,不定期组织读者参观图书馆,使读者对图书馆的工作流程有全面的了解;首都图书馆专门为青少年举办数字资源使用培训,尤其是学习学习研究类数字资源相关培训,指导青少年最快捷地找到所需要的数字资源。一些图书馆还主动走出馆内空间,在更广泛的群体内宣传使用图书馆,福州市少年儿童图书馆就把他们的"小小图书管理员"培训项目放在了小学课堂里,向同学们介绍图书的结构、中图分类法、图书的检索方法等等图书馆基本知识,让更多的孩子喜欢上图书馆、使用图书馆[25]。

5. 少儿文化活动门类广、数量多,发展势头强劲

为进一步丰富少年儿童的精神生活,各少年儿童图书馆(室)根据少儿读者的特点和需求,为其提供了集知识性和趣味性、教育性和娱乐性为一体的多种少儿文化活动,这些活动内容丰富、形式多样,在我国少年儿童图书馆(室)服务中所占的比重越来越大。据国家图书馆的统计数据,2014 年我国108 个独立建制的少年儿童图书馆共举办了 6594 场各类活动,参与人次达186.43 万[26],平均每个图书馆 6 天就有一场活动。常见的活动形式列举如下:

讲座。讲座是我国少年儿童图书馆(室)最常见的文化活动形式,2014年全国独立建制的少年儿童图书馆共举办各类讲座3217场,参与人次达68.58万①。讲座的内容以文艺、国学、科学等知识的普及和成长教育、心理健康等为主,成品牌化系列化发展趋势,如国家图书馆的"文津少儿讲坛",天津市少年儿童图书馆的"成长讲坛",济南市图书馆的尼山书院国学课堂,厦门市少年儿童图书馆的"鹭江讲坛",武汉市少年儿童图书馆的"童窗讲坛",广州少年儿童图书馆的"说古羊城"知识讲座等。

沙龙。沙龙相较于讲座规模较小、比较轻松随意,更加注重与读者的交流互动,更能激发读者的参与热情。比如吉林省少年儿童图书馆(吉林省图书馆少儿部)的"青青草故事沙龙"活动,馆员以故事哥哥、故事姐姐的动画形象与小朋友交流,让孩子们参与到故事的情境中,在故事的间隙带领孩子们做游戏、跳韵律操,让每个孩子都有表现的机会,深受小朋友的欢迎[27]。类似形式的活动还有深圳少年儿童图书馆的"青春百分百——中学生阅读沙龙"活动,苏州图书馆的"家长沙龙"活动,重庆市少年儿童图书馆的"英语沙龙"活动等。

展览。少年儿童图书馆(室)利用馆藏资源或者各种社会资源,通过图片、声音、影像等形式,面向读者开展各类艺术、科普以及其他主题的展览活动。有条件的图书馆开辟专门的展览区域,做长期或者系列性的展览,比如深圳少年儿童图书馆将一楼大厅设置为专门的展览区,长期进行各种展览;迁入新址的广州少年儿童图书馆新馆也开辟了展览厅,开展了"粤艺霓裳——粤剧戏服展"等极具地方特色的展览活动。2014年全国独立建制的少年儿童图书馆共举办各类展览589场,参与人次达105.91万②。

看电影。为少年儿童提供符合其需求、益于其身心成长的影视作品放映活动也是图书馆少儿文化活动的一种常见形式。如东莞少年儿童图书馆每周末在光影互动区为少儿儿童播放他们喜欢的电影作品;扬州少年儿童图书馆开设了我国首家少儿3D影院;全国文化信息资源共享工程也特别设有少儿影视栏目,为各少年儿童图书馆(室)提供适合用于少儿播放的影视资源。

竞赛类活动。为了帮助少年儿童更好地学习,图书馆经常针对各个年龄阶段的少年儿童举办一些诸如读书比赛、主题征文、科普竞赛、书画比赛等竞赛类活动。这类竞赛更注重的是趣味性而非竞争性,强调重在参与,形式上

也更加活泼,希望孩子们可以在快乐中增加对知识的接受度。如深圳少年儿童图书馆就大运会主题从 2008 年开始连续三年开展了少儿艺术创造作品(包括书法、绘画、摄影、手工等)的征集和评比活动,通过这样的方式让当地儿童更加积极主动地了解并参与到大运会中去[28-29]。首都少年儿童图书馆从 2013 年开始陆续举办了藏书票设计大赛、网页制作比赛和电子书制作比赛,将阅读推广和艺术创造以及计算机技术结合起来,鼓励思维创新[30]。

表演类活动。图书馆举办的表演类活动,除了有部分是邀请专业的演艺人员为图书馆读者表演之外,更多的是作为读者的少年儿童自己参与的表演。随着社会越来越开放,少年儿童表达自我的愿望也更加强烈,少年儿童图书馆(室)作为公共文化机构,有责任也有义务为少年儿童搭建一个可以公开表达自我、展示自身才艺的平台。近年来,各地少年儿童图书馆(室)积极开展此类活动,如温州市少年儿童图书馆的"梦想舞台"以广泛吸纳唱歌、跳舞、演小品等各种表演形式,鼓励青少年炫出精彩、秀出自我[31];杭州图书馆的"小艺术家首秀"为具有各种艺术才华举办专场演出等。

暑期夏令营。作为每年少年儿童最长的假期,如何充分利用好暑期的时间,既能有效放松又不耽误学习,是每个家长都很关注的问题。各地少年儿童图书馆(室)结合当地社会需求,纷纷推出各种暑期夏令营项目。如金陵图书馆的"七彩夏日"暑期夏令营活动,设计了"赤、橙、黄、绿、青、蓝、紫"七大板块,以国学知识、绘本阅读、电影放映、英语互动、故事讲演、手工制作、才艺表演等动静结合、形式多样的内容,为青少年搭建一个平等交流、学习共进的公益文化平台。整个暑期夏令营共举办了 67 场活动,参与活动的人次接近 1万[32]。暑期夏令营实际上是各种文化活动在假期的集中呈现。

第二节　免费开放和少儿图书馆服务体系建设

提供平等、免费、无障碍的服务是保护未成年人的文化权益、贯彻落实儿童优先原则的基本要求,免费开放和少儿图书馆服务体系建设是实现"平等、免费、无障碍"的重要途径。目前,我国少年儿童图书馆(室)不论是在免费开放方面还是图书馆服务体系建设方面,都取得了积极的进展。

一、免费开放全面推进、成效显著

国家一直非常重视少年儿童图书馆的免费开放工作。在 2004 中共中央、国务院发布的《关于进一步加强和改进未成年人思想道德建设的若干意见》（中发〔2004〕8 号）中就有包括图书馆在内的公益性文化设施免费向未成年人开放的要求。2011 年 1 月 26 日，文化部、财政部联合下发《关于推进全国美术馆、公共图书馆、文化馆（站）免费开放工作的意见》（以下简称《免费开放工作的意见》），标志着我国公共图书馆免费开放工作全面启动，少年儿童图书馆（室）的免费开放工作也全面推进。截至 2014 年年底，我国少年儿童图书馆的免费开放工作成效显著，县以上少年儿童图书馆（室）已经全部实现了免费开放，全面推行免费服务，基本实现了国家对公共图书馆免费开放的工作目标[33]。具体体现在以下几个方面：

1. 合理延长开放时间，开、闭馆时间更加科学

《免费开放工作的意见》要求各公共文化机构加大开放力度，延长开放时间是图书馆加大开放力度的具体体现。少年儿童图书馆（室）由于服务对象的特殊性，一味延长开放时间并非是提升服务效率的最佳选择，为此，我国各地少年儿童图书馆（室）根据儿童的身心特点和实际需求，在适当延长开放时间的基础上对开、闭馆时间进行了更加科学的设定，最大限度地满足少年儿童课余学习、娱乐和休闲的需求，呈现出以下特点：

一是每天开放时间平均在 8—8.5 小时，取消中午午休时间，方便学生和家长中午时间来馆借书。

二是闭馆时间多集中在下午 17：00—18：00，出于安全和少年儿童作息时间的考虑，晚上一般不开放，但也有一些例外，比如深圳少年儿童图书馆和杭州少年儿童图书馆考虑到家长及成人群体的需求，将闭馆时间分别设定为晚上 21：00 和 20：00。

三是不同区域实行不同的开放时间。一般面向读者群最广、需求量最大的阅览外借区域和自修区域开放时间最长；玩具区域、盲文区域以及某些专题阅览区域开放时间相对较短；或者根据不同的读者类型提供分时段服务，如上海少年儿童图书馆将周一至周五的上午时段设定为接待集体读者，下午时段接待个人读者。

四是延长双休日和寒暑假的开放时间。双休日和寒暑假是少年儿童对图书馆需求量最大的时间段，各馆普遍在平时的基础上对开放时间有所延

长,加强服务力度。

2. 调整功能布局,扩大对少儿读者开放面积

更多的公共图书馆增设了少儿阅览室或扩大了少儿阅览室的面积作为专门针对少年儿童的服务空间;独立建制的少年儿童图书馆纷纷调整功能布局,在空间设置上最大限度地扩大读者服务空间,尤其是一些新建的或经过大规模修整的少年儿童图书馆,采用了藏、阅、借一体的服务模式,直接对读者开放的服务区域和公共交流区域占总面积的比例不断扩大。如2012年经过重新修整后开放的杭州少年儿童图书馆采用藏借阅一体的布局模式,设置了玩具天地、绘本区、动漫区、英文区、电影放映室等特色区域,并将原先的部分办公区域、小卖部及地下室空间改造成家长学习区、视听区、培训教室等,实现了将近90%的面积对读者免费开放。

3. 取消原有收费项目,实现了基本文化服务项目的健全并免费提供

根据《免费开放工作的意见》的要求,各少年儿童图书馆(室)逐渐取消了原先普遍收取的办证费、验证费、自修室使用费、电子阅览室上网费、存包费等费用,面向少年儿童及其相关群体的各项服务,包括文献资源借阅、检索、咨询、上网、培训、讲座和展览等各种文化活动等,均基本实现了健全和全面免费。

二、服务体系建设各具特色、服务优势凸显

形成体系化的服务网络是少年儿童图书馆拓展馆外服务、延伸服务能力、为广大少年儿童提供便利的就近服务的重要途径。2010年文化部颁布的《关于进一步加强少年儿童图书馆建设工作的意见》明确提出,要"在乡镇、街道、社区等建设少年儿童图书馆分馆(少年儿童阅览室),努力构建包括少年儿童图书馆、少年儿童阅览室、少年儿童图书馆分馆在内的覆盖城乡的服务网络体系"。近年来,各少年儿童图书馆(室)积极贯彻文化部的这一工作意见,以总分馆建设和流动服务为主要形式,不断延伸服务范围,拓展服务功能,增强对基层社区及偏远山区的业务辐射能力,体系化服务优势凸显。以下列举了各地一些比较具有代表性的少儿图书馆服务体系:

1. 大连市少年儿童图书馆

大连市少年儿童图书馆从2008年开始探索总分馆建设之路,在实践中逐步形成了以"构建具有大连特色的少儿图书资源全域共享服务体系"为目标,依托政府惠民政策、发挥自身优势的"总馆—分馆—流通站—流动车"发展思

路,开创了全国少儿图书馆界总分馆服务体系建设的"大连模式",即"协议合作型分馆模式"。政府以文件形式支持开办分馆,并提供经费保证,总馆与分馆在协议基础上形成合作关系,总馆为分馆提供文献资源和业务指导,总分馆之间实现文献通借通还[34]。截至 2014 年年底,已经实现了"1 + 100"的建设目标,即大连市少儿图书馆服务体系中有 1 个中心馆加 100 个分馆,其中幼儿园分馆 7 个、小学分馆 76 个,初中分馆 14 个,高中分馆 3 个,另有流通站 60 个,流通车服务点 5 个,这些分馆及流通站点中,农村偏远地区占 75%,真正实现了让图书馆走到偏远地区孩子们的身边[35]。

2. 广州少年儿童图书馆

广州少年儿童图书馆服务系统由总馆、联合分馆、图书流通点和汽车图书馆服务点组成,服务触角延伸至广州四面八方。系统内的流通点、汽车图书馆服务点、联合分馆的资源均由少图提供,包括馆藏报纸杂志、人员、设备、服务系统、技术以及开展各式阅读推广活动,以少图为中心建立辐射式网络服务系统,实现资源共享。目前,已在广州 10 区 2 市中相对比较偏远的黄埔区、白云区、海珠区、南沙区、从化市、增城区社区,以及在广州市少教所、广州市聋人学校、广州市边远学校等先后建立了 27 个联合分馆、40 个流通点、12 个汽车图书馆服务点,通过这些服务网点及时为郊区、城乡接合部的少年儿童送去书籍,营造阅读就在家门口的氛围,方便广大少年儿童就近阅读[36]。

3. 深圳少年儿童图书馆

深圳少年儿童图书馆制定了以打造具有深圳特色的少年儿童文献服务保障体系和服务网络为目标的"常春藤"项目。项目依托深圳市少年儿童图书馆的管理和资源平台,联合全市中小学图书馆,突破行政归属和区域限制,实现市少儿图书馆与全市中小学图书馆文献资源互联共享、图书资料通借通还;同时广泛开展阅读推广活动,提升学生学习阅读素养。以此构建深圳市中小学图书文献通借通还平台,深圳市少年儿童图书文献资源共建共享平台,深圳市中小学生阅读推广平台,以及深圳市中小学师生学习交流平台。截至 2014 年年底,实现了首批加盟学校 50 所的目标,接下来将按照统筹规划、逐步推进的原则,推动图书编目中心、信息中心及资源中心的建设,在2020 年前实现全市中小学"常青藤"计划全覆盖[37-38]。

4. 温州市少年儿童图书馆

温州市少年儿童图书馆为了让更多的孩子可以享受到图书馆的资源和服务,从 2011 年开始总分馆建设,目前已建成了 30 多所学校和幼儿园分馆。

2013 年,温州市少年儿童图书馆又启动了汽车图书馆计划,每天都会有两辆满载各种图书文献的汽车从总馆出发,在固定的时间前往固定的地点停靠,方便周边的少年儿童借阅,目前,温州市少年儿童图书馆的汽车图书馆已经与 30 家学校和社区建立了合作关系,实现了将图书馆服务"流"到儿童身边去,做"家门口的图书馆"的目标[39]。

5. 合肥市少年儿童图书馆

合肥市少年儿童图书馆从 2002 开始就主动走出馆门,向社会延伸图书馆服务,通过媒体发布信息,积极寻求合作伙伴、建立图书馆服务网点。2006 年在民工子弟集中的街道建立了全省第一家专门的民工子弟图书馆,2008 年又在民办寄宿小学建立了全省首家留守儿童图书馆,通过与民办商业团体合作建立分馆服务社区延伸服务。2007 年,合肥市少年儿童图书馆开始开展"汽车图书馆"服务,定时走进社区、学校、农村,进一步拓宽服范围。通过多种方式,逐步形成了"中心馆——分馆——汽车图书馆"三层服务体系,初步建立起遍布全市各地的图书借阅服务网络[40]。

6. 苏州图书馆

苏州图书馆 2006 年起投入使用"苏州市未成年人流动图书大篷车"。"大篷车"依托苏州图书馆的各项馆藏资源,以流动服务的方式,将图书馆资源送到学校,方便学生借还图书。车上除了图书外,还配备了空调、多媒体电脑、液晶大屏幕和无线上网本,可以作为多功能流动图书室使用。除了为小朋友们带去他们喜爱的图书,"流动大篷车"还结合节假日,为小朋友带去猜谜、游戏、播放电影等文化娱乐活动。自投入运行以来,"大篷车"已建固定服务点 30 个,与少儿馆、各社区分馆共同组成了一个覆盖全市城乡的少儿图书馆服务网络,该服务也是苏州市公共图书馆服务网络的一个有机组成部分[41]。

7. 重庆市少年儿童图书馆

重庆市少年儿童图书馆着力打造西部公共图书馆服务体系发展模式,建有馆外流通点 68 个、分馆 5 个,并在此基础上开展了重庆市少年儿童"爱心图书接力服务活动",联合 19 个区县图书馆、20 个图书馆,组织不同内容的新书,以接力交换的形式为三峡库区、渝东南少数民族等偏远地区的少儿读者服务;同时到偏远山区开展书刊展阅、播放少儿节目、有奖知识问答、猜谜等丰富多彩的活动,输送图书资源和活动资源,延伸了服务范围,构建了可以有效实现资源共享和少儿图书馆体系服务[42]。

除了上述图书馆之外,其他诸如北京、上海、沈阳、厦门、福州、南宁、长春等各地的少年儿童图书馆也都在积极推动区域少儿图书馆服务体系建设。这些少年儿童图书馆(室)结合当地社会经济发展的具体情况,借鉴公共图书馆服务体系的构建模式,以分馆建设、馆外流通点建设、汽车图书馆流动服务为主要形式,向基层和偏远地区输送图书资料和其他服务,为推动城乡服务同质,满足城乡少年儿童更方便、快捷地获取图书馆服务方面做出了不懈的努力,取得了积极的成效。以独立建制的少年儿童图书馆为例,2012—2014年间,体现体系服务的两个最重要指标流动服务书刊的借阅人次和借阅册次均有较大的上升幅度,借阅人次从 190 万上升到 310 万,借阅册次从 362 万上升到 513 万[①],分别增长了 63% 和 42%。

第三节　面向不同年龄结构群体的服务

未成年人还处于生长发育的过程当中,不同年龄阶段具备的学习能力、知识需求和关注的重点都会有所区别,为此,针对不同年龄阶段的孩子的身心特点提供不同的图书馆服务,是未成年人服务与成人服务最大的区别之一。我国少年儿童图书馆(室)分年龄段服务最初从借阅服务中体现出来,大部分图书馆(室)都会对阅览室按服务对象的年龄阶段进行划分,设置低幼阅览室、小学生阅览室、中学生阅览室等不同区域的服务空间。随着分层服务理念在未成年人服务中的越来越被重视,各地少年儿童图书馆(室)也开始在更多的服务领域提倡并实践分层服务的理念。目前,我国少年儿童图书馆(室)的一般按照各馆的自身实际和社会职能出发,将服务的年龄段划分为:婴幼儿童、低年级学龄儿童和青少年。此外,还提供成人(主要是家长和教育工作者)的服务,概述如下:

一、面向婴幼儿童的启蒙服务

这里所说的婴幼儿童,主要指的是学龄前儿童。少年儿童图书馆(室)初建时期,婴幼儿并未被纳入常规服务群体,随着婴幼儿服务理念的普及,少年

---

① 数据来源:《中国图书馆年鉴 2013》《中国图书馆年鉴 2014》《中国图书馆年鉴 2015》。

儿童图书馆(室)服务范围的深化和服务广度的拓展,近年来,不少图书馆已经意识到面向婴幼儿童服务的重要性。众多图书馆纷纷设置符合婴幼儿童身心特点的专区,开辟专门的婴幼儿童服务空间,便于开展更贴近其需求的活动。如杭州少年儿童图书馆根据婴幼儿童的身心特点设有"玩具天地"和"绘本区",广州少年儿童图书馆设有以玩具及婴幼儿文化为主题的"童趣馆",温州市少年儿童图书馆设有"幼儿天地"等。

就具体服务而言,对于心理和生理都处于最初成长阶段的婴幼儿来说,对他们开展服务需要更多的专业知识与创新举措。由于婴幼儿自身不具备主动的阅读能力,对其服务以启蒙教育和亲子教育为主。

以杭州少年儿童图书馆为例,该馆对学龄前儿童的服务细分成了0—1周岁、2—3周岁和4—6周岁三个年龄段,根据学龄前儿童的生理和心理差异,进一步细化、明确每个年龄段服务对象的特点和服务内容,各个年龄阶段都开展有"小可妈妈伴小时"亲子课堂,对0—1周岁的爬爬宝宝则更侧重宝宝的大肌肉发展,在朗朗上口的儿歌游戏中开展各类爬爬游戏,增进亲子间的情感沟通和交流;对2—3周岁的宝宝开展阅读游戏活动,抓住幼儿语言发展的关键期,开展简单有趣的手指谣、亲子游戏等内容,帮助幼儿提高有意注意的集中时间,同时使口肌得到锻炼;4—6周岁的幼儿则会增加绘本阅读、涂涂画画、趣味手工等各类丰富的内容,为幼小衔接做好准备。此外,少年儿童图书馆(室)还面对学龄前的家长读者开展各类育儿讲座,帮助其普及婴幼儿护理知识、各年龄段的身心发展特点和应对策略,以及幼小衔接等内容。

二、面向低年级学龄儿童的体验服务

低年级学龄儿童主要指的是小学生这一阶段的读者群体。处于这一年龄段的小读者,刚开始接受学校正规教育,学校知识是其主要知识来源,少年儿童图书馆(室)可以起到辅助拓展知识范围,开阔视野的作用。而就服务时间而言,因为学校作息的制约,针对其开展的服务,一般宜集中于节假日和寒暑假期间。

对于这一年龄阶段少年儿童的具体服务,除了提供书籍借阅和课业辅导之外,最主要的是各种体验式活动,通过组织各种亲手实践性的学习项目,帮助其更好地获得知识、得到成长,让小朋友们"从做中学习,从经验中成长"。常见的生活体验类活动包括阅读体验、科学体验、种植体验、烘焙体验等。

以厦门少年儿童图书馆为例。厦门少年儿童图书馆针对低年级学龄儿童群体开展了各种体验式活动。比如将少年儿童耳熟能详的一些寓言和童话故事设计成舞台剧,让小朋友表演其中的角色,通过趣味的表演增强儿童的阅读兴趣;开设"开心农场",在图书馆天台开辟种植园,供小读者免费认领栽种蔬菜,同时邀请专业人士现场讲解植物生长及养护知识,让小读者从认识种子开始了解植物的生长过程,体验现实版的农场生活,撰写观察日记,锻炼观察和动手能力;"科学工作室"将图书馆的科普类数据与科技体验结合起来,配备多种科学实验器材,让少年儿童动手实验和探究验证,以新鲜有趣的方式帮助同学们学习科学知识,培养同学们的科学兴趣和动手实践能力等[43]。

三、面向青少年的开发服务

青少年指的是介于儿童期和成人期之间的一个发展阶段,大体上可以界定为12—18周岁的人群,也就是处于初中、高中年龄段的未成年人群体。这一阶段的未成年人身心发展日臻成熟,由儿童期逐渐社会化,开始形成独特的价值观、人生态度和生活方式,是人生成长的关键时期。我国少年儿童图书馆(室)对这一人群的服务,主要集中在帮助其开阔眼界、涉猎更多的知识领域,引导其健康成长、发展正确的人生观价值观等方面。

青少年基本具备与成人读者相同的阅读能力,且兴趣爱好更为广泛。因此,图书馆在图书的采选方面,与低年级学龄儿童相比涵盖内容更加范围、品种更加丰富,但由于其心智还不够成熟,与成人相比又需要有更多的引导。为此,一些图书馆为青少年群体开辟了专门的阅读空间,提供合适的馆藏,引导其"多读书、看好书"。如武汉图书馆就设置了专门的青少年借阅室,提供适合青少年阅读的科普读物、中外名著、寓言童话、历史名人传记等各类图书,满足其阅读兴趣和需求。

另一方面,处于青春期的青少年有着情绪不稳定,心理容易出现问题的,对这一群体的心理辅导也是目前我国图书馆青少年服务的重要内容之一。武汉少年儿童图书馆的"陶宏开工作室"就是此类服务的典型。"陶宏开工作室"成立于2007年,设置"心理咨询室"和"讲座报告厅"等工作空间,聘请40多名专、兼职心理健康和青少年教育专家,针对青少年成长中的上网成瘾、厌学逃学叛逆等各类问题展开心理辅导,每周六下午定期开展咨询互动活动,针对家庭个案商讨解决方案,制定帮教措施,引导家长掌握教育子女的正确方法,矫正青少年诸多不良习惯,帮助青少年健康成长。成立几年来为数以千计的家庭提供了各种心理帮助,社会效益显著[44]。

四、面向其他群体的拓展服务

其他群体主要指的是家长、教育工作者和其他一些与未成年人相关的人群。

家长:家长作为与未成年人关系最密切的群体,越来越受到各地少年儿童图书馆(室)的关注,更多的图书馆(室)开展了一系列针对家长的服务。一方面,针对当下家长感兴趣的或感到困扰的话题,例如科学的育儿方式、良好习惯的培养,最新的社会教育动态、教育体制的改革变化等,开展讲座、交流会、沙龙等活动,以此来帮助家长更好地解决子女教育中遇到的各种问题,帮助家长和孩子共同成长。另一方面,家长和小朋友共同参与的亲子活动越来越被重视,各少年儿童图书馆(室)纷纷开展各种亲子阅读、亲子手工、亲子运动、亲子游戏等活动,在活动过程中增强了父母和孩子之间的情感交流和经验传承,通过轻松有趣的方式调试了父母和孩子的关系,同时发挥了家庭教育和图书馆社会教育的双重功效。

教育工作者:少年儿童图书馆(室)针对教育工作者的服务最主要的是为其做相关专题信息的搜集整理工作。目前,我国有能力开展此类服务的少儿图书馆(室)数量有限,主要集中在资源相对丰富、业务能力较强的几个相对规模较大的少年儿童图书馆,如北京、上海、天津、广州、深圳等地的少年儿童图书馆。

其他:某些少年儿童图书馆还针对其他一些人群开展服务。如东莞少年儿童图书馆就设置了专门的老年人图书馆,为老年朋友提供琴棋书画等休闲服务,营造老幼相扶、其乐融融的空间氛围。

第四节　特殊儿童群体服务

图书馆的未成年人服务,不仅要使普通未成年人群体可以享受图书馆服务,更要使那些无法正常接受图书馆服务的未成年人中的特殊人群,也同样能够享有图书馆服务。随着我国社会经济的发展和图书馆权利运动的兴起,对这部分特殊群体的服务成为一个越来越受关注的课题,各地的少年儿童图书馆(室)将更多的特殊儿童纳入日常服务对象中,对视障儿童、聋哑儿童、肢残儿童、智障儿童、自闭症儿童、家庭困难或缺乏关爱的留守儿童和外来务工人员子女群体以及失足儿童、病患儿童等，提供了内容丰富、形式多样的专门服务，概述如下：

一、完善服务功能，为特殊儿童群体提供良好的到馆服务

1. 建设无障碍服务环境

为了让一些行动不方便的残障儿童在图书馆也能比较自由地活动，各少年儿童图书馆（室）在建筑设施设备方面都会有一些考虑和配合，基本的设施设备包括出入口的无障碍坡道、盲道、无障碍电梯、残疾人专用厕所、楼梯残障扶手、无障碍指示标识以及提供给残障人士的爱心轮椅和爱心专座等。随着国家对残疾人工作的越来越重视和相关法律法规的不断完善，公共场所的无障碍设施建设逐渐从自觉行动变为强制标准。2013 年住房城乡建设部等五部委联合印发《关于开展创建无障碍环境市县工作的通知》（建标〔2013〕37号），明确将图书馆列为无障碍改造的重要对象；深圳等地方政府在城市无障碍设施建设与改造规划中也将图书馆的无障碍服务环境建设作为一项重要的规划内容（《深圳市无障碍设施建设与改造规划（2011—2015）》）。越来越多的少年儿童图书馆（室）在新建、扩建、改建的过程中将无障碍环境建设作为重点建设内容之一。

2. 设立残障儿童专门的服务空间

为了更好地服务残障儿童，除了建设无障碍服务环境外，有条件的少年儿童图书馆（室）还在馆内开辟出专门的区域，作为残障儿童的专属服务空间。广州少年儿童图书馆在新馆改造过程中将独立于主楼侧面的一栋单独建筑开辟为专为残障儿童服务的"爱童馆"。这是广州市第一个专门为残障青少年设置的图书馆，除了配备有盲文书籍、盲人电脑、无障碍阅读机等设备，为盲童、聋哑儿童等提供无障碍阅读服务外，还经常举办针对残障儿童的读书活动和展览等，帮助残障儿童和健全人一样享受少儿图书馆的资源和服务，在这里增长知识、接受教育、文化休闲、陶冶情操[45]。

为视障儿童服务的盲人阅览室（视障阅览室、有声读物阅览室）在各地公共图书馆的设立更为普遍。以长沙图书馆为例，长沙图书馆新馆的视障阅览室引入了国际上先进的视障"触摸阅读"理念，提供一键式智能阅读器、盲文点显器、手持式电子助视器、台式电子助视器、便携式多功能助视器等盲人专用阅读设备，让视障人群可以以不同的方式"看"书；考虑到视障人群对盲文

的认知水平不一,除了采购盲文图书外,图书馆还采购了大量有声读物和播放设备,让视障读者通过"听"来阅读;为了更加符合低龄视障儿童的需求,图书馆还添置了发声玩具和触觉绘本,让小朋友通过听、触摸、闻等游戏的方式来"玩"书,享受阅读的乐趣,获得知识[46]。一些少年儿童图书馆(室)囿于条件限制,没能设立单独的盲人阅览室,但同样提供"盲人图书专架""语音资料库"等服务。

3. 更多的优惠服务措施

各地少年儿童图书馆(室)根据自身实际情况为特殊儿童群体到馆服务提供一些优惠措施,这些措施包括:①为特殊儿童提供办证优惠,降低办证门槛,比如广东省立中山图书馆为视障儿童办理专门的视障读者卡,免除了其办证押金;洛阳市图书馆对残疾人实施全免费借阅服务;广州少年儿童图书馆向低保特困家庭子女免费派送电子图书借阅卡等。②为行动不方便的特殊儿童提供接送服务:比如沈阳市少年儿童图书馆开展定期接送盲童到馆阅读服务;厦门少年儿童图书馆为残疾儿童提供接送服务等。

二、延伸服务能力,为特殊儿童群体提供便捷的就近服务

1. 设置分馆、流通点

特殊儿童群体多有行动不便的问题,为此,除了完善馆内服务功能,同样重要的是将服务送到特殊儿童群体身边去,为其提供便捷的就近服务,而在特殊儿童群体相对集中的区域设置分馆和流通点是最有效的服务途径之一。盲人学校、聋哑学校、康复中心、福利院、特殊学校、偏远山区学校(留守儿童较多)、外来工子弟学校等都是各地少年儿童图书馆(室)最常设置分馆和流通服务点的地方。

如杭州图书馆的盲文分馆就设在浙江省盲人学校内,配备盲文图书、有声读物以及电脑、助视器、点显器等盲人阅读专用设备,将盲校学生视为其最主要的服务对象之一;贵阳市图书馆在贵阳市聋哑学校设立了全市首个以少儿特殊群体为服务对象的流通点,定期更新图书,举办有针对性的阅读推广活动;南宁市少年儿童图书馆在专为脑瘫等病患儿提供康复服务的公益性机构南宁市云彩社会工作服务中心建立了图书流通站,不定期为孩子们送去绘本书籍和各种阅读推广课程;天津市少年儿童图书馆在"梦工厂"自闭症救助中心建立"阳光书房",为自闭症儿童提供精神食粮;重庆图书馆的"蒲公英梦想书屋"项目是重庆市文化共享工程乡村留守儿童关爱行动的主要实现形式,通过在重庆市各个区县,尤其是边缘地区乡村学校设立"蒲公英梦想书屋",对乡村留守儿童开展定向扶持;上海少年儿童图书馆在上海市未成年人教管所建立阅读指导基地,定期更换图书,为其提供阅读指导、心理咨询、一对一帮教等服务等。

这些以不同特殊儿童群体为服务对象的分馆、流通点是我国各地少年儿童图书馆(室)为特殊儿童群体提供就近服务的最普遍方式之一,不但受到了特殊儿童群体的欢迎,也取得了良好的社会效果,以"蒲公英梦想书屋"为例,截至 2015 年年底,"蒲公英梦想书屋"已建成 24 所,惠及留守儿童 3 万余名,并且获得了第二届中国青年志愿服务项目大赛银奖[47]。

2. 上门服务

除了设置分馆、流通点外,一些少年儿童图书馆(室)还为特殊儿童群体提供直接到家庭的上门服务,比如为残障儿童提供图书配送上门和专门的图书邮递服务等。

以北京市石景山区少年儿童图书馆为例。为残障儿童服务是石景山区少年儿童图书馆的特色服务之一,而为残障儿童提供图书配送上门更是图书馆从开馆开始就一直坚持的工作,至今已持续了 30 多年。工作人员按照残障儿童不同的年龄、智力发育状况等特点挑选合适的图书,定期送书上门,不收取任何费用,送书的交通工具也从最初的自行车发展到了后来的流动图书车。除了正常的借书送书以外,图书馆还常年与石景山区残联保持联系,深入了解区内残疾儿童情况,希望不错过任何一个有需要的残疾儿童,并随时与残疾儿童及家长沟通交流,为他们解决生活学习上的困难。这项服务深受当地残疾儿童的欢迎,一大批伴随着图书馆送书上门服务成长起来的残疾儿童已经成为社会的栋梁之材[48]。

为有需要的残障儿童提供图书资料的邮寄上门服务也是众多少年儿童图书馆(室)在实践的服务项目之一。如杭州图书馆盲文分馆就为全省的盲人读者提供电话借书的服务,读者需要的图书资料会通过邮局送到各地的读者手中,读者还书也可以通过邮寄的方式归还;广州少年儿童图书馆也为视障碍儿童读者提供免费的图书邮寄服务,让他们足不出户便能感受浓浓书香。

3. 病房服务

病房服务,即为患病住院的儿童提供服务。在我国未成年人服务领域,在病房为病患儿童服务并不是一项普遍开展的服务项目,但也有一些少儿图书馆开始了这方面的探索和尝试,比如深圳少年儿童图书馆的"爱心书屋"

项目。

深圳少年儿童图书馆从 2007 年开始在深圳市儿童医院白血病房设立了"爱心书屋",当时的小屋占地 40 平方米,有 12 个座位和近千册图书。之后,深圳少年儿童图书馆不仅为"爱心书屋"不断输送图书,还通过集中阅览、病房阅览、读书活动三种服务方式,将馆内的品牌活动"红姐姐讲故事"等送进医院,丰富住院小朋友的生活。爱心书屋让生活在医院中的病患儿童也能像健康孩子一样,享受到无差别的阅读,通过阅读建立战胜病魔的信心,深得患儿及家属好评[49]。

可以看到,目前我国少年儿童图书馆(室)在做好普通少儿服务的基础上,已经将越来越多的弱势儿童纳入服务体系内,让每一个孩子都能享受到图书馆服务正在从口号逐渐变成现实。

三、有的放矢,针对特殊儿童的不同特点开展多种文化活动

1. 心理疏导

特殊儿童群体由于与普通儿童在生理或生活环境方面的差异,心理也会相对脆弱,比较容易出现心理问题,比如沉重的思想负担、自卑心理、忧郁和焦虑、自我封闭、过度敏感及悲观心理等。针对特殊儿童的这一特点,各地少年儿童图书馆(室)通过各种方式,开展了一系列针对特殊儿童群体及家长的心理健康教育活动。

比如重庆图书馆通过绘画艺术治疗的方式帮助城市留守儿童解决心理问题。他们通过问卷在图书馆周边 5 所小学中进行调查,将存在不同程度或不同类型的心理问题的 65 名城市留守儿童分为 4 个绘画创作班,每班每周实施 2 次心理干预。干预课程分为 6 个疗程,每个疗程分别包括涂鸦、人像、场景、感受、团体共同绘画 5 个主题,心理治疗师在每一次干预中分别从作品创作、作品介绍、作品分析、共同探讨等步骤通过合理干预,引导治疗对象自我倾诉、自我审视、自我接纳并逐步学会自我提升,解决心理问题[50]。云和县图书馆也对当地留守儿童开展了类似的心理干预活动。图书馆将留守儿童较多的县江滨实验小学作为主要的帮扶对象,通过心理游戏训练、有针对性的阅读训练等方式,帮助他们排除不良的情感体验,缓解心理压力[51]。

此外,广东省立中山图书馆为视障儿童家庭举办包括视障儿童父母的心理调适、视障儿童心理早期干预等在内的家庭教育培训班,帮助疏导家长们在教育视障孩子时遭遇的心理困惑;武汉少年儿童图书馆的"陶宏开工作室"、厦门少年儿童图书馆的心理咨询室、上海市闸北区少年儿童图书馆的红红姐姐工作室等都将特殊儿童群体作为最主要的服务对象之一。

2. 自闭症儿童康复训练

开展康复训练活动也是少年儿童图书馆(室)针对特殊儿童群体的主要活动之一,最为普遍的是针对自闭症儿童的康复训练活动。自闭症儿童因为脑部发育障碍而导致情绪表达困难、社交互动障碍、语言和非语言的沟通困难等问题,导致不能与他人建立起正常的社会关系。据统计,目前我国约有150万自闭症儿童,而且每年以10%到17%的比例增长,已达到人口比例千分之一[52]。面对这一不断庞大的自闭症儿童群体,越来越多的少年儿童图书馆(室)将这一人群纳入服务对象中,开展了一些帮助其发展语言、沟通和社交能力的活动项目。

比较早期的诸如黑龙江省图书馆在2012年就举办了"狮爱传递走进星星孩子的世界与自闭症儿童心手相连"大型公益活动,通过图书馆这个平台让社会对自闭症儿童有了进一步的认识;上海图书馆也于2012年与上海精神残疾人及亲友协会孤独症工作委员会联手,在上海图书馆读者中心设立成年孤独症体验岗位,为自闭症患者提供真实的工作环境和社会交往平台;深圳市南山区图书馆从2012年开始为自闭症儿童举办"星星点灯"自闭症儿童阅读系列活动,帮助自闭症儿童及其家庭通过阅读成长进步等。

近年来,随着自闭症儿童问题越来越得到社会的关注,也有更多的图书馆参与到帮助自闭症儿童康复训练的队伍中。在"世界自闭症日"设立到了第八个年头的2015年,一系列帮助自闭症儿童的活动在各地图书馆开展起来。如贵州省图书馆与贵阳市南明区爱心家园儿童特殊教育康复训练中心联合举办的针对自闭症儿童的"笨小孩真人图书馆"活动,有针对性地对自病症儿童开展个训,提高他们各方面的机能,尤其是语言能力的发展[53];上海图书馆、湖南图书馆、珠海市图书馆、邯郸市图书馆等图书馆纷纷举办由自闭症儿童自己创作的画展,鼓励自闭症儿童将惊人的细节专注力和对事物超级结构化的能力通过画画的方式展现出来;南京图书馆、浙江图书馆、嘉兴市图书馆等更多的图书馆开展了面向自闭症儿童及其家长的讲座活动,帮助自闭症儿童家长、老师以及关爱自闭症儿童人士一起分享和探讨如何用切实可行的办法来帮助自闭症患儿。

3. 盲童看电影

视障儿童不能像普通孩子那样看到电影屏幕上五颜六色的形象,为了能让他们也感受到电影画面的艺术魅力,播放无障碍电影成为各地少年儿童图书馆(室)为视障儿童开展的主要活动之一。无障碍电影,是指在不破坏电影原貌的基础上,根据画面场景,用准确精练的语言和情感对电影加以解说,让看不到画面的盲人通过讲解来理解影片所要表达的内容。解说有事先预录好的,也有解说员现场解说的。

杭州图书馆音乐分馆的"盲童看电影"活动已经坚持了近六年的时间,音乐分馆每月一次为视障儿童播放他们喜欢的影片,知名主持人现场解说电影,将影片中每一处镜头转换、画面色彩、人物外貌、穿着打扮、动作等同步描述出来,以激情澎湃和富有艺术感染力的表达,让小朋友们只用耳朵聆听,就能尽情地投入多彩的电影世界中。2011年,音乐分馆被杭州市政府确定为首批"杭州市残疾人无障碍试听体验基地"。

除了杭州图书馆之外,上海图书馆、南京图书馆、重庆图书馆、辽宁省图书馆、河北省图书馆、山西省图书馆、银川图书馆、乌鲁木齐市图书馆、秦皇岛图书馆、新乡市图书馆等多地的图书馆都有经常性地开展为视障儿童播放无障碍电影的活动,可见"盲童看电影"这一形式在我国公共图书馆服务领域已经比较广泛的开展起来。

4. 外来务工人员子女体验营、夏令营

外来务工人员子女是一个特殊的儿童群体,他们或是留在故乡与父母长期不能见面,或是跟随父母在陌生的城市生活,由于经常会在两个地点转移,他们也常常被称为"小候鸟",亲情缺失与城市生活的隔阂是他们面对的最大问题。为了让这一特殊儿童群体可以与父母有更多交流的机会,能够更好地体验城市生活,各地少年儿童图书馆(室)开展或参与了一系列专门针对外来务工人员子女的生活体验营、阅读夏令营活动。

广州市从2014年开始联合各方,组织关爱留守流动儿童夏令营活动,广州少年儿童图书馆积极参与其中,在2015年关爱留守流动儿童夏令营中,为来自贵州省黔南州、梅州市、清远市、花都区等地的80多位留守儿童开展了参观图书馆、儿童心理健康讲座、团队拓展活动、联欢交流,组织留守儿童与家长代表见面等活动,让他们有机会认知和感受广州改革开放30多年来取得举世瞩目的成果,零距离感受广州城市发展的魅力,体会父母作为城市建设者付出的艰辛,在开阔视野和增长见识的过程中,使其自立自爱、奋发图强[54]。

作为外来务工人员人口较多的地区,佛山市图书馆也将留守儿童列为其重点服务对象之一,2015年开展了文化艺术公益夏令营阅读分营活动,通过整合地区公共文化服务平台,集结了南海、高明、三水图书馆建立四个分营,为 700 多名外来务工人员及本地户籍困难家庭子女开设了朗诵会、分享会、绘本剧、制作手抄报和书签等阅读系列课程,激发孩子们的阅读兴趣和提高动手能力;组织小学员参观佛山市图书馆新馆、游览祖庙和佛山新城滨河公园,带领"小候鸟"感受佛山传统和现代文明[55]。

宁波也是外来务工人员集聚的地区之一,每年假期总有一群"小候鸟"从各地来到宁波和各自的父母短暂相聚,为了帮助"小候鸟"们更好地度过他们的假期生活,宁波市江东区图书馆在 2015 年的 8 月举办了"关爱小候鸟,快乐暑期行——军营生活体验记"社会实践活动,带领 45 位来自于全国各地"小候鸟"到海军军营体验寝室叠被子、操场操练、食堂吃饭等军营生活,给孩子们带来了一次难得的生活体验[56]。

此外,类似的活动还有杭州图书馆的"小候鸟生活体验营"、泰兴市图书馆的"七彩的阳光"留守儿童夏令营、铜川市少年儿童图书馆的留守儿童读书夏令营、休宁县图书馆的快乐暑期夏令营等。

5. 手拉手活动

特殊儿童是一个相对封闭的群体,身体或精神残障限制了他们的交往范围,影响了其融入社会的能力。另一方面,由于一些传统的偏见,普通儿童与特殊儿童往往被限制交往,两个群体之间经常处于一种缺乏沟通和了解的状态。为了创建一个更加平等、包容的社会环境,让特殊儿童和普通儿童能够从隔离走向融合,帮助特殊儿童建立起更好的社会关系,各地的少年儿童图书馆(室)通过举办联欢交流、志愿者帮扶、一对一结对等各种活动,积极为双方创造"牵手"的机会。

比如温州少年儿童图书馆的"爱心助残日"活动。温州少年儿童图书馆在每年的全国法定"助残日"都会举办一系列针对特殊儿童群体的活动,让他们感受到来自社会各方尤其是同龄小伙伴的关爱:同学们义卖自己制作的各种手工艺品将所得款项捐给残障儿童;与残障小朋友一起手拉手结对做游戏;一起画画用自由涂鸦的方式互送祝福;一起联欢表演节目,通过这些互动交流分享快乐,增进了解。类似的还有杭州图书馆的"关爱盲童,让爱流动"活动,杭州图书馆组织小朋友将自己的绘画作品义卖,将所得款项捐给盲校的小朋友;组织小朋友去盲校和盲童联欢,大家一起唱歌、舞蹈、朗诵、演奏乐器、表演故事剧等[57]。

梧州市图书馆常年在梧州市社会福利院开展绘本亲子阅读活动,组织读者家庭与残障儿童进行面对面交流。读者家庭邀请残障儿童加入自己的"故事圈"里,一对一结对,家长给残障儿童和自己的孩子一块讲故事、做游戏、分享童话书,一方面让缺少家庭温暖的福利院孩子感受到关心和温暖,另一方面也培养普通家庭的孩子学会分享、交流和感恩[58]。

北京市石景山区少年儿童图书馆的爱心助残活动已经开展了30多年,其中一个重要项目是爱心助残小分队的建设。2004年,石景山区少儿图书馆吸纳附近中小学校学生加入到关注弱势群体的队伍中,成立了以学生群体为主的爱心助残小分队。小队员利用课余时间跟随图书馆的老师到残疾读者家中慰问,到少儿馆参与助残活动,节假日与残疾小朋友一起联欢,一对一帮助残疾小朋友学习,不仅使残障儿童得到了实际的帮助,也使小队员的心灵得到了净化,两个群体之间的关系也越来越融洽。目前,助残小分队成员已经从最初的30人发展到了200多人[59]。

第五节　数字和新技术服务

20世纪90年代以来,随着计算机技术、信息技术、通信技术和互联网技术的发展,面向未成年人的图书馆服务也逐渐从传统模式走向数字化、网络化和多媒体平台。各地少年儿童图书馆(室)与时俱进,通过计算机、互联网、移动终端等为少年儿童提供数字化和新技术服务正在成为公共图书馆未成年人服务的一项重要内容,不断渗透到未成年人服务的各个方面。

一、门户网站服务

随着信息技术和互联网技术的发展,读者对信息资源服务需求的不断提升,为用户提供一站式综合信息服务的门户网站了成为图书馆服务的一个重要窗口。根据国家图书馆研究院2015年对全国公共图书馆的调研数据,在回收的247份有效问卷中(42份为独立建制的少年儿童图书馆,205份为公共图书馆少儿部(室)),有35家独立建制的少年儿童图书馆建有自己的门户网站,约占总数的83.3%;在公共图书馆少儿部(室)中有140家建有门户网站,约占68.3%。保守估计各图书馆门户网站的访问量呈持续上升趋势,以独立建制的少年儿童图书馆为例,2013年全国少年儿童公共图书馆门户网站访问量达 10 408 117 次,2014 年这一数字上升到 10 992 182 次[①],增长了约 6%。

各少年儿童图书馆(室)门户网站在页面设计和内容设置等方面呈现出以下特点:

1. 页面设计

各门户网站在页面设计上充分考虑了少年儿童的生理和心理特性,生动活泼、富有童趣。在色彩选择方面,页面选用柔和、明快的色彩,避免过度明亮或压抑的色彩,既减少对孩子视力地影响,也避免让孩子产生紧张和不安的情绪,目前,绿色、黄色和蓝色是大部分少儿图书馆网站的首选色;在图案设计方面,大多少儿图书馆网站采用卡通形象,辅助一些动画效果以吸引孩子的眼球,让孩子愿意较长时间停留。例如,杭州少年儿童图书馆的网站首页就是一张"游乐园"的手绘图,有热气球、摩天轮、过山车、旋转马车、海盗船以及用书搭成的云梯,象征着图书馆是孩子们的知识乐园;在文字描述方面,表达简洁、明了,孩子一看就能明白。例如,河南省少年儿童图书馆的网站上设有"我要看""我要听""我要读""我要玩"栏目,"我要看"的是各类视频资源;"我要听"的是儿歌;"我要读"的是绘本和连环画;"我要玩"的是各类智力游戏,通过极少量的文字,用孩子的意愿进行表述,让认字不多的幼儿都能便捷地找到这些资源。

2. 内容设置

我国少年儿童图书馆网站的栏目内容设置大致可以归为三类:一是基本信息类:对图书馆的历史延革、机构设置作介绍,并提供联系方式等;二是服务指南类:包括图书馆的开放时间、办证指南、读者须知、借阅规则、到馆指南、电子地图等为读者到馆提供服务指引,方便读者利用图书馆;三是网上服务类:包括书目检索、网上续借、网上预约、借阅信息查询、新书推荐、活动预告、数字资源阅读、在线活动报名、在线投票、益智游戏、在线听故事、网上展厅、BBS 论坛等在线服务项目。这些门户网站不仅为用户提供读者指南、书目检索、借阅查询、图书续借、图书预约、新书推荐、活动通告、数字资源访问等传统图书馆服务,部分还提供在线活动报名、在线投票、网上展厅等功能,使用户可以及时与图书馆交流和互动,方便、快捷地参与到图书馆各项活动中来。

---

① 数据来源:《中国图书馆年鉴 2014》《中国图书馆年鉴 2015》。

二、少儿电子阅览室服务

少儿电子阅览室主要承担为少年儿童提供健康绿色的网络信息服务的功能。少儿电子阅览室是在普通电子阅览室的基础上发展起来的。由于少年儿童和成人对电子阅览室服务需求的差异,同处一室存在诸多弊端,少儿电子阅览室逐渐从成人阅览室中分化出来,成为单独的服务空间。

2010 年,文化部颁布了《关于进一步加强少年儿童图书馆建设工作的意见》(文社文发〔2010〕42 号),其中明确提出要"推进公共电子阅览室建设,努力为未成年人提供安全、绿色的公益性上网服务",进一步强化了电子阅览室在未成年人服务中的地位,电子阅览室服务成为我国少年儿童图书馆(室)服务中的一项重要内容。

2012 年 2 月,文化部、财政部联合印发了《"公共电子阅览室建设计划"实施方案》(文社文发〔2012〕5 号),决定于"十二五"期间在全国实施"公共电子阅览室建设计划",并在"公共电子阅览室建设计划"中将未成年人作为其重点服务对象之一。这一文件的发布进一步推动了我国图书馆少儿电子阅览室服务的开展。各地公共图书馆依托全国文化信息资源共享工程(以下简称"文化共享工程")的服务网络,将少儿电子阅览室建设与乡镇文化站建设、街道(社区)文化中心(文化活动室)建设以及中央文明办组织实施的"绿色电脑进西部"工程相结合,为未成年人构建内容安全、服务规范、环境良好、覆盖广泛的免费、"绿色"、公益上网场所。

表 2-2 列出了 2012 到 2014 年我国独立建制的少年儿童图书馆电子阅览室的建设情况,可以看到,三年间,电子阅览室的面积略有下降,这与一些图书馆取消了原有的封闭电子阅览室转而将其设在图书馆的开放区域,并未将这部分面积计算在内有关;电子阅览室终端数则有较大的上升幅度,三年间数量增加了 55%,其中配备计算机终端数量较多的如大连少年儿童图书馆有 267 台。在非独立建制的公共图书馆少儿部(室)中,根据国家图书馆研究院的调研数据,在提交问卷的 167 家图书馆中,约有 40.9% 的图书馆(室)建有专门的儿童电子阅览室,平均每个馆配备少儿专用计算机终端约 11 台,其中配备少儿专用计算机终端数量较多的如山东省图书馆少儿部有 72 台。这些数据表明,支撑我国少年儿童电子阅览室服务的基础设施有了长足的进步,为各图书馆(室)更好地开展少年儿童上网服务奠定了良好的基础。

表 2 - 2　2012—2014 年全国独立建制少年儿童图书馆电子阅览室建设情况表①

年份	电子阅览室面积(万平方米)	电子阅览室终端数(台)
2012	1.16	2671
2013	1.27	3286
2014	1.30	4145

　　如前所述,我国少儿电子阅览室最主要的功能是为未成年人营造一个有利于其健康成长的网络环境,提供其安全、绿色的公益性上网场所。其服务特点主要体现在以下几个方面:一是少儿电子阅览室的监督性。图书馆少儿电子阅览室是一个有所限制的半开放电子阅读平台,对少年儿童的上网时间有所限制,对少年儿童浏览的网页也有所限制,在管理上具有一定的强制性;二是少儿电子阅览室的引导性。图书馆少儿电子阅览室提供的数字资源是经过馆员筛选的,具有积极向上、生动活泼、绿色环保、寓教于乐等适合少年儿童使用的特点。少儿电子阅览室多安装必要的教学软件,配备打印机、扫描仪等基本的电脑外围设备,更多地引导其课外学习;三是少儿电子阅览室的指导性。少儿电子阅览室的服务工作还包括对少年儿童基本计算机技能的培训,包括如何上网、如何检索资料、如何使用常用软件、如何使用数字资源等,也是一个少年儿童可以学习成长、提高自身信息素养的空间。

　　以昆明少年儿童图书馆为例。昆明少年儿童图书馆自 2008 年正式挂牌以来就设立了专门的未成年人绿色上网区。在专区内配置了 105 台多媒体计算机,采取疏堵结合的方式,利用互联网网站访问控制技术实现对未成年人访问网站的控制,对不良信息进行有效的屏蔽和过滤,禁止、限制未成年人访问黄色、暴力、有害、反动等网站。并采取三方联络卡管理制度对未成年人的上网时间进行限制,即未成年人须在监护人的带领下到专区填写登记表,办理三方联络卡,于国家法定假日、双休日和寒、暑假及课余期间凭此卡在专区上网,每天总上网时间不得超过 3 小时。同时不定时地举办培训班帮助未成年人提高计算机操作和数字资源使用能力,使少儿馆的电子阅览室真正成为未成年人有效获取、处理和传播健康信息的中心[60]。

---

　　①　数据来源:《中国图书馆年鉴 2013》《中国图书馆年鉴 2014》《中国图书馆年鉴 2015》。

三、数字阅读服务

随着网络和各种移动终端、数字阅读设备的普及,人们的阅读习惯逐渐发生变化,数字阅读因其内容丰富、使用便利等特点正在成为重要的阅读形态。对于从小就接触电子设备的新一代少年儿童而言,数字阅读"图""文""声"三者兼具,比纸本阅读更形象生动的阅读效果更符合其阅读需求,因而也更受其欢迎。作为未成年人阅读的重要基地,众多少年儿童图书馆(室)正在根据未成年人阅读习惯的改变及时做出调整,一方面通过自建和购买电子图书和电子期刊,丰富馆藏数字阅读资源,另一方面购买电子书阅读器、触摸屏、平板电脑以及数字资源机等,为少年儿童开展数字阅读提供便利。

以国家少年儿童图书馆为例。国家图书馆少年儿童馆内配置了数字资源机 24 台,触摸屏 4 台,虚拟阅读站 2 台,并提供电子手绘板、电纸书等先进设备,保证了少儿数字阅读的开展[61]。除了在馆内开展数字阅读服务外,国家少年儿童图书馆还承担了在全国范围内推广少年儿童数字阅读的任务。2011 年启动"全国少儿图书馆数字阅读推广先导项目",这是一项基于电子书阅读器开展少儿阅读推广的实验性项目,旨在通过开展数字阅读调研和研讨,探索少儿图书馆的新媒体服务模式,通过推广少儿数字阅读,引导少年儿童学习正确的数字阅读方法,形成正确的数字阅读习惯[62]。2013 年启动"全国少年儿童数字阅读推广月"活动,联合天津市少年儿童图书馆,选择我国优秀的数字出版商的数字化少儿读物进行整合,构建网上知识竞赛题库,并通为期一个月的免费数字阅读推广服务,吸引广大中小学生参与,帮助其形成良好的数字阅读习惯,提高其数字信息素养和专业信息资源的使用技能[63]。在此基础上研制开发"全国少年儿童阅读推广服务平台",并于 2013 年 6 月 1日试运行,以国家图书馆少年儿童馆为中心,联合各省、市、自治区少年儿童图书馆(室)及公共图书馆,带动我国各级各类公共图书馆开展少年儿童阅读服务,构建覆盖全国的少年儿童阅读文献资源及活动推广服务体系[64]。

深圳少年儿童图书馆的"e 读站"项目也是为少年儿童提供数字阅读服务的范例。2010 年,深圳少儿馆推出自主研发的一站式数字资源阅读平台——"e 读站","e 读站"拥有丰富的数字资源,内容涵盖各个学科,形式包括了图书、期刊、报纸、连环画、动漫、书画、视频点播等,只需一个触摸屏和网络设置,就可以实现对所有资源的实时点读,是少年儿童可以使用的方便易读的数字阅读平台[65]。

四、社交媒体服务

社交媒体是人们用来分享意见、见解和观点的工具和平台,对于少年儿童图书馆(室)来说,利用主流的社交媒体可以更好地与用户交流,方便用户使用图书馆的各项服务。随着技术的发展,不同阶段主流的社交媒体会发生变化,我国图书馆未成年人服务的社交媒体服务也经历了社交网站、博客、微博、微信的发展阶段。目前,微信是少年儿童图书馆(室)开展社交媒体服务的主流。据手机应用检索统计,目前全国共有 45 家少年儿童图书馆(室)开通了微信公众平台,主要为省、市级少年儿童图书馆(室),如国家少年儿童图书馆、湖南省少年儿童图书馆、河南省少年儿童图书馆、厦门市少年儿童图书馆、杭州少年儿童图书馆等①。这些微信公众号成为继博客和微博之后少年儿童图书馆(室)进行信息发布、宣传推广和个性化用户服务的重要平台。

如国家少年儿童图书馆的微信公众号除了信息发布之外,还专门设置了"少儿活动"和"资源共享"两个菜单栏,"少儿活动"中包括了节假日活动、低幼悦读会、周末故事会及影展等专栏信息,"资源共享"中包括了文津少儿讲坛、书目推荐、社会合作等相关信息,这样的信息分类方法更方便用户获取符合个人需求的信息;厦门市少年儿童图书馆的微信平台不仅宣传该馆组织的各项公益活动,还可以实现图书查询、图书续借、图书转借、图书推荐、读者活动报名、部分电子资源在线使用等功能;温州市少年儿童图书馆的微信公众号主要包括微服务大厅和自助咨询两项服务功能,微服务大厅包括书目查询、个人借阅信息查询、图书续借、图书转借、阅读推荐、服务指导、数字资源访问、活动预告和活动报名等服务内容;杭州少年儿童图书馆微信公众号除了提供公告宣传、服务项目介绍、图书推荐、读者风采等服务外,同样提供"个人中心""活动报名"等开发性功能,用户可在"个人中心"进行书目检索,并通过绑定读者证号,查询自己借阅的图书,完成图书续借,了解个人阅读账单,对自己喜爱的活动可以直接通过微信报名,既方便又快捷。

借助社交媒体平台,少年儿童图书馆(室)还开展了一系列图书馆自己的媒体服务,向少年儿童传递图书馆的声音。比如河南省少年儿童图书馆的"童悦电台"。2013 年 11 月,河南省少年儿童图书馆通过图书馆网站和微信

---

① 本数据通过在手机微信平台和苹果应用商店中检索得出,检索时间为 2015 年 12 月 22 日。

公众号推出了适合孩子收听的"绿色"广播——"童悦电台"。电台以"传播新知、辅助成长、愉悦身心、寓教于乐"为宗旨,每个周六、周日晚7时整为孩子们广播该馆当天在馆内举办的"阅读七彩虹,周末故事会"的精彩内容,同时,还为孩子播放知名少儿教育专家推荐的优秀绘本故事[66]。重庆图书馆面向低龄儿童的"魔法故事会"从2015年开始通过微信公众号对用户服务,2016年2月又在"喜马拉雅FM"上开通了绘本故事电台,借助这一音频分享平台免费发布"魔法故事会"的音频内容,进一步扩大了故事会的受众范围,提升了活动的影响力[67]。

五、新技术体验服务

为了可以让少年儿童可以体验更多的新技术,一些少年儿童图书馆(室)开辟了专门的新技术体验区,或者举办专门的新技术体验活动,帮助少年儿童实现和新技术的近距离接触,列举如下:

1. 首都少年儿童图书馆的青少年多媒体空间

首都少年儿童图书馆的青少年多媒体空间2013年正式对外开放,占地900平方米,为8至16岁青少年读者提供数字阅读、影音资料借阅、多媒体技术体验等服务。多媒体空间划分为数字阅读区、掌上阅读区、体感游戏区、小型视听区、影视播放区、影音资料借阅区、研讨学习区、新技术体验区和童心舞台区九大功能区域,其中最值得一提的是体感游戏区和新技术体验区。

因为担心游戏会影响正常学习,很多家长不愿意让孩子接触游戏,我国少年儿童图书馆(室)也较少为少年儿童提供游戏服务,首都少年儿童图书馆青少年多媒体空间却为少年儿童提供了一种特别的游戏服务——体感游戏。体感游戏是一种采用3D视频技术,通过捕捉游戏参与者的肢体动作变化,完成操作的新型电子游戏。在体感游戏区内,未成年人可以通过身体动作控制游戏,享受到图书馆为其提供的绿色、健康的游戏服务,这不仅能够充分地开发儿童智力,还能够极大地提高少年儿童各种肢体协调能力,受到小朋友的欢迎,也得到了家长的认可。

新技术体验区则是一个帮助青少年开阔视野、增强动手能力、培养创造力的地方。图书馆选取各种适合青少年体验的新技术项目,开展各种相关活动,鼓励青少年参与其中。比如电子书工坊项目,青少年可以利用电子书制作平台,写文、作画,创作出属于自己的电子书,工作人员还会选择优秀的电子书进行展示,将其推荐给其他读者。

2. 河南省少年儿童图书馆的新技术体验服务

河南省少年儿童图书馆自 2014 年 6 月 1 日正式开馆以来,推出了一系列新技术体验服务,比如 3D 打印、5D 影院、智能影像等,帮助少年儿童开拓思维、激发他们的想象力和创造力。

3D 打印:2014 年 12 月,河南省少年儿童图书馆引进了 3D 打印机,为未成年人开展学习研究和创意体验提供了最前沿的工具,小朋友们不仅可以打出像哆啦 A 梦、超人、Hello Kitty、恐龙这样的玩具模型,还可以打印手机、鞋子,甚至可以自我扫描,打印出一个迷你版的自己。

5D 影院:河南省少年儿童图书馆的 5D 影院通过立体电影、动感座椅、环境特效等的融合,可以让少年儿童从听觉、视觉、嗅觉、触觉等多方面体验上山、下海、穿越丛林、飞跃太空等的惊险和乐趣,引导小朋友身临其境地去发现、去探索影片中的奥秘。

智能影像:河南省少年儿童图书馆拥有海量背景模板的智能影像馆可以媲美专业电影棚,能够利用抠像技术,将人物与高清背景模板智能化合成 MTV、微电影、节目短片等各种形式,可以让少年儿童自己用光和影记录成长的点点滴滴。

3. 广州少年儿童图书馆的新技术体验服务

在广州少年儿童图书馆为少年儿童提供的新技术体验服务中,比较有代表性的是 3D 互动立体图书馆和机器人体验活动。

3D 立体书以 3D 全视角方式展现内容,通过互动的动画、音效等各种多媒体的声光电效果让孩子们更容易进入角色,增强学习的趣味性和实用性,非常适合少年儿童使用。2014 年 4 月,广州少年儿童图书馆建立了全国首家 3D 立体书体验馆,内容包括侏罗纪恐龙体验馆、航天科技体验馆、交通工具体验馆等。除此之外,少儿馆还提供 3D 立体书借回家服务,在图书馆主题长廊上贴有 3D 立体书识别图片及 APP 下载二维码,小朋友只要扫描二维码下载 APP 就可以进入 3D 立体图书馆的世界[68]。

机器人是增强学生的动手能力,促进学生思维发展,创新能力训练的有效工具,"人工智能初步""简易机器人制作"等内容已经被列入学校的实验课程,顺应这一技术发展潮流,广州少年儿童图书馆为少年儿童举办了一系列机器人体验活动,内容包括机器人的发展历史、机器人舞蹈、机器人足球、与机器人 PK 绘画、创造自己心目中的机器人等[69]。

六、数字资源推广

在推动未成年人服务均等化的过程中,通过数字资源的覆盖来弥补物理资源的不足,是改善因地域差异而导致公共文化服务不均衡的重要途径,因此,数字资源的推广覆盖是我国图书馆未成年人服务的一个重要内容。在国家层面,2014年年底国家数字图书馆推广工程正式将少年儿童图书馆纳入其中;在地方层面,各地少年儿童图书馆(室)也在各自区域范围内实施了一系列数字资源的推广覆盖工程。

1. 国家数字图书馆推广工程之少儿数字图书馆项目

国家数字图书馆推广工程是2011年5月由文化部和财政部共同启动的,工程旨在构建以国家数字图书馆为中心、以各级数字图书馆为节点、覆盖全国的数字图书馆虚拟网,建设分级分布式公共文化资源库群,在全国范围内形成有效的数字资源保障体系,以互联网、移动通信网、广电网为通道,借助各级公共图书馆和手机、数字电视、移动电视等新兴媒体,向公众提供多层次、多样化、专业化的数字图书馆服务,从整体上提升全国公共图书馆服务能力。

2014年12月,由国家图书馆主办的"数字图书馆推广工程全国少儿馆馆长培训班"在北京召开,至此,国家数字图书馆推广工程正式将少年儿童图书馆纳入实施范围,共有5家省级少儿图书馆、63家市级少儿图书馆开展工程建设。数字图书馆推广工程与各地少年儿童图书馆就资源建设、服务推广、人才培训等方面开展深度合作,不仅更好地诠释了推广工程分层服务的服务模式,还有效推动了全国少年儿童数字图书馆建设,让广大未成年人共享公共数字文化发展成果。

以国家少儿数字图书馆为例。"国家少儿数字图书馆"借助国家数字图书馆建设的成果,为未成年人提供了一个网上绿色阅读平台。目前,其提供服务的数字资源总量达10TB。综合考虑不同年龄段孩子的发展特点,设置了书刊查询、小读者指南、书刊阅读、展览讲座、校外课堂、才艺展示等多个板块。依托国家图书馆丰富的馆藏数字化资源,采用视频、音频、多媒体动画等表现形式,提供多种少年儿童喜闻乐见的资源内容。

再以"网络书香过大年"活动为例。国家数字图书馆推广工程从2013年开始举办全国联动的"网络书香过大年"活动,通过线上线下相结合的方式带动数字服务在全国的推广,使数字图书馆服务惠及更广泛的社会公众。2014

年年底数字图书馆推广工程将少儿馆建设纳入实施范围后,2015年"网络书香过大年"活动特别推出了"网络书香少儿绘画比赛",让少年儿童通过对图书馆的利用、体验和畅想,充分发挥想象力,画出心目中的魅力图书馆,推广工程对征集作品进行多平台联动的在线展览,并对参赛作品进行评奖[70]。这是通过国家数字图书馆工程将未成年人服务资源向全国推广的典型案例。

2. 杭州少年儿童图书馆"公共图书馆数字资源覆盖中小学校"项目

图书馆所在的文化系统和中小学校所在的教育系统之间数字资源建设各自为政,城乡不同区域的中小学校可利用学习和教学资源不均衡,是我国目前普遍存在的现象,杭州市也同样面临这一问题。杭州少年儿童图书馆联合杭州市教育局,从2015年6月开始在全市中小学校实施"公共图书馆数字资源覆盖中小学校"项目,希望可以打通两个系统之间的壁垒,推动数字资源的共建共享,弥合城乡数字鸿沟。

按计划,"公共图书馆数字资源覆盖中小学校"项目主要开展了以下一些服务:一是以公共图书馆和教育系统原有的软、硬件资源为基础,整合资源平台,以数字专递的方式将公共图书馆数字资源送进学校;二是实现数字资源的远程访问,师生凭市民卡和二代身份证,在校外也可方便地使用平台资源;三是建立了"课后也精彩"青少年课外阅读专栏,从平台资源中整合出适合中小学师生的内容,细分"学生版"和"教师版",满足师生的不同需求;四是拓展服务方式,除了送数字资源进学校外,还围绕数字资源开展网络答题等活动,推广数字资源的应用。

"公共图书馆数字资源覆盖中小学校"项目跨部门的交流与合作成效显著,至2015年年底仅半年时间,就已经实现了全市774所城乡中小学校的全覆盖,免费为师生提供阅读、教辅等数字资源服务119.4万人次,少儿图书馆数据库访问量比2014年同期提升72.7%,在有效改善农村地区中小学校文献资源匮乏的状况的同时,也提高了公共图书馆数字资源的利用率,实现了服务效益的最大化。

第六节　社会合作服务

我国近代少年儿童图书馆(室)初建之际,社会力量就是主要参与者之一,为少儿图书馆事业的发展做出了积极的贡献。近年来,随着社会发展和人们精神文化生活需求的不断提高,在普惠基础上满足少年儿童更加个性化的需求成为对图书馆未成年人服务新的要求。然而术业有专攻,个性化需求所需要的专业服务并不是传统图书馆的优势。为此,与专业机构协作,开放共享资源、合作共赢成为图书馆的新选择。越来越多的少年儿童图书馆(室)与包括政府部门及其下设机构、学校、民间公益组织、商业机构、国外机构以及个人等在内的各种对象建立了合作关系,共同开展多种形式的未成年人服务。

一、与政府部门及其下设机构合作

公共图书馆作为由政府设立的公益性文化服务机构,与政府有着天然的联系,尤其是与文教卫体事业的联系更为密切。因此,政府职能部门,如宣传部、关工委、文明办、教育局以及博物馆、美术馆、天文馆等政府下设的事业单位一直以来都是各地少年儿童图书馆(室)重要的合作对象。

1. 承办由政府部门组织的各类以未成年人思想道德建设为主题的活动

承办政府部门组织的各类以未成年人思想道德建设为主题的活动是少年儿童图书馆(室)与政府职能部门合作的主要形式之一。

比如全国范围的"红领巾读书活动"(红读活动)。该活动由共青团中央、教育部、文化部共同倡导,以思想品德教育和爱国主义教育为主线,以"弘扬民族精神,全面建设小康社会"为主题,以促进青少年儿童全面发展为目的。全国各地少年儿童图书馆(室)积极参与,开展了一系列丰富多彩的集时代性、教育性、知识性、趣味性于一体的读书活动,教育和引导少年儿童树立正确人生观、价值观,养成良好的道德品质,取得了积极的社会效果。以北京市西城区少年儿童图书馆为例,西城区少年儿童图书馆将开展红读活动与"鲁迅奖章"读书活动等相结合,从 2000 年开始举办,本着重在基层、重在普及的原则,每年在全区中小学校铺开各种活动,年年有新意,已经成为区图书馆的重要服务品牌[71]。

此外,各地少年儿童图书馆(室)还承办政府部门主办的各种青少年思想道德建设讲座活动。如广州少年儿童图书馆承办的"羊城少年学堂",该项目由广州市教育局、文广新局和社科联主办,以向青少年弘扬人文与科学精神、普及社会科学知识为主要内容。

2. 与环保部门合作开展科普类活动

随着社会的发展,环境保护问题越来越受到关注和重视,"环保从娃娃抓起"已经成为各界共识。少年儿童图书馆(室)作为重要的少儿教育基地,面向未成年人普及环保知识成为其重要的工作内容之一,而环境保护是一项专业性比较强的工作,与环保局等专业部门合作开展活动成为各少年儿童图书馆(室)的最佳选择。比如2007年武汉市少年儿童图书馆就与市环保局、教育局和文化局合作,举办了以"绿色环保"为主题的"武汉市中小学生环境摄影、环境小报比赛暨'武汉市环境小卫士'评选活动";泰州兴化市图书馆长期与市环保局合作,先后联合开展了环保漫画展、环保读书征文演讲比赛、环境保护废物利用讲座等活动,2011年又承办了市环保局、教育局和文化局联合举办"生态兴化·我的家"青少年环保宣传主题教育活动[72]。

3. 和残联合作为残障儿童提供服务

图书馆作为公益性的社会机构,残障儿童是其重要服务对象。各级残疾人联合会则是承担政府委托的任务,专门管理和发展残疾人事业的全国各类残疾人统一组织。与残联合作,可以帮助图书馆更好地为残障儿童服务,是各地少年儿童图书馆(室)在为残障特殊儿童提供服务时首选的合作对象。图书馆与残联一起,为残障儿童提供了阅读、讲座、展览、文化娱乐、数字服务等各种图书馆服务。2008年正式开通的中国盲人数字图书馆就是由国家图书馆与中国残联信息中心、中国盲文出版社合作共同建设完成的。这一项目依托国家图书馆丰富的馆藏资源,借助中国残疾人联合会在信息无障碍建设方面的经验,使盲人朋友足不出户就能享受到国家级图书馆的周到服务,填补了我国盲人数字图书馆的空白,是图书馆和残联合作的典范[73]。"残障人士读书文化日"是安徽省图书馆与安徽省市残联共同打造的文化助残品牌,多年来坚持为残疾人提供丰富多彩的读书、学习、交流活动,并在每年新年的时候为听障儿童举办新年联欢会,从2013年开始已经举办了三期[74]。

4. 和博物馆等机构合作共享资源

与图书馆同属于政府公益性文化机构的博物馆、美术馆、天文馆等也是各地少年儿童图书馆(室)的重要合作对象,主要的合作方式是通过双方场地、设备、人员等的资源共享来更好地为少年儿童提供直观生动的服务。比如河南省少年儿童图书馆和河南省博物院的合作。2014年,两家单位达成合作协议,在河南省少年儿童图书馆设立历史教室,河南省博物院提供专业人员发挥其专业特长,双方共同打造"多元化、趣味性、多视角"的中原历史文化教育示范基地。在历史教室中,文物保护人员会对文物进行讲解和操作;文物专家现场讲授文物保护的基本原理和相关知识;小朋友可以亲自动手制造和组合文物古迹模型,感受历史。这一图书馆和博物馆合作共建的"历史教室"已经成为提升当地中小学生历史人文素养的重要基地[75]。

二、与中小学校合作

少年儿童图书馆(室)与中小学校均以未成年人为服务对象,都是未成年人重要的教育场所。2010年文化部《关于进一步加强少年儿童图书馆建设工作的意见》(文社文发〔2010〕42号文)中明确指出"少年儿童图书馆作为未成年人社会教育的重要基地,是少年儿童课外阅读和自学的主要场所,对学校教育起着补充、延伸、深化的作用",更加奠定了少年儿童图书馆(室)作为未成年人尤其是广大中小学生学校课堂外"第二课题"的地位和作用。鉴于两者之间如此密切的关系,与中小学校合作提供服务在图书馆未成年人服务中显得尤为重要。

但是,由于公共图书馆和学校分属于两个系统,目前我国各地少年儿童图书馆(室)与学校的合作还是以自发的浅层次合作为主,主要可以分为以下几个方面:

一是将传统的借阅服务延伸到学校。主要通过与学校合作建设流通点、汽车服务点,为学生群体提供集体办证和集体借阅服务等形式,这是目前我国少年儿童图书馆(室)与学校合作的最普遍形式之一。

二是在学校开展图书馆服务宣传活动。图书馆员走进学校,宣传图书馆服务,对学生进行图书馆使用的培训;组织学校学生成为图书馆的"小小图书馆员",学习图书馆工作的基本知识,帮助他们更好地认识图书馆、了解图书馆,从而更有效地利用图书馆。

三是与学校合作开展课业辅导服务。图书馆借助其丰富的文献资源,与学校合作,掌握学生不同的特点,为其准备各个学科课业上所需的学习资料,帮助其更好地完成作业,以及针对课程的预习和复习工作。广州图书馆就开展有类似的服务。

四是与学校合作开展阅读活动。图书馆可以走进学校,举办针对某一学生群体的特定主题的阅读活动,也可以邀请目标学生人群来图书馆举办阅读活动。这类阅读活动经常是与学校的阅读教学目标相关的。比如杭州图书馆曾与杭州市某小学合作,由该校各年级各班老师推荐书单,杭州图书馆结合杭州市教育局阅读推荐书目和图书馆借阅排行,从馆藏中挑选适宜图书,并分成一二年级、三四年级、五六年级、教育局推荐图书四个大类,进行分层分级的"私人定制"阅读辅导活动。

五是为教师提供教学和科研支持服务。图书馆作为学校的教学研究基地存在,为教师提供课程教学所需资料、提供专业课题检索服务等。天津市少年儿童图书馆、广州少年儿童图书馆都有开展类似的服务。

近年来,随着政府对公共图书馆和学校这两个系统之间合作支持力度的不断加大,促进公共图书馆与学校合作政策的逐步成熟和完善,更多深层次的合作正在少年儿童图书馆(室)和学校之间展开。比较有代表性的如前文已经提及的杭州少年儿童图书馆的"公共图书馆数字资源覆盖中小学校"项目和深圳少年儿童图书馆的"常春藤"项目。这两个项目均得到了政府的全力支持,并通过政府各个部门联合发文的形式加以保障,是公共图书馆和中小学校跨系统、全方位、深层次合作模式的典型案例。

三、与民间公益组织合作

我国经济和社会的不断发展使得民间公益力量不断壮大,他们与同样公益性质的公共图书馆在很多方面有着类似的服务理念,各地公共图书馆也在积极尝试与民间公益组织开展各种形式的合作。在未成年人服务领域,阅读推广服务是目前我国少年儿童图书馆(室)与民间公益组织合作开展服务比较集中的领域。

阅读一直是民间公益组织的一个重要关注点,2008年之后,随着公益意识和公益环境的改善以及阅读氛围的形成,我国民间阅读公益组织发展迅速。这些比较活跃的民间阅读公益组织有一大部分主要从事儿童阅读推广工作,将3—12岁,尤其是6—12岁,也就是小学阶段的儿童作为重点服务对象,因为这一阶段是培养阅读兴趣和阅读习惯的关键时期,同时幼儿园、小学阶段的升学压力要远小于初高中[76]。这与我国少年儿童图书馆(室)在阅读推广工作中的主要面向人群不谋而合。鉴于这种合作的可能性和可行性,近年来,众多民间公益阅读组织纷纷携手各地少年儿童图书馆(室),合作推动少儿阅读的开展。

以深圳地区为例。三叶草故事家族、彩虹花公益小书房、蒲公英读书会等民间公益阅读组织与深圳图书馆、深圳儿童图书馆、罗湖区图书馆、福田区图书馆、宝安区图书馆、南山区图书馆、横岗街道图书馆等都有开展合作,通过举办故事会、读书会、绘本剧表演、公益讲座、阅读文化展、公益培训等活动广泛推广儿童阅读。在合作过程中,一般由图书馆提供场地、馆藏资源、人员及设备等,民间公益组织则组织义工、志愿者、策划、宣传并开展活动[77]。

三叶草故事家族是众多民间阅读公益组织中较为突出的一支力量,它以亲子阅读为主要关注点,从 2008 年建立的一个 QQ 群起步,发展至今已经在全国 15 个城市建立了分站。三叶草故事家族与图书馆的合作始于 2010 年 9 月与深圳少年儿童图书馆合作开展的首届"故事妈妈"培训班,之后又与深圳图书馆以及深圳多个区图书馆、街道图书馆开展了以故事会和读书会为主要形式的合作[78];随着三叶草故事家族全国其他城市分站点的建立,三叶草也与更多的少年儿童图书馆(室)建立了合作关系,比如三叶草故事家族杭州分站点的基地就设在杭州图书馆,故事妈妈每个月在杭图的低幼阅览区为小朋友讲故事,还举办每年一次的"绘本剧大赛"活动,由孩子们自己创作剧本、制作道具、进行表演。

四、与其他商业机构合作

除了与政府部门及其下属的事业单位、学校以及公益性组织合作之外,各地少年儿童图书馆(室)还与某些商业机构合作,共同开展公益服务。图书馆根据未成年人服务的需求,综合考量各机构所具有的特点和优势,通过合作举办活动、建立基地、义卖义捐等多种形式为未成年人服务。下面以一般企业、媒体机构和培训机构三种类型的合作对象做具体论述。

1. 企业

很多少年儿童图书馆(室)都在与企业合作举办活动,与企业合作最重要的是要保证活动的公益性,防止过多商业因素的介入。为此,与图书馆合作的企业大多是通过提供资金赞助或者商品赞助的形式。如上海市宝山区图书馆与宝山乐高活动中心合作开设"乐高创意角",每月举办一次主题活动,为孩子提供大量乐高积木任其自由拼搭组合的机会,让孩子们在玩乐的同时培养动手能力以及创造力。该活动面向社会报名,对读者完全免费。虽然是与企业合作,但活动还是以图书馆的名义进行,活动时并不对乐高进行宣传,也不在活动现场发商业广告或者调查问卷,只是活动现场的工作人员会穿着乐高的服装,并且在宣传活动时使用图书馆和乐高两个标志[79]。

少年儿童图书馆(室)与企业合作的另一种形式是深度介入企业的图书馆公益计划,对图书馆服务加以专业的引导和规范。如深圳少年儿童图书馆和华润怡宝集团就"百所图书馆计划"的合作。"百所图书馆计划"是华润怡宝集团 2007 年发起的为教育资源匮乏地区中小学校捐建图书馆的公益行动,该计划倡导"分享、信任"的理念,鼓励城里的孩子们拿出闲置图书,捐赠给贫困地区学校,主办方将收集到的书籍与自身资金投入相结合,共同建立华润怡宝图书馆。深圳少年儿童图书馆与该计划深入合作,在少儿图书馆的百所联盟学校建立捐书箱,鼓励小朋友捐书;对项目募集到的闲置书籍进行有针对性的归类,形成推荐书目;图书馆的"故事妈妈"还陆续走进怡宝图书馆,给孩子们讲书;同时对已建成的图书馆进行回访,增加了项目的专业性和可持续性[80]。

2. 媒体

报纸、电视、广播等媒体有着图书馆没有的宣传推广和营销能力,媒体人也有较强的活动策划能力,与媒体合作可以帮助图书馆更好地宣传、推广、运作活动,达到更好的服务效果。因此,与各类媒体合作举办各种活动也成为我国图书馆在未成年人服务过程中常见的合作形式。

以杭州图书馆"小艺术家首秀"活动为例。"小艺术家首秀"由杭州图书馆和杭州当地媒体《都市快报》联合举办,活动以"展示青少年才艺,发掘未来艺术家"为主题,主要围绕音乐、舞蹈、戏剧、摄影、绘画、书法等艺术门类帮助少年儿童开展个人专场、联合专场的表演和展览活动。在活动过程中,每期选题的策划、小艺术家人选的最终确定由双方共同负责;前期的活动宣传推广和后期的跟进报道由《都市快报》主要负责,每一次专场表演和展览至少会有《都市快报》一个整版的报道;杭州图书馆负责提供表演和展览所需的场地、基本设备以及现场管理工作;活动现场的布置及表演和展览所需的其他诸如乐器、服装等设备由家长负责。通过这样的合作形式,为有一定艺术才华的少年儿童提供了更广阔的表演舞台和展示空间。"小艺术家首秀"活动通过杭州图书馆和《都市快报》两家单位各取所长的合力推进,自 2014 年推出以来取得了良好的社会反响,成为杭州市一个特别有吸引力的青少年才艺展示舞台。

其他类似的活动诸如 2012 年深圳少年儿童图书馆与二十一世纪出版社联合举办的"二十一世纪"杯中国青少年文学创作大赛活动,该活动由二十一世纪出版社冠名,并由双方共同完成征稿以及评奖工作,并由二十一世纪出版社负责正式出版获奖作品;2013 年广州图书馆联合《信息时报》、南方电视台合作举行"筑梦"2013 少年游学活动等。

3. 培训机构

公共图书馆开展未成年人服务,尤其是比较专业的培训服务,专业人才的欠缺是影响其活动效果的重要因素,社会上各种少儿教育培训机构的专业水平和业务能力正可以弥补图书馆的这一缺陷,而这些培训机构出于自身发展的考虑也会愿意参加一些公益活动以树立良好的社会形象。鉴于此,少儿教育培训机构成为各地少年儿童图书馆(室)的重要合作对象。

以南京图书馆为例。南京图书馆少儿系列活动中的"外语角""少儿朗读会"等活动均与社会培训机构合作开展。"外语角"与南京某知名少儿英语培训机构合作,由南京图书馆提供场地、组织少儿读者,培训机构负责提供主讲老师,在保证活动不收费完全公益化的同时保持了较高的专业水准,受到家长和少儿读者的一致肯定;"少儿朗读会"则与南京师范大学幼教发展中心著名的棒棒熊故事班、"黄领巾"阅读陪护团合作,由极富经验的专业老师引领少儿阅读。这些活动的举办,实现了"企业树形象,群众得实惠,文化谋发展",是图书馆和商业机构合作共赢的体现[81]。

除了南京图书馆之外,多地的少年儿童图书馆(室)均在和社会培训机构合作开展活动。比如昆明少儿馆利用馆内良好的硬件条件和服务品牌,和多个培训机构合作开展少儿阅读、少儿作文、少儿演讲、少儿书法以及各种动手能力等各类培训服务;西安图书馆和其他培训机构合作,举办了剑桥少儿英语、奥数、奥语、作文、音标等公益培训班;内蒙古图书馆少儿馆和新东方泡泡少儿教育中心合作开展大型公益外教课堂等。

还值得一提的是各地少年儿童图书馆(室)和特教机构合作为特殊儿童群体的服务,这些机构和上文中提及的残联一样,是专业的特殊儿童群体服务机构,并且可能有着更丰富的实践经验,同时相当一部分的特教机构都非常具有公益意识,愿意和图书馆合作为更多需要帮助的少年儿童提供服务。以自闭症儿童服务为例,为了提供更有针对性的服务,各地少年儿童图书馆(室)在开展自闭症儿童服务的过程中基本上都与专业机构合作。上海图书馆2015年举办的"星星之路"自闭症家庭摄影展暨儿童画展与上海青聪泉儿童智能训练中心合作;贵州省图书馆2015年开展的"笨小孩"真人图书馆活动与贵阳南明区爱心家园儿童特殊教育康复训练中心联合主办;黑龙江省图书馆2015年世界自闭症日主题活动与黑龙江省星星宝贝自闭症康复中心合作开展;嘉兴市图书馆2015年"每个孩子都是天使"主题活动与嘉兴市星星家园融合教育中心合作进行;常熟图书馆更是与小蜗牛特殊儿童康复训练中心建立了长期合作关系,双方将借助图书馆的图书资源优势,开展各类阅读活动,共同为自闭症儿童提供更多更贴心的服务。

五、志愿者队伍建设

随着社会公民意识的发展,志愿者正在成为我国少年儿童图书馆(室)开展未成年人服务的重要合作对象。未成年人服务的志愿者可以分为少年儿童志愿者和成人志愿者两大类型。

1. 少儿志愿者

少儿志愿者以中小学生为主。这一群体是少年儿童图书馆(室)的主要服务对象。发展他们成为图书馆志愿者,一方面可以培养中小学生甘于奉献、乐于助人的公益精神,锻炼其社会实践能力;同时也可以帮助中小学生作为读者更好地认识图书馆,学会更有效地利用图书馆。为此,各地少年儿童图书馆(室)都在积极地探索各种"小小图书馆员"志愿者队伍建设。

以湖南省少年儿童图书馆为例。湖南省少年儿童图书馆志愿者工作始于2006年,在其志愿者队伍中,中小学生所占比例达到了85%,是主要的志愿服务力量。湖南省少年儿童图书馆设计了一套较为完备的志愿者管理机制:制定了专门的《湖南省少年儿童图书馆小图书管理员管理暂行规定》,对临时招募和公开招募的小志愿者进行规范的服务培训,并且通过积分制鼓励小志愿者持之以恒地进行志愿服务,同时通过QQ群等加强与志愿者之间的双向互动和联系。在志愿者服务方面,主要有三种形式:一是馆内志愿者活动,这是志愿者的日常性活动,主要包括打扫卫生、清理图书、帮助读者找书、为读者推荐自己喜欢的书等;二是馆外志愿者活动,比如和馆员一起去书店选书、在公共场合分发图书馆宣传册子、慰问孤寡老人残障儿童等;三是网络宣传活动,比如2007年暑假湖南少年儿童图书馆就组织了一次志愿者博客活动,小志愿者在个人博客上记录图书馆生活,帮助人们更好地了解图书馆,也成为了图书馆对外宣传的窗口[82]。

2. 成人志愿者

成人志愿者主要包括大学生、家长和其他热心公益的社会人士。

大学生是图书馆志愿者中的重要力量。一方面,大学生是社会群体中具有较高素养的人群,图书馆可以借助其专业力量,为未成年人服务提供人力、智力等方面的支持;另一方面,社会实践学习是大学生步入社会之前必经的阶段,图书馆可以为其提供良好的社会实践平台。比较典型的案例如广州少年儿童图书馆与中山大学博雅班志愿者共同合办的"攻·课"作业辅导活动，面向中小学生读者的作业辅导项目，辅导内容从小学到中学，从语文、数学、英语到物理、化学、生物，各科作业难题[83]；杭州图书馆与杭州幼儿师范学院、杭州计量学院外国语学院等多家高校有合作项目，以图书馆为基地共建"杭州幼儿师范学院社会实践基地""杭州青少年语言教育与国际交流体验中心"，借助学院的专业力量，推出了面向未成年人的"文澜故事树""英语范儿课堂"等活动；宁波市少年儿童图书馆与宁波滨海国际合作学校联合成立"儿童阅读推广指导中心"，为小读者提供各种阅读指导服务。

小读者的家长除了是少年儿童图书馆的服务对象外，也是志愿服务的主要力量。这些家长来自各行各业，有着各种专业背景和社会资源，并且热爱孩子、热爱公益，很愿意将自己的业余时间与更多的小朋友分享，图书馆将他们组织起来，可以弥补在服务中人力物力的不足。比如杭州少年儿童图书馆的"小可妈妈伴小时"亲子课堂，这是一个主要针对学龄前儿童开展各种亲子体验活动的项目，仅仅靠图书馆员的力量很难涉猎多个领域，为此，"小可妈妈伴小时"建立了一支家长志愿者队伍，这支队伍中有英语老师、美术老师、舞蹈老师、小提琴从业者、医务工作者、IT行业从业者等，他们各有所长，可以为小朋友开展小提琴课、舞蹈课、英语课堂、口腔护理课等活动，已经成为图书馆服务工作中的重要力量。

除此之外，各地少年儿童图书馆（室）还招募各种热心公益的社会人士参与志愿者服务。以厦门市少年儿童图书馆为例，厦门市少年儿童图书馆义工队（后改称为文化志愿者）自2004年创建以来，先后有近2000名来自各行各业的志愿者参与其中，他们积极参与读者服务工作，协助流通工作的开展，成为图书馆为读者提供优良服务的有力保障，并于2013年荣获"厦门市文化志愿者工作先进单位"荣誉称号，队伍中多位同志获封"优秀文化志愿者"的称号[84]。

六、国际交流合作

随着我国国际化进程的不断加快，少年儿童图书馆与国外组织的合作交流也日益频繁，其中比较典型的例子是美国明德图书馆基金会（Apple Tree Library Foundation）与我国各地少年儿童图书馆（室）合作建立明德英文图书馆。

美国明德图书馆基金会是由美籍华人萧宗庆女士（Cathy Hsiao）、倪少毅（Charles Ge）2002年在美国加州创立的民间公益组织，致力于通过募集资金的方式,在中国内地捐助建立英文少儿图书馆,为中国的孩子们建立一个国际化的平台[85]。

2004年6月1日,美国明德图书馆基金会与厦门市少儿图书馆合作,成立了中国内地第一家明德英文图书馆,这也是中国政府与美国民间组织合作创办的首家公益性公共少儿图书馆。厦门明德英文图书馆向学龄前儿童、中小学生、家长、教育工作者及其他读者提供英文书籍的外借、阅览、咨询和导读服务,实行全开架借阅,提供读者在馆内使用公共查询设备和视听设备,也为学校提供集体阅读、集体借阅服务;同时开展各种英文兴趣小组、夏令营、英语沙龙、儿童故事剧表演等活动,所有的服务均免费[86]。之后,美国明德图书馆基金会继续扩展与大陆少年儿童图书馆的合作范围,相继在首都图书馆、重庆少年儿童图书馆、大连市少年儿童图书馆、桂林少年儿童图书馆、杭州少年儿童图书馆、合肥少年儿童图书馆、金陵图书馆、荆州少年儿童图书馆、柳州市图书馆、咸阳少儿图书馆等多家图书馆建立了明德英文图书馆[87]。

美国明德图书馆基金会和各地少年儿童图书馆的合作模式为:由当地图书馆提供明德英文图书馆运营所需的场地、设施、设备、图书馆员以及资金和账务管理。美国明德图书馆基金会负责捐赠英文图书资料;同时开展一些推荐在美华裔学生前往中国各地明德英文图书馆进行阅读指导,邀请美国华人图书馆员协会(CALA)成员到明德英文图书馆举办讲座等活动。美国明德图书馆基金会是我国少儿英文图书馆建设的主要力量之一,目前国内主要的少儿英文图书馆均由美国明德图书馆基金会和公共图书馆合作建立,在中国越来越国际化的社会背景下,这些英文图书馆在帮助少年儿童学习英文、扩展视野、以多元的眼光看世界等方面发挥了积极的作用。

第七节　存在问题和发展对策

如前所述,我国图书馆未成年人服务工作取得的成绩有目共睹,尤其是21世纪以来随着经济社会的发展和国家对少儿图书馆事业支持力度的不断加大,未成年人服务更是获得了飞跃式的成长。但是,也应该看到,进步中仍然存在不足,相较于广大少年儿童不断增长的文化需求,图书馆的未成年人服务工作还显得有些滞后,需要包括少儿图书馆人在内的社会各界人士共同努力,寻找行之有效的方法,推动图书馆未成年人服务工作更大的可持续的发展。

一、当前存在的主要问题

1. 缺乏国家政策层面对未成年人服务的规范和指导

目前,我国图书馆未成年人服务依据的国家层面的法律政策主要有:在国家法律层面,1991 年通过并经 2012 年第 2 次修订的《中华人民共和国未成年人保护法》,从基础设施保障层面规定了图书馆的免费开放服务政策;在宏观政策层面,《九十年代中国儿童发展规划纲要》《中国儿童发展纲要(2001—2010 年)》和《中国儿童发展纲要(2011—2020)》三个儿童规划发展纲要,在 2001—2010 发展纲要中提出"儿童优先"的发展原则,在 2011—2020 发展纲要中提及公共图书馆和儿童图书馆需要为儿童阅读图书创造条件;在图书馆行业领域,《公共图书馆服务规范》(2012)简单涉及了未成年人服务的部分内容"公共图书馆服务对象包括所有公众,应当注重培养少年儿童的阅读习惯""少年儿童阅览区应与成人阅览区分开,宜设置单独的出入口,有条件的可设室外少年儿童活动场地""各级独立建制的少年儿童图书馆每周开放时间不少于 40 小时";其他还有一些散见于政府会议纪要和工作意见的政策性引导文件(《关于全国少年儿童图书馆工作座谈会的情况报告》(1981)、《关于进一步加强少年儿童图书馆建设工作的意见》(2010)等)。

可以看到,这些法律和文件主要强调的是公共图书馆应设儿童阅览室或图书角,有条件的县(市、区)应建立单独的少年儿童图书馆,图书馆应当对未成年人免费开放,为儿童阅读创造条件等,以此来保障未成年人的基本权益,对于设立之后的少年儿童图书馆(室)应该提供的服务项目、服务标准等具体问题鲜有涉及。缺乏系统的规范和专门的指导,导致了我国图书馆未成年人服务方向性和规范性的不足,可持续发展能力欠缺。

2. 对未成年人两端人群服务能力尚显不足

对未成年人进行更加科学合理的分级分层服务是图书馆未成年人服务的发展趋势,也是图书馆服务更加人性化、均等化、合理化的体现。从我国图书馆未成年人服务的实际来看,存在"两头弱,中间强"的情况,主要问题集中在对 5 岁以下学龄前儿童存在服务缺失现象、针对 12—13 岁以上 18 岁以下青少年服务数量偏少且创新服务能力偏低。蒋逸颖、周淑云对 2014 年内地 32 个省级以上公共图书馆少儿服务现状的调查研究中发现,7—18 岁的少年儿童成为省级以上公共图书馆少儿服务的主体,对0—6岁学龄前儿童的服务偏少,只有8个[88]。支娟通过网络调研独立建制的少儿图书馆网站,并通过对比各个图书馆网站的读者活动信息发现,绝大部分图书馆的读者活动的开展主要针对5、6岁以上的少年儿童,个别业务开展比较突出的少儿图书馆3—6岁儿童服务开展的相对丰富一些,3岁以下幼儿基本没有借阅之外的其他服务[89]。湖南图书馆编撰的《公共图书馆阅读与推广活动情况报告》显示,2014年5—6月全国公共图书馆共开展活动3957场,其中专门针对少年儿童的阅读推广活动1296场,但值得注意的是,大部分活动是针对12岁以下的幼儿及儿童,专门针对12岁以上青少年的活动鲜有提及[90]。另一方面,受到我国应试教育环境的影响,我国公共图书馆青少年服务存在程式化、创新能力偏低等情况。陈盈在2015年3—4月选取重庆主城区8所初、高中学校对青少年学生阅读现状进行问卷调查,显示有22.1%的受访学生表示"从来不去"图书馆,"偶尔去"图书馆的为33.6%,"每月1—2次"为30.5%。去图书馆的主要目的与阅读关系不大,"自习"居多,看中图书馆安静的学习环境。关于阅读活动,超过3成表示"没有参加过任何阅读活动"[91]。总体来看,我国图书馆未成年人服务中对低龄儿童和青少年服务能力尚显不足,成效也不够明显。

3. 数字服务手段较为单一,普及性不够

与传统的未成年人服务工作相比,未成年人的数字化服务因其在内容、形式等方面的多样性和便利性,成为特别受未成年人欢迎的服务方式。虽然各地少年儿童图书馆(室)都在积极探索如何更好地开展未成年人数字化服务工作,但是从总体情况来看,目前我国图书馆未成年人数字化服务尚停留在初级阶段。从服务手段来看,虽然有一些图书馆发展出了一些新的数字和新技术服务体验方式,但是大部分图书馆还只是停留在网站介绍、数据库服务和电子阅览室服务的阶段;在分级分层精准化服务方面,虽然大部分少年儿童图书馆(室)在实体馆服务中都能做到将图书资料和文化活动根据少年儿童的不同年龄特点开展分级服务,但是在数字化服务中,仍保持着传统的"所有孩子同一服务内容和方式"模式,无法取得较好的服务效果;另外,我国少年儿童图书馆(室)对数字服务的宣传力度也不够,服务的普及程度不高。

4. 与中小学校系统的合作不够深入

中小学校与少年儿童图书馆(室)在服务对象、使命和远景目标上均存在着交叉,一直都是图书馆重要的合作对象,但是综合来看,目前我国各地少年儿童图书馆(室)与中小学的合作尚显不足,缺乏深入系统的互动交流。造成这一状况的原因是多面的:一方面,受文化、教育两系统各自独立,互相没有业务往来的体制限制,图书馆和学校之间缺乏有效的合作机制;另一方面,就图书馆自身而言,图书馆未能把服务真正融入中小学教学活动中去,为学校设计的服务缺乏新颖性、趣味性、针对性,不够符合学校实际,自然也难以受到学校师生的欢迎。广东中山市图书馆在总结与教育局相关科室合作的"图书馆意识教育"活动效果时表示,此项活动并未达到预期效果,创意是非常好的,合作形式是可取并值得总结推广的,但因对内容设计及宣讲形式等研究不充分,很多宣讲仅限于"读书与成长""图书馆与成长""图书馆与读书"等说教上,学生听了触动不大;刚开始轰轰烈烈,随着课外阅读时间常常被挤占,宣讲老师在负责片区学校开展此项活动有难度;课酬结算手续烦琐,影响老师们的积极性[92]。这些可以说是各地少年儿童图书馆(室)在与中小学校合作中遇到问题的共性反映。

5. 区域发展不平衡问题仍然存在

区域发展不平衡是我国社会各个领域发展中均存在的问题,图书馆未成年人服务也是如此。受政治、经济、文化等各种不平衡因素的影响,我国东部、中部、西部的公共图书馆未成年人服务发展不平衡现象依然严重。表2-3列出了2014年我国东部、中部和西部独立建制少年儿童图书馆流通人次、书刊文献外借册次、举办少儿文化活动的数量及参与人次等基础服务数据,可以看到,不论是区域总数据还是单馆平均数据,均显现出了东部地区明显高于中部地区、中部地区又明显高于西部地区的发展现状。发展程度最好的东部地区单馆流通人次比发展程度相对最差的西部地区高出了1.8倍,单馆书刊文献外借册次高出3.1倍,单馆开展文化活动的次数和参与人次均高出近2.8倍,地区差异相当明显。同时,同一地区不同省份间的未成年服务水平也存在差距,在未成年人服务较为发达的东部地区,仍有少数省份的服务数据明显低于地区平均水平;而在中、西部,也有诸如湖南、广西等未成年人服务开展得较好的身份,不论是服务水平还是服务能力,均走在了全国前列;即使是同一省份的不同地区,也存在着未成年人服务区域不平衡的现象。

表 2 - 3　2014 年我国东部、中部和西部独立建制少年儿童图书馆基础服务数据表

总服务数据①

地区	图书馆数量（个）	总流通人次（万人次）	书刊文献外借册次（万册次）	举办活动（个/次）	活动参与（万人次）
东部	57	1354.61	1675.32	4623	126.10
中部	30	505.93	447.57	1346	43.48
西部	21	276.37	201.54	625	16.85

单馆平均服务数据

地区	图书馆数量（个）	单馆平均流通人次（万人次）	单馆平均书刊文献外借册次（万册次）	单馆平均举办活动（个/次）	单馆平均活动参与（万人次）
东部	57	23.77	29.39	81	2.21
中部	30	16.86	14.92	45	1.45
西部	21	13.16	9.60	30	0.80

二、发展对策建议

针对以上问题，我们提出以下发展对策建议：

1. 积极推动未成年人服务相关法律法规和规范指南建设

健全的图书馆未成年人服务法律法规和规范指南是保证图书馆未成年人服务可以健康、可持续发展的关键。为此，有必要进一步诉求政府尽快出台《公共图书馆法》《全民阅读条例》等法律法规，并在其中完善有关未成年人服务的内容；同时积极推动文化主管部门制定图书馆未成年人服务指导规范，对未成年人服务标准以及不同年龄阶段少年儿童的不同服务内容、服务方式、服务评价等做出具体的规定，并通过典型案例示范，提供给各地少年儿童图书馆（室）实践操作的参考借鉴。

---

①　注：（1）本表数据来源为国家图书馆研究院编制的《中国公共图书馆事业发展基础数据概览》。

（2）东部地区包括北京、天津、辽宁、上海、江苏、浙江、福建、山东、广东 9 省市；中部地区包括河北、山西、吉林、黑龙江、安徽、江西、河南、湖北、湖南、海南 10 省；西部地区包括内蒙古、广西、重庆、四川、贵州、云南、西藏、陕西、甘肃、青海、宁夏、新疆 12 省市区。

国际上已经有了一些较为成熟的未成年人服务相关法律规范。国际图联下设的儿童和青少年图书馆委员会(Libraries for Children and Young Adult Section)专门制定了《婴幼儿图书馆服务指南》(*Guidelines for Library Services to Babies and Toddlers*)[93]、《儿童图书馆服务发展指南》(*Guidelines for Children's Library Services*)[94]、《青少年图书馆服务指南》(*Guidelines for Library Services for Young Adults*)[95],详细描述了图书馆为婴幼儿、儿童和青少年提供服务的主体、环境、宣传、管理、评价等多个方面。美国有一系列全国性的未成年人服务指导文件,美国图书馆协会 1977 年就出版了《图书馆青少年服务指南》(*Directions for Library Services to Young Adults*),通过实例的形式对图书馆的青少年服务提供指导[96];2008 年发布《图书馆 12—18 岁青少年服务指南》(*Guidelines for Libraryservices to Teens*, *Ages 12—18*),对图书馆青少年服务进行总体规划[97];2012 年发布《国家青少年空间指南》,为图书馆青少年服务实体和虚拟空间构建提供指导性意见和成功范例[98];2014 年发布《图书馆青少年服务的未来:行动呼吁》(*The Future of Library Services for and with Teens*:*A Call to Action*),为未成年服务未来的发展提供建设性参考意见[99];同时,各地方还根据实际出台当地未成年人服务的指导类文件,威斯康星州、爱荷华州、伊利诺伊州、科罗拉多州、马萨诸塞州等都制定了对未成年人服务的针对性条文[100]。学习这些相对成熟的未成年人服务法律规范,可以为我国未成年人服务相关法律法规和规范指南的制定提供有益的参考。

2. 加大对未成年人两端人群的服务支持力度,实现各年龄段服务均等化

着力改变我国图书馆未成年人服务"两头弱,中间强"的现状,在继续推进中间阶段少年儿童服务的基础上加大对低龄儿童和青少年的服务支持力度,实现各年龄阶段服务的均等化。

一是将"阅读从零岁开始""阅读从娃娃抓起"的理念贯彻落实到具体服务中。不仅应在图书馆内开辟专门的亲子空间,注重环境布置和氛围营造,还应积极联合各类服务婴儿和低幼儿童的机构,借鉴美国图书馆"出生即阅读"阅读示范项目[101]、英国图书馆阅读起跑线活动[102]、德国图书馆新生儿"阅读礼包"项目[103]等的经验,为婴儿和蹒跚学步儿童提供多样亲子阅读、家庭早教等服务,真正做到从零岁起就将图书馆嵌入其生活中并与之相伴一生。

二是结合需求拓展青少年服务的内容和形式。西方发达国家十分重视图书馆青少年服务,经验丰富、成效显著。美国很多公共图书馆都有专门的青少年中心,供青少年学习和交流,在服务方面,除了图书推荐、导读等基本

内容外,还提供作业辅导,入学/就业指南,指导高年级学生如何选择学校、如何申请奖学金、如何适应大学生活、如何对未来进行规划等一系列符合青少年身心和成长需求的服务项目,并为他们提供各种考试(如 ACT、SAT 和 GED)的在线模拟[104]。这对我国图书馆创新青少年服务具有很好的借鉴作用,为青少年服务必须紧密结合青少年的实际需求和教育需要,适时适地开展阅读推广、科技体验、创新比赛等服务项目,尤其是2014年高考改革方案确定后,有关升学、甚至就业的信息服务也应该受到图书馆关注。

三是激发青少年的自主参与热情。通过新颖的服务设计和现代营销手段激发青少年的自主参与热情,让更多的青少年愿意并乐意参与到活动中来,是图书馆为青少年提供有效服务的关键。在这方面,国外图书馆有一些较为成功的案例。如美国的"青少年阅读周"活动,该活动根据青少年渴望成长和自主、有自己独立思想和判断的特点,以"为快乐阅读"为总主题,每年提供若干个分主题,由青少年通过网络投票自主确定当年的分主题,使青少年成为活动主导,增强其参与热情[105];又如韩国儿童青少年图书馆的"书海畅游"项目,该项目由800名学生组成,并挑选了6名阅读经验丰富的学生作为"带头人",充分发挥"舆论领袖"的作用,就"我的未来""朋友""性与爱""我们的星球:地球""家庭的意义"等青少年感兴趣的主题,由"带头人"向其同伴们推荐图书,这一活动在韩国青少年中很有影响力[106]。类似的案例都值得我国的少年儿童图书馆(室)在实践青少年服务中借鉴。

四是在青少年活动中增加新技术的内容。青少年这一年龄阶段的特点是对新的事物很感兴趣,网络和电子类产品尤其受其欢迎,为此,可以在青少年活动中增加更多与数字和新技术相关的内容。如推广针对青少年阅读特点的手机咨询服务,开发游戏学习社区,通过游戏吸引青少年来到图书馆,引导青少年在玩游戏的同时阅读与游戏内容相关的书籍等。

3. 探索多样化的数字服务方式,增强数字服务能力

数字化是社会发展趋势,针对我国图书馆未成年人数字服务能力不足的问题,各少年儿童图书馆(室)需要积极探索多样化的数字服务方式,增强对各个年龄阶段少年儿童的数字服务能力。

一是加强特色数字资源的开发和服务能力。除了要结合少儿用户的需求特点有针对性的购买数字资源外,各级少年儿童图书馆(室)还要依据自身的资源优势、服务定位以及地域特色,着力开发特色数据库;同时,要积极争取社会合作,让各类从事少儿阅读服务的机构、团体甚至个人参与到少儿图

书馆数字资源建设和服务中。芬兰赫尔辛基图书馆在少儿网站的建设中就联合了国内外对少儿网络有兴趣和专长的组织和个人各自承担网站的一个专题部分,允许其尽情发挥,最终形成了各具特色的内容系统[107]。这种众包合作的方式是我国少年儿童图书馆(室)可以借鉴的。

二是开展分级分层的数字服务。不同阶段的少儿信息需求和理解接受能力差别很大,在开展少儿数字化服务时,要根据低幼、儿童、少年这些不同年龄段孩子的特征,提供针对性的信息资源。洛杉矶公共图书馆在为当地少年儿童提供数字阅读书单时就采用了分段式的服务方法,按照年龄段和年级分为 GradesK-1、Grades 2-3、Grades 3-4、Grades 5-6 等几个阶段,方便不同年龄的少儿可以找到符合其需求的书单[108]。同时,图书馆也应为父母、教师及少儿教育工作相关人员提供有针对性的数字服务。

三是加强数字阅读与纸本阅读的互动。数字服务是实体图书馆服务的补充、延续和扩展。各地少年儿童图书馆(室)在开展数字服务的过程中,要积极挖掘、寻找本馆数字资源与实体图书馆阅读推广活动的契合点,把数字资源的推广整合到实体阅读推广活动中去,通过线上线下互动,提升数字服务的效果。

四是进一步发挥社交媒体平台在数字服务中的作用。随着微博、微信等社交媒体平台的不断普及,图书馆在开展未成年人数字服务过程中有必要进一步借助其交互功能,实现微信等应用技术优势与图书馆资源优势的结合互补,时时为少儿及相关用户推送图书馆最新新闻和活动信息,倾听用户声音。

4. 深化与中小学校的合作,推进馆校共建、资源共享

鉴于中小学校和少年儿童图书馆(室)的密切关系,在未来图书馆未成年人服务工作的开展中,尤其要重视馆校合作,充分挖掘双方优势和需求,进一步完善合作机制、丰富合作内容、深化合作层次,让图书馆真正走进校园,为中小学生的学习、成长提供全方位、多层次的支持。

一是建立政府主导下的馆校合作机制。公共图书馆与学校合作,政府的作用十分重要,是解决公共图书馆与中小学校分属不同系统的壁垒问题、经费保障等问题的关键。从国外经验来看,也正是因为有了各级政府的支持,公共图书馆与学校的合作才能有效运行。以馆校合作开展得比较好的美国为例,不论是国家层面还是地方层面,文化部门、教育部门以及负责儿童健康和福利的部门等都以发布政策、标准、指南和设立组织等形式不同程度地支持并推动了各地图书馆和中小学校的合作[109]。因此,建立政府主导下的馆

校合作机制,得到各级政府的支持,是我国各地少年儿童图书馆(室)可以有效推进馆校合作工作的关键。

二是扩大合作范围,丰富合作内容。馆校合作除了推进未成年人阅读,还应包括未成年人思想道德教育、未成年人信息素养培育等多个方面,甚至可以拓展到家庭教育指导领域。因此,公共图书馆与中小学校合作时要进一步开阔思路,探索多样化的服务:一方面要根据中小学生身心发展特点,提供针对性资源和服务项目;另一方面要立足学校实际来设计合作项目,把公共图书馆服务渗透到老师的教学活动中去;还应考虑到家长在学校教育中的角色和需求,为他们提供教育指导服务。通过这些多层次的服务模式,满足学生、教师和家长的不同需求。

三是推动馆校资源的共建共享工作。依托图书馆管理平台,突破行政归属和区域限制,将图书馆丰富的资源尤其是数字资源输送到各学校中去,联通文化系统和教育系统之间的资源,弥合不同城乡、区域之间的中小学校的资源差距,使得图书馆资源使用的效益最大化,是实现图书馆和学校深层次合作的最佳途径之一。在这方面,杭州少年儿童图书馆的青少年数字资源覆盖中小学校项目、深圳少年儿童图书馆的"常春藤"计划都是比较成功的实践,他们的经验可以为其他地区的少年儿童图书馆(室)借鉴。

5. 发挥行业协会的作用,缩小区域发展差距

我国早在20世纪80年代就先后成立了华东地区少年儿童图书馆工作协作委员会,华北、东北、西北地区少儿图书馆协作委员会,中南、西南地区少年儿童图书馆协作委员会等专门工作委员会。这些委员会通过举办协作活动、组织学术研讨、开展经验交流、发展馆际合作等,在促进我国图书馆未成年人服务工作中发挥了重要作用。中国图书馆学会下设的未成年人图书馆服务专业委员会、青少年阅读推广委员会等机构也在研究、指导和支持图书馆未成年人服务方面做了很多工作。作为指导、统筹、协调我国图书馆未成年人服务的专业组织,行业协会同样是推动我国图书馆未成年人服务区域平衡发展,缩小地区差异的重要力量,理应在其中发挥更加积极的作用。

一是制定可持续、特色化的未成年人服务行动计划,开展全国联动的未成年人服务项目,发挥引领作用,提升我国图书馆未成年人服务的整体水平。近年来,中国图书馆学会未成年人图书馆服务专业委员会、青少年阅读推广委员会等已经在组织协调全国性的未成年人服务项目方面进行了一系列的工作,如"全国图书馆未成年人服务提升计划","全国少年儿童阅读年"系列

活动等,但在项目的广度、深度和创新性上还可以有更大的成长空间。

二是搭建全国性的图书馆未成年人服务交流平台。在中国图书馆学会未成年人图书馆服务专业委员会、青少年阅读推广委员会等机构的统筹下建立系统规范的全国未成年人服务交流分享平台,可以通过定期出版未成年人服务通讯、发布服务报告、创办未成年人服务专业刊物、举办服务经验交流会、搭建网上交流平台等方式,为我国各级少年儿童图书馆(室)提供经验分享和思想交流的机会,促进未成年人服务成果的展示、技术的流动和广泛应用,带动未成年人服务的区域合作和资源共享,推动不同区域图书馆未成年人服务工作的取长补短、共同进步。

三是指导建立地区图书馆未成年人服务指导协调机构。中图学会未成年人图书馆服务专业委员会、青少年阅读推广委员会等要积极推动地区图书馆未成年人服务指导机构的建立并指导其工作。推动其制定适合本地区的图书馆未成年人服务发展规划、服务标准;鼓励不同区域少年儿童图书馆(室)之间的交流和合作,通过推动区域图书馆未成年人服务工作的开展带动全国少年儿童图书馆事业的提升。

参考文献:

[1] 国内外少年儿童图书馆发展现状综述[J].图书馆决策参考,2013(5):1－8.

[2] 中国公共图书馆事业发展基础数据概览[Z].北京:国家图书馆研究院,2015:10.

[3] 我国少年儿童图书馆事业发展与对策建议[J].图书馆决策参考,2015(5):1－9.

[4] 王志庚,李俊国.坚持儿童优先原则 开创图书馆未成年人服务工作新局面[J].图书馆工作与研究,2013(3):110－112.

[5] 王志庚,李俊国.坚持儿童优先原则 开创图书馆未成年人服务工作新局面[J].图书馆工作与研究,2013(3):110－112.

[6] 年小山.品牌学[M].北京:清华大学出版社,2003:43.

[7] 中国政府网,关于推进全国美术馆公共图书馆文化馆(站)免费开放工作的意见[EB/OL].(2011－02－14).[2016－02－21].http://www.gov.cn/zwgk/2011-02/14/content_1803021.htm.

[8] 刘淑华.加强品牌管理 促进图书馆服务创新——以赤峰市图书馆少儿服务为例[J].河南图书馆学刊,2015(7):107－109.

[9] 管中宁.谈少儿图书馆品牌服务——以南宁市少年儿童图书馆为例[J].图书馆界,2014(1):82－83,93.

[10] 黄天助.少儿图书馆运用 RFID 进行业务管理的实践与理论差距[J].图书馆论坛,

2009(6):84－86,67.

[11] 周娣. Interlib 环境下对读者借阅排行小样本分析——基于广州少年儿童图书馆的实例研究[J]. 科技与企业,2014(9):257.

[12] 延大科技学院图书馆网站. 馆际互借[EB/OL].[2016－01－21]. http://truth. yust. edu/library/bbs/board. php? bo_table = bbs_2_3

[13] 市内7大图书馆可通借通还[N]. 昆明日报,2013－04－18(A06).

[14] 中讯网. 全国首创图书转借服务,随时随地的书籍流通体验[EB/OL].(2015－08－20).[2016－01－21]. http://www. zhongxuntv. com/news/12716. html.

[15] 广州少年儿童图书馆网站. 刊物数据库[DB/OL].[2016－01－18]. http://www. gzst. org. cn/sjk/kwdb/

[16] 勇于创新不断发展的长春市少年儿童图书馆[M]//全国各个图书馆第四次评估资料汇编(下册). 北京:中华人民共和国文化部社会文化司,2010:82.

[17] 重庆市少年儿童图书馆评估定级工作汇报[M]//全国各个图书馆第四次评估资料汇编(下册). 北京:中华人民共和国文化部社会文化司,2010:430.

[18] 潘兵,张丽,李艳博. 公共图书馆的未成年人服务研究[M]. 北京:国家图书馆出版社,2011:48－49.

[19] 张际. 我国少年儿童图书馆网站信息服务调查分析[J]. 图书馆界,2012(6):60－63.

[20] 广州少年儿童图书馆网站. 参考咨询服务[EB/OL].[2016－01－18]. http://www. gzst. org. cn/info/xxfw/.

[21] 天津市少年儿童图书馆评估工作报告[M]//全国各个图书馆第四次评估资料汇编(下册). 北京:中华人民共和国文化部社会文化司,2010:14.

[22] 象州县图书馆暑期活动掠影[EB/OL].(2014－08－27).[2016－01－20]. http://202. 103. 241. 70:4237/UserCenter/usercenter? nodeid = 20090317170409&querytype = 3&viewjbid = 55555555555555&treeid = 20081107150858&bibid = 20140827102951&deptid = 00000000000000.

[23] 吴翠红,王蓉. 广州图书馆绘本阅读推广案例[N]. 图书馆报,2014－11－21(B14).

[24] 2014全国少年儿童阅读年工作总结[EB/OL].[2016－02－04]. http://www. wenku1. com/view/E93FD9EEBF28AC43. html#download.

[25] 福州市少年儿童图书馆网站. 市少儿图书馆走进麦顶小学——小小图书管理员在路上[EB/OL].(2016－01－04).[2016－02－04]. http://www. fjfzst. com/neirong. asp? id = 173.

[26] 中国公共图书馆事业发展基础数据概览[M]. 北京:国家图书馆研究院,2015:18.

[27] 吉林省图书馆(吉林省少年儿童图书馆)网站. 青青草[EB/OL].(2016－01－29).[2016－02－04]. http://www. jlqqc. com/resu/news/774/02774. html.

[28] 深圳少年儿童图书馆网站. 第二届"深圳少儿迎大运 大运足迹映鹏城"少儿艺术创作活动[EB/OL].(2009－04－21).[2016－02－04]. http://www. szclib. org. cn/

hdzx/zxhd/201511/t20151105_18069. htm.

[29] 深圳少年儿童图书馆网站. 第三届"深圳少儿迎大运 大运足迹映鹏城"[EB/OL].
(2010 - 04 - 07). [2016 - 02 - 04]. http://www. szclib. org. cn/hdzx/zxhd/201511/
t20151105_18095. htm.

[30] 首都图书馆(少年儿童图书馆)网站. 才艺展示[EB/OL]. [2016 - 02 - 04]. http://
www. childlib. org/ts/shows/.

[31] 温州市少年儿童图书馆网站. 梦想舞台[EB/OL]. [2016 - 02 - 04]. http://www.
wzst. cn/Col/Col195/Index. aspx.

[32] 图书馆界. 江苏省南京市金陵图书馆上演"七彩夏日"暑期夏令营汇报演出[EB/
OL]. (2015 - 08 - 22). [2016 - 02 - 27]. http://www. nlc. gov. cn/newtsgj/yjdt/
2015n/8y_11626/201508/t20150828_104534. htm.

[33] 中国人大网. 国务院关于公共文化服务体系建设工作情况的报告[EB/OL]. (2015 -
04 - 23). [2016 - 02 - 27]. http://www. npc. gov. cn/npc/cwhhy/12jcwh/2015-04/23/
content_1934246. htm.

[34] 曲岩红. 大连市少儿图书馆总分馆服务体系建设研究[J]. 图书馆,2014(2):34 - 38.

[35] 我市少儿馆总分馆服务体系建设走在全国前列[EB/OL]. (2015 - 04 - 23). [2016 -
02 - 04]. http://dalian. runsky. com/2015-04/23/content_5238707. htm.

[36] 广州少年儿童图书馆网站. 分馆网点[EB/OL]. [2016 - 01 - 18]. http://www. gzst.
org. cn/gywm/fgwd/.

[37] 深圳少年儿童图书馆网站. 常春藤项目介绍[EB/OL]. (2015 - 04 - 27). [2016 -
02 - 29]. http://www. szclib. org. cn/hdzx/cqt/201504/t20150427_15856. htm.

[38] 深圳中小学图书馆"常青藤"行动计划[EB/OL]. (2014 - 12 - 05). [2016 - 02 - 29].
www. szclib. org. cn/hdzx/cqt/201504/P020150427387294793675. docx.

[39] 温州市少年儿童图书馆网站. 走进图书馆(分馆网点、汽车图书馆)[EB/OL].
[2016 - 02 - 29]. http://www. wzst. cn/Col/Col2/Index. aspx.

[40] 陆其美. 合肥市少儿图书馆开展延伸服务的实践与思考[J]. 图书与情报,2011(2):
81 - 83.

[41] 苏州图书馆网站. 流动图书大篷车[EB/OL]. [2016 - 02 - 29]. http://www. szlib.
com/child/MobileVan/a. aspx

[42] 重庆市少年儿童图书馆评估定级工作汇报[M]//全国各个图书馆第四次评估资料
汇编(下册). 北京:中华人民共和国文化部社会文化司,2010:430.

[43] 厦门市少年儿童图书馆网站[EB/OL]. [2016 - 02 - 29]. http://www. xmst. org/.

[44] 武汉市少年儿童图书馆网站. 陶宏开工作室[EB/OL]. [2016 - 02 - 29]. http://
www. whst. org/special/special_taohong. shtml.

[45] 广少图关爱残疾儿童建立"爱童馆"提供无障碍阅读服务[EB/OL]. (2015 - 09 -

26).[2016 - 03 - 15]. http://www. gzst. org. cn/hdpx/zxhd/201509260007. htm.

[46] 长沙图书馆视障阅览室[EB/OL].(2015 - 12 - 14).[2016 - 02 - 17]. http://news. twoeggz. com/wenhua/2015-12-15/330004. html.

[47] 重图建 24 所书屋惠及 3 万余名留守儿童[N]. 重庆日报,2016 - 01 - 05(20).

[48] 石景山少年儿童图书馆:挨家挨户送书三十年[N]. 北京青年报,2015 - 08 - 23 (A04).

[49] 图书馆地板上坐满了来读书的孩子[N]. 深圳特区报,2010 - 06 - 01(A16).

[50] 易红,王祝康. 绘画艺术治疗在城市留守儿童心理干预中的应用——重庆图书馆的 探索与实践[J]. 山东图书馆学刊,2013(2):72 - 80

[51] 云和县图书馆开展留守儿童心理游戏训练活动[EB/OL].(2012 - 07 - 03).[2016 - 02 - 17]. http://www. zjlib. cn/zxgjdt/47447. htm.

[52] 警惕儿童自闭症的 11 项征兆[EB/OL].(2011 - 04 - 02).[2016 - 03 - 10]. http:// baby. sina. com. cn/health/11/0204/2011-04-02/0807181798. shtml.

[53] 贵州省图书馆网站."笨小孩"真人图书馆活动[EB/OL].(2015 - 02 - 04).[2016 - 03 - 10]. http://www. gzlib. com. cn/show. asp? id = 2444.

[54] 广州市儿童活动中心 2015 年度"双有"工作总结[EB/OL].(2015 - 11 - 13).[2016 - 03 - 14]. http://www. ccc. org. cn/html/report/15110370-1. htm.

[55] "筑梦佛山"文化艺术公益夏令营阅读分营结营[N]. 珠江时报,2015 - 07 - 21 (B03).

[56] 宁波市图书馆网站. 江东区图书馆举行"小候鸟军营生活体验记"主题活动[EB/ OL].(2015 - 08 - 14).[2016 - 03 - 14]. http://www. nblib. cn/art/2015/8/14/art_ 1956_73702. html.

[57] 温州市少年儿童图书馆网站. 爱心助残日 牵手好朋友[EB/OL].(2009 - 05 - 22). [2016 - 03 - 22]. http://score. wzst. cn/Art/Art_11/Art_11_15307. aspx.

[58] 梧州市图书馆到市福利院开展亲子阅读活动[EB/OL].(2015 - 08 - 06).[2016 - 03 - 18]. http://www. wzljl. cn/content/2015-08/06/content_171718. htm.

[59] 石景山少年儿童图书馆:挨家挨户送书三十年[N]. 北京青年报,2015 - 08 - 23 (A04).

[60] 免费又绿色,这样的地方我喜欢——昆明少儿图书馆服务未成年人纪实[N]. 光明日 报,2011 - 12 - 02(9).

[61] 少年儿童馆建馆三周年回顾:少年儿童图书馆发展与专业服务[EB/OL].[2016 - 03 - 22]. http://www. nlc. gov. cn/dsb_zt/xzzt/szn/fzyzyfw. htm.

[62] 国图新闻:国图少儿馆"六一"儿童节推广数字阅读[EB/OL].(2011 - 06 - 02). [2016 - 03 - 23]. http://www. nlc. gov. cn/newsyzt/gtxw/201106/t20110607_43209. htm.

[63] "全国少年儿童数字阅读推广月"启动仪式在天津市少年儿童图书馆举行[EB/OL].

（2013 – 05 – 08）.［2016 – 03 – 23］. http://www. lsc. org. cn/c/cn/news/2013-07/03/news_6396. html.

［64］少年儿童图书馆建馆三周年工作回顾：业内引领与战略性项目研究［EB/OL］.［2016 – 03 – 23］. http://www. nlc. gov. cn/dsb_zt/xzzt/szn/ynylxmyj. htm.

［65］深圳少儿图书馆推出"e 读站"［EB/OL］.（2010 – 08 – 02）.［2016 – 03 – 23］. http://www. nlc. cn/newtsgj/yjdt/2010n/8y_2179/201008/t20100802_34410. htm

［66］河南省少年儿童图书馆网站. 童悦电台［EB/OL］.［2016 – 03 – 31］. http://www. hnsst. org. cn/tsfw/tydt/.

［67］重庆图书馆开通"喜马拉雅 FM"故事电台［N］. 图书馆报,2016 – 02 – 26（A04）.

［68］广州少儿图书馆打造 3D 互动立体图书馆［EB/OL］.（2014 – 10 – 22）.［2016 – 03 – 31］. http://www. ai-book. net/news/xingyezixun/3. html.

［69］Let's go! 到图书馆"玩转机器人"［EB/OL］.（2015 – 12 – 19）.［2016 – 03 – 31］. http://www. gzst. org. cn/hdpx/zxhd/201512190010. htm.

［70］2015 年数字图书馆推广工程春节活动方案·网络书香少儿绘画活动方案［EB/OL］.［2016 – 03 – 23］. www. ndlib. cn/zxgg/201501/W020150126491416085005. doc.

［71］西城区"鲁迅奖章"红领巾读书活动第十二届"读书小状元"评选活动拉开序幕［EB/OL］.（2011 – 05 – 26）.［2016 – 03 – 04］. http://www. lsc. org. cn/c/cn/news/2011-05/26/news_5476. html.

［72］潘云玲. 凝聚社会力量 开展公益服务——以兴化市图书馆为例［EB/OL］.（2014 – 01 – 02）.［2016 – 04 – 04］. http://www. jstzlib. org. cn/ttxh/xsjl/201401/2014-01-02_13278. htm.

［73］国家图书馆网站. 盲人数字图书馆服务［EB/OL］.［2016 – 04 – 04］. http://www. nlc. gov. cn/newtsfw/201011/t20101126_13318. htm.

［74］听障儿童迎新年［N］. 合肥晚报,2015 – 12 –30（13）.

［75］河南省少图与省博联手办"历史教室"［N］. 中国文化报,2014 – 06 – 04（3）.

［76］徐冬梅. 2008 年以来大陆民间阅读公益组织发展报告//教育蓝皮书:中国教育发展报告（2014）. 北京:社会科学文献出版社,2014:151 – 159.

［77］杨婧. 公共图书馆与民间公益儿童阅读组织合作模式探析［J］. 图书馆工作与研究,2015（4）:99 – 101.

［78］三叶草故事家族［EB/OL］.［2016 – 04 – 04］. http://www. 3yecao. org/index. php.

［79］图书馆怎样办好阅读推广活动［N］. 中国出版传媒商报,2015 – 01 – 27（18）.

［80］深圳少儿馆启动百所图书馆计划［N］. 中国文化报,2013 – 07 – 12（8）.

［81］毛晓明. 免费开放背景下公共图书馆多元投入的实践与思考——以江苏省公共图书馆为例［J］. 图书馆界,2014（3）:75 – 77.

［82］湖南省少年儿童图书馆网站. 志愿者服务专题［EB/OL］.（2012 – 08 – 10）.［2016 –

04 – 06]. http://www. hnst. org/tz/13. 01/% E5% BF% 97% E6% 84% BF% E6% 9C%
8D% E5% 8A% A1% E4% B8% 93% E9% A2% 98/% E4% B8% 93% E9% A2% 98. html.

[83] 周蕾. 少儿图书馆开展家庭作业辅导的初步探索——以广州少年儿童图书馆为例
[J]. 公共图书馆,2014(1):67 – 70.

[84] 厦门市少年儿童图书馆网站. 我馆荣获厦门市文化志愿者工作先进单位[EB/OL].
(2013 – 06 – 09). [2016 – 04 – 06]. http://xmst. 3tuo. cn/e/action/ShowInfo. php? clas-
sid = 38&id = 3096.

[85] 明德图书馆基金会网站[EB/OL]. [2016 – 04 – 06]. http://www. appletreelibrary. cn/
chinese/index_new. html.

[86] 厦门市少年儿童图书馆网站. 明德英文图书馆简介[EB/OL]. (2016 – 01 – 11). [2016 –
04 – 06]. http://xmst. 3tuo. cn/e/action/ShowInfo. php? classid = 44&id = 3056.

[87] 明德图书馆基金会网站[EB/OL]. [2016 – 04 – 06]. http://www. appletreelibrary. cn/
chinese/index_new. html.

[88] 蒋逸颖,周淑云. 我国大陆地区省级以上公共图书馆少儿服务的调查研究[J]. 现代
情报,2015(4):102 – 107.

[89] 支娟. 儿童优先:公共图书馆未成年人服务的现实困境[J]. 图书馆工作与研究,2013
(11):112 – 115.

[90] 公共图书馆阅读与推广活动情况报告[J]. 湖南图书馆,2014(3):7.

[91] 陈盈. 公共图书馆青少年阅读服务探究——以重庆市主城区青少年为例[J]. 图书馆
论坛,2016(1):73 – 78.

[92] 吕梅. 馆社合作共促阅读——图书馆与社会合作推动青少年阅读推广[J]. 图书与情
报,2011(1):91 – 93.

[93] Guidelines for Library Services to Babies and Toddlers [EB/OL]. [2016 – 04 – 06].
http://www. ifla. org/publications/ifla-professional-reports-100.

[94] Guidelines for Children's Library Services[EB/OL]. [2016 – 04 – 06]. http://www. ifla.
org/publications/guidelines-for-children-s-library-services.

[95] Guidelines for Library Services for Young Adults[EB/OL]. [2016 – 04 – 06]. http://
www. ifla. org/publications/guidelines-for-library-services-for-young-adults--revised-.

[96] American Library Association. Young Adult Services Division. Services Statement Develop-
ment Committee. Directions for library service to young adults[M]. The Association,1977.

[97] Guidelines for Library Services to Teens, Ages 12 – 18[EB/OL]. [2016 – 04 – 06].
http://www. ala. org/yalsa/sites/ala. org. yalsa/files/content/ReferenceGuidelines _
0308. pdf.

[98] Teen Space Guidelines[EB/OL]. (2012 – 05 – 24). [2016 – 04 – 06]. http://www. ala.
org/yalsa/guidelines/teenspaces.

[99] The Future of Library Services for and with Teens:A Call to Action[EB/OL]. (2014 – 01 – 08). [2016 – 04 – 06]. http://www. ala. org/yaforum/future-library-services-and-teens-project-report.

[100] 黄如花,邱春艳. 美国公共图书馆未成年人服务的特点[J]. 中国图书馆报,2013 (7):48 – 58.

[101] Born to Read:It's Never too Early to Start[EB/OL]. [2016 – 04 – 06]. http://www. ala. org/advocacy/literacy/earlyliteracy.

[102] Bookstart[EB/OL]. [2015 – 11 – 06]. http://www. bookstart. org. uk/.

[103] 李蕊. 德国社会阅读推广考察及启示[J]. 图书馆界,2014(1):46 – 49.

[104] 潘兵,张丽,李艳博. 公共图书馆的未成年人服务研究[M]. 北京:国家图书馆出版社,2011:207.

[105] 张丽,骆杨. YALSA 的"青少年科技周"和"青少年阅读周"——美国公共图书馆吸引青少年参与的做法[J]. 图书馆杂志,2013(8):51 – 55,58.

[106] 刘学燕. 韩国儿童青少年阅读推广现状及启示[J]. 山东图书馆学刊,2013(2):102 – 104.

[107] 周世江. 芬兰赫尔辛基图书馆的少年儿童网站[J]. 中小学图书情报世界,2002(4):49 – 50.

[108] 武娇. 浅谈美国公共图书馆少儿阅读推广数字资源建设[J]. 科技情报开发与经济,2013(24):32 – 34.

[109] 史拓. 公共图书馆与中小学校合作的中美比较研究[J]. 图书馆建设,2012(5):77 – 79.

（执笔人:褚树青、屠淑敏、刘莹、丁晓芳、聂凌睿、吴白羽）

第三章　少儿阅读推广

第一节　概述

一、少儿阅读推广的意义

图书馆开展阅读推广,其社会意义是能够促进国民阅读。法国大文豪伏尔泰说:"读书使人心明眼亮。"莎士比亚则认为:"书籍是全人类的营养品,生活里没有书籍,就好像没有阳光;智慧里没有书籍,就好像鸟儿没有翅膀。"我国的周恩来总理也早就立下"为中华崛起而读书"的壮志。阅读是个人的事,它可以让人通古今,也能让人明事理;阅读是全人类的事,它应该无处不在;阅读更是关乎国家命运的大事,一个没有读书的民族是没有未来的。国民阅读行为由个人的阅读兴趣和阅读能力组成。一旦国民具备积极的阅读兴趣和良好的阅读能力,他们就能形成正确的价值观念,善于学习和探索,勇于面对各种困难与挫折,具有包容他人的胸襟。这样的国民组成的国家,就是最有希望的国家。

国民阅读兴趣与阅读能力是由个人阅读兴趣与阅读能力组成,而个人阅读兴趣与阅读能力形成的最关键时期,则是人的童年。只要人的童年伴随着阅读而成长,这个国家就是充满希望的国家。朱永新先生甚至称,"儿童阅读可以照亮整个国家"[1]。尽管古代社会有凿壁偷光、囊萤映雪等在极端恶劣的环境中坚持阅读的例子,但现代教育学理论一般认为儿童阅读兴趣与阅读能力的形成需要良好的社会环境。这个环境包括好的阅读空间、读物、引导或陪伴他们阅读的人,以及政府、社会机构、社会团体或个人为促进少年儿童阅读所开展的各种活动。图书馆儿童阅读推广,就是图书馆人在图书馆这个空间中为儿童阅读创造的一个阅读环境,通过在这个环境中开展各种活动化的阅读服务,帮助少儿提升阅读兴趣和阅读能力。

在国际图书馆学文件或论著中,阅读推广(Reading Promotion)不是一个很常用的术语,促进阅读的活动化服务通常与素养(literacy)、终身学习、非正式学习(informal learning)等相联系,如 IFLA 的阅读专业委员会于 2007 年改名素养和阅读委员会,IFLA《公共图书馆服务指南》中关于阅读推广的一节名为"阅读推广和素养",等等。在我国图书馆界中,阅读推广这一术语已经通用。例如,2009 年中国图书馆学会成立"阅读推广委员会"。

我们认为,阅读推广是一种新型的图书馆服务,是当代图书馆应对信息时代的挑战,履行图书馆使命而发展起来的新型服务。进入信息社会后,图书馆作为社会公共信息中心的职能受到挑战,各国图书馆为应对图书馆需求不足以及投入减少所带来的困难,在以往文献借阅服务和信息服务的基础上发展新型的活动化的服务。在我国,这些活动化的新型服务被称为阅读推广。

从图书馆服务的角度来说,阅读推广能够更好发挥图书馆的资源的作用,提升图书馆服务的各项指标。因此,现代图书馆对于阅读推广这项服务十分重视。

图书馆在少儿服务实践中对于阅读推广更加重视,特别是对于小学年龄段儿童、学龄前儿童和婴幼儿,由于他们不具备完全的识字阅读能力,开展阅读推广几乎成为为他们进行阅读服务的唯一方式。阅读推广的服务目标决定阅读推广在少儿图书馆服务中的重要性。阅读推广的服务目标可以概括为以下四个方面:

(1)引导。尽管大部分少儿读者天然具有对于书籍和知识的亲近感,但不可否认总是存在部分缺乏阅读意愿的孩子。引导这些孩子学会阅读是图书馆义不容辞的责任。图书馆可以通过生动有趣、形式多样的阅读推广活动,引导他们感受阅读的魅力,享受阅读的乐趣,接受阅读,热爱阅读,甚至迷上阅读,逐步形成阅读的意愿。图书馆可以选择的阅读推广方式有很多,影视观摩、益智游戏、讲故事等。

(2)训练。公共图书馆的服务对象中存在许多有阅读意愿而不善于阅读的人,包括尚未学会阅读的人,如学龄前儿童,也包括因各种原因导致阅读能力不足的人,如学校的"差生"。对于这些少儿读者,图书馆可以采取阅读推广这种服务形式,通过训练有素的图书馆馆员、配套的读物和有吸引力的活动项目,特别是读书会、故事会、知识竞赛等日常化、常规化的活动。长年的训练,会使这些读者在参加图书馆阅读推广活动过程中逐渐学会阅读。

(3)帮助。公共图书馆的服务对象中还存在阅读困难人群,也称图书馆服务的特殊人群。此类特殊人群包括残障人士、足不出户的老人、低幼儿童、阅读障碍症患者,等等,需要图书馆对他们提供阅读帮助。图书馆可以通过送书上门、诵读、读书会、绘本阅读等阅读推广活动,帮助他们跨越阅读的障碍。

(4)服务。即使是对于具有较强阅读意愿和较好阅读能力的人,图书馆阅读推广也并非无用武之地。图书馆阅读推广能够帮助他们更加科学地利用图书馆服务,更加高效地选择、查检与获取文献,为他们提供阅读的便利。

少年儿童的阅读行为特征不同于成年人,他们的阅读兴趣没有真正形成,或者正在形成之中,他们的阅读能力更是受到识字能力、阅读理解能力和其他生理能力的影响,而低于普通成年人。因此,外借阅览式的文献服务对成人读者很合适,但许多少儿读者却难以接受。他们或者不识字或很少识字,不能自己"看书";或者活泼多动、阅读兴趣转移快,不愿意长时间静坐阅读;或者缺乏判断能力,面对图书馆海量的文献不知如何选择。此外,还有一些特殊儿童,如残障儿童、患有学习困难症的儿童、城市外来务工人员子弟、农村留守儿童,等等,也无法接受普通的图书馆服务。由于少年儿童的上述阅读行为特征,外借阅览式的文献方式对于他们并非最理想的方式。为了更好地促进少儿读者阅读兴趣与阅读能力的提升,帮助阅读有困难的儿童更好地阅读,国际图书馆界自20世纪90年代起逐步发展阅读推广这种新型的阅读服务形式,推动少年儿童阅读。进入21世纪后,图书馆阅读推广从以往文献外借等服务的补充发展成为一种主流服务方式。阅读推广对于少年儿童,特别是低幼儿童、学龄前儿童,以及残障儿童、患有学习困难症的儿童、城市外来务工人员子弟、农村留守儿童等需要提供特殊服务的儿童,也是最为理想的服务方式。

二、图书馆少儿阅读推广的发展

公共图书馆和学校图书馆是促进儿童阅读的主力军。图书馆促进儿童阅读的各种服务称为儿童阅读推广。儿童和青少年处于阅读兴趣与阅读能力的形成阶段,在图书馆服务的读者中,他们比一般成年读者更加需要以提升阅读兴趣与阅读能力为目标的服务。儿童阅读推广就是通过各类活动,引导儿童形成阅读兴趣,帮助他们提升阅读能力或克服阅读的困难。无论从儿童阅读特点看,还是从公共图书馆服务现状看,儿童都是最需要阅读推广服务的人群。因此,国内外公共图书馆阅读推广的主要目标人群就是未成年人,包括不同年龄、性别、地区或个人能力的未成年人。公共图书馆服务中各种类型的阅读推广,包括荐书、诵读、共读、阅读分享、竞赛、手工、表演、讲座、展览等,都可用于儿童阅读推广。

国际图联非常关注儿童阅读。1949 年《公共图书馆宣言》提出公共图书馆应该开展儿童阅读："虽然公共图书馆原本是服务于成人的教育需求,但它也应该辅助学校教育,提升儿童及青少年的阅读品味,帮助他们成年后能够利用图书,鉴赏书籍并从中得利。"1972 年修订的《公共图书馆宣言》中出现了"儿童的使用""学生的使用"的标题,强化公共图书馆对做儿童阅读推广的支持。1994 年的修订版更是将"从小培养和加强儿童的阅读习惯"作为公共图书馆 12 项任务之首。国际图联还陆续颁布《婴幼儿图书馆服务指南》《儿童图书馆服务发展指南》《青少年图书馆服务指南》,阐释图书馆应该如何为各个阶段的未成年人提供阅读服务。国际图联《儿童图书馆服务指南》对于儿童图书馆的使命陈述为："通过提供大量的资料和举办各种活动,图书馆为儿童提供了一个体验阅读的乐趣、探索知识的激情和丰富他们想象力的机会。公共图书馆应培养儿童和家长们如何充分利用图书馆的能力以及使用纸质和电子载体资源的技能。公共图书馆负有支持儿童学会阅读、为他们推荐书籍和其他载体资料的特殊责任。公共图书馆必须为儿童开展如讲故事之类的一些特别活动,以及开展与图书馆服务和资源相关的其他活动。应该鼓励孩子们从小使用图书馆,因为这样就更有可能使他们日后一直成为图书馆的忠实读者。在使用多种语言的国家里,应该为儿童提供他们母语的图书和视听资料。"[2] 国际图联《婴幼儿图书馆服务指南》在上述使命陈述后另有一段文字："通过提供大量的资料和举办各种活动,图书馆为婴幼儿及其监护人提供了一个最佳的场所,那里拥有大量适于他们年龄阶段的学习资料,有各种阅读、唱歌活动,有厚板书籍和触摸感知书籍等。婴幼儿在图书馆学习的这个阶段作为一段早期的社会经历,它将有益于激发婴幼儿的求知欲和想象力。通过借助教具、猜谜游戏、玩具书以及与日俱增的知识,使婴幼儿从'小孩—监护人'这种关系中来获取知识的途径也会很自然地转变成'小孩—书本'这种获取知识的新途径。置身书籍的海洋是婴幼儿迈向阅读,并进而迈向写作的重要一步。这将能够激发起孩子们终身阅读的兴趣,培养他们良好的读写能力。"[3]

我国图书馆十分重视少儿阅读推广。我国少儿图书馆专注于少儿服务,少儿阅读推广一直是他们服务创新的重点内容。自 2004 年中国图书馆学会倡导和组织 4.23 全民阅读活动以来,全国各地的少儿图书馆每年展开丰富多样的少儿阅读的研究、引导和推广活动,为少儿阅读推广的发展做出了积极的贡献。2006 年以后公共图书馆人倡导对全社会普遍开放的服务理念,沿海发达地区的公共图书馆逐步将推广少儿阅读当成自己的使命,并学习国外和港澳台地区图书馆儿童阅读推广的经验,使少儿阅读推广从"4.23"等大型短期活动向日常化、品牌化的活动过渡。2007年,深圳盐田区沙头角图书馆推出儿童阅读品牌"小桔灯",该品牌延续至今,已成为我国历史最悠久的公共图书馆少儿阅读知名品牌。沙头角图书馆借助"小桔灯"品牌与学校、社区合作,针对低幼儿童和学龄儿童分别打造众多品牌阅读活动项目,如针对低幼儿童的"小桔灯"阅读书包、"小桔灯"故事会等,针对学龄儿童的"小桔灯"阅读积分、"小桔灯"每月一书等。2010年开始我国公共图书馆全面免费开放并普遍承担少儿服务,各地公共图书馆将少儿阅读推广作为少儿服务的主要抓手,使少儿阅读推广成为我国公共图书馆系统发展最快的一项服务,也是各地图书馆服务创新最亮丽的一个领域。如2010年浙江省温州市图书馆推出"儿童知识银行",将图书馆变"银行",借阅卡变"存折",阅读成了赚钱的"财路",知识成了可量化的虚拟币,吸引少儿读者阅读。该项目2012年获得了浙江省公共文化服务项目创新奖。

三、我国少儿阅读推广发展的背景

近年来,我国图书馆未成年人阅读推广发展迅速,既是因为图书馆服务创新的大力推动,也是国民阅读问题引起全社会高度关注的结果。

(一)全社会对少儿阅读问题的关注

根据2016年最新出炉的第十三次全国国民阅读调查数据发现:2015年度0—17周岁未成年人图书阅读率为81.1%,较2014年度的76.6%增加了4.5个百分点,而2013年度未成年人图书阅读率为76.1%,可以看出,我国未成年人图书阅读率呈持续上升之势。2014年未成年人的人均图书阅读量为8.45本,较2013年提高了1.48本[4],较2012年提高了2.96本。总体而言,我国未成年人的阅读情况是趋于提升的,这与近年来我国图书馆界对少儿阅读推广的重视和举办类型多样的未成年人阅读活动是分不开的。该调查还发现,2015年度0—8周岁儿童图书阅读率为68.1%,较2014年的59.2%提高了8.9个百分点,9—13周岁少年儿童图书阅读率为98.2%,较2014年的95.4%提高了2.8个百分点;14—17周岁青少年图书阅读率为86.3%,较2014年的88.3%下降了2个百分点。尽管14—17周岁的儿童图书阅读率略有下降,不过其他年龄段的儿童阅读率还是处于上升的。在0—8周岁有阅读行为的儿童家庭中,平时有陪孩子读书习惯的家庭占到 87.1%,较 2014 年的 88.8% 有所下降,但比 2013 年的 86.5% 提高了 0.6 个百分点,这些家庭中家长平均每天花费 23.69 分钟陪孩子读书,比 2014 年平均多出 0.05 分钟[5]。可见,大多数家长普遍认可亲子阅读的重要性,并愿意花费更多的时间与孩子共读。

我国儿童阅读受制于应试教育体制,应试型功利性阅读仍占据主导地位。阅读不是为了考试,而是从阅读中感知读者的写作用意,以书本为媒介用作者进行一次精神世界的交流,如此反复,逐渐形成自己的世界观、人生观、价值观。然而现实却是,现有的应试教育用繁重的课业、考试压榨了孩子们进行课外阅读的时间和精力,课上接受老师的灌输、课后还要上辅导班。家长望子成龙、望女成凤的心态也逼迫着孩子们更加努力地学习,给孩子们挑选的书籍也多是辅导书这一类。在书店里,辅导书总是占据着销量的榜首,各类课外书却乏人问津。

少儿阅读现状的种种不尽如人意,引起我国全社会的普遍关注。随着政府和知识界大力提倡全民阅读,少儿阅读问题终于见到可喜的变化。学校老师和家长逐步意识到少儿阅读对于个人成长的重要价值,开始鼓励自己的学生或孩子去图书馆或其他公共阅读场所。

(二)公共图书馆未成年人服务的发展

我国提供少儿阅读服务的公共图书馆系统包括独立建制的少年儿童图书馆、各级公共图书馆附设的少年儿童阅览室、各类存有儿童读物的街道、社区、乡镇图书馆等。在很长一个时间里,国家图书馆事业管理并没有明确公共图书馆从事未成年人服务的职能,而将建设独立建制的少年儿童图书馆当成发展图书馆未成年人服务的主要任务。尽管国家文件中一再强调建设少年儿童图书馆,但由于地区社会经济发展水平的限制,截至 2014 年,我国独立建制的少年儿童图书馆只有 108 家,相较于 2009 年仅 91 家独立建制的少儿馆,在数量上只是小有增长,增长速度缓慢,与我国 3 亿多儿童的阅读需求而言,只是杯水车薪。我国在少儿馆建设方面存在着地区分布不均,发展不平衡的问题,在这 108 家少年儿童图书馆中,东部共有 57 家,中部 30 家,西部 21 家。独立建制的少年儿童图书馆主要分布在东部沿海地区,中西部地区少儿馆相加总数都未及东部地区的一半,这其中的鲜明对比是由于东部更为发达的经济、文化、教育等因素造成的。值得注意的是,江西、海南、青海、西藏自治区、宁夏回族自治区、新疆维吾尔自治区这 6 个地区并没有建设少儿图书馆,这些地区的缺失更凸显了我国在少儿馆建设方面的空白与短缺。另一方面,公共图书馆作为国际上图书馆未成年人服务的主体,其未成年人服务职能一直未能受到管理者关注。2008 年以后,随着我国公共图书馆服务理论与实践的发展,公共图书馆为未成年人服务的体制障碍逐渐取得突破。在继续发挥少年儿童图书馆在未成年人服务方面作用的同时,国家陆续出台一批文件,规定公共图书馆承担未成年人服务的责任。首先是《公共图书馆建设标准》(建标 108—2008)从建筑的角度规定,"少年儿童图书馆的建筑面积指标包括在各级公共图书馆总建筑面积指标之内,可以独立建设,也可以合并建设"[6],这一标准不再硬性规定建设独立建制的少儿图书馆,在发挥公共图书馆开展未成年人服务方面具有积极影响。2010 年,《文化部关于进一步加强少年儿童图书馆建设工作的意见》(文社文发〔2010〕42 号)发布,该意见规定"各级公共图书馆都要开设专门的少年儿童阅览室"[7],这一文件大大提升了我国公共图书馆未成年人服务的能力,激发了公共图书馆在未成年人服务领域服务创新的积极性。随着公共图书馆未成年人服务的普遍开展,儿童阅读推广进入大发展时期。2011 年《公共图书馆服务规范》(国家标准 GB/T 28220—2011)发布,明确了"公共图书馆服务对象包括所有公众。应当注重培养少年儿童的阅读习惯"[8]。这一规定响应了国际公共图书馆对所有人提供普遍服务的核心价值,大大促进了公共图书馆儿童阅读推广服务的开展。

(三)图书馆行业组织的推动

在我国少儿阅读推广的发展中,中国图书馆学会和各省市图书馆学会的作用不容忽视。2005 年,中国图书馆学会首次成立自己的阅读推广组织"科普与阅读指导委员会",明确将阅读推广作为学会的重要任务。2009 年该委员会改名为"阅读推广委员会",其阅读推广职能进一步明确。该委员会下设青少年阅读推广委员会,推动图书馆承担起培养青少年阅读意识、阅读习惯、开展阅读研究、推动阅读工作的使命和责任。这标志着我国公共图书馆的未成年人阅读服务有了专业的指导和研究。中国图书馆学会将 2009 年 4 月 23 日至 2010 年 4 月 23 日指定为"全国少年儿童阅读年",这是我国的第一个少年儿童阅读年。此后,2013 年、2014 年、2015 年都举办了不同主题的"全国少年儿童阅读年"系列活动,得到全国数百余家公共图书馆、少年儿童图书馆以及社会阅读组织的积极响应。

2009 年,中国图书馆学会成立青少年阅读推广委员会,表明学会对于少儿阅读推广的重视。在培训方面,2012 年起,中国图书馆学会连续举办"全国图书馆未成年人服务提升计划",现已在天津、湖南、吉林、安徽、海南和黑龙江等省市成功举办。这些活动大多围绕未成年人阅读推广展开,如安徽的活动名为"全国绘本阅读推广高峰论坛暨全国图书馆未成年人服务提升计划",黑龙江的主题为"全国图书馆未成年人服务提升计划——黑龙江站暨'少儿阅读推广人'培育行动(基础级)"。在学术活动方面,中国图书馆学会自2012 年起每届年会都举办了少儿阅读推广的分会场。2012 年年会的"'播撒阅读种子　守望少儿幸福'青少年阅读推广理论与实践"分会场,除理论研讨还有"绘出心中的童谣"——全国少年儿童童谣绘画创作征集大赛和"在科学世界里遨游"——青少年科普阅读系列活动两个颁奖仪式。2012 年年会的展馆内,东莞图书馆建立了一个别致的儿童阅读推广展区。该展区不仅有文字和图片展板展示的儿童阅读推广优秀案例,还有不同图书馆搭建儿童阅读推广服务体验区,以及轮流演示各图书馆特色儿童阅读推广活动的活动现场演示区。2013 年年会的"书香伴我成长——关爱流动、留守儿童"分会场,2014年年会的"阅读滋润童心"分会场和"阅读的起点——儿童与图画书"分会场,2015 年年会的"中国原创图画书的未来"分会场和"脑力激荡——少儿阅读推广中若干问题的是与非",这些分会场内容生动,形式活泼多样,深受与会代表欢迎。2013 年,中国图书馆学会举办"第一届全国图书馆未成年人服务论坛",主题是围绕阅读推广的"阅读与圆梦"。论坛之前还举办了全国性的少儿阅读推广案例大赛。

中国图书馆学会围绕少儿阅读推广的会议、培训和评奖宣传和普及了少儿阅读推广理论与方法,对推动图书馆主动开展少儿阅读推广服务起到了非常重要的作用。

第二节　我国少儿阅读推广现状

我国公共图书馆普遍开展未成年人服务和阅读推广的时间并不长,但发展很快。少儿阅读推广已经初见规模,对推动国家全民阅读战略发挥了重要作用。少儿阅读推广也成为各地各级公共图书馆服务创新的主要亮点。

一、我国公共图书馆少儿阅读推广调查

我国公共图书馆普遍开展少儿服务的历史并不长,而少儿阅读推广又是一项较新的服务,目前的国家统计数据还不能完整、准确地反映少儿阅读推广的开展状况。为更好地了解我国公共图书馆系统少儿阅读推广的现状,本次全国公共图书馆、少儿图书馆调查中包含了少儿阅读推广调查。以下数据均出自本次调查。

我国公共图书馆系统近年来频繁开展阅读推广活动,如表3－1所示:被调查的246家独立建制少儿图书馆(以下简称少儿图书馆)和公共图书馆少儿部(以下简称公图少儿部)共开展活动数达到16 879场次。举办活动最多的前三种为培训活动(年均场次6122)、以故事会、读书会为主的阅读分享类活动(年均场次5624)和讲座活动(年均场次3107)。活动参加人数达384万多人次,其中展览活动的参加人数最多,接近18万人次,其次是讲座和展览,分别达862 869和744 278人次。

表3－1　公共图书馆系统阅读推广活动规模

活动类型	年活动数量(次)			年参加人次(人次)		
	公图少儿部	少儿图书馆	合计	公图少儿部	少儿图书馆	合计
讲座类	1568	1539	3107	232 353	630 516	862 869
展览类	763	510	1273	1 155 989	639 916	1 795 905
培训类	1909	4213	6122	101 929	215 058	316 987
表演类	434	319	753	68 701	61 087	129 788
分享类	2842	2782	5624	277 281	466 997	744 278
合计	7516	9363	16 879	1 836 253	2 013 574	3 849 827

独立建制的少儿图书馆有儿童服务的传统,活动类服务开展十分普及。相比之下,公共图书馆少儿部一般是近年才开始系统地发展少儿阅读推广,所以尽管参加调查的图书馆中公共图书馆数量几乎是少儿图书馆的5倍,但无论活动场次还是参加活动的人数都不及少儿图书馆。

为更加具体地了解公共图书馆系统开展阅读推广的状况,我们对目前公共图书馆系统常见的少儿阅读推广活动进行了调查,调查项目包括故事会/读书会、绘本阅读、亲子阅读、讲座、展览、知识竞赛、猜谜、手工、户外活动、影

视观摩、歌舞表演等,调查结果见表 3 - 2。由表 3 - 2 可知,开展讲座、故事会/读书会、影视观摩和展览这四类活动的图书馆占总数的 70% 以上,而很受儿童欢迎的户外阅读推广活动却因存在安全管理和组织成本问题,只有不足20% 的图书馆开展了此项活动。

表 3 - 2　公共图书馆系统开展少儿阅读推广数据

举办过的少儿阅读推广服务	公图少儿部		少儿图书馆		合计	
	馆数	百分比	馆数	百分比	馆数	百分比
故事会/读书会	148	74.37	38	86.36	186	76.86
绘本阅读	99	49.75	37	84.09	136	56.20
亲子阅读	120	60.30	35	79.55	155	64.05
讲座	149	74.87	41	93.18	190	78.51
展览	135	67.84	37	84.09	172	71.07
知识竞赛	111	55.78	36	81.82	147	60.74
猜谜	130	65.33	36	81.82	166	68.60
手工	89	44.72	36	81.82	125	51.65
户外活动	28	14.07	18	40.91	46	19.01
影视观摩	140	70.35	34	77.27	174	71.90
歌舞表演	66	33.17	28	63.64	94	38.84
其他	31	15.58	7	15.91	38	15.70

调查中我们还对读者参与度较高的少儿阅读推广活动进行了调查,见表3 - 3。调查表明,超过半数以上图书馆选择的阅读推广活动项目包括故事会/读书会(64.05%)、讲座(54.37%)、亲子阅读(53.72%)和猜谜(51.65%)。与表 5 - 3 相比可以发现,尽管举办展览的图书馆很多,观看人数也很多,但受读者欢迎的程度却不如故事会/读书会等。此外,讲座活动虽然排名第 2,但相对于开展此类活动的规模,也有不小下降。对图书馆而言,展览和讲座这类阅读推广属于宣传型的阅读推广,而故事会、读书会、亲子阅读等活动属于服务型的阅读推广。一般而言,日常化、服务型的阅读推广更贴近少儿需求,值得图书馆更好地发展。

表3-3　读者参与度较高的少儿阅读推广活动

读者参与度较高的少儿阅读推广活动	公图少儿部		少儿图书馆		合计	
	馆数	百分比	馆数	百分比	馆数	百分比
故事会/读书会	122	61.31	33	75.00	155	64.05
绘本阅读	73	36.68	32	72.73	105	43.39
亲子阅读	101	50.75	29	65.91	130	53.72
讲座	100	50.25	31	70.45	131	54.13
展览	91	45.73	20	45.45	111	45.87
知识竞赛	73	36.68	22	50.00	95	39.26
猜谜	98	49.25	27	61.36	125	51.65
手工	70	35.18	30	68.18	100	41.32
户外活动	15	7.54	13	29.55	28	11.57
影视观摩	82	41.21	19	43.18	101	41.74
歌舞表演	40	20.10	9	20.45	49	20.25
其他	14	7.04	3	6.82	17	7.02

　　当代图书馆未成年人服务的基本特征之一是"服务活动化","图书馆的未成年人活动并非只是偶尔举行的大型活动、户外活动。相反,以馆内场地为基础的日常服务更能体现图书馆的服务价值。图书馆可以将各种主要服务分解为丰富多彩的活动,将服务融化于活动中,以活动推动服务,即'服务活动化'"[9]。因此,图书馆举行活动的频率成为衡量图书馆少儿阅读推广的重要指标。为了解我国图书馆举办少儿阅读推广活动的频率,我们对活动频率进行了调查。数据见表3-4。调查表明只有极少图书馆能够坚持每周4次以上的活动,每周能够开展2次以上活动的图书馆只有17%,每周1次以上活动的图书馆不足50%。值得说明的是,由于问卷变量设计的局限性,没有将活动频率的可能变量完全描述出来,如低于每周1次和高于每天1次两个变量,因此,有超过50%的图书馆选择了"其他"。从问卷填写项看,选择"其他"的图书馆绝大部分是开展活动不正常,或每二周1次、每月1次的图书馆,极个别图书馆是多于每周6次以上的图书馆。数据表明少儿图书馆的活动频率远高于公共图书馆少儿部,但相比发达国家图书馆一天数场少儿活动的频率还存有相当大的差距。

表 3-4 少儿阅读推广活动频率

举办少儿阅读推广活动频率	公图少儿部		少儿图书馆		合计	
	馆数	百分比	馆数	百分比	馆数	百分比
每周约 1 次	59	29.50	16	36.36	75	30.24
每周 2—3 次	20	10.00	15	34.09	35	14.11
每周 4—6 次	4	2.00	4	9.09	8	3.23
其他	117	58.50	11	25.00	128	51.61

现代社会文化生活丰富,信息获取途径多样,坚持经常来图书馆的读者数量下降。为了使阅读推广达到更好的效果,同时也为了保障图书馆服务的普遍均等,图书馆需要通过有效宣传,才能吸引更多的人参加阅读推广活动。当前图书馆少儿阅读推广的宣传途径很多。表 3-5 的调查数据表明,图书馆网站和海报是最主要的宣传方式,分别有 70.25% 和 69.42% 的图书馆采用了这种宣传方式。新兴的微信推送发展很快,已经达到 48.35%,大大超过微博、邮件等早期数字宣传方式。短信对读者虽然比较方便,但由于成本较高,只有 26.86% 的图书馆采用。

表 3-5 少儿阅读推广的宣传途径

少儿阅读推广的宣传途径	公图少儿部		少儿图书馆		合计	
	馆数	百分比	馆数	百分比	馆数	百分比
图书馆网站	137	68.84	33	75.00	170	70.25
短信告知	33	16.58	32	72.73	65	26.86
微信推送	88	44.22	29	65.91	117	48.35
微博推广	37	18.59	31	70.45	68	28.10
邮件通知	11	5.53	20	45.45	31	12.81
海报宣传	146	73.37	22	50.00	168	69.42
其他	68	34.17	27	61.36	95	39.26

图书馆开展少儿阅读推广存在某些不尽如人意之处,如受欢迎的服务型项目开展不够普及,活动的频率不高,等等。造成这种状况的原因,一方面与我国图书馆少儿阅读推广起步晚、经验不足、服务活动化意识不强有关,另一方面也是现实困难的制约。图书馆少儿阅读推广存在的困难,见表 3-6。

2011 年以后国家落实了公共图书馆免费开放的经费,公共图书馆服务资金不足问题有了根本改观,但活动化服务对活动资金的要求较高,仍有接近70%的公共图书馆少儿部选择了活动资金不足的选项,列所有困难的第一位。对于少儿图书馆,活动资金不足也是普遍存在的困难,有45.45%的图书馆选择了此项。虽然这一数据低于活动宣传效果不佳(75.00%)、活动时间与读者空闲时间冲突(72.73%)、主持主讲人员匮乏(70.45%)和现场管理难度大(65.91%),位列所有困难的倒数第一位,但仍是图书馆管理者不容忽视的问题。

表 3-6　少儿阅读推广活动的困难

少儿阅读推广活动的困难	公图少儿部		少儿图书馆		合计	
	馆数	百分比	馆数	百分比	馆数	百分比
活动宣传效果不佳	51	25.63	33	75.00	84	34.71
活动时间与读者空闲时间冲突	77	38.69	32	72.73	109	45.04
现场管理难度大	42	21.11	29	65.91	71	29.34
主持主讲人员匮乏	74	37.19	31	70.45	105	43.39
活动资金紧缺	138	69.35	20	45.45	158	65.29
其他	29	14.57	22	50.00	51	21.07

二、不同地区少儿阅读推广的发展

图书馆少儿阅读推广是一项新型服务,服务形式多样,但其服务成本相对较高,对场地、人员等资源条件要求较高的服务。例如舞台绘本剧表演,对导演、小演员、小舞台、道具、服装有一定要求,导致活动成本很高。还有知识竞赛类活动需要奖品,也是成本较高的服务。从另一个角度看,许多少儿阅读推广项目对馆藏书刊规模和馆舍大小要求不高,可以在相对简陋的资源条件下开展服务。例如,图书馆只要一名馆员管理,若干名志愿者老师讲课,靠几本图画书,就可以开展每周一次的绘本阅读推广活动,一场绘本阅读可服务于10多名儿童。儿童阅读分享活动,只要提供一个场所,儿童可以自带书籍到图书馆与他人分享。相对于至少要几千本书才能持续吸引小读者的文献借阅服务,故事会、亲子阅读、手工等阅读推广项目,对文献资源的要求远远低于文献借阅。所以从理论上讲,不同地区、不同资源条件的图书馆都适合开展少儿阅读推广这种服务,并不会因为馆舍大小、文献数量多少而有所不同。对于文献资源不足的图书馆,少儿阅读推广是开展图书馆服务的新路子,尤其应更加重视。

但是,由于阅读推广是一项新型服务,图书馆开展少儿阅读推广需要全新的服务理念。图书馆开展少儿阅读推广,要主动地策划和组织活动,有意识地确立目标人群,挖掘和调动社会阅读推广资源,用各种各样的"活动"替代被动的借借还还和提供咨询服务。这就需要图书馆员改变自己的服务理念,确立主动的活动化服务的意识。所以,尽管从理论上说,图书馆的馆舍、文献等基本"硬件"条件不会影响少儿阅读推广的开展,但由于我国东中西部图书馆服务理念存在差异,少儿阅读推广在东中西部的差异仍客观存在。

(一)东部地区少儿阅读推广的发展

近年来,我国东部地区公共图书馆少儿阅读推广普遍快速发展,模式多样,硕果累累。在北京、上海、江苏、浙江、广东、福建等地,很多公共图书馆设立专门的阅读推广部门,开发众多深受小读者和家长欢迎的阅读推广品牌项目。图书馆少儿阅读推广活动类型新颖多样,已成为图书馆自觉的常规化服务。

温州市少儿图书馆的"毛毛虫上书房"成立于2008年,是我国最早的儿童绘本阅读品牌项目之一。该项目最初是该馆三位图书馆员自发建立的一个博客,她们希望让孩子能在阅读当中如毛毛虫般蜕变成美丽的蝴蝶。随着该项目的发展,少儿阅读推广的老师由少到多,由图书馆员到家长或其他志愿者。她们通过博客和QQ群宣传儿童阅读理念,招收学员,招募志愿者。发展至今,该品牌已经成功地走出图书馆,进入社区建立阅读推广基地,成为当地最有影响的阅读推广品牌。该项目的品牌打造、宣传推广方法、志愿者管理和连锁服务理念,都值得图书馆少儿阅读推广借鉴。

深圳市少儿图书馆的"喜阅365"项目是该馆于2010年开始着力打造的少儿阅读推广品牌。"喜阅365"是亲子共读项目,由喜阅推荐书目、新浪微博、微信公众号、喜阅读书时光、故事讲述人研习班等项目共同组成,由该馆儿童阅读指导组从国内已出版的优秀童书中精选出365本书,指导儿童阅读,建立起家长与孩子共同阅读的平台。喜阅365所推荐的童书会根据时间更新,2014年更新了112种,全部取自2013年出版的优秀童书。目前,喜阅365

微信公众号坚持每天推荐一本童书及一篇少儿阅读知识性文章,由于该微信内容丰富、专业性强,该微信成为图书馆少儿阅读推广领域最具代表性的微信,订阅者众多,影响很大。

上海浦东新区图书馆的"故事妈妈讲故事"是一个几乎完全由志愿者妈妈们组成的图书馆阅读推广项目。该项目由图书馆提供场地和组织服务,由故事妈妈们选择童书并给儿童讲故事。该项目由台湾志愿者黄欣雯女士领衔,黄欣雯女士不但承担故事妈妈童书故事活动的老师,而且担任故事妈妈的讲师,为浦东图书馆培养了大批故事妈妈。该项目在童书选择时很注意主题选择,如确定"生命教育"的主题后,所有故事围绕这个主题进行。

嘉兴市图书馆的"禾禾"品牌是嘉兴图书馆系统的少儿阅读推广品牌。该品牌既可命名活动场所,如"禾禾绘本室""禾禾英语角",也可命名活动,如"禾禾故事会""禾禾手工坊"。更值得关注的是,该品牌是图书馆总分馆体系内可以共同使用的品牌。2014 起,嘉兴市图书馆对其管理的区、镇分馆进行空间改造,建立独立的少儿阅读推广活动空间,并将总馆开发的禾禾品牌项目移植到分馆,有效提升了分馆开展少儿阅读推广活动的能力。

苏州图书馆从 2011 年起开展的面向新生婴儿的阅读推广活动——"悦读宝贝"计划,填补了我国图书馆新生儿阅读推广的空白。该活动是针对 0—3 岁婴幼儿的阅读推广活动,通过向新生婴儿赠送悦读大礼包、辅导婴幼儿家长掌握正确的亲子阅读理念、方法,让婴儿父母家长交流亲子阅读心得,开展给孩子讲故事、做游戏、搞活动等,目的是让婴幼儿从小接触图书、接触图书馆。为提供婴幼儿开展与阅读相关的活动,苏州图书馆还设计改造了专门供"悦读宝贝"活动的场地。2014 年,该项目成为大陆第一个加入全球著名新生儿阅读推广项目"阅读起步走"(BookStrat,又译阅读起跑线)的项目。

东部地区优秀的少儿阅读品牌很多。首都图书馆的"红红姐姐讲故事"和"书影共读",苏州相城区图书馆的"开心果"系列亲子阅读,杭州市少儿图书馆的"小可妈妈伴小时",广州市越秀区图书馆的"童心坊"、亲子共读计划,厦门市图书馆的"何娟姐姐故事角",深圳南山区图书馆的"小书虫成长计划",沈阳市少儿图书馆的"贝贝故事乐园"亲子绘本阅读,等等,都是值得借鉴的优秀少儿阅读推广案例。此外,北京、上海、深圳等地纷纷举办了阅读推广人培训活动,多次评选优秀少儿阅读推广人和阅读推广示范基地,鼓励各图书馆和社会群体参与少儿阅读推广。如上海图书馆学会于 2015 年建立了阅读推广人制度,该学会举办的 3 期阅读推广人培训中,有 2 期是培养儿童阅读推广人。

（二）中部地区少儿阅读推广的发展

随着我国经济社会的发展和国家公共文化服务体系建设的深入,中部地区公共图书馆发展迅速。中部各省市公共图书馆积极响应文化部和中国图书馆学会的号召,举办少年儿童阅读年和各种阅读活动。

在黑龙江省图书馆学会和省图书馆的带领下,黑龙江省的少儿阅读推广服务发展迅速。在 2015 年"书香中国·龙江读书月"活动期间,全省范围内组织开展 9 大项 40 余小项阅读推广和主题读书活动,并于 2015 年 11 月成功承办全国图书馆未成年人服务提升计划——黑龙江站暨"少儿阅读推广人"培育行动(基础级),在少儿阅读推广理论和实践上都有所建树。

湖北省自 2012 年起大力推动全民阅读活动,由省政府印发《关于开展全民阅读活动建设学习型湖北的意见》,将每年 4 月定为"书香荆楚·文化湖北"全民读书月,打造"书香荆楚,文化湖北"阅读品牌,各地区紧贴读者需求进一步打造少儿阅读精品活动。武汉市少儿图书馆推出"小脚印故事吧"、"童窗讲坛"公益讲座、"马良杯"少儿书画赛、"知识工程"系列读书活动、"小种子"流动阅读推广等。其中"小种子"流动阅读推广项目获得中国图书馆学会"图书馆未成年人服务优秀案例"评选活动一等奖,它将图书车开进学校、社区、广场及边郊贫困少年儿童聚集地区,为孩子带去丰富的图书资源,并举办故事会、专家讲座等活动,贯彻了"图书馆在身边"的服务理念。

2004 年,河北省图书馆发起"燕赵少年读书"系列活动,激励该省少年儿童的读书热情,该活动发展至今,已成为全省规模最大的青少年读书系列活动。2015 年"燕赵少年读书"系列活动包括:"走进诗词天地,感悟经典之美——主题荐读活动""吟诵经典,品味雅意——中华经典诗词讲读微视频大赛""诗词达人,舍我其谁——中华经典诗词网络竞答""诗词画境,相映生辉——诗词配画手绘比赛""诗词体悟,强国圆梦——主题征文活动"。

除了大型阅读活动外,中部地区许多公共图书馆也将少儿阅读推广变成自己的日常服务,打造品牌化项目,进一步提升图书馆少儿阅读推广的能力。

海南省图书馆为促进儿童阅读,馆领导要求全馆每一个部门都要开展阅读推广活动,由此促使该馆少儿阅读推广活动常态化。"小书虫绘本屋"于2014 年 4 月正式开放,该阅览室汇集了国内外优秀绘本 1 万余册,是海南省最大的绘本馆。馆内设有亲子阅读屋,每周六举办"爱悦读——亲子绘本阅读活动"。而少儿部常年持续开展的少儿阅读活动主题有"向日葵少儿阅读""我来推荐一本书""少儿英文故事会""我们爱阅读——走进图书馆"等,家长和小朋友们参与阅读活动的热情非常高。同时,少儿部还招募成立"故事妈妈志愿团"和有少儿教育经验的志愿者团队,协助开展儿童阅读推广工作。2015 年,该馆开展蔬菜、花卉种植 DIY 活动,通过组织少儿读者参加蔬菜、花卉种植,促进他们自主阅读相关书籍,活动受到读者高度欢迎,反响极好,并带动种养类图书借阅率大幅上升。"父亲节——亲子互动音乐会"也是极有特色的少儿阅读推广活动项目。

武汉市图书馆的"武图悦读"是该馆努力打造的集成化阅读推广品牌,该品牌中有专门针对少儿读者的项目"武图悦读·小图爱图",2015 年该项目活动包括小图故事会、小图小能手、小图诵读、小图创意积木、青少年悦读达人积分赛、阅读分享俱乐部等。

总体上看,中部地区图书馆开展少儿阅读推广的积极性较高,资源条件也不错。但在活动的多样性、日常化以及品牌打造方面,与东南沿海地区图书馆仍存在一定差距。

(三)西部地区少儿阅读推广的发展

在国家推出公共图书馆免费服务政策,并对西部地区公共图书馆实施经济补贴后,西部地区公共图书馆也开始展开少儿服务。西部地区贫困山区较多,少数民族和未成年人弱势群体也较为集中。由于经济相对落后,商业性阅读推广机构的发展也较落后。因此,该地区公共图书馆系统开展少儿阅读推广的需求也更为迫切。少儿文献资源积累不够的西部地区公共图书馆开展少儿服务,最好的方式是选择适合少儿读者的阅读推广项目,以摆脱对于文献资源的过度依赖。西部地区公共图书馆,特别是中心城市的公共图书馆,已经能够开展经常性的阅读推广活动,使阅读推广成为少儿服务的工作重点。

重庆市少儿图书馆在"全国少年儿童阅读年"中屡获好评,至今连续举办了七届"红岩少年"读书活动,吸引全市 36 个区县的 37 家图书馆以及西藏自治区昌都图书馆和 180 所学校的 20 万少年儿童参与其中。此外,重庆市少儿图书馆主创的"七色花"少儿系列读书活动品牌也受到广大读者的热烈欢迎。

贵州省图书馆和贵阳市图书馆联手举办的"社区儿童图书音乐节"作为2012 年中国图书馆年会未成年人服务展区的优秀案例,活动内容新颖独特,形式丰富多样,值得深化普及。广西桂林少儿图书馆的少儿阅读推广活动极为丰富,仅 2015 下半年就举办 90 场少儿活动,读者参与度高,效果显著。贵州省图书馆通过整合社会图书资源,在贫困地区和流动学校等处援建的爱心公益图书室——"布客书屋",并提供图书管理指导、阅读指导、布客绘本故事会等志愿者服务,一定程度缓解了多个地区少年儿童的阅读困境。"布客"这一品牌已经成为贵州省阅读推广志愿者一个响亮的名称。

西部地区少儿阅读推广的亮点还体现于少数民族少儿阅读推广。新疆维吾尔自治区图书馆是西部地区推动少数民族少儿阅读推广的典范。据统计,2011—2013 年,新疆维吾尔自治区图书馆在"4·23"世界读书日当天举办阅读推广活动共 20 余场,参与人次达到 2000 余人。新疆维吾尔自治区图书馆还通过开展讲座、亲子阅读等方式来进行少儿阅读推广活动,利用周末与节假日定期开展一些有益于少儿阅读的活动,如"分享阅读·分享爱"系列活动、"书香佳苑·亲子阅读""巧手乐园"活动及少儿主题讲座等活动吸引少年儿童参加阅读活动,激发阅读兴趣,营造阅读风气。

西部贫困地区受到财力、人力和地域限制,阅读推广资源有限。为促进西部地区图书馆开展少儿阅读推广,东中部地区省市级公共图书馆、NGO、企业等通过捐建图书室和开展志愿活动让偏远贫困山区的少年儿童有机会接触课外读物,培养阅读爱好。

从调查的情况看,尽管目前西部公共图书馆服务能力有所改善,但少儿阅读推广主要是省地级图书馆开展,在县或县以下基层图书馆开展并不普及。围绕"4.23"等特定节日举办读书节活动仍是西部地区图书馆少儿阅读的主要模式,活动的日常化程度不高。其实,从国内外阅读推广实践看,讲故事或讲绘本等日常化的少儿阅读推广活动很受少儿读者欢迎,活动对文献、场地等资源条件的要求并不高,人力资源也完全可以通过志愿者方式解决。更多地开展日常化、低成本的基层图书馆少儿阅读推广,是西部地区图书馆、特别是县级公共图书馆的少儿阅读推广的重要任务。

三、我国公共图书馆少儿阅读推广的特点

从我国图书馆开展少儿阅读推广的基本情况看,虽然此类服务时间不长,但发展迅速。少儿阅读推广已经成为图书馆服务创新的主要亮点之一。近年我国图书馆少儿阅读推广的特点如下:

（一）阅读推广活动日常化

公共图书馆阅读推广的早期,主要形式是节庆活动。如每年4月23日各地普遍举办的"世界读书日"活动。少儿阅读推广也一样,许多与少儿相关的节假日、纪念日都是公共图书馆举办少儿阅读推广活动的首选日子,如六一儿童节、学雷锋纪念日等。随着图书馆服务的深入发展,节庆活动类型的阅读推广也发生了变化。以深圳读书月为代表的读书月、读书周活动,虽然也可称为节日活动,但活动的时间大大延长,形式也更加多样。如深圳读书月每年要举办数百项读书活动,创出了深圳读书论坛、经典诗文朗诵会、年度十大好书、诗歌人间、中小学生现场作文大赛、书香家庭、赠书献爱心、绘本剧大赛等许多知名品牌活动。这些活动有些面向所有年龄段的读者,许多少儿读者参加,还有些专门针对少儿读者。深圳读书月作为政府推动的公众文化节庆影响深远。2013年该市获联合国教科文组织"全球全民阅读典范城市"光荣称号[10]。

尽管节庆活动社会影响大,参加人数多,但图书馆少儿阅读推广的目的之一是培养少儿读者的阅读意愿与阅读能力。要达到这一目的,就需要图书馆提供更加日常化的、持续不断的阅读推广活动以吸引少儿读者的参与。近年来,我国公共图书馆阅读推广出现日常化趋势,很好地满足少儿读者的阅读需求。目前,全国各级公共图书馆承办的阅读推广活动不计其数,形式丰富,如讲座、展览、读书会、主题论坛、专题陈列等,在公共图书馆提供的阅读推广菜单上,活动品种与数量越来越多。广州图书馆举办的"爱绘本爱阅读"亲子读书会从2009年6月开始,每周1—2场次,坚持至今[11]。深圳少儿图书馆的"喜阅365",一年365天每天读一本书,从2011年起坚持至今[12]。杭州少儿图书馆几乎每天都有数场活动[13]。

公共图书馆少儿阅读推广日常化的趋势,使阅读推广真正成为图书馆少儿服务的主流服务形式。

（二）开展阅读推广的地区差距缩小

公共图书馆服务水平必然受到当地经济、文化因素的制约,因此我国公共图书馆发展一直极为不平衡。早在2011年以前,许多东南沿海地区的公共图书馆已经不满足传统的文献借阅服务,开始将阅读推广作为提升服务能力的抓手。而同一时期中西部的很多图书馆还要为生存发愁,难于顾及阅读推广。2011年起国家实施公共图书馆免费服务政策,中西部地区图书馆解决了生存问题,开始发展少儿服务,追求服务创新。图书馆的少儿文献服务对于文献资源的数量要求较高,所需的购书经费数量较大,特别是绘本类读物价钱很高,大量购置不易。对于那些多年来少儿文献资源购置费一直不足的图书馆,国家免费服务政策带来的投入很难明显提高它们少儿文献服务的能力。但图书馆少儿阅读推广服务则只需利用图书馆的场地、人员和少量文献,就可以取得很好的效果。因此,2011 年以后中西部地区公共图书馆少儿阅读推广发展极为迅速,涌现了许多优秀的少儿阅读推广项目,并导致我国不同地区之间图书馆少儿阅读推广的差距逐渐缩小。

例如,贵州省图书馆推出的一年一度的"贵阳市社区儿童图书音乐节"活动,设计了一条图书街一条音乐街,图书街设有心愿墙、经典朗读铺、图书头脑风暴铺、书签手工铺、爱心换书铺和图书展销铺等六个特色店铺,音乐街设有肢体律动音乐铺、打击乐铺、五线谱小铺和音乐故事铺等四个店铺,活动深受当地未成年人欢迎[14]。新疆公共图书馆举办的讲座、展览、培训等活动每年均达百场。新疆维吾尔自治区图书馆提出了"月月有主题,周周有活动"的目标,诗文朗读等活动近 300 场[15]。中西部地区图书馆面向特殊人群的阅读推广也发展迅速,如郴州市图书馆针对当地农村留守儿童和就读于城乡接合部的农民工儿童而开展的公益性阅读推广实践活动——"春苗书屋"启动,通过建立爱心书屋、乡村图书室、"快乐小陶子"流动图书站等培养乡村儿童的阅读习惯,提供他们的阅读能力,活动在当地引起很大反响[16]。中西部地区公共图书馆少儿阅读推广活动数量与质量的迅速提高,对提升当地公共图书馆少儿服务水平起到了重要推动作用。

(三)图书馆少儿阅读推广部门边界消失

在图书馆阅读推广的早期,公共图书馆设有少儿服务部门专门从事少儿服务。这些部门主要业务是少儿文献借阅服务,也很少开展阅读推广活动。当时的阅读推广只是新书推荐或经典文献推荐等,这些阅读推广只是借书处或阅览室工作的辅助工作。随着公共图书馆服务的发展,少儿阅读推广逐渐成为少儿服务部门的主要服务形式。除了少儿服务部门外,图书馆培训部门、展览部门或推广活动部门也将少儿阅读推广作为自己的主要工作。少儿阅读推广从图书馆内某一部门的附带工作发展为少儿服务部门的主要工作,从一个少儿服务部门的工作发展为许多图书馆业务部门的工作,是我国图书馆阅读推广发展的一个重要里程碑。

近年来,随着图书馆未成年人服务的普遍发展和阅读推广的不断深入,图书馆内从事少儿阅读推广的部门大幅扩容,少儿阅读推广工作的部门特征逐渐淡化。未成年人服务或特殊人群服务部门,如少儿部、盲人服务部门,是图书馆少儿阅读推广的主要部门,承担较多阅读推广任务。计算机或网络服务部门一般需要承担信息素养培训、数字阅读推广的任务,它们成为新技术环境下少儿培训活动或数字阅读推广的重要力量。此外,参考咨询部门从事少儿科普类阅读推广,古籍部门从事少儿经典阅读推广等,在公共图书馆也很常见。海南省图书馆馆领导要求该馆所有部门开展阅读推广活动,连编目部也在馆内大厅设点开展阅读推广活动。

(四)信息技术广泛应用于少儿阅读推广

应用新的信息技术开展服务,创新服务手段、提升服务能力,是近年来图书馆服务的一大亮点。新技术的应用对于图书馆少儿阅读推广服务也起到了极为重要的促进作用。在图书馆手工服务时代,图书宣传和活动宣传几乎只有馆内的海报栏一个阵地。而图书馆所服务的少儿读者由于学业繁重,或者很少来图书馆,或者匆匆借书而去,馆内的宣传资料对他们作用甚微。信息技术的发展解决了图书馆对于这些少儿读者的宣传手段问题。图书馆主页是介绍图书馆阅读推广活动的阵地,近年来流行的微博、QQ、微信更是精准推送的利器。少儿读者善于使用新技术手段,是 QQ、微信等网络社交工具的重度使用人群。依托图书馆主页、博客、微博、QQ、微信等技术手段的支持,图书馆少儿阅读推广的宣传能力和普及程度大为提高。在面向残障少儿读者提供阅读推广服务时,信息技术更是有独到的优势。如盲童数字阅读、盲童看电影等项目,弥补了以往图书馆残障儿童服务能力的不足。

信息技术对于阅读推广的促进作用体现在三个方面。一是公共图书馆利用信息技术手段对于图书馆现有阅读服务进行推广,如通过微博、微信推广新书,通过博客组织读者参加阅读推广活动。杭州图书馆官方微博的粉丝超过 3 万,温州少儿馆"毛毛虫上书房"的博客和 QQ 群一直是他们与读者互动的强大工具。二是公共图书馆利用信息技术进行数字阅读推广。随着公共图书馆数字资源的增加,图书馆需要提升公众的信息素养和利用数字资源的能力,因此需要进行数字阅读推广。上海图书馆的"市民数字阅读"项目既是一个数字资源提供项目,同时它也具有推广和普及数字阅读的功能,是一个数字阅读推广项目。第三,信息技术本身也是图书馆阅读推广的内容。音像视频服务是当前图书馆阅读推广的主要品种之一,创客空间(Makerspaces)内的设施,如3D打印设施,是图书馆未成年人服务和信息素养服务的主要项目之一。

(五)依托社会力量开展少儿阅读推广

公共图书馆开展少儿阅读推广活动的服务资源,包括场地、设施、资金与文献等,但最核心的资源还是人力资源。我们的调研表明,即使图书馆的场地、设施、资金与文献等资源条件不够好,只要有优秀少儿阅读推广策划者和组织、实施者,少儿阅读推广就能做得有声有色。反之,如果没有充满工作热情、具有创造力和想象力的少儿阅读推广人,即使有很好的物质或资金条件,少儿阅读推广也难以为继。

少儿阅读推广人至少应该具备四个方面的素质:第一是工作的主动性。大型阅读推广活动可能通过执行上级指令完成,但常态化的阅读推广,只能通过员工的主动进取才能进行。第二是创新能力。阅读推广活动不可能一成不变,不断提出创意,进行服务创新,是长期有效地开展阅读推广的基本保证。第三是具有调动社会资源的能力。阅读推广活动所需的外部资源很多,如通过志愿者组织活动或讲故事,借助馆外的文献或场地、设备等。图书馆如果具备广泛的社会联系,善于吸引社会各界人士参与图书馆阅读推广活动,能显著提升阅读推广的质量。第四是专门知识,包括儿童教育学、发展心理学、文献与阅读、演讲与表演、儿童护理等专门知识。公共图书馆受到原有人员知识结构与编制数量等限制,能够从事少儿阅读推广的优秀员工匮乏,人力资源问题成为图书馆少儿阅读推广的主要瓶颈。公共图书馆利用社会力量开展少儿阅读推广能够有效解决人力资源问题。社会力量参与推广少儿阅读更具有亲和力和说服力,在推广阅读的同时不仅拉近了图书馆和公众的距离,也利用了"从群众中来,到群众中去"的推广优势。同时社会力量的广泛性和多样性,也为开展少儿阅读推广注入了新的活力。另一方面,随着社会文明的进步和国民文化素质的提高,许多社会人士和机构都乐于参与到少儿阅读推广事业中,依托社会力量开展少儿阅读推广是公众喜闻乐见的。图书馆利用社会力量开展少儿阅读推广主要有以下两种方式:

1. 志愿者参与图书馆阅读推广项目

许多图书馆开发了少儿阅读推广品牌项目后,随着项目的发展,人手不足的问题显现,影响了阅读推广品牌项目的开展频率或延伸。因此图书馆对社会招募志愿者,经过培训,由志愿者参与少儿阅读推广。如温州少儿图书馆的"毛毛虫上书房",起初由 3 位图书馆馆员主讲绘本,品牌成功后通过博客、QQ 群发展志愿者参与。还有些图书馆少儿阅读推广项目是由志愿者主导的。如浦东新区图书馆"故事妈妈讲故事"完全是由志愿者主导服务,来自台湾的志愿者黄欣雯女士移居上海前从事过"故事妈妈"的活动,富有少儿阅读推广的知识和经验,她在浦东新区图书馆的少儿阅读推广中成为活动的策划者与培训者。来自台湾的志愿者邱懿德在上海杨浦区少儿图书馆每周一次给父母和孩子免费讲授"如何一起与孩子读书",并吸收父母成为该馆的阅读推广志愿者。

2. 社会阅读机构将品牌项目带入图书馆

在全民阅读的推动下,当前社会阅读机构发展较快。这些机构有些本身具有公益性,非常乐意到图书馆从事公益服务,有些虽然是商业机构,但愿意承担社会责任,到图书馆从事公益性少儿阅读推广。如嘉兴图书馆的"禾禾"品牌下有许多图书馆社会机构合作的项目,"禾禾手工坊"是图书馆联合艺趣童慧创意中心开展的折纸、剪纸、涂色、绘画等多种感官参与的儿童阅读推广活动,"禾禾科普站"是图书馆联合市科技馆开展的儿童科普类阅读推广活动,"禾禾英语吧"是图书馆与海瑞教育、EF 教育联合开展的趣味英语小课堂阅读推广活动,"禾禾书虫宝宝"是图书馆联合星星家园融合教育中心开展的阅读推广活动。此外,也有地方政府为解决图书馆少儿阅读推广服务能力不足的问题,采取"政府购买服务"的模式,由政府(或图书馆)出资,引入商业机构在图书馆开展阅读推广活动。如北京朝阳区图书馆和悠贝亲子图书馆、朝外文化服务中心签署三方协议,朝外地区街道文化服务中心负责场地和水电热等基本保障并派驻一名图书管理员,区图书馆负责每年配送 2000 册新书,其中儿童读物参考悠贝的建议,悠贝则每天派员参与图书馆的日常服务,并发挥优势,指导少儿读者读书。悠贝的服务由朝阳区文委和街道共同出资购买。

第三节 少儿阅读推广的类型

少儿阅读推广服务是一种活动化的服务,其开展形式和类型有着巨大的发展空间。少年儿童阅读的一个重要特点是差异化,即不同年龄段的少儿可

能有完全不同的阅读行为和阅读习惯。少年儿童也是生性好动,兴趣多变的
阶段,需要多样化的阅读服务才能满足他们的需求。因此,开展少儿阅读推
广一定要坚持服务创新,实现服务类型的百花齐放,以丰富多样的阅读推广
活动满足他们对阅读的需求。现有的公共图书馆经常举办的少儿阅读推广
活动类型很多,可以分以下五大类进行介绍。

一、荐书导读类阅读推广

荐书导读类阅读推广是图书馆通过馆内宣传阵地或网络方式,发布经过
选择图书的书目、摘要等信息的一种阅读推广方式。新书推荐是图书馆阅读
推广的最早期形式,几乎伴随图书馆借阅服务产生。由于少年儿童对于"读
什么"的问题存在一定盲目性,图书馆书刊推荐服务直接关系少年儿童的阅
读质量,少儿读者对于"如何读"往往也不甚了解,图书馆的导读服务可以帮
助他们学会阅读。因此,图书馆荐书导读类阅读推广至关重要。图书馆馆员
利用自己儿童阅读服务的知识,通过荐书类阅读推广帮助读者更好地了解儿
童青少年读物,在引导少年儿童读书的同时也提高图书馆文献利用率。现代
图书馆少儿阅读推广更多采用活动化的服务,但静态的荐书服务仍然具有不
可替代的作用。当然,与传统图书馆主要通过宣传窗、宣传栏荐书不同,当前
的少儿图书推荐的服务内容与服务形式有了极大的变化,除了网页外,博客、
QQ、微博、微信已被图书馆广泛用于荐书导读类阅读推广。

2009 年 4 月,中国图书馆学会牵头,组织各类型图书馆参与推荐"新中国
60 年影响三代人的优秀少儿读物"评选活动,参评的读物包括儿童文学、连环
画和图画书、文化常识和科普图书、低幼读物、百科图书、益智图书、动画和漫
画图书共 7 大类。2013 年,中图学会阅读推广委员会推荐书目专业委员会发
布了《亲子阅读推荐书目》,面向 0—12 岁孩子的家庭,推荐亲子读物共计 100
种。同年,国家图书馆少儿馆为配合国家图书馆、中国图书馆学会联合主办
的"科普阅读开启智慧人生"全国少年儿童阅读年系列活动的开展,组织专家
研制完成《2013 年全国少年儿童阅读年推荐书目》(科普类)。推荐书目收录
优秀少儿科普读物 50 种,涵盖自然地理、人体生物、航天航空、数理化学等多
个学科门类。

通过图书馆网站荐书是少儿阅读推广最普及的形式,几乎所有少儿图书
馆和少儿服务较好的公共图书馆都有网站荐书。在我们的调查中,图书馆网
站在少儿服务宣传中所占比重为 70.25%。据湘潭大学伍丹、周淑云于 2015

年对全国 17 所少儿图书馆网站的调查,各馆荐书书目名称除了"新书推荐""好书推荐"等常规名称外,还有"暑期阅读大礼包"(杭州少儿图书馆)、"荐书频道"(武汉少儿图书馆)、"新书快递"(湛江少儿图书馆)等,荐书起止时间 2—10 年,读者年龄段划分多为低幼组(亲子借阅)、小学组、中学组(天津、沈阳、大连、温州等少儿图书馆),少部分为低幼、中小学(合肥、厦门等少儿图书馆),另有 10 所图书馆没有在荐书目录中区分年龄对象[17]。

随着移动终端的发展和普及,图书馆通过微博或微信为少年儿童荐书的服务发展很快。我们的调查表明,通过微博进行少儿服务宣传的图书馆达48.35%,通过微信的达 28.10%。深圳图书馆的"喜阅 365"微信能够坚持全年 365 天每天推荐一部少儿读物,"喜阅 365"微博荐书的更新频率也很高。深圳南山图书馆的"南图儿童阅读"微信公众号中也包含荐书类阅读推广,如"馆员故事会"已经更新了 45 期,"跟名师读名著"更新了 43 期。与传统的橱窗、网页图书推荐相比,微博、微信推荐图书内容更加丰富。如图书馆馆员可以根据自己对书籍的理解,个性化地推荐图书,在推荐、导读文字中带入自己对书籍的理解和情感,读者也可以和图书馆馆员互动,这样的荐书导读方式比图书馆网站上"图书简介"式的推荐更具有可读性。

二、诵读类阅读推广

诵读类阅读推广是以馆员诵读书籍故事为主的活动,包括讲故事、讲绘本等活动都属于诵读。诵读也可由图书馆员带领儿童一起读,如诗文朗诵。传统图书馆服务主要是安静的阅读,诵读一般是幼儿园、小学的阅读方式。但随着图书馆服务的发展和变革,诵读这种阅读方式被图书馆用于服务于阅读能力不足或阅读有困难的读者,如成年中的残障人或文盲、半文盲。但从图书馆阅读推广实践看,诵读类阅读推广更多的是用于儿童,特别是学龄前儿童。在我们的调查中,举办故事会或读书会的图书馆达到 76.86%,是普及率仅次于讲座的活动。而故事会或读书会受欢迎的程度更是达到 64.05%,超过其他所有阅读推广活动居首位。

诵读类是所有类型中最直观和常见的阅读推广方式,也是最易持续举办的活动。但也因为其推广方式的简单性,要使每场诵读活动都达到真实有效的阅读推广效果,对图书馆员的专业性和活动策划的创新性提出了更高要求。乌鲁木齐市图书馆的"国学经典诵读亲子读书班"是其中的优秀案例,该馆于 2012 年 1 月 15 日开设国学亲子公益班,每周星期天上午 10:30—12:00

授课,通过经典诵读、诗歌朗诵等形式向 4—12 岁的孩子和父母推广国学文化,培养孩子懂礼貌、知礼节、爱阅读的良好习惯。上海浦东图书馆牵手《百家讲坛》知名学者鲍鹏山成立的"浦江学堂"公益国学班专为小学二至四年级的学生免费教授《论语》《孟子》《大学》等国学经典,也是这一类型活动的成功案例。此外,各式各样的绘本故事阅读也在各公共图书馆备受欢迎。国家图书馆少儿图书馆的"周末故事会"、首都图书馆的"红红姐姐讲故事"、台湾图书馆的"故事童乐会"、杭州少年儿童图书馆的"小可妈妈伴小时"、深圳市少年儿童图书馆的"喜阅"读书会等都举办得较为成功。

（一）故事会

听故事是最受少年儿童读者喜欢的阅读方式。在讲故事活动中,少儿读者很容易跟随着故事讲述人的声音、语调和动作等进入到一个个充满神秘和未知的世界中,无形中勾起了他们的阅读兴趣和知识的积累。实践证明,讲故事活动有利于培养少年儿童的想象力、创造力,增加他们的知识储量,塑造健全完善的人格,促进亲子关系等,可谓一举多得。一般而言,讲故事活动组织难度小,对场地和文献资源要求不高,因为有这些特性,讲故事成为众多公共图书馆青睐的活动,上至国家图书馆和省级图书馆、下至区县图书馆和街镇图书馆都开展了具有本馆品牌特色的故事会活动。故事会的核心人物是故事叙述人,这些叙述人主要由图书馆员、接受过专业培训的志愿者,或者是与图书馆保持良好合作关系的其他公益组织等人员组成。他们依据不同的主题、不同年龄的读者,定期以图书馆为阵地为少年儿童娓娓道来一个个生动、活泼的故事。故事会主要针对的对象是 3 岁以上的小读者,他们已经初步具备表达能力和行为能力,可以自主地进行一些简单的阅读活动。故事会的形式也是灵活多变的,可以是一次角色扮演,增强小读者对故事的代入感,身临其境地感受故事魅力;也可以是变成情景表演,更加立体地展示故事主题;还可以变成续编、创编故事与少年儿童们进行互动,发挥少年儿童的想象力和创造力,让孩子们在轻松欢快的氛围中养成阅读的好习惯。国家图书馆少儿馆的"周末故事会"、首都图书馆的"红红姐姐讲故事"、台湾图书馆的"故事童乐会"等都是举办的较为成功且值得我们借鉴的故事会活动。

（二）绘本阅读

绘本阅读是故事会活动的一种形式,故事的内容源于绘本。绘本又称图画书,是用丰富多彩的图画和精炼优美的语言来讲述故事的一种书籍。绘本是引导儿童学会阅读的启蒙书,绘本阅读就是让儿童与绘本之间搭起桥梁的重要方式。绘本阅读对象一般为3—12岁的儿童,也有针对3岁以下儿童的绘本阅读。绘本阅读对于发展儿童探究力、观察力、想象力、理解力等都有着良好的促进作用。目前,我国的少儿馆举办的绘本阅读活动主要是由馆员、志愿者团队以及其他致力于少儿阅读的组织形成一支讲读绘本的队伍,通过朗读、表演、互动的方式引导儿童阅读绘本。绘本阅读主要是针对还不能自主阅读的低幼儿童,用浅显易懂、图画生动、色彩丰富的绘本唤起低幼儿童对于阅读的渴望。除此之外,绘本阅读更深层的意义在于邀请家长现场观摩,用实践的方式教会家长阅读绘本的方法,从而让家长在家中就能够给孩子阅读绘本,成为孩子学会阅读的最佳启蒙者。绘本阅读已经成为每一个少儿馆的常规活动,大多数图书馆亦形成了自己的品牌。比如杭州少年儿童的"小可妈妈半小时"、温州少年儿童图书馆的"毛毛虫上书房"等都是响当当的活动品牌。

三、阅读分享类阅读推广

阅读分享类活动主要包括:读书交流会、图书交流/交换/漂流、真人图书馆、亲子阅读等。苏州图书馆馨泰分馆曾在2012年1月开展主题为"快乐寒假——少儿读书会"活动,孩子们首先介绍自己在寒假中最喜爱看的一本书并畅谈自己的读书心得,在分享中享受阅读快乐。图书交流是城市少儿读者喜欢的一种阅读推广方式,厦门市少儿图书馆每个月的少儿活动安排中都有一项图书交换活动,鼓励中小学生带上阅读过的图书参与交换,并可得到与该书相同价值的图书,让经典图书流动起来,互通有无,以书会友。真人图书馆是近年流行的一种图书馆阅读推广方式,这种方式也被用于少儿阅读推广,成为少儿读者与读者交流的一种阅读推广活动。广州少年儿童图书馆多次举办少儿真人图书馆活动,由在不同领域里表现卓越的小朋友担任真人图书,供小读者"借阅"分享。图书漂流也是图书馆常常采用的少儿阅读分享活动。早在2009年,广东省中山图书馆挑选了《我的第一本科学漫画书》(系列)、《老天会爱笨小孩》以及《收刀入鞘》三种图书,在广东省内中小学生开展"知识因传播而美丽"的图书漂流活动,取得很好的反响。图书漂流对激发儿童阅读有很大好处,四川内江市图书馆的图书漂流活动中,一位初中学生一年累积放漂了30本左右的书籍,该生同时也是图书馆的高借阅读者。图书漂流常用于特殊儿童的阅读推广,如上海少年儿童图书馆的"带着书包回家乡"

阅读漂流计划,吉林省图书馆和长春市少儿图书馆共同举办的"书香传递,红书漂流"活动,都是针对外来务工人员子弟的图书漂流活动。

亲子阅读是一种特殊的读书分享活动。这种活动的分享不仅是孩子与孩子的分享,更主要的是孩子与父母的分享。亲子阅读又称"亲子共读",就是以书为媒,以阅读为纽带,让孩子和家长共同分享多种形式的阅读过程,在学生课外阅读当中起到重要的作用。通过亲子阅读,有利于培养儿童阅读兴趣,促进亲子交流,建立良好的沟通机制,和睦家庭,可以帮助孩子形成积极向上的世界观、人生观、价值观。图书馆的亲子阅读活动意在唤起家长与孩子共读的意识,帮助家长学会与孩子共读,使孩子们在最亲近的人的带领下畅游知识的海洋。亲子阅读面向学龄前儿童及低幼儿童,如广州图书馆"爱绘本 爱阅读"亲子读书会,每次活动由 15 位学龄前儿童及家长参加,参加的儿童与儿童之间,儿童与家长之间有很好的阅读分享。亲子阅读是公共图书馆少儿阅读推广的主要形式之一,开展很普及。杭州儿童图书馆的"小可妈妈伴小时"亲子活动面对 0—6 岁学龄前婴幼儿,活动形式丰富新颖,包括认知阅读、Say Hello ABC、我爱阅读、智绘阅读、阅读游戏、趣味手工、求是科普课堂等,图书馆员通过这些活动,带领学龄前儿童和家长一起进行体验式阅读,让孩子们在欢乐中渐渐产生对于阅读的渴求。亲子阅读对阅读环境要求较高,除适当的读物外,特别需要相对独立的、适合幼儿活动的阅读场所和设施,公共图书馆亲子阅读方面的主要优势之一也是能够为家长提供亲子共读空间。近年来新建的公共图书馆非常关注亲子阅读空间的建造,稍早建立的公共图书馆则在馆舍改造中加强建造亲子阅读空间建设,为亲子阅读创造条件。如嘉兴市图书馆在总馆少儿部、少儿分馆、秀洲区分馆少儿服务部及各镇(街)分馆等所有服务场所设有亲子悦读天地。依托空间,亲子阅读得到快速发展。2014 年年底,广东连州图书馆建立了由香港热心人士黄锡华夫妇捐助的华兰侨心亲子阅读室,此后该馆创立了"晓霞姐姐讲故事""晓霞姐姐手工坊"等亲子阅读品牌,举办"故事妈妈讲故事""阅读点亮童年"等亲子阅读活动,还建立亲子家园 QQ 群,发布"故事妈妈"征集令,吸引家长的参与。

儿童阅读推广理论表明,阅读中与同龄人交谈能提高对各种文本的理解与认识。阅读分享类阅读推广就是图书馆创造条件让少儿读者有机会与同龄人谈论他们的阅读。这类活动不需要什么特殊的资料,特别的训练,或花费很多的时间,只需要一块不大的场所,如阅览室、会议室,由图书馆馆员引导或组织孩子们交流讨论读书体会,可以有效提高少儿读者对读物的理解力、阅读的积极性与语言能力。因此在国外,读书分享是青少年读者阅读推广的极为普遍的方式。但在我国,由于读书交流会的对象是具备一定阅读能力和语言能力的青少儿读者,而这部分少儿读者面临中考、高考等学业压力,到图书馆来的次数较少,即使来馆也主要是借还图书或自习,不愿意或没有时间参加图书馆活动。因此,读者分享类阅读推广在我国开展得并不普遍,公共图书馆一般只能利用假期开展此类少儿阅读推广活动。

四、制作、竞赛、表演类阅读推广

图书馆开展阅读推广活动,一般是与阅读书籍有直接关系的活动。比如讲故事、交流读书体会,等等。但现代图书馆不断在活动形式与内容方面进行创新,活动范围远远超出了"读书"的范畴,而延伸到手工制作、竞赛、表演等领域。图书馆在开展这些活动时会有意识地将其与阅读活动相连接,引导少儿读者爱上阅读、学会阅读,使之成为图书馆少儿阅读推广的一类重要活动。例如,图书馆的儿童手工活动可以是绘本故事后的一个活动环节,增加这一环节既增加了绘本故事会的吸引力,又引导孩子们更好地理解绘本故事的内容;在知识竞赛之前,很多图书馆会告诉少儿读者竞赛出题的范围,甚至指定出题书籍,即由竞赛活动引导少儿读者阅读特定图书;在表演类活动中,很多图书馆让孩子们根据自己的阅读理解剧情,或让他们和家长根据自己的理解设计剧情,并将这种理解作为评分的重要依据,这就使表演活动成为引导深度阅读联系的手段。

(一)手工制作

手工制作活动可以充分发挥小朋友的动手能力,发挥他们的想象力和创造力,深受小朋友和家长的青睐。手工活动可以是由小朋友根据主题自由发挥,也可以是跟着老师学习手工技艺,比如折纸、剪纸、捏泥人等民间工艺,前者更注重激发小读者的创造力,后者可以继承与发扬民间技艺。图书馆手工制作类阅读推广活动主要包括:剪纸、编织、涂鸦、画画、种养、食物制作等。这一类型的活动对少年儿童的动手能力和创新能力培养有很大的促进作用,在活动过程中对主题文化的理解也在他们的心里埋下阅读的种子。手工类阅读推广活动多是亲子共同参与,对培养亲子合作默契和亲子和谐关系有促进作用。目前,各公共图书馆举办此类活动较多,广西桂林少儿图书馆在许多节日都推出与该节日主题相关的手工制作活动,母亲节制作"秘密"信件、端午节手工缝制香包、中秋节品鉴制作月饼、感恩节小火鸡亲子手工、圣诞节制作可爱的圣诞树，等等。浙江省嘉兴市图书馆从 2013 年起即借助嘉兴市"文化有约"平台推送"禾禾"手工坊幼儿手工活动，一年开展数十场活动，场场人数爆满，近千人人次参加，已成为该馆的品牌项目。此类活动表面上看与阅读没有直接关系，但实际上具有良好的推动阅读的效果。海南省图书馆的少儿种养活动是组织少儿读者在图书馆内种养蔬菜，参加儿童兴趣高涨，为了了解蔬菜播种季节、生长周期，甚至"朝天辣椒为什么朝天"等问题，主动到图书馆查找文献。该活动开展以来，图书馆内种养类图书外借率明显提高。

近年来，国际图书馆界流行创客空间，在图书馆空间内安放各种科普类工具供读者使用，同时也组织活动普及科普工具的使用率。这类活动也属于手工制作类阅读推广。我国条件较好的沿海发达地区图书馆首先开始创客空间的探索。上海图书馆于 2013 年建立了"创·新空间"，这个空间既面向成人读者也面向青少年读者，空间内会组织讲座、工作坊、展览、现场展示、签书见面会等活动，使读者交流自己的作品或构想。少儿读者经过培训，也可将设计好的作品通过 3D 打印机打印出来。长沙图书馆新馆建成后创建了"新三角"创客空间，受到市民欢迎。

制作类阅读推广对于设施要求较高，一些企业推出的产品满足了图书馆少儿服务对于设施的要求。如上海点击书研发的《电子书工坊》就是一个用于图书馆的少儿阅读推广产品，同时也是一个数字阅读和电子书创作少儿数字出版解决方案。近年来该产品在全国各地帮助 50 多家公共图书馆开展少儿电子书制作活动，如广州图书馆的"绘本创作 DIY& 电子书制作"活动，江阴图书馆的"小记者电子书创作大赛"，重庆少年儿童图书馆、贵阳市图书馆的"书写童年精彩——青少年电子书创作比赛"，宿州埇桥区图书馆参与的"我的快乐童年"——第一届宿州市埇桥区图书馆亲子电子书馆藏创作比赛，淮北市图书馆主办的"我爱我家，手创未来"亲子电子书馆藏创作活动等。这些活动的共同特点是少儿读者创作自己的电子书，如摄影、绘画、作文等，然后自己动手在图书馆的设备上将自己的作品制作成为电子书，该电子书可以在图书馆书目记录中查询，真正成为图书馆馆藏电子书的一部分，因而对小读者有很强的吸引力。

（二）竞赛

公共图书馆依托官方网站、数字资源、微信等方式举办不同主题的知识竞赛,或者在图书馆里直接举办线下比赛,通过知识问答的方式开展阅读推广。此类活动可以有意识地引导小读者获取相关的知识,培养他们的检索能力和利用图书馆资源的能力。竞赛类阅读推广的内容包罗万象,且活动竞技性强,一般有奖品,对少年儿童具有吸引力和鼓励作用,在公共图书馆少儿阅读推广项目中很受欢迎。

中国图书馆学会关于开展"2015 全国少年儿童阅读年"系列活动通知的 15 项主旨活动安排中,有 9 项活动采取竞赛形式,分别是"我给孩子讲故事"大赛;全国少年儿童"寻找最美读书故事"征文大赛;用声音传播经典——全国少年儿童中华经典讲读大赛;全国少年儿童经典讲读、诵读大赛;全国少年儿童绘本创作大赛;全国少年儿童"我的藏书票"设计大赛;全国少年儿童名著新编短剧大赛;全国"我爱我家"书香家庭阅读微视频大赛;2015 全国少年儿童经典阅读绘画大赛等。深圳少儿图书馆的"乐儿科普知识问答竞赛"是组织得非常好的大型活动,该竞赛活动分为"乐儿科普知识挑战乐园"和"乐儿互动游戏学习乐园"两部分,活动围绕乐儿科普动漫库的内容出题,孩子们在家长陪同下参加,通过活动让孩子们对乐儿数字资源产品有一个整体的认识和了解。重庆渝中区图书馆的少儿知识竞赛同样依托"乐儿大本营"科普视频,涵盖了生物、历史、环境、生理、世界名著等诸多领域。竞赛类活动经常用于帮助少儿读者了解图书馆。如浙江临安图书馆的"图书馆知识知多少有奖竞答"少儿阅读推广活动,有奖竞答内容涉及借阅规则、资源使用、书目信息等各类图书馆相关的知识。竞赛类阅读推广也是中西部地区图书馆常见的活动,如新疆巴州图书馆少儿图书馆举办了文学知识竞赛活动。

猜谜也是一种竞赛类阅读推广活动,图书馆常在元宵节等传统节日举办此类活动。猜灯谜是我国元宵节的传统节目,灯谜涉及多个方面的知识,考验的不仅是知识,还考验人们的思维敏捷程度。由于它难易兼顾,人们十分享受猜出谜底时恍然大悟的快感。河南开封图书馆于 2014 年元宵节举办"经典谜语快乐猜"猜谜活动,图书馆精心选取谜语 200 条,谜语汇集了字谜、成语、人名谜、地名谜、专业名词等多种类型供读者竞猜,既弘扬了传统文化,又让小朋友在游戏中学习。2015 年元宵节期间,郑州图书馆举办了亲子猜灯谜活动,千余名小读者和家长参与,现场气氛十分火爆。类似活动还有很多,如 2015 年春节期间合肥少儿图书馆举办的新春猜谜会,重庆南岸区图书馆举办的"迎新年猜字谜"活动,襄阳图书馆每年元宵节举办的谜语节,等等。在猜谜活动中,有些图书馆还有意识地进行阅读引导,2015 年河北邯郸市图书馆举办了"猜灯谜,度中秋"真人图书活动,邀请河北省灯谜学会副会长、邯郸市谜学研究会主席刘英魁为"真人图书",为读者讲解中秋知识和猜谜技巧,并同时进行猜谜活动。该活动参与者以少儿读者为主体,是较为成功的少儿阅读推广案例。

(三)表演

图书馆举办的表演类阅读推广活动主要包括话剧、舞台剧、绘本剧、情景剧、角色扮演、童谣演唱等。此类型的活动对于3—13岁的儿童有极大的吸引力,能够促进少年儿童对阅读的热爱。公共图书馆举办的歌舞表演活动分为两种,一种是小朋友自己就是表演者,在家长、老师的指导下自行发挥,锻炼小朋友的表演欲和肢体协调性;另一种是邀请儿童歌舞戏剧表演者给小朋友表演节目,小朋友则是表演的观众,欣赏这些惟妙惟肖、引人入胜的表演。表演类活动能让孩子身临其境地感受绘本故事、情景场面、歌谣歌词等,对提高孩子的理解力和阅读力极为有利。但这类活动筹划过程复杂,所需人员较多且专业性要求较高,公共图书馆独立长期举办这样的活动至今较为少见。江阴市儿童绘本剧表演大赛由江阴市文化广电新闻出版局、江阴市教育局主办,江阴市图书馆承办,至今已连续举办五届,孩子们通过亲身演绎,把绘本剧中所蕴含的深刻道理表达出来,将所要传达的精神与更多读者共享,达到推广阅读的目的。苏州市图书馆每两年举办一次不同主题的幼儿童话剧表演比赛和小学生课本剧表演比赛,培养儿童对优秀文学作品的兴趣,提高儿童的语言表达能力与合作能力,得到小读者和家长的一致好评。

五、其他类型的阅读推广

除上述四大类少儿阅读推广类型外,图书馆开展的少儿阅读推广类型还包括讲座、展览、影视观摩、户外阅读等。

(一)讲座

图书馆举办各种类型的讲座是图书馆承担社会教育职能的体现。图书馆面向少儿读者及其家长举办讲座,是图书馆开展最为普遍的阅读推广项目类型。图书馆举办的少儿讲座内容很广,有面向家长的,如亲子阅读讲座;有面向小读者的,满足小读者各种课内课外需求的讲座。当前,图书馆"讲座热"已成为我国许多城市和地区夺目的"文化亮点"与靓丽的"知识风景",讲座以信息量大、反映及时、交流性强、普及面广的特点,受到社会各阶层的广泛认同和好评。仅 2014 年,全国少儿图书馆组织各类讲座就达到 3217 场,平均每天就有 9 场讲座为读者免费开放。学龄前儿童不是听讲座的好对象,针对这一人群的讲座一般都是针对家长或亲子进行。2015 年洛阳市少年儿童图书馆举办了少儿图书推广讲座活动,活动内容是国内知名的阅读推广人与家长和幼儿园老师分享开展亲子阅读、让孩子爱上读书的经验。

当然,目前图书馆讲座中还存在一些问题,如大多数图书馆都是请名人、专家开设讲座,内容选择比较高端,很少请普通人讲日常生活中的经验或体会。一些讲座对象的年龄针对性不强,听讲座的读者从背书包的少年到坐童车的幼儿一起,很难想象有较好的效果。

(二)展览

展览,意即展示出作品供人浏览、观赏。现代图书馆馆内空间较大,人员流动性强,馆内举办的展览活动具有很好的宣传效果,利用展览开展阅读推广,受众面非常大。在我们的调查中,参加展览活动的人数是各类阅读推广活动中人数最多的。图书馆阅读类展览包括推荐书目展、儿童手工作品展、绘画作品、摄影作品展、科普知识展览等。其中,推荐书目展览是少儿图书馆展览的最主要的项目,通过向读者推荐优秀书目,让真正优秀的出版物被读者所知,通过推荐的方式,也让读者在茫茫书海不至于毫无头绪。除此之外,少儿馆还举办一些科普展览,通过演示、模型、照片等向广大少年儿童普及科学知识,让科学变得不再神秘难测。作品展览展出小读者的手工作品、绘画作品、摄影作品激发小朋友的创作积极性,发挥他们无穷的想象力,并向更多的人分享创作者的创意等。宁波市图书馆的"天一展览"于 2014 年暑假期间展出"我心目中的图书馆"儿童绘画展,近 40 幅作品展现了孩子心中图书馆的美好模样。现代图书馆的少儿展览也突破了展板画板的方式,上海少年儿童图书馆于 2015 年春节期间举办上海少年儿童民俗风情展示活动,图书馆邀请一群身怀技艺的民俗艺人们在图书馆内为孩子们现场展示与春节文化密切相关的"捏面人"、画糖画、川剧变脸、少儿相声、扎兔子灯等传统技艺。

(三)影视活动

对于有条件的图书馆,组织少儿读者观看影视作品是一种较好的阅读推广方式。一部好的电影就是一本好书的浓缩,电影的意义在于娱乐,还在于知识的启迪,更在于教育意义。近年来新建的图书馆很注重影视剧场的建设,如河南省图书馆少儿阅读中心建立了"七色花影院",推出少儿优秀动画电影暑假展播活动。有条件拥有影映厅的公共图书馆多是采取固定时间为少儿播放电影的活动计划,寒暑假期间是图书馆影视播放的主要时间段,黑龙江鸡西市图书馆寒假期间每周三下午开办少儿影视剧场,利用多媒体一体机连续滚动播放多维动画儿童英语、成语故事、动画片等影视资料,充分发挥图书馆智力开发和文化传播功能,让小朋友们在玩中学,学中玩。广东省立中山图书馆少儿部将影视观与阅读结合,于 2015 年暑期推出"赏电影读原著"少儿阅读推荐活动,活动排片表上,在电影名后面加上了原著书名和索书号。首都图书馆少儿图书馆举办书影共读活动,将世界经典儿童图书与其改编的动画片、电影相结合,通过阅读＋观影,共享书与影的精彩世界。除了在小影院播放影视节日外,图书馆电子阅览室也是影视播放的主要场所。特别是我国前些年的文化信息共享工程项目,使基层图书馆拥有了较为丰富多样的优质影视资源。多为儿童免费放映优秀的电影,尤其是动画电影,这样的阅读推广形式深受孩子们喜爱。

（四）户外阅读

少儿户外阅读包括亲子夏令营、素质拓展、主题出游、图书馆实践等活动。图书馆是一座不动的建筑,儿童是灵动的生命体。如果图书馆仅仅只是在馆内开展活动,显然是不能满足儿童发展需求的。举办适当的户外活动也是少儿图书馆的服务范围。知识不止在书中,更来源于生活。少儿图书馆根据不同的需要、主题等方式举办户外活动,带领孩子们从生活和大自然中学习知识。将阅读活动延伸至户外,在大自然的滋养下享受阅读的快乐,有助于培养孩子对阅读更愉悦的认知和喜爱。温州市少年儿童图书馆举办的"蝴蝶之家"亲子户外活动中,孩子们在初春的气息中席地而坐,聆听精彩的绘本故事,并开展户外游戏。洛阳市少年儿童图书馆主办的"春暖花开爱阅读"户外公益阅读课在洛阳市隋唐遗址公园开课,旨在通过不同的季节、场所、主题,带领孩子们看绘本、做手工、玩游戏等,从而让孩子们爱上阅读。

尽管户外阅读是一种非常受儿童欢迎的阅读推广形式,但由于图书馆组织此类活动难度大,成本高,一般公共图书馆普遍开展此类活动有一定压力。

第四节　少儿阅读推广若干问题讨论

一、少儿阅读推广管理

阅读推广是一种新型的图书馆服务,对于这种新型服务,以往图书馆界对其理论研究并不深入,更谈不上系统。尽管国际图书馆学界已经意识到阅读推广研究的重要性,但与其他经典图书馆管理与服务领域相比,理论相当薄弱,实践层面需要研究和解决的问题也非常多。在少儿阅读推广领域,因为儿童图书馆学同样是一个相当薄弱的领域,面临的问题比普通阅读推广更多。少儿阅读推广发展到今天,活动化的服务已经成为图书馆少儿服务的最主要方式,少儿阅读推广中的理论问题、管理问题和服务问题,已经成为制约少儿阅读推广深入发展的重要因素。

少儿阅读推广中存在的问题很多,其中部分问题属于图书馆未成年人服务和图书馆阅读推广中的一般性问题。例如:

- 少儿阅读推广的相关政策法规研究,少儿阅读进入图书馆战略规划、核心价值的问题;
- 阅读推广的制度建设与体系建设问题;
- 少儿阅读推广活动的策划、组织、实施与评估总结问题;
- 阅读推广品牌创建与品牌管理问题;
- 活动化服务导致的图书馆管理问题,如动与静、闹与静的矛盾问题。

上述问题,特别是宏观理论和宏观管理问题,已经引起我国图书馆界的关注,而解决这些问题的基本途径,就是加强少儿阅读推广的理论自觉、管理自觉与服务自觉。

阅读推广是"活动化""碎片化"的新型阅读服务,虽然阅读推广发展至今,推广活动已经开始日常化,但是在活动组织、人力资源管理、宣传等方面没有与之相适应,活动的顶层设计缺乏,阻碍了少儿阅读推广的发展。公共图书馆儿童阅读推广活动从宏观上是一项长远的规模宏大的全国性工程,微观上是每一个图书馆的长期项目。宏观上的突破要有国家、政府的大力支持,微观上的推动则要图书馆自身的努力。

(一)引入项目管理理论,促进阅读推广科学规划发展

项目管理就是项目的管理者,在有限的资源约束下,运用系统的观点、方

法和理论,对项目涉及的全部工作进行有效地管理,即从项目的投资决策开始到项目结束的全过程进行计划、组织、指挥、协调、控制和评价,以实现项目的目标。执行好项目管理能够帮助我们极大地提高效率、保证工作结果的质量、控制住进度、成本、提高工作执行力等,它一般应用于任务规模较大、新奇性强、有相互依赖性、资源存在共享的项目中,公共图书馆儿童阅读推广恰恰符合这些项目特点。儿童阅读推广项目历时长、前人经验少、需要多部门协调,因此,引入项目管理理论进行有效管理是推进儿童阅读推广的必要举措。

随着阅读推广的愈发广泛,阅读活动频率、频次、规模也会越发增加,我们可以利用项目管理系统进行总体管理、时间管理、成本管理、质量管理、人力资源管理等。在总体管理上,要先明确阅读推广的目标是什么、要取得的成果是什么,为了实现目标和得到该成果需要做哪些具体的任务和活动;在时间管理上,要确定项目的阶段、里程碑,规划好阅读推广活动的时间安排,监督好项目进度;在成本管理上,做好每个活动的成本预算、核算、资金分配等,力图做到用更低的成本办成更有质量的活动;在质量管理上,设置好子项目的质量目标、树立项目各环节质量标准、做好质量责任安排、质量保质措施等,努力提升活动质量;在人力资源管理上,分配好有限的人力资源,强化各个部门、各个馆员的责任意识,协调好各部门、各馆员的关系,达成每一次合作。

(一)营销策划,拓宽儿童阅读推广的广度

阅读推广的最终目的是阅读,推广是完成目的的重要环节。阅读推广活动是图书馆的新事物,以往图书馆也较少提供这种主动性的服务,因此我们可以借鉴别的学科理论。在众多学科中,与阅读推广更为接近的营销策划,包括渠道策略、市场策略、产品策略、传播策略等多方面。发展渠道创新的最佳方式是为读者提供最优的阅读资源,这是阅读推广活动持续发展的首要保障;市场策略则是"以需求为导向,以问题为导向",调研发掘读者的需求,然后在创意策划的基础上充分整合自身优势资源,最大限度地满足用户的多层次需求,为读者提供多元化服务;产品策略则要求为读者提供个性化的阅读体验与优质的阅读服务;传播策略要求图书馆与读者保持良好的信息沟通,这可以通过传统媒体与新型媒体的传播方式更广泛地与读者进行信息沟通。

在营销的具体步骤中,西方营销学中的一个重要公式 AIDA 能够为我们提供具体指导。AIDA 指的是通过集中受众注意,引起受众兴趣,激发受众欲望,最终促使受众参与行动的过程公式,其中 A 指 Attention,即吸引读者关注活动,I 指 Interest,即挖掘激发读者兴趣,D 指 Desire,即有些读者经过前期宣传和兴趣调动后逐渐显出参与活动的愿望,A 指 Action,即读者采取行动参与到图书馆组织的阅读系列活动中来。公共图书馆在开展儿童阅读推广时完全可以遵循这个公式,从营销中习得规律。

(三)采用活动管理系统,提升活动管理效率

一个图书馆要举办的儿童阅读推广活动每年有上百场,每场参加的人数少则几十,多则上千,加之活动流程繁复,包括活动推广、报名、签到、现场管理等,如果纯粹由图书馆馆员人工处理势必要花费许多精力和时间。同时,我们发现,活动流程与会展流程有异曲同工之妙,为了更加科学有效地管理会议、会展等,会议产业衍生出了活动管理软件行业,它的出现减少了许多成本,也使得活动管理更加智能化,同样地,我们亦可以将其运用在阅读推广活动中。多数活动管理软件都具备活动报名、签到、数据统计等基本功能,有的支持自定义,还有的能够提供微信互动、微博互动、抽奖等服务,并且这类软件还能基于活动管理过程中获取的数据、信息进行数据统计分析等,大大提升了活动管理的意义,对于活动效果、活动影响、活动不足有了具体的数据支持。

(四)做好活动总结评估,打下长远发展基础

阅读推广活动在经历了前期规划、营销宣传、中期活动组织、管理之后,一般应进行后期总结评估,但图书馆馆员往往在这一步就戛然而止,错失了对活动的深入分析。活动的举办不仅仅是为了活跃图书馆的气氛,吸引更多的小读者走近图书馆,还要在活动结束后,重新回看活动的预期目的和最终效果对比,分析活动中遇到的问题、存在的不足、经验教训等,整理成活动档案,也是案例写作最好的研究支撑点。

二、活动品牌管理

阅读推广是一种活动化的阅读服务。图书馆阅读推广需要活动品牌,儿童阅读推广更是如此。品牌概念多应用于商业活动,对于企业而言,品牌的作用在于有效区别于其他同质同类产品、提升企业的核心竞争力、保障顾客的消费质量、可持续提升销量等。同理,将品牌概念应用于图书馆的儿童阅读推广能够产生快速提升图书馆阅读活动的知名度,加快阅读推广的宣传效

应,为读者提供高质量的阅读服务,引起更多人对阅读活动的关注等积极作用。

（一）现有少儿阅读推广品牌的类型

在现有的儿童阅读活动中,各个地区、各个级别的图书馆都开始有意识地给活动起品牌名称,以体现活动的内容、对象、时间等。根据品牌名称,我们大致能够按照以下类型划分:

（1）直白型:这类活动品牌直观地告诉读者活动的内容是什么。比如"故事妈妈讲故事""爱绘本 爱阅读""亲子天地""故事大王"等都很明确地体现了该活动是讲读故事、绘本类的活动。这类品牌可以使读者一目了然地明白活动目的,但品牌重复率很高,个性不突出,难以有效吸引少年儿童读者的关注。

（2）借喻型:这类活动品牌主要利用借喻手法给活动起名,比如"三叶草""蒲公英""星星树"等活动,用这些形象直观且带有某种借喻的名称作为品牌,体现了品牌服务管理者的匠心,使品牌具有较为鲜明的个性。对于这类品牌,读者不经过了解或者体验一时难以明白活动本身,在品牌推广时需要投入一定推广资源。

（3）时尚型:这类活动品牌时常结合当下的流行元素,紧跟潮流,以期引起读者的共鸣。比如"科普达人""大白讲故事"等,其中的"达人""大白"都是近年来流行起来的流行语和流行形象,这种品牌名称在特定时间确实容易吸引少儿读者的兴趣,但流行潮流总是来得快去得也快,作为年度性或短期的少儿阅读推广品牌可能更为合适。

（4）亲切型:这类品牌名称用词温婉、亲切。比如"我们的节日""阅读滋润童心"等活动,用具有亲和力的词语拉近读者的距离,提升品牌形象。这类活动品牌也存在着活动内容不明确的特点,名称不够简洁易懂。

除了以上四大类型的活动品牌,还有一些属于直接点明图书馆、点明事件对象和时间的,例如 X 图故事会、X 图少儿讲坛、文津少儿讲坛、周末故事会、低幼悦读会、喜阅365,他们与举办的图书馆、活动对象、活动时间相关联,能够起到突出举办者、活动对象、活动时间的积极作用。在直接点明图书馆的品牌中,有些图书馆借助谐音提升品牌内涵。如上海青浦图书馆的清阅朴读品牌是将青浦谐音和阅读结合。

在众多的活动品牌类型中,虽然不能尽善尽美,但是我们仍然能够看到其中不乏优秀的品牌出现,这是公共图书馆儿童阅读推广品牌建设过程中的可借鉴的方向。将活动品牌分类的目的首先是为了了解当前品牌建设的现状和存在的问题,更重要的是梳理出今后要如何建设优秀品牌。

(二)存在的问题

(1)品牌建设缺乏创新意识

活动品牌雷同性问题较为严重。活动品牌的雷同不但不能突出活动特色,反而容易造成混淆,淹没在众多的活动中。诸如讲读绘本的活动,是各个图书馆吸引读者的热门活动,因此大多数图书馆都将该类活动列为常规活动之一,但在活动的品牌名称上却存在着雷同、泛滥的情况,诸如"故事妈妈讲故事""X图周末故事会"等类似的名称十分常见。少儿阅读推广是一种高度依赖创意的服务,上述品牌趣味性、形象化程度低,不易分辨,与国外图书馆或我国社会组织在少儿阅读推广中重视品牌的做法形成鲜明反差。部分图书馆少儿阅读推广管理者缺乏品牌意识与创新意识,已经成为制约少儿阅读推广深入开展的重要问题。

(2)品牌资源整合不力

从多数图书馆的活动管理过程中我们发现,活动策划者总是给一个又一个的活动起不同的品牌名称,并且单列为一个活动项目。这样的做法看似充实了图书馆的阅读活动,实则分散了品牌效应,显得杂乱无章,甚至出现一个图书馆馆员仅有几个,品牌活动却达十几二十多个的极端现象。一个优秀品牌的建立,馆员在其中发挥的作用是决定性的,他们需要付出许多精力和努力才能保证活动的质量和长期的运作效果。在当前馆员匮乏的情况下,在一个图书馆内建立过多的品牌,严重分散了馆员精力,浪费了图书馆少儿阅读推广资源,活动的效果肯定大打折扣。图书馆少儿阅读管理者应该关注活动品牌的顶层设计与营销,通过优秀的品牌整合阅读推广资源。

(3)品牌大众化,当地特色不明显

每一个城市、每一个地区有着不同的文化、建筑、习俗等,这是他们区别于其他地方的特别之处,是一个城市的名片。图书馆的基本职能就是要传承文化,尤其是保护当地文化,让其得以延续,儿童是最佳的继承者。因此,在儿童阅读推广活动中突出这种当地特色十分重要。而我们注意到,在现有的儿童阅读推广活动中,多呈现大众化趋势,本地特色不明显。

（4）品牌没有体现儿童思维习惯

儿童阅读推广的主体是儿童，一切都是为了儿童，儿童有着不同于成人的精神世界，正如作家创作时，选择的视角是否恰当在一定程度上决定了这部作品成功与否，只有选择最佳的叙述视角，才能让读者深切体会作品所带给我们文学独特的魅力。在儿童阅读推广时，只有遵循儿童思维习惯，以纯真、充满乐趣的内容赋予活动魅力，才能更加贴合儿童需求，达到更强的吸引力。然而，我们许多活动从家长、馆员等成年人的角度出发，出现了品牌名称儿童难以理解，不易记住，活动目的功利化倾向严重等情形。这些情况就是推广者没有正确了解儿童的发展特点、心理诉求，势必使推广效果大打折扣。例如，在成人眼中，毛虫是害虫，身裹毒刺，形象丑陋，但卡通化的"毛毛虫"却使毛虫变得可爱，并有化蛹成蝶的寓意，深受儿童欢迎。

（三）对策与建议

以上，我们分析了存在于活动管理中的若干问题，对此，要如何针对这些问题提出相应对策是更为重要的问题。

1. 突出品牌个性，形成鲜明特色

在推进儿童阅读推广工程的进程中，各类品牌层出不穷，雷同问题也日益突出。这样的问题在我们的日常中也司空见惯，比如可口可乐、百事可乐同样是可乐，味道也难以分出太大差异，但百事可乐以后起之秀之姿与可口可乐这个百年品牌平起平坐，完成逆袭的最关键在于追求个性化。追求个性化就是为品牌注入灵魂，塑造品牌个性化是完成品牌传播的核心要求[18]。品牌的个性化是品牌的核心价值，提升品牌价值必须塑造出鲜明的品牌个性[19]。品牌的个性塑造可以从以下三方面入手：

拟人化：我们可以直接将品牌拟人，比如嘉兴图书馆的"禾禾"也可以塑造一个具有个性、童趣、亲和力的人物形象，使品牌具象化，拉近与儿童的距离，让儿童一看到这个形象就能潜意识里反映出该品牌，就像肯德基与白胡子老爷爷形象、麦当劳与小丑形象的联系一样。

差异化：差异化可以细分品牌，突出差异化，强化差别，在读者的脑中烙下深深的印记，从而让品牌脱颖而出。比如我们所知的洗发水品牌有飘柔、海飞丝、沙宣等，它们的本质都是洗发水，但是消费者却能清楚分辨它们的差异：飘柔是柔顺的，海飞丝是去屑的，沙宣是时尚的，这样品牌之间的个性化就凸显了出来，而且各个品牌之间的竞争关系不明显，存在更为协调。

情感化:品牌个性反映的是顾客对品牌的感觉或品牌带给顾客的感觉。品牌个性大部分来自情感,少部分来自逻辑思维。因此,培育情感就成为塑造品牌个性的重要举措。品牌个性能够深深感染消费者,这种感染力随着时间的推移会形成强大的品牌感召力,使消费者成为该品牌的忠实顾客,这是品牌个性的重要价值所在。

2. 注重顶层设计,集成品牌系统

品牌的分散化就如一棵大树派生出过多的枝节,有限的养分被分配给更多的枝桠,反而使树木生得矮小,结出的果实营养不良;图书馆原本就有限的人力、经费没有得到合理的分配,解决这个问题的根本办法是要注重顶层设计。所谓顶层设计,顾名思义,就是在最高层面上进行系统规划设计,通过统一规划、协调发展优化资源配置,避免资源浪费,节约运营成本。将顶层设计理念应用于公共图书馆儿童阅读推广中要求图书馆在品牌建设时,先设计一个基础品牌或者总品牌,再围绕该品牌派生出分支类目,分支类目下可以再细分主题,但总体而言,品牌只有一个——总品牌。例如,嘉兴市图书馆的"禾禾"系列活动,"禾禾"作为该图书馆的总品牌,衍生出"禾禾故事会""禾禾手工坊""禾禾英语角"等多项子活动,具备有一定的系统性。这样的做法使得资源得到集中,也使得"禾禾"这个品牌更加深入人心。

3. 糅合当地特色,传承经典文化

当地特色本来就是历史沉淀下来的,独具一格的文化,在图书馆中糅合当地特色文化使得个性化得到更多的彰显。儿童阅读推广与当地特色的结合可以说是一种尝试,目前鲜少有图书馆有这方面的实践。在品牌活动中,我们可以把地域特色作为活动元素,与阅读活动充分结合起来,让孩子们在阅读中潜移默化地了解当地的特色文化。我们还可以在图书馆的外形设计中,充分考虑地域特色,让它融入图书馆的方方面面。

4. 关注儿童视角,贴合儿童心理

北欧的儿童研究者指出,要关注"儿童的视角"。他们认为:发展心理学家在研究儿童时,往往采用的是成人的视角,例如将童年看作是一个随着年龄不断增长而不断成熟的过程,认为成人才是成熟的标志。其实这里忽略了儿童的能动者角色以及童年的文化价值。"儿童的视角"强调的是要通过研究努力发现和理解世界在儿童眼中的意义,理解儿童是如何积极主动地构建自己的生活的,从而为"儿童利益最大化"做出贡献[20]。从儿童角度出发,首先是要研究儿童的心理,活动管理者要学会观察儿童的行为方式、心理反应,摒除成人的思想、目的,单纯从儿童角度去思考活动应该怎么开展。

三、低幼儿童的阅读推广

低幼儿童并没有明确的年龄界限,但对于图书馆服务而言,可以将尚未完成识字,不能够自主阅读普通图书馆文献的儿童称为低幼儿童。低幼儿童的阅读行为因年龄不同差异极大。0 岁的婴儿、1—2 岁的学步儿童、3—6 岁的学龄前儿童、7—13 岁的学龄儿童,对图书馆阅读推广的要求完全不同。以往我国图书馆服务重视文献借阅,对于不能接受正常借阅服务的低幼儿童不够重视,或者直接在读者对象中将3—4 岁以下儿童排除在服务对象之外,或者在服务场所、设施、读物和人员方面不具备为低幼儿童服务的能力。据我们对于 44 所少儿图书馆的读者开放年龄的调查(见图 3 - 1),近年来少儿图书馆普遍放宽了对于读者的年龄限制,有超过一半的被调查图书馆的读者起点年龄为 0 岁或不限年龄,但仍有一定数量的少儿图书馆读者起点年龄大于3 岁。

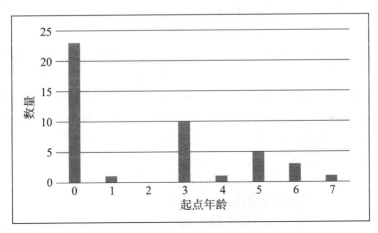

图 3 - 1　少儿图书馆读者起点年龄

目前,我国图书馆少儿阅读推广的主要对象是 3—16 岁的儿童青少年。其中 3—6 岁的学龄前儿童阅读推广以诵读类为主,主要有讲故事、绘本阅读、亲子互动和童谣演唱等。诵读类阅读推广活动一般有固定的时间,如每周1—2 次的故事会。而学龄儿童因为学业负担往往难以抽出时间参加此类活动,他们更多参加竞赛、猜谜、制作类阅读推广活动。据调查,宁波市少儿图书馆在 2015 年 7—12 月举办的 47 场少儿活动中,9 岁孩子可参与 33 场活动,为数最多,6—12 岁的孩子均可参与 20 场以上的活动。温州市少儿图书馆的"毛毛虫上书房"公益阅读课主要面向 3—12 岁的少年儿童及其家长,开办大毛虫讲绘本、悦读阅美活动、青苗乐园等阅读活动,成为图书馆界津津乐道的少儿阅读推广品牌项目。

研究已经表明,儿童很早就具有阅读能力,0—3 岁婴幼儿时间是人的阅读习惯和阅读能力形成的重要时期。所以国际图联专门制定了《婴幼儿图书馆服务指南》[21],鼓励和指导图书馆为婴幼儿提供阅读服务。目前,我国已有部分公共图书馆的阅读推广突破了 3—4 岁以上的限制,开始面向婴幼儿。如苏州图书馆于 2011 年启动的"悦读宝贝计划",至今已连续举办 5 年,该计划专为 0—3 岁儿童提供阅读指导服务,向 0—3 岁婴幼儿赠送"阅读大礼包"。东莞图书馆于 2013 年第九届读书节期间推出"新生儿书香礼包",为 5 家定点医院的新生儿派发礼包。连云港市少儿图书馆近五年连续开展"快乐阅读0 起步"活动,为读书节当日出生的新生儿送上快乐阅读大礼包。吴江市图书馆在亲子阅读绘本馆开馆期间,针对 0—3 岁婴幼儿宝宝免费发送"金婴"阅读礼包。

当然,我国公共图书馆在开展 0—3 岁婴幼儿阅读推广方面的主动性、持续性、普遍性和专业性都远远不足。尽管我们的调查中超过一半的少儿图书馆服务对象包括了 3 岁以下的低幼儿童,但据我们调查,其中不少图书馆并不具备开始婴幼儿服务的空间和设施,因而也不能开展有针对性的阅读推广活动。由于婴幼儿阅读行为的特殊性,如果图书馆没有开展有针对性的活动,对他们的服务只是一句空话。

低幼儿童阅读推广是我国公共图书馆儿童阅读推广面临的一大挑战。据我们调查,当前低幼儿童阅读推广存在如下问题:

意识与管理问题。部分图书馆管理仍将少儿阅读推广当成普通阅读服务,认为低幼儿童不识字,不具备自主行动或自我管理能力,因而图书馆无法对他们开展服务。也有部分管理者认为低幼儿童阅读推广活动将大大增加管理成本,因而不愿意开展此类阅读推广。

理论与方法问题。低幼儿童不识字,甚至不识图,听不懂成人话语。因而低幼儿童阅读是一种与普通儿童完全不同的阅读。国外研究表明,将低幼儿童带入阅读环境中游戏或活动,或在他们生活中构筑阅读氛围,均可对他们未来的阅读习惯和阅读能力带来积极的影响。在我国当前图书馆学领域中,还缺乏具有这类研究来支撑低幼儿童的阅读推广。

场地设施问题。因为低幼儿童的阅读是一种非常特殊的阅读,开展低幼儿童阅读推广对图书馆的场地和设施也提出了更高的要求。低幼儿童阅读推广的场地和设施不仅需要更高的安全性和可用性,更为困难的是,还需要将场地设施与阅读推广活动要求对接。

人力资源问题。我国图书馆学专业近年来发展不平衡,总体上看人才培养的规模和质量无法满足图书馆儿童服务的专业性需求。即便有些院校培养了儿童图书馆方向的研究生,但只是从事儿童图书馆理论研究人才,而非专门从事儿童阅读推广的人才。对于专业性极强的低幼儿童阅读推广人才,目前我国图书馆学专业院系更是无力培养。

低幼儿童阅读推广的另一个问题是分级阅读。分级阅读就是按照少年儿童不同年龄段的智力和心理发育程度为儿童提供科学的阅读计划,为不同孩子提供不同的读物,提供科学性和有针对性的阅读图书。所谓分级,实际上就是"什么年龄段的孩子读什么书",这也是儿童阅读的黄金定律。分级阅读需要科学研制的分级阅读目录或分级阅读测评体系作为指导。我国2010年已经出版了《儿童心智发展与分级阅读建议》和《中国儿童分级阅读参考书目》。但更新不及时,图书馆很难采用。我国东西部、南北方各省市儿童阅读行为存在差异,可能只有各省市图书馆行业组织自行研制儿童分级阅读推广目录,并经常更新,才能真正使图书馆开展分级阅读有据可依。各地图书馆学会应该将制订本地区儿童分级阅读目录列入自己的工作计划。

四、特殊儿童的阅读推广

对图书馆而言,特殊儿童是不能像正常儿童一样享受图书馆资源和服务的儿童群体的统称。我国当前图书馆所面临的特殊儿童主要包括农村留守儿童、城市外来务工子女、残障儿童以及阅读障碍儿童。图书馆阅读推广的重要目标之一是使阅读有困难的人跨越阅读的障碍,图书馆特殊儿童阅读推广可以帮助阅读有困难的特殊儿童跨越阅读障碍,是特殊儿童服务的重要方式。从目前图书馆特殊儿童服务的形式看,绝大多数行之有效的特殊儿童服务,都是以活动化的阅读推广来进行的。

公共图书馆服务的一个重要趋势是从无区别的普遍均等服务走向为有特殊需要的人提供特殊服务,图书馆少儿阅读推广服务也一样。近年来,随着图书馆少儿阅读推广的不断深入,许多理念先进的图书馆逐步细分阅读推广的对象,将服务视角延伸到特殊儿童。近年来全社会对于阅读的关注,以及图书馆服务创新的深入,使图书馆特殊儿童阅读推广得到较大发展。表3-7是对于图书馆为特殊儿童提供阅读推广服务的调查。

表3-7　图书馆开展特殊儿童阅读推广

	省馆		市县		少儿馆	
	馆数	百分比	馆数	百分比	馆数	百分比
视障儿童服务	4	21.05	30	16.48	14	31.82
肢障儿童服务	2	10.53	14	7.69	8	18.18
智障儿童服务	2	10.53	20	10.99	12	27.27
留守儿童服务	5	26.32	47	25.82	13	29.55
外来儿童服务	3	15.79	39	21.43	20	45.45
其他儿童服务	3	15.79	11	6.04	12	27.27
无服务	0	0.00	20	10.99	2	4.55

面向特殊儿童的阅读推广,其难度远远大于普通儿童阅读推广。但调查结果表明,业务基础较好的省级图书馆全部开展了针对特殊儿童的阅读推广,并且有接近90%的市县公共图书馆和超过95%的少儿图书馆已经开展这类阅读推广,这是我国图书馆少儿阅读推广的可喜进步。

(1)留守儿童和流动儿童的阅读推广。全国妇联2013年5月9日发布的《我国农村留守儿童、城乡流动儿童状况研究报告》显示,截至2010年,我国0—17岁的农村留守儿童达6102.55万,占农村儿童37.7%,占全国儿童21.88%,与2005年相比,全国农村留守儿童增加约242万[22]。近年来,政府机构以及社会力量如NGO、乡村教师、志愿者开始为农村留守儿童建图书室、捐赠书籍、举办阅读活动等以改善贫困山区地区的留守儿童的阅读现状。上海浦东图书馆与六安市文广新局自2013年3月份起启动了一项旨在援助农村留守儿童改善精神文化生活条件的扶贫助学活动——"候鸟书屋",至今已建立"候鸟书屋"4批40个,累计发放适合青少年阅读的各类图书约3.5万册,台式电脑80部以及电脑桌椅、电子阅读器、光盘读物等一批物资器材,直接受益留守儿童约4000多人,覆盖服务青少年达2万人,在此基础上开展了"小小候鸟梦"读书演讲比赛、"我爱候鸟书屋"征文比赛、"中国梦、少年梦"知识竞赛、"小小候鸟飞浦东"夏令营等少儿阅读推广活动,解决了当地留守儿童等特殊群体看书难、买书难的困境。2015 年 12 月,由上海浦东图书馆、华东师大心理学研究系、"台湾妈妈工作室"一行 10 余人组成的"候鸟书屋"爱心团队去到顺河镇广庙村为当地的留守儿童开展阅读推广活动,以实际行动关爱儿童阅读。近年来不断有 NGO 加入到援建乡村图书馆的队伍中,其中 2008—2010 年三年期间,NGO 新建的民间图书馆数量为 2540 个,据不完全统计,截至 2010 年年底,NGO 已向创建与资助的民间图书馆提供志愿活动 19 042 人次,志愿活动主要包括图书募集分拣、图书馆日常管理、阅读辅导、参与培训、指导和调研等。

(2)残障儿童的阅读推广。据 2006 年第二次全国残疾人抽样调查数据显示,我国 0—17 岁的残障儿童为 504.3 万人,占残障人口总数的 6.08%,占全国总人口的 0.39%。其中视障儿童 24.1 万人,听障儿童 20.5 万人,言语残障儿童 36.9 万人,肢障儿童 89.9 万人,智障儿童 174.9 万人,精神障碍儿童 15.5 万人,多重残障儿童 143.5 万人[23]。在残障儿童阅读推广问题上,视障儿童和智障儿童的阅读问题尤为严峻,对智障儿童的阅读推广活动欠缺,公共图书馆多是在福利院和特殊学校设置"图书流通点"以满足孩子的阅读需求,但阅读活动往往只是在助残日或图书馆服务宣传周期间等特殊的日子零星举办,效果不尽人意。由"青树教育基金会"支持、广西桂林图书馆举办的"悦读 1+1"残障儿童阅读推广项目,以桂林残障儿童为主体,组织志愿者和专业队伍,了解残障儿童阅读需求,选择合适书目搭建阅读平台,开发残障儿童的阅读潜能,共举办残障儿童阅读推广活动 14 次,活动内容有绘本故事会、亲子图书制作、才艺展示、图书馆一日游等,参加活动的残障儿童家庭近 500个,参与服务的志愿者达 200 多人,是国内至今较为成功的案例。近年来,对视障儿童的阅读推广在国内不断进步,但也因改善视障儿童的阅读问题需要视障阅读设备、盲文文献和专业人员的多重帮助,仅经济较为发达地区如北京、上海、浙江、广东、江苏等图书馆有条件开设视障阅览室。上海少年儿童图书馆于 2013 年增设了少儿视障阅读室,主要面向视障及弱视儿童提供盲文阅读、助视阅读等服务,与市盲童学校多次合作,提高盲童阅览室使用率,帮助视障儿童开启阅读道路。浙江省公共图书馆进行服务创新,组建了浙江省视障服务联盟,该联盟能够将各馆视障服务资源集中使用更好地发挥了公共图书馆为视障儿童提供阅读推广服务的作用。

(3)阅读困难儿童的阅读推广。阅读困难儿童包括患有自闭症、抑郁症、读写障碍症等病症的儿童。这些儿童的共同特点是表面上看身体与健康儿童无异,智力基本正常,但行为特征包括阅读行为特征与正常儿童有较大差异,导致阅读困难。在西方现代教育体系中,这些儿童被当成"聪明的笨小孩"施以特殊教育,图书馆也需要通过特殊的阅读推广方式为他们服务。我国以往儿童教育只对残疾儿童提供特殊教育,而这些阅读困难儿童往往被当成差生,缺少培养他们成才的特殊教育。在图书馆儿童阅读推广起步之初,很少图书馆能够顾及此类服务。即使现在,很多图书馆仍以此类人群数量太少为理由,不关注对他们的服务。实际上,在一些大中城市,不少自闭症家长的微信群早已到达500人的封顶数。只要科学设计,搞好宣传和服务,活动的潜力很大。

近年来,随着图书馆少儿阅读推广理论与实践的深入发展,面向阅读困难儿童的阅读推广逐渐起步。例如,广州图书馆少儿部通过印发海报和折页宣传单,举办读写困难症知识专场讲座、学习班、开放专家培训、馆员交流会等途径在图书馆普及读写困难症相关知识,并携手广州阳光社会事务中心,共同举办面向读写困难症儿童的暑期"学习潜能体验营",体验课程内容是采取制作无字书、经典绘本欣赏、书影赏读等方式,实施亲子平等共读方法的阅读训练[24]。嘉兴市图书馆通过嘉兴市"文化有约"网站宣传读写困难症知识,与特殊儿童教育的社会公益机构合作,举办"快乐读写直通车"学习体验营,该体验营在活动中运用多元化感官教学方法,包括《汉字拼拼拼》拼字组字活动和《秋天来了》自绘秋天图画的视觉策略,《我想有颗星星》的小鼓、小铃、木鱼、三角铁及口琴等听觉策略,《趣味写字》让孩子们在特制的沙盘中和手掌心上写字的触觉策略,《一园青菜成了精》的舞台表演等阅读推广活动[25]。除读写困难症服务外,杭州图书馆为多动症儿童举办"关注儿童多动症,把爱心传递给每一个孩子"等活动,也有很好反响。

尽管阅读困难儿童的阅读推广仍不普及,但此类活动的开展标志着我国图书馆少儿阅读推广已经步入了新的发展阶段。

五、不同服务主体参与少儿阅读推广

由于图书馆阅读推广对于服务主体的特殊要求,图书馆已经很难独自承担少儿阅读推广活动,吸引不同服务主体参与图书馆少儿阅读推广已是大势所趋。在国家鼓励社会力量参与公共文化服务,鼓励政府购买公共服务政策推动下,图书馆少儿阅读推广中出现了多种新的服务主体,如中小学校和幼儿园、志愿者、企业、NGO、媒体等。

（一）中小学校和幼儿园

由于其教育对象的缘故,中小学校是与未成年阅读推广活动最直接和最重要的服务主体。中小学开展的未成年人阅读推广活动,大多与公共图书馆合作,借助图书馆的丰富的馆藏资源,结合自身的空间条件和人员优势,提高未成年人阅读推广活动的针对性。瑞安市图书馆"幸福小书包"阅读推广活动以安阳实验小学为试点学校,首先以一个班级为例,本着"快乐阅读、阅读快乐"的主旨,向学生发放装有多本少儿书籍的小书包,且不同书包里的不同书籍可供学生们交换阅读,以营造知书达理、好学求进的书香氛围。宁波市少儿图书馆的"小星星儿童阅读推广系列"之"一年级新生阅读起步走"活动也是馆校合作的优秀案例。在与宁波市少儿图书馆合作的小学里,每位新生都会收到少儿图书馆赠送的装有精美绘本的阅读礼袋,并开展阅读活动。此外,中小学校的老师也是担任未成年人阅读推广的重要力量,由宁波市小学语文教师组建的小星星儿童阅读推广工作室促进了宁波市少儿阅读推广工作的有序化和专业化。目前,中小学校和幼儿园参与图书馆阅读推广,最大的问题是如何在学校教育和图书馆阅读服务之间,学校老师、家长、少儿读者和图书馆之间找到多赢的支撑点。对这一问题的探索,图书馆还有很长的路要走。

（二）志愿者

志愿者作为一股重要的社会力量,助力于各行各业的发展。在新时代,公共图书馆不仅需要开展传统的藏书借阅业务,还要应对新的读者需求展开服务,这些新服务对公共图书馆原有的人力数量和质量提出了更高的要求,尤其是像阅读推广这样极需投入人力的主动式服务。因此,公共图书馆的人员紧缺现象不足为奇,一批志愿于推动少儿阅读的社会人群就成为少儿阅读推广事业不可或缺的服务主体。近年来,志愿者参与少儿阅读推广活动如绘本阅读、手工制作、情景表演、读书会等的案例随处可见,且志愿者的职业、年龄分布广泛,教育背景丰富。中小学生、大学生、学者、各行各业的职员、家庭主妇等人群都可能成为志愿者,使得少儿阅读推广活动的内容和形式具有更多可能性。温州市少儿图书馆开设的"毛毛虫上书房"公益阅读课由一批教师、大学生和家长志愿者主持,他们被亲切地称之为"大毛虫"和"蝴蝶爸妈",开展了大毛虫讲绘本、悦读阅美活动、青苗乐园、"英为绘爱"等各类公益阅读班活动。阅读推广是一项具有教育性质的服务,从事阅读推广的志愿者应该有一定资质或门槛。上海图书馆学会在上海地区建立了阅读推广人制度,义务培训少儿阅读推广志愿者,经考核合格后授予"阅读推广人"证书,是建立阅读推广志愿者门槛的一种尝试。

(三)企业

目前,担当少儿阅读推广服务主体的企业分为两大类:

(1)与阅读事业相关的出版编辑类企业,特别是出版发行少儿读物的企业,他们以推广优质少儿读物为己任,在推广少儿阅读的同时获得经济效益。创立于2000年的学友园是大力促进少儿阅读的企业之一,作为国内少年儿童读物综合性运营领域的领军企业,它的产品以各个年龄段少儿的阅读特征为轴线,以0—16岁少儿为核心服务对象,以让孩子爱上阅读为使命,倡导分级分类阅读,每年都开展图书捐赠和阅读竞赛等公益活动。二十一世纪出版社也是积极推广少儿阅读的企业之一,至今已连续举办了七届"二十一世纪中国儿童阅读推广人论坛",是中国儿童阅读推广的著名品牌。2015年12月1日,二十一世纪出版社发布上线了国内首个提供完整儿童阅读服务体系的平台——二十一世纪中国儿童阅读推广云平台"爱童书",基于大数据平台为移动互联网时代下的少儿读者提供个性化阅读服务。少儿数字资源企业常常将阅读推广解决方案带给购买资源的图书馆,如上海点击书推动图书馆儿童电子书DIY活动,在50多家图书馆开展了上百场活动。大连澳通科技公司开发了"乐儿"科普数字产品,该企业2015年与国内33家图书馆联合开展科普活动,推动了一批图书馆的少儿科普阅读推广活动。

(2)与阅读无直接关联的企业。这类企业参与阅读推广的缘由,一方面是推动全民阅读的社会责任感使然,另一方面则是为增强社会知名度和影响力。企业在经济上对阅读推广事业的贡献较之其他的阅读推广服务主体而言更具优势,因此,鼓励更多企业参与到阅读推广事业中是图书馆界和爱心人士所期待的。近年来,已经有不少企业加入到少儿阅读推广行列。例如:中国知网上海分公司与上海中小学图书馆在阅读推广领域密切合作,引导中小学图书馆管理人员投身阅读推广;攀枝花市恒力集团联合攀枝花市图书馆与辉荣志愿者协会在西海岸菜市场建立"六点半学校",为菜市场商户的孩子提供阅读场所和书籍,切实满足了当地儿童的阅读需求;上海迪士尼度假区与浦东图书馆合作举办亲子故事会,由迪士尼员工组成的志愿者团体为小读者们带来中英文绘本故事,备受孩子和家长的喜爱。

（四）媒体

媒体，就是传播信息的媒介，包括报纸刊物、广播、电视、互联网和移动网络等。媒体，特别是 21 世纪出现的新媒体对少儿阅读推广事业的推动作用极为显著。可以这样说，如今几乎所有的少儿阅读推广项目都离不开媒体的支持，特别是阅读理念和阅读活动的宣传以及数字化阅读服务。央视，作为国内重要的新闻舆论媒体，曾经在《对话》节目中推出了一期"少儿阅读总动员"，也推出过一档青少年电视阅读真人秀节目《我的一本课外书》，吸引了全国各地的少年儿童，有效树立了社会阅读新风气。同时，互联网这一新媒体平台上也出现了多个专为少儿阅读推广而成立的网站，如亲近母语教育研究网、红泥巴网站等，继中国全民阅读网于 2015 年 11 月 25 日上线后，二十一世纪出版社集团建立的中国儿童阅读推广云平台也于 2015 年 12 月 1 日正式上线，接力出版社推出的中国青少年多媒体推广平台也在 2015 年年底完成验收。

（五）NGO

邱奉捷和王子舟在《NGO 援建民间图书馆发展报告（2011 年）》[26] 中认为，NGO 泛指政府部门和企业之外的一切社会组织，即凡是具有组织性、非政府性、非营利性、自治性和志愿性五个方面特性的社会组织都可以被看作是 NGO 组织。该报告指出，截至 2010 年，国内外 51 家 NGO 援建民间图书馆的数量达到 2 万多个，投入资金近 3 亿元，捐赠书刊逾丁万册，提供志愿者服务近 2 万人次，为中国基层图书馆事业的发展做出了重大贡献，也为偏远贫困地区少年儿童阅读习惯的养成推波助澜。NGO 作为一种公益性组织，由众多志同道合的爱心人士建立并运营，较之志愿者团体，它更为规范有序且高效，更全面地推动少儿阅读推广事业。目前，国内为人熟知的致力于少儿阅读推广的 NGO 主要有麦田教育基金会（麦田计划）、1 公斤捐书网、芥菜种公益、皮卡书屋、满天星青少年公益发展中心，等等。其中，皮卡书屋由一群海归妈妈建立的非营利机构，专为 0—15 岁的小读者提供丰富多彩的中英文图书，不仅建立了多个图书室，还举办诸如故事会、公益讲座、阅读季、社会实践等有意义的阅读拓展活动；满天星青少年公益发展中心的项目主要围绕"阅读推广"而进行，包括公益图书馆、阅读推广、星囊计划、乡村教师支持计划等，在已建图书馆的项目点上开展各种阅读推广活动，包括阅读夏令营、阅读冬令营、阅读推广周等，培养孩子们的读书兴趣，引导孩子们养成正确的阅读行为方式。

　　各类社会组织参与公共图书馆少儿阅读推广,为图书馆少儿阅读推广带来新的理念、新的方法,以及更多的服务资源,同时,如何引导、规范和管理参与图书馆少儿阅读推广的社会组织,也为图书馆少儿阅读推广的管理与服务提出了新的问题。在大政方针方面,2013年十八届三中全会提出"推广政府购买服务"后,《国务院办公厅关于政府向社会力量购买服务的指导意见》和国家财政部、民政部和工商总局《政府购买服务管理办法(暂行)》相继发布,基本解决了社会力量参与公共图书馆少儿阅读推广的政策法规问题。但在具体的少儿阅读推广实践中,仍存在一些需要研究、探讨和解决的问题。例如:

　　1. 社会力量参与的公益性问题

　　公共图书馆是一个公益性的服务机构,公共图书馆少儿阅读推广也保持公益性特色。理论上说,公共图书馆的公益性少儿阅读推广是全社会少儿阅读推广的一部分,公共图书馆的少儿阅读推广更加注重面向没有能力接受商业化少儿阅读推广服务的人群。但是,图书馆开展少儿阅读推广往往需要引入社会力量,包括从事阅读服务的企业。从我们对社会力量参与少儿阅读推广的调查情况看,第一种情况是政府购买服务,这种情况很容易保持服务的公益性;第二种情况是读书企业主动到图书馆开展公益服务,通过宣传企业形象或企业读书类产品获利。第三种情况是企业直接利用图书馆场地开展营利性读书活动,虽然这些活动也受到读者欢迎,但毕竟与图书馆服务政策不符。如何将图书馆的服务资源和社会少儿阅读推广力量结合,在维持图书馆公益服务原则的同时确保参与阅读推广的企业或个人的利益,是当前少儿阅读推广中需要解决的问题。

　　2. 社会力量参与带来的服务衔接问题

　　图书馆少儿阅读推广的项目类型很多,有些项目类型容易开展,社会影响大,也有些项目类型受众面小,活动组织与管理难度大。理想的社会力量参与图书馆少儿阅读推广,他们应该是开发那些公共图书馆不容易承担的阅读推广项目,弥补图书馆少儿阅读推广的短板。可事实上参与图书馆少儿阅读推广的企业比图书馆更希望见到成效,因而他们往往选择一些难度小而影响力大的项目。例如,当前到图书馆做少儿阅读推广的社会组织,几乎都集中在学龄前儿童绘本阅读和小学年龄段儿童的国学经典阅读。从目标人群年龄段看,很少有阅读企业在做低幼儿童和青少年的阅读推广;从目标人群能力看,外来务工人员子弟、阅读困难人群(如抑郁症、自闭症儿童等)、学校差生或问题儿童等人群的阅读推广,更是很少企业愿意触碰。这就要求图书馆管理者有更好的服务设计,避免一窝蜂挤入热闹项目的情形。

3. 社会力量参与为图书馆阅读推广带来机遇和挑战

阅读推广是一项新型图书馆服务,许多图书馆缺乏开展此项服务的经验和人才,服务创新能力不强。而阅读服务企业往往处在更激烈的竞争环境,生存压力使他们的活动更加专业,服务设施、项目策划、活动组织和品牌营销更有特色。不少公共图书馆,引入社会力量开展的少儿阅读推广服务成为一道亮色。图书馆管理者应该提高服务创新意识,开发更多的服务资源,设计与参与图书馆服务的社会力量有良好衔接的阅读推广项目,将社会力量参与作为推动提升公共图书馆少儿阅读推广服务升级的动力。

参考文献:

[1] 朱永新. 儿童阅读可以照亮整个国家[EB/OL]. [2015 – 04 – 22]. http://www.jyb.cn/book/dssx/201404/t20140422_579038.html.

[2] 国际图联儿童图书馆服务指南[OL][2011 – 12 – 15]. http://www.ifla.org/files/libraries-for-children-and-ya/publications/guidelines-for-childrens-libraries-services-zh.pdf.

[3] IFLA. Guidelines for Library Servicesto Babies and Toddlers[OL][2011 – 07 – 15]. http://archive.ifla.org/VII/d3/pub/Profrep100.pdf.

[4] 0—17 周岁未成年人图书阅读率为 76.6% 较 2013 年稳步上升[EB/OL]. [2015 – 04 – 22]. http://cips.chinapublish.com.cn/ztjj/yddc/2015yd/201504/t20150422_165761.html.

[5] 第 13 次全国国民阅读调查:过半人群仍喜欢纸书[EB/OL]. [2016 – 04 – 21]. http://book.sohu.com/20160421/n445248790.shtml.

[6] 公共图书馆建设标准(建标准 108—2008)[S/OL]. [2012 – 07 – 10]. http://www.linzi.gov.cn/lz/gt/zcfg/53686.html.

[7] 文化部关于进一步加强少年儿童图书馆建设工作的意见(文社文发〔2010〕42 号)[EB/OL]. [2010 – 12 – 14]. http://www.gov.cn/zwgk/2010-12/14/content_1765361.html.

[8] 公共图书馆服务规范(国家标准 GB/T 28220—2011)[S/OL]. [2012 – 01 – 15]. http://www.ccnt.gov.cn/sjzznew2011/shwhs/shwhs_tsgsy/201207/W020120724596869842.

[9] 范并思等. 公共图书馆未成年人服务[M]. 北京:北京师范大学出版社,2012:138.

[10] 翁惠娟. 一座城市的高贵坚持——写在第十五届深圳读书月开幕之际[N]. 深圳特区报,2014 – 11 – 01(A01)

[11] 王蓉. 绘本阅读服务:广州图书馆的探索[J]. 图书馆杂志,2014(4):72 – 74,63.

[12] 深圳少儿图书馆. 喜阅 365[EB/OL]. [2015 – 02 – 15]. http://weibo.com/szclib.

［13］国家图书馆研究院.公共图书馆服务体系的探索与实践——杭州调研报告［M］.北京：国家图书馆出版社，2014：217－226.

［14］周琦，周媛.公益、合作、共赢：贵阳市社区儿童图书音乐节［J］.图书馆杂志，2014（4）：84－87,78.

［15］王天丽.新疆地区全民阅读活动实践与思考［J］.图书馆界，2014（5）：82－84,87.

［16］王成东.春苗书屋：一个少儿阅读推广实践的模式［J］.图书馆杂志，2014（4）：96－99.

［17］伍丹，周淑云.公共图书馆儿童阅读推荐书目调查与研究［J］.图书馆学研究，2015（15）：77－82.

［18］［19］黄志贵，姚晓琴.品牌的个性化及其价值［J］.西南民族大学学报（人文社科版），2004（9）：68－70.

［20］黄进.用"儿童的视角"看儿童［J］.幼儿教育，2016（4）：1.

［21］IFLA. Guidelines for Library Services to Babies and Toddlers［OL］.［2015－10－01］. http://www. ifla. org/VII/d3/pub/Profrep100. pdf.

［22］全国妇联课题组.我国农村留守儿童、城乡流动儿童状况研究报告.［OL］.［2015－10－25］. http://acwf. people. com. cn/n/2013/0510/c99013-21437965. html.

［23］第二次全国残疾人抽样调查办公室编.第二次全国残疾人抽样调查主要数据手册［M］.北京：华夏出版社，2007：1－18.

［24］招建平，方筱盈，苏丽平.广州图书馆读写困难症儿童服务研究［J］.国家图书馆学刊，2015（6）：66－70.

［25］许大文，程玉芳，苏丽平.嘉兴市图书馆读写困难症儿童服务研究［J］.国家图书馆学刊，2015（6）：54－55.

［26］邱奉捷，王子舟.NGO援建民间图书馆发展报告（2011年）［J］.图书与情报，2011（6）：1－9.

（执笔人：范并思、王巧丽、李琼瑶）

第四章 少年儿童图书馆设施建设

美国学者托马斯在梳理美国 19 世纪末 20 世纪初儿童图书馆的历史过程中,提出少年儿童图书馆服务的五个组成要素:少年儿童专门馆藏、少年儿童服务专门空间、少年儿童服务专业馆员、少年儿童专门服务与活动、少年儿童社会合作网络[1]。五要素中少年儿童(以下简称少儿)专门空间所指的就是公共图书馆服务少儿的馆舍和设施设备。21 世纪的少儿专门空间已发展成为物理空间和虚拟空间。物理空间包括图书馆建筑、空间环境、馆藏设备、阅读设备、玩具、教具、活动用具、文化内饰等。虚拟空间是用计算机和网络设备、通信设备和技术构成的。少儿服务专门空间是开展图书馆服务所必须具备的,对图书馆服务有决定性的影响。由于少年儿童的生理和心理与成年人完全不一样,少儿专用馆舍的建筑、布局、装饰、设施、设备、家具等都要适合他们的特点。少儿服务专门空间具有以下潜在功能:自由阅读区域、亲子阅读区、少儿社交文化中心、研究与家庭作业中心、信息共享空间、文化娱乐区域、网络社交媒体区、视听区、计算机训练和使用区、工艺美术区、创客空间[2]。少儿服务专门空间和少儿馆藏资源(物理和数字资源)构成少年儿童图书馆(以下简称少儿图书馆)资源的集合。少儿图书馆的专门空间(设施、设备)和馆藏需要在少儿和相关人员需求的变化中发展变化。如同传统的学习研究空间一样,作为少儿学习共享空间的公共图书馆为创造信息产品,提供设施和设备。

目前,少儿图书馆设施设备的规模和设计还没有通用的标准,但在一般情况下,已从资源为中心的模式,转化为以学习者为中心的模式。在规划少儿图书馆设施设备时必须包括以下考虑因素:

- 必须是一个安全的空间,防范事故风险,如必须避免楼梯、家具和设施等物品锋利的边。空间环境必须确保每个人的安全。
- 区别于成人的独立空间,其出入口最好设置便于出入的一楼,没有出入障碍。
- 适当和充足的自然光或人工光。
- 适当室温(如空调),以确保良好的阅读环境。

- 为收藏印刷型和非印刷型资源、阅读区域、计算机工作站、展览、活动提供比成人使用空间更为宽松的空间。
- 设施设备为少儿特别需要设计,家具根据少儿家具标准,书架高度最大高度不超过 1.5 米。
- 配有符合少儿阅读特点的听、看、说、读、写的设备(如电视机、视听设备、触摸屏、投影仪等)。
- 配有 OPAC 系统、多媒体工作站、网络工作站,以及各种软件。应装备同样优于成人的计算机和网络设备。图书馆必须考虑有关儿童的互联网接入的法律问题。

少儿图书馆是一个社交、玩耍、沟通、学习的空间,具有魅力的空间。应鼓励少儿利用图书馆的资源,在图书馆中阅读和玩乐。

新中国成立后,随着我国公共图书馆事业的恢复和建设发展,我国少儿图书馆事业也获得了新生,据 1953 年统计,全国有 38 个省市建立了少儿图书馆(室),加上小学图书馆,共有 212 所少儿图书馆[3]。虽然"文化大革命"期间,我国少儿图书馆事业一度停滞。但随着改革开放后,特别是 20 世纪 80 年后,我国少儿图书馆事业走上了改革发展的道路。发展到今天,据 2015 年统计,县以上独立建制的少儿图书馆已有 108 家,县以上的公共图书馆绝大部分都具有少儿分馆(部、室),国家图书馆也建立了少儿馆,社区和学校也有了相当数量的少儿分馆和流通点。全国公共图书馆少儿服务网络体系发展具有了一定规模。

第一节　回顾与发展

回顾 1949 年以来我国少儿图书馆事业发展,可分为四个阶段。分别是:建设发展阶段(1949—1965),发展停滞阶段(1966—1976),改革发展阶段(1977—2001),体系建设阶段(2002—)。

一、建设发展阶段(1949—1965)

1949 年,中华人民共和国成立以后,随着我国公共图书馆建设发展,我国少儿图书馆也作为公共文化事业设施进入建设发展阶段。这一时期,不但在公共图书馆中建立少儿专门空间,配备基本设施设备,还特别建立专为少儿服务的独立建制的少儿图书馆。北京市立图书馆(今首都图书馆)、吉林省图书馆、国立西南人民图书馆(今重庆图书馆)等都相继开辟了儿童阅览室,并对社会开放。据 1953 年统计,儿童图书馆(室)及小学图书馆机构数量达到了 212 家,北京、天津、上海、重庆、兰州、武汉、沈阳、大连、杭州、湛江、辽阳、重庆、陕西安康汉滨区等地先后成立独立建制的少儿图书馆,上海、山东、云南等省市亦建立少儿分馆或阅览室,全国 60% 的公共图书馆设立儿童阅览室。1965 年,公共图书馆机构数量达到了 562 家,全国县以上的少儿活动站(室)约有 6850 所,我国少儿图书馆事业渐成规模[4]。这个阶段,我国确立公共图书馆少儿分馆(部、室)和独立建制的少儿图书馆双轮并行发展的我国少儿图书馆事业发展的体制。

这一时期最具有代表性的是辽宁、上海、天津、湖南四地区的少儿图书馆。辽宁省少儿图书馆事业,主要有沈阳市少儿图书馆、大连市少儿图书馆和辽阳市少儿图书馆。沈阳市少儿图书馆(前身为东北图书馆的儿童阅览室),始建于 1951 年 4 月,是辽宁省第一所公共系统的少儿图书馆,馆舍是一幢二层楼房,面积约 400 平方米,后达到 1200 平方米。1965 年,独立建制称为沈阳市少年儿童图书馆。大连市少儿图书馆,是 1956 年由文化局管理的大连市儿童文化馆改称旅大市少儿图书馆而来的,成为新中国成立后辽宁省成立的第二所专业性少儿图书馆[5]。上海少儿图书馆,其前身是上海儿童私立图书馆,1952 年改名为上海市少儿图书馆,它坐落在市中心区一座花园环绕的建筑物内,面积 1528 平方米[6]。天津市少儿图书馆成立于 1958 年,占地 6000 平方米,藏书多达 40 万册,设 5 个阅览室和 4 个借书处。1951 年,湖南省立中山图书馆在馆内设立儿童阅览室,1952 年,湖南省中山图书馆在馆外的司马里借用一间房屋正式开辟儿童阅览室,添购一批儿童读物,配备了专职干部,这是新中国成立后湖南省少儿图书馆的开始。

这个阶段不论是公共图书馆少儿部(室),还是独立建制的少儿图书馆的馆舍条件、空间布局、设施设备、家具都只是一些基本的,并没有针对少儿的特殊需求设置。

二、发展停滞阶段(1966—1976)

1966—1976 年"文化大革命"期间,我国少儿图书馆事业受到了严重的破坏,图书馆有的被合并,有的被迫关闭,到 1970 年,全国公共图书馆数量仅剩 323 家,刚刚步入正轨的少儿图书馆事业也不可避免地遭受重创[7]。例如,天津市少儿图书馆,藏书全部失散,人员调出,馆舍被挪用。另外,北京、上海、沈阳、武汉、兰州、杭州、重庆等大型城市的少儿图书馆,也都不同程度地受到影响,很长时间仍无法完全恢复正常工作[8]。

三、改革发展阶段(1977—2001)

中国共产党召开了十一届三中全会后,1980 年 5 月 26 日中共中央书记处第二十三次会议讨论通过的刘季平同志所做的《图书馆工作汇报提纲》和1981 年 7 月,国务院办公厅国办发〔1981〕62 号文件转发的文化部、教育部、共青团中央《关于全国少年儿童图书馆工作座谈会的情况报告》相继出台,标志着我国少儿图书馆事业进入改革发展阶段。

(一)馆舍建设

这一阶段,除北京、天津、上海、兰州、重庆、沈阳、杭州等 7 个少儿图书馆迅速恢复组建,许多地方新建一批独立馆舍的专门的少儿图书馆。据不完全统计,1977—2001 年间,新建独立建制的少儿图书馆 78 家(见表 4 - 1),到2001 年独立建制的少儿图书馆已达 89 家。

表 4 - 1   1977—2001 年部分新建独立建制少儿图书馆

年份	新建馆
1981	湖南省少儿图书馆、天津市河北区儿童图书馆
1982	吉林省延吉市少儿图书馆、山西大同市少儿图书馆、天津市红桥区少儿图书馆
1983	天津市静海区少儿图书馆
1984	北京市石景山区少儿图书馆、湖北襄樊市少儿图书馆
1985	安徽淮南市少儿图书馆、湖北十堰市少儿图书馆
1986	福建厦门少儿图书馆、山东济南市少儿图书馆
1987	内蒙古鄂尔多斯东胜区少儿图书馆、内蒙古赤峰市红山区民族少儿图书馆、陕西铜川市少儿图书馆、上海普陀区少儿图书馆
1988	湖南怀化市鹤城区少儿图书馆、辽宁沈阳市皇姑区少儿图书馆、上海长宁区少儿图书馆、天津河东区少儿图书馆
1990	河南安阳市少儿图书馆
1991	广西北海市少儿图书馆、天津西青区少儿图书馆

续表

年份	新建馆
1993	福建三明市少儿图书馆、辽宁沈阳铁西区少儿图书馆
1996	广东广州市少儿图书馆、上海杨浦区少儿图书馆、上海闸北区少儿图书馆
1997	广东深圳市少儿图书馆
1998	北京西城区少儿图书馆、湖北蕲春县少儿图书馆、江苏扬州市少儿图书馆、辽宁盘锦市少儿图书馆、浙江金华市少儿图书馆
1999	北京朝阳区少儿图书馆
2000	无
2001	无

(二)设施设备建设

独立建制的少儿图书馆的书架总长度、设备购置费、公共房面积、书库面积、阅览室面积、阅览室座席都有所增加,特别是设备购置费逐年增长幅度比较大(见表4-2)。少儿图书馆通过建立网站,开始建立少儿服务专门的虚拟空间。少儿服务空间布局得到优化,各地少儿馆都先后开设母子同阅的幼儿室、童趣独特的连环画屋、港台及外文室以及报刊室、教育参考室、艺术博览室和科普大观室等各类图书借阅室;设置电脑培训室、多媒体电子阅览室、少儿信息中心、影视厅、展览厅;配备语音室、书画室、音乐室、身韵室、故事演讲室、手工劳作室、智力玩具城、活动厅等各种素质能力训练活动的场所。有的少儿馆还专门设置供家长使用的借阅室,并围绕儿童教育等问题提供系列服务,组织相关的咨询、讲座、沙龙等活动[9]。服务设施设备进一步完善,少儿图书馆普遍采用自动化管理系统,计算机、多媒体技术和适合儿童阅读的听、说、看、读、写设备。

20世纪90年代中期,我国少儿图书馆事业步入自动化建设阶段。1993年1月,广东省湛江市少儿图书馆在全国少儿馆界率先采用深圳图书馆研制的图书馆自动化集成系统(ILAS),紧接着湖南、上海、武汉、重庆、大连、厦门、南宁等地的少儿图书馆都纷纷加入自动化建设行列[10]。

表 4 – 2　1996—2001 年全国独立建制少儿图书馆设施设备

年代	机构数（个）	书架总长度（千米）	设备购置费（千元）	公共房面积（千平方米）	书库（千平方米）	阅览室（千平方米）	阅览室座席（千个）	少儿阅览室座席（千个）
1996	76	241	11 579	106	21	34	12	12
1997	76	241	11 579	106	21	34	12	12
1998	85	251	17 454	125	20	35	15	13
1999	81	119	18 700	136	19	34	15	12
2000	84	270	18 975	144	21	36	15	14
2001	89	136	20 290	153	22	37	16	14

　　这一阶段,大部分省市级公共图书馆设立少儿阅览室,各级公共图书馆少儿阅览座席大幅度提高。据统计,1995 年全国公共图书馆阅览室座席351.7(千个),其中少儿阅览室座席 105.6(千个),占总数的 30%;省级公共图书馆阅览室座席 19.7(千个),其中少儿阅览室座席 2.1(千个),占总数的11%;地市级公共图书馆阅览室座席 86.7(千个),其中少儿阅览室座席 22.0(千个),占总数的 25%;县级公共图书馆阅览室座席 242.6(千个),其中少儿阅览室座席 81.8(千个),占总数的 34%。从以上数据来看,全国和县级公共图书馆少儿阅览室座席数所占比例比较合适,而省级公共图书馆和地市级公共图书馆所占比例就少了些,特别是省级公共图书馆所占比例不大。

　　随着公共图书馆阅览室座席数的逐年增加,公共图书馆少儿阅览室座席也逐年增加。少儿阅览室座席数与 1995 年比较,逐年增加千个以上。全国少儿阅览室座席数与阅览室座席的比例低于三分之一,有 9 个省市自治区少儿阅览室座席占阅览室座席的三分之一以上。1996—2001 年全国各地区公共图书馆阅览室座席与少儿阅览室座席的数据详见表 4 – 3。

表 4 – 3　1996—2001 年公共图书馆阅览室座席和少儿阅览座席　　（单位:千个）

年度	1996		1997		1998		1999		2000		2001	
	阅览座席	少儿座席	阅览座席	少儿座席	阅览座席	少儿座席	阅览座席	少儿座席	阅览座席	少儿座席	阅览座席	少儿座席
总计	356	108	374	111	399	121	416	126	416	128	433	134
中央	3		3		3		3		3		3	

续表

年度	1996		1997		1998		1999		2000		2001	
	阅览座席	少儿座席	阅览座席	少儿座席	阅览座席	少儿座席	阅览座席	少儿座席	阅览座席	少儿座席	阅览座席	少儿座席
地方	353	108	371	111	396	121	413	126	413	128	430	134
北京	5	2	6	2	7	3	8	3	8	3	9	3
天津	5	2	6	2	7	2	7	2	7	2	8	2
河北	13	4	14	4	16	5	17	5	17	5	18	6
山西	8	3	8	2	9	3	10	3	10	4	11	4
内蒙古	11	3	11	3	14	4	13	4	13	4	12	4
辽宁	16	5	19	6	21	6	20	7	20	6	22	7
大连	3	1	3	1	3	1	3	1	3	2	5	2
吉林	9	4	11	4	10	4	11	4	11	4	12	4
黑龙江	12	4	11	3	11	4	12	4	12	4	11	4
上海	12	3	14	3	14	3	15	3	15	3	16	3
江苏	19	6	20	6	20	6	21	6	21	7	22	7
浙江	12	3	12	4	13	4	15	4	15	4	17	4
宁波	2		2	1	2	1	2		2	1	2	2
安徽	8	2	9	2	9	3	9	3	9	3	8	3
福建	15	4	14	4	14	4	14	4	14	4	14	4
厦门	1		1		1		1		1		1	1
江西	17	6	15	5	1	5	15	5	15	5	16	6
山东	15	4	16	5	19	5	19	6	19	6	22	6
青岛	2		2	1	2	1	2	1	2	1	4	1
河南	13	4	13	4	15	5	15	5	15	5	18	5
湖北	19	5	20	6	22	6	22	6	22	7	25	7
湖南	21	8	23	8	24	8	24	8	24	8	24	9
广东	28	8	28	8	29	8	30	8	30	8	34	9
深圳	2		2		2		3		3		3	

续表

年度	1996		1997		1998		1999		2000		2001	
	阅览座席	少儿座席	阅览座席	少儿座席	阅览座席	少儿座席	阅览座席	少儿座席	阅览座席	少儿座席	阅览座席	少儿座席
广西	18	5	19	6	22	7	25	8	25	7	21	7
海南	3	1	3	1	3	1	3	1	3	1	3	1
重庆	25	7	7	2	7	2	7	2	7	3	7	3
四川	5	1	20	5	20	5	20	6	20	6	23	7
贵州	8	2	8	3	9	2	10	3	10	3	10	3
云南	16	5	17	5	18	6	18	6	18	6	19	6
西藏												
陕西	8	2	8	2	9	3	10	3	10	3	8	2
甘肃	7	2	8	2	8	3	9	3	9	3	8	2
青海	2	1	2	1	2	1	3		3	1	2	1
宁夏	3	1	3	1	3	1	3	1	3	1	3	1
新疆	5	2	6	2	6	2	8	2	8	2	7	2

这一阶段,湖南、辽宁、上海、天津、广东等省市的少儿图书馆馆舍、空间布局、自动化管理和设施设备得到了极大的发展。

1981年12月31日,独立建制的湖南省少年儿童图书馆正式开馆。馆舍300平方米,分设小学生阅览室、中学生阅览室和学生借书处,并购置一批铁木结构的阅览桌椅和铁书架。1984年,接手湖南图书馆约6000平方米的老馆舍。1992年6月1日,7800平方米、6层的新阅览活动综合大楼正式对外开放,新老馆舍总面积13 800平方米。1992年,设备也从建馆初期的幻灯机、电影机发展到投影机、大屏幕彩色电视机、录像机、VCD、音响等设备。语音室有36台视听设备,多媒体电子阅览室有30台计算机,娃娃乐园也添置有利于儿童身心健康的中小型玩具,以及启迪智力的声控和电控玩具。全馆还配有为少儿读者服务的汽车、摄像机、照相机,各科室配有计算机,实现业务和办公自动化。1994年,采用ILAS对文献进行自动化管理。

随着辽宁省有关少儿图书馆发展的文件和措施的出台,不仅使原有的少儿图书馆(室)从馆舍条件和设施设备等方面都得到不同程度的充实和加强,而且重新建立一批少儿图书馆（室）。1980 年 11 月，建立一所区级少儿图书馆，打破多年不建新馆的僵局。随后，鞍山市少儿图书馆建立，接着抚顺、锦州古塔区、阜新、本溪、营口和北票等市、区也于 1982—1984 年间，先后建起 6 所市、区（县）级少儿图书馆。到 1983 年年底，全省独立建制的少年儿童图书馆已恢复到 7 所，少儿阅览室由 7 个增至 48 个，儿童读物由 50 万册增至 130 万册。至此，初步形成市、区（县）二级少儿图书馆事业网，就全国而论，辽宁省的市级少儿图书馆数量居全国之首。1985 年以后，辽宁省少儿图书馆事业进入巩固时期。鉴于 1985 年前建立起来的一批市、区（县）级少儿图书馆的办馆条件还十分简陋。经过几年的努力，这种局面终于取得较大的突破，如本溪、营口两市少儿图书馆都先后建立独立馆舍，其中营口市少儿图书馆面积达到 800 平方米。抚顺、鞍山两市少儿图书馆建制独立，经费增加。其他少儿图书馆也都程度不同地改善了条件，除锦州市古塔区少儿图书馆外，其余馆都得到巩固。1985 年，铁岭市少儿图书馆建立（曾停办 2 年后，1988 年 6 月恢复）；1986 年 2 月，沈阳大东区少儿图书馆相继建立，有工作人员 9 名，藏书 3 万册，馆舍乃设在区图书馆内，面积为 100 平方米；1988 年 1 月，丹东建立少儿图书馆（属分馆建制，业务活动独立），在编 6 人，面积 257 平方米，藏书 1.8 万册；沈阳市皇姑区少儿图书馆也同时成立，工作人员 8 名、馆舍面识 130 平方米，藏书 1 万册。至此，辽宁省已有独立建制市级少儿馆 7 所、分馆建制的市少儿图书馆 2 所、独立建制区级少儿图书馆 3 所、分馆制县级少儿馆 1 所，共 13 所，总藏书量达 100 万册，总人数近 150 人[11]。

1981 年，上海市少儿图书馆事业进入一个大的发展期。1980 年全市尚只有少儿图书馆（室）26 所，但截至 1985 年年底，全市少儿图书馆（室）已发展到 180 所。其中，市级少儿图书馆 1 所、区级少儿图书馆（室）11 所、县级少儿图书馆（室）9 所、街道少儿图书馆（室）113 所、乡镇少儿图书馆（室）46 所。1993 年，上海少儿图书馆开始对馆内设施设备进行大规模的更新改造和自动化建设，分别对小学部、中学部、低幼部进行整改并添置视听设备及电脑，还建起计算机教育中心、计算机管理系统[12]。1998 年，上海少儿图书馆建成我国首个少儿图书馆网站——"少儿信息港"，搜集校内外教育、文化、科技、健康、商品等有关少儿的各种信息，全社会都可享用，并使广大少儿读者在访问网站的同时学会查询和利用信息的能力。

从 20 世纪 80 年代初开始到 90 年代末，天津在全市 18 个区县中先后成立独立建制的少年儿童图书馆 11 所，11 所馆舍总面积为 7947 平方米，其中南开区、河西区、河北区、红桥区、塘沽区五个馆的馆舍面积均超过 800 平方米,达到 1998 年文化部地级图书馆评估标准的最低要求,其余 6 个馆均因馆舍建筑面积低于 800 平方米。11 所区县少儿图书馆藏书总量为 661 009 册,平均每馆 55 084 册,藏书已初具规模。有 4 所少儿图书馆采用 ILAS 系统和办公自动化,和平区、河西区、河东区、河北区、红桥区等少儿图书馆实现采购、编目、流通、检索(ILAS 系统)工作的计算机业务管理。天津市少儿图书馆成立系统联合采编中心,极大地促进本市少儿图书馆自动化建设的步伐[13]。天津少儿图书馆于 1997 年接受捐款 100 万元,建起多媒体电子阅览室和君安汽车图书馆。

广东省文化建设十五年发展规划(1996—2010 年)中要求到 2010 年前后,独立建制的少年儿童图书馆要达到 20 所以上。1996 年初筹建的广州少儿图书馆以其高起点、多功能的现代化姿态迎接了第一批读者。该馆根据少儿的认知能力、心理特点,开发能与 ILAS 互联的"寻宝"检索系统(初版)。1997 年,接受社会捐赠达 108 万元,馆里也装上电梯、空调,开动流动书车。广州少儿图书馆已实现各部门互访设备数据资源共享。1998 年完成"触屏少儿视讯系统"方案并付诸实施,开始家庭教育、心理咨询、学生保健等专题数据库的建设。1993 年 1 月,广东省湛江市少儿图书馆在全国少儿馆界率先采用深圳图书馆研制的图书馆自动化集成系统(ILAS),1997 年在市邮电局的支持下建立网络多媒体阅览室,与"广东省视聆通多媒体信息网"联网,进入省公共图书馆自动化信息网络[14]。

(三)公共图书馆评估中少儿图书馆馆舍和设施设备

1977—2001 年期间,文化部在 1995 年和 1998 年开展两次对全国县以上公共图书馆(包括少儿图书馆)的评估定级工作。评估工作极大地推动少年儿童图书馆事业的发展,全面摸清全国少年儿童图书馆事业的情况,并指出发展的方向。

1995 年第一次评估结果中,湖南省少年儿童图书馆等 9 个图书馆被评为"一级少年儿童图书馆",福建省厦门市少年儿童图书馆等 26 个图书馆被评为"二级少年儿童图书馆",广西壮族自治区北海市少儿图书馆等 11 个图书馆被评为"三级少年儿童图书馆"。此次评估中全国有 46 个少年儿童图书馆上等级,占全国独立建制的数量比例的 60% 左右。

在 46 个上等级馆中,省市县的分布情况为省级和副省级馆 7 个、地市级馆 29 个、县级馆 10 个。地区分布情况为一级馆中广东、湖北、湖南、吉林分别为 1 个,辽宁 2 个,上海 3 个;二级馆中,北京、福建、广西、贵州、黑龙江、江苏、内蒙古、陕西、四川、浙江分别为 1 个,湖南为 4 个,辽宁为 5 个,天津为 7 个;三级馆中,福建、广东、广西、吉林、内蒙古、山西、陕西、天津分别为 1 个,辽宁为 3 个。

在 46 个上等级馆中,各省市分布情况为,辽宁最多,有 10 个,其次为天津 8 个,湖南 5 个,上海 3 个,福建、广东、广西、吉林、内蒙古、陕西均为 2 个,最后北京、贵州、黑龙江、湖北、江苏、山西、四川、浙江均为 1 个。

在第一次公共图书馆评估标准中,对各级少儿图书馆设施设备规范了馆舍面积、读者用房面积、读者座席、声像室、设备、计算机业务管理的标准,加上全国上等级少年儿童图书馆的情况来看,我们可以清楚地了解对各级独立建制少年儿童图书馆的馆舍面积、阅览座席、计算机管理、设施设备的要求。

第一次评估结果中,公共图书馆有 68 个评为一级图书馆,451 个评为二级图书馆,625 个评为三级图书馆。由于省级和副省级公共图书馆没有参加定级,所以以上定级的公共图书馆均为地市县级公共图书馆。在此次省级和副省级公共图书馆评估定级标准指标项中没有设立少年儿童阅览室和少儿阅览座席的标准项。在地市级和县级公共图书馆评估标准中分别设立儿童阅览室和少儿阅览座席标准项。

通过第一次公共图书馆评估标准和上等级公共图书馆的数量,我们可以清楚地了解我国地市县以上公共图书馆的少儿服务的馆舍面积和设施的情况。

1998 年,开展了第二次公共图书馆评估定级工作,在这次评估定级工作中,全国有 54 所独立建制的少年儿童图书馆分别评上了等级,有 16 所评为一级、21 所二级、17 所评为三级。上等级少儿馆数量比上一评估年度增加了 15%,分布省份从 18 个增加到 20 个。

在 54 所上等级馆分布情况为:

省市县的分布情况为省级和副省级馆 9 所、地市级馆 30 所、县级馆 15 所。

级别地区分布情况为一级馆中北京、湖北、湖南、吉林、天津、内蒙古分别为 1 所,辽宁、江苏、广东分别为 2 所,上海为 4 所;二级馆中,福建、黑龙江、湖南、吉林、山东、陕西、上海、浙江、重庆分别为 1 所,湖北为 2 所,辽宁、天津分别为 5 所;三级馆中,福建、甘肃、广西、贵州、湖北、湖南、吉林、内蒙古、山东、山西分别为 1 所,天津为 3 所,辽宁为 4 所。

各省市分布情况为,最多为辽宁 11 所,其次为天津 9 所、上海 5 所、湖北 4 所、湖南和吉林各 3 所,福建、广东、内蒙古、山东、江苏 2 所,最后为北京、贵州、黑龙江、广西、山西、重庆、甘肃、陕西、浙江均为 1 所。

从第二次公共图书馆评估标准中,少儿图书馆设施设备标准中空间布局、计算机管理、电脑等设施设备指标项来看,相比第一次,省级馆增加设立低幼儿玩具室、设立多媒体电子阅览室、电脑学习室、计算机、服务点、分馆,地市级馆增加设立低幼儿玩具室、设立多媒体电子阅览室、电脑学习室、服务点、分馆,阅览座席指标提高,县级馆馆舍面积指标提高、项目没有增加。此标准的变化标志着少儿图书馆的设施设备提高到一个新的水平。

四、体系建设阶段(2002—)

2002 年党的十六大后,随着党和国家对文化以及少年儿童权益的不断重视,先后出台一系列政策性文件,2001 年 5 月 22 日国务院发布《中国儿童发展纲要(2001—2010 年)》,2004 年 3 月 22 日《中共中央国务院关于进一步加强和改进未成年人思想道德建设的若干意见》发布,2014 年 10 月 13 日文化部等 12 部委联合下发的《关于公益性文化设施向未成年人免费开放的实施意见》,2005 年 11 月中共中央办公厅、国务院办公厅下发了《关于进一步加强农村文化建设的意见》,2007 年 8 月中共中央办公厅下发《关于加强公共文化服务体系建设的若干意见》,2007 年 6 月 1 日新修订后的《中华人民共和国未成年人保护法》开始实施,2010 年文化部下发《关于进一步加强少年儿童图书馆建设工作意见》,2011 年国务院发布《中国儿童发展纲要(2011—2020)》,2011 年 1 月文化部、财政部下发《关于推进全国美术馆、公共图书馆、文化馆(站)免费开放工作的意见》。

以上相关政策和法规的出台,为公共图书馆开展面向少年儿童的服务提供了政策依据和制度保障,特别是对设施设备的保障和发展,标志着我国少儿图书馆事业进入公共文化服务体系建设阶段。

2002 年开始的"文化共享工程""数字图书馆工程""公共电子阅览室"三大工程的推行,使我国少儿图书馆的虚拟空间建设和数字化服务的电子设备得到了大大的加强。

2010 年 5 月 31 日,国家图书馆少年儿童图书馆正式开馆。全馆分为图书区、阅览区、展示区和数字共享空间等 5 个区域,内设阅览座席 135 个。同时开通的"国家少儿数字图书馆"借助国家数字图书馆建设的成果,为未成年人提供了网上绿色阅读平台。国家图书馆少年儿童馆和国家少儿数字图书馆的建立标志着具有了国家级的少儿图书馆专门空间,包括物理和虚拟空间。

（一）馆舍建设

据文化部财务司统计,到 2014 年,独立建制的全国少年儿童图书馆达 108 个,达到历史最高峰。2002—2014 年全国少儿图书馆机构数与各地区分布情况详见表 4-4,按数量最多时统计,具体分布为辽宁 16 个,其次是天津 12 个,江苏 9 个,安徽 8 个,湖南、福建 6 个,北京、上海、湖北、广西、河南均为 5 个,吉林、广东、云南、重庆均为 4 个,浙江、陕西均为 3 个,内蒙古、四川、贵州、新疆均为 2 个,河北、山西、黑龙江、山东均为 1 个。这一时期,四川有了独立建制的少儿图书馆,但江西、宁夏、青海、新疆仍然没有,上一时期海南、西藏有过少儿图书馆数量的统计,但这一时期没有统计数据。数量多的省份和上一时期差不多。2014 年实际使用房屋建筑面积为 34.2 万平方米,馆均实际使用房屋建制面积为 0.317 万平方米。

表 4-4　2002—2014 全国少儿图书馆机构数与各地区分布情况

地区	2002	2003	2004	2005	2006	2007	2008	2009	2010	2011	2012	2013	2014
总计	88	85	105	86	86	84	88	91	97	94	99	105	108
中央													
北京	5	5	5	5	4	4	4	4	4	4	4	4	4
天津	11	12	12	12	12	11	11	11	11	11	11	11	11
河北		1	1	1	1	1	1	1	1	1	1	1	1
山西	1	1	1	1	1	1	1	1	1	1	1	1	1
内蒙古	2	2	2	2	2	2	2	2	2	2	2	2	2
辽宁	16	13	13	14	15	14	15	15	15	16	15	15	15
大连	1	1	1	1	1	1	1	1	1	1	1	1	

续表

地区	2002	2003	2004	2005	2006	2007	2008	2009	2010	2011	2012	2013	2014
吉林	3	3	3	3	3	3	3	3	3	3	4	4	4
黑龙江	1	1	1	1	1	1	1	1	1	1	1	1	1
上海	4	4	5	5	5	5	5	5	5	4	5	4	4
江苏	4	5	5	5	6	6	6	6	6	6	7	9	9
浙江	3	3	3	3	3	3	3	3	3	3	3	3	3
安徽	2	2	2	2	2	2	2	2	2	3	3	5	8
福建	5	3	5	5	5	5	5	5	5	5	5	7	6
厦门	2	3	3	3	3	3	3	3					
江西													
山东	1	1	1	1	1	1	1	1	1	1	1	1	1
河南	2	2	1	1	1	1	1	1	1	2	5	5	5
湖北	5	4	5	4	4	4	5	5	5	4	4	4	4
湖南	6	6	6	6	6	6	6	6	6	6	6	6	6
广东	4	4	4	4	4	4	5	5	3	4	4	4	4
深圳	1	1	2	1	1	1	1	1	1	1	1	1	1
广西	3	3	3	3	3	3	3	3	3	5	3	3	3
海南									5				
重庆	2	2	2	2	1	2	2	4	4	2	2	2	2
四川											1	2	2
贵州		1							1	1	1	1	2
云南	3	2	3	3	3	3	4	3	3	4	4	4	3

续表

地区	2002	2003	2004	2005	2006	2007	2008	2009	2010	2011	2012	2013	2014
西藏									1				
陕西	2	2	2	2	2	2	2	2	3	2	2	2	3
甘肃	1	1		1	1		2	2	2	3	4	4	4
青海													
宁夏													
新疆		2											

（二）设施设备建设

2014 年,我国独立建制的少年儿童图书馆馆舍面积增加到 34.2 万平方米,馆均 0.317 万平方米,各项设备也都有大幅度的增加,经费总投入达 5.2094 亿元,馆均 482.35 万元。我国少儿图书馆为 108 个,分馆 765 个。

由于计算机等自动化设备的快速普及,少儿图书馆的基础业务自动化进程加快,很多馆逐步实现了文献采编、书刊流通和信息检索业务自动化,RFID 智能书架管理系统开始应用,云计算技术得到应用。少儿图书馆在馆藏资源数字化和特色数据库建设方面也起步发展。

2002—2013 年全国少儿图书馆各项设施设备数据都急剧增加。2013 年书架单层总长度 227 479 千米;计算机 6648 台,馆均达 63.3 台;电子阅览室终端 3286 台,馆均达 31.3 台;公用服务面积 29.61 万平方米;书库面积 4.97 万平方米;阅览室面积 9.75 万平方米;书刊阅览室面积 6.51 万平方米;电子阅览室面积 1.27 万平方米;网站 33 个;共享工程服务点 203 个;阅览室座席 26 642 个;少儿阅览室座席 21 917 个;各种设备购置费 101 317 千元;分馆 699 个。2002—2013 年各项设施设备具体数据见表 4-5。

表 4 – 5　2002—2013 年全国少儿图书馆设施设备统计数字

年度	2002	2003	2004	2005	2006	2007	2008	2009	2010	2011	2012	2013	2014
机构数（个）	88	85	105	86	86	84	88	91	97	94	99	105	108
书架单层总长度（千米）	137	122	142	141	141	142.9	164.964	153.359	229.520	185.406	236.559	227.479	
计算机（台）			3453	2613	3125	3488	4095	4407	5124	4987	5684	6648	
电子阅览室终端数（台）			1635	1231	1635	1973	2353	2678	2967	2714	2671	3286	
网站数（个）			32	31	33	35	40						
共享工程服务点（个）			205	144	203								
公用房屋建筑面积（千平方米）	156	152	237	171	178	184	225	223.19	25.846	25.14	30.54	29.61	
书库面积（千平方米）	22	22	43	27	25	32	21	34.43	4.517	4.29	4.93	4.97	
阅览室面积（千平方米）	41	39	52	46	49	53	48	66.76	7.143	8.61	9.7	9.75	

续表

年度	2002	2003	2004	2005	2006	2007	2008	2009	2010	2011	2012	2013	2014
书刊阅览室面积（千平方米）			35	33	35	37	32	48.39	5.419	5.23	5.54	6.51	
电子阅览室面积（千平方米）			7	6	8	10	3	11.94	1.304	1.24	1.16	1.27	
阅览室座席数（千个）	16	15	22	18	20	20.753	20.511	21.640	24.315	22.066	26.508	26.642	
少儿阅览室座席（千个）	14	15	17	16	18	18.664	18.012	18.986	19.110	19.813	21.597	21.917	
各种设备购置费（千元）	19 859	25 522	36 648	32 057	31 914	32 950	87 641	7995	11 307	47 812	71 424	101 317	
分馆数量（个）						234	227	496	709	816	1012	699	

随着国家数字图书馆推广工程的开展,2014 年首次将少儿图书馆纳入其中,共有 5 家省级少儿图书馆、63 家市级少儿图书馆进入工程实施范围。该工程有 2595 万元用于 68 家少儿图书馆的硬件平台搭建。其中,每个省级少儿图书馆硬件设备建设约需经费 300 万元,每个市级少儿图书馆硬件设备建设约需经费 150 万元;西部地区省、市两级少儿图书馆硬件设备建设所需经费由中央财政投入 80%、地方财政配套投入 20%,中部地区省、市两级少儿图书馆硬件设备建设所需经费由中央财政投入 50%、地方财政配套投入 50%,东部地区省、市两级少儿图书馆硬件设备建设所需经费全部由地方财政投入,国家图书馆将给予东部地区资源、技术、人员培训等方面支持。

为保证少儿图书馆建设工作的顺利开展,结合推广工程实施内容,数字图书馆推广工程设置各级少儿图书馆所需拥有的设备推荐配置,为少儿图书馆硬件平台搭建提供参考依据。详细配置要求请参考《省级数字图书馆硬件配置标准》《市级数字图书馆硬件配置标准》文件,并要求各馆按要求购置存储设备、PC 服务器、VPN 设备等硬件配置,逐步建设形成全国数字图书馆标准化综合少儿服务平台。此次纳入工程的少儿图书馆占全国少儿图书馆的三分之二,全面提高了全国少年儿童图书馆的数字化设备的水平。

(三)公共图书馆阅览室座席与少儿阅览座席

这一阶段,一些省、市级公共图书馆在新馆建成后,许多图书馆在原馆舍建立了少儿分馆,如山东省图书馆、陕西省图书馆、山西省图书馆等。一些省市在新馆中设立较大面积的少儿分馆,如重庆图书馆、湖北省图书馆、辽宁省图书馆、广州图书馆、内蒙古图书馆等。2013 年全国公共图书馆的少儿阅览座席达 196 192 个,约占阅览座席的四分之一。福建、湖南两省少儿阅览座席约占阅览座席的三分之一,大部分省市少儿阅览座席约占四分之一,仅有 8 个省市少儿阅览座席约占五分之一,详见表 4 - 7、4 - 8、4 - 9。

表 4 - 7 2002—2004 年各地区公共图书馆阅览室座席与少儿阅览座席

年度	2002		2003		2004	
座席(千个)	阅览座席	少儿座席	阅览座席	少儿座席	阅览座席	少儿座席
总计	436	128	461	131	472	132
中央	3		4		3	
地方	433	128	458	131	469	132

续表

年度	2002		2003		2004	
座席(千个)	阅览座席	少儿座席	阅览座席	少儿座席	阅览座席	少儿座席
北京	10	3	10	3	10	3
天津	8	2	7	1	8	1
河北	18	6	18	6	22	6
山西	10	4	11	3	11	4
内蒙古	15	4	14	3	14	3
辽宁	23	7	23	8	22	7
大连	5	2	5	2	6	2
吉林	12	4	13	4	12	3
黑龙江	10	3	11	3	13	4
上海	15	3	15	3	14	3
江苏	23	7	2	8	24	8
浙江	17	5	18	5	21	6
宁波	2		2	1	3	1
安徽	8	3	10	3	11	3
福建	14	4	16	5	17	5
厦门	1	1	1	1	2	1
江西	15	5	16	6	16	6
山东	22	6	23	7	25	7
青岛	3	1	3	1	5	1
河南	16	5	18	5	18	5
湖北	24	7	33	7	25	7
湖南	24	8	24	8	22	8
广东	34	8	35	8	46	8
深圳	4		4		14	
广西	20	7	20	7	18	6
海南	3	1	4	1	3	1

续表

年度	2002		2003		2004	
座席(千个)	阅览座席	少儿座席	阅览座席	少儿座席	阅览座席	少儿座席
重庆	8	3	8	3	8	3
四川	20	6	20	6	22	7
贵州	10	3	10	3	10	3
云南	22	6	22	6	22	6
西藏						
陕西	11	2	11	2	12	2
甘肃	9	3	10	3	9	3
青海	2		2		2	
宁夏	3	1	3	1	3	1
新疆	7	2	9	3	9	3

表4-8　2005—2009年全国公共图书馆阅览座席与少儿座席

	2005(千个)		2006(千个)		2007(个)		2008(个)		2009(个)	
	阅览座席	少儿座席	阅览座席	少儿座席	阅览座席	少儿座席	阅览座席	少儿座席	阅览座席	少儿座席
总计	480	139	500	142	527 132	143 281	601 519	150 558	630 683	156 524
中央	3		3		3000	741	6550		24 315	144
地方	477	139	497	142	524 132	142 540	594 969	150 558	606 368	156 380
北京	11	3	12	3	12 765	3294	12 938	2881	12 852	2900
天津	10	2	9	2	9330	1655	9486	1523	9072	1911
河北	20	6	20	6	20463	5409	20 457	5383	21 858	5287
山西	12	4	14	4	12 644	3361	14 732	4019	15 983	4169
内蒙古	14	3	14	4	14 615	3763	16 607	4269	16 537	4398
辽宁	23	8	26	9	27 555	8987	28 395	7833	30 220	7611
大连	6	2	7	3	7605	2509	7255	2009		

续表

	2005（千个）		2006（千个）		2007（个）		2008（个）		2009（个）	
	阅览座席	少儿座席	阅览座席	少儿座席	阅览座席	少儿座席	阅览座席	少儿座席	阅览座席	少儿座席
吉林	12	3	12	3	13 077	3516	13 486	3482	13 820	3546
黑龙江	13	4	14	4	13 798	3666	16 705	4075	18 013	4228
上海	15	6	14	3	16 136	3701	16 839	4104	19 427	4190
江苏	25	8	26	8	27 157	8454	35 436	10 352	38 912	10 856
浙江	25	6	28	7	28 497	7486	34 924	9038	35 068	9517
宁波	5	1	5	1	4605	840	5182	1024		
安徽	10	3	11	3	12 625	3818	15 380	3760	15 778	3906
福建	17	5	17	5	19 630	4709	22 071	5540	25 136	5850
厦门	2	1	2	1	3313	995	4211	1320		
江西	17	6	17	6	17 417	5718	22 037	6122	22 042	6097
山东	27	8	27	8	27 863	7193	36 011	8610	37 061	8512
青岛	4	1	5	1	4507	846	5646	827		
河南	17	5	18	5	19 317	5549	23 680	6186	23 595	5852
湖北	24	8	25	7	24 892	7380	27 328	7759	26 814	8257
湖南	23	8	23	9	27 385	8670	28 552	8067	30 031	9618
广东	40	9	45	9	46 440	10 021	58 289	12 093	529 148	11 422
深圳	7	1	7	1	6109	637	8521	2021		
广西	18	7	19	7	19 714	6652	22 649	6336	24 665	6755
海南	3	1	3	1	4351	1054	4430	986	4173	942
重庆	8	3	9	3	8094	3039	10 308	2817	13 568	3705
四川	23	8	22	7	24 316	6621	26 160	6172	26 281	6495
贵州	11	3	11	3	10 783	3003	12 172	2568	12 220	2754
云南	19	6	20	6	250 313	5936	20 352	5500	31 034	5566

续表

	2005(千个)		2006(千个)		2007(个)		2008(个)		2009(个)	
	阅览座席	少儿座席	阅览座席	少儿座席	阅览座席	少儿座席	阅览座席	少儿座席	阅览座席	少儿座席
西藏			1		880	87	686	69	295	44
陕西	13	2	12	3	14 022	2934	12 656	2632	14 355	2859
甘肃	10	3	12	3	9834	2766	12 529	2949	13 352	3352
青海	2		2		2600	490	3062	555	3108	644
宁夏	5	1	4	1	4114	954	5298	1160	5201	1208
新疆	10	3	10	3	13 505	3321	11 314	3718	14 187	3929

表4-9　2010—2013全国公共图书馆阅览座席与少儿座席统计数据

	2010(个)		2011(个)		2012(个)		2013(个)	
	阅览座席	少儿座席	阅览座席	少儿座席	阅览座席	少儿座席	阅览座席	少儿座席
总计	630 683	156 524	681 441	168 647	734 571	181 264	809 767	196 192
中央	24 315	144						
地方	606 368	156 380						
北京	12 852	2900	12 510	2946	13 525	2992	16 002	3921
天津	9072	1911	9969	1621	12 446	1830	13 526	2143
河北	21 858	5287	26 541	5706	27 259	5774	30 348	6513
山西	15 983	4169	17 164	4495	19 681	4539	26 050	5125
内蒙古	16 537	4398	17 189	4828	19 222	5015	24 363	5379
辽宁	30 220	7611	30 312	7788	31 977	8166	30 523	8080
吉林	13 820	3546	14 905	3759	15 863	3803	15 645	3878
黑龙江	18 013	4228	19 688	4727	2.21	1.05	21 952	5447

续表

	2010（个）		2011（个）		2012（个）		2013（个）	
	阅览座席	少儿座席	阅览座席	少儿座席	阅览座席	少儿座席	阅览座席	少儿座席
上海	19 427	4190	20 017	3893	21 594	4207	22 593	4142
江苏	38 912	10 856	39 798	11 192	42 085	11 751	44 431	11 794
浙江	35 068	9517	35 889	9664	40 263	10 590	42 423	10 439
安徽	15 778	3906	17 026	4341	21 188	5253	27 298	6812
福建	25 136	5850	23 981	7533	26 574	8110	28 524	8612
江西	22 042	6097	23 305	6710	26 284	7562	28 283	7147
山东	37 061	8512	37 962	9053	39 582	9258	47 068	11 194
河南	23 595	5852	30 097	7499	31 857	8650	39 766	10 540
湖北	26 814	8257	25 964	8067	33 993	9430	34 860	9348
湖南	30 031	9618	31 404	10 169	33 509	10 107	30 438	9541
广东	529 148	11 422	67 810	13 138	71 434	14 238	75 838	15 880
广西	24 665	6755	24 007	6832	26 262	6936	27 046	7340
海南	4173	942	4955	999	5228	1177	5671	1304
重庆	13 568	3705	13 001	3388	16 455	4259	17 369	4352
四川	26 281	6495	32 082	7739	34 655	7861	40 983	9101
贵州	12 220	2754	22 028	2760	14 245	3088	19 224	4602
云南	31 034	5566	22 129	6023	23 971	6918	26 376	7200
西藏	295	44	636	69	696	24	1961	236
陕西	14 355	2859	15 811	3225	16 076	3326	18 116	4107
甘肃	13 352	3352	14 514	3860	1581	4442	17403	4478
青海	3108	644	3319	588	3855	740	3576	628
宁夏	5201	1208	7298	1325	7153	1353	7344	1729
新疆	14187	3929	15 738	4590	16 563	4374	20 356	5041

（四）2014年公共图书馆少儿服务设施建设统计数据分析

从表4-10中可以看到以下这些现象：

我国公共图书馆少儿服务设施发展地区性不平衡。无论是公共图书馆，还是少儿图书馆。总体来说东部地区好于中西部地区。公共图书馆方面，东部有800个馆，中部有1124个馆，西部有1192个馆，西部馆数最高，其次是中部和东部。但是东部地区万人均拥有少儿阅览室座席数最高为1.685个，其次是西部地区1.578个，最后是中部地区1.389个。万人均拥有少儿阅览室座席数量东部最高的是浙江省2.469个，中部最高的江西省2.049个，西部最高的是宁夏回族自治区3.046个。少儿图书馆数量及阅览座席数方面，东部9个省市57个馆、16 851个少儿阅览室座席，中部30个馆、8998个少儿阅览室座席，西部21个馆、4568个少儿阅览室座席。无论是少儿图书馆数量，还是少儿阅览室座席，东部都是最高，其次是中部，西部最少。少儿馆阅览室座席数量东部最多的是辽宁省2487个，中部最多的是吉林省3624个，西部最多的是广西壮族自治区1079个。

从省级、市级、县级三级图书馆来看，少儿服务设施各地区发展也各有差别。在万人均拥有少儿阅览室座席数据中，省级图书馆中宁夏数量最高3.046个。在省级图书馆少儿阅览室座席数量数据中，福建省数量最高1056个。在市、县级馆均少儿阅览室座席数据中，市级图书馆浙江省数量最高327个，县级图书馆上海市最高178个。少儿图书馆阅览室座席数量最高是吉林省3624，有6个省级行政区没有少儿馆数据。

从表中的数据和以上的分析来看，无论从万人均拥有少儿阅览室座席数量，还是按行政区划少儿阅览室座席数量，还是从省市县三级图书馆和少儿图书馆数量，与少儿人口占总人口的比率比较，相差太大，远远不能满足我国少儿人口的需求。以北京、天津、上海、重庆四个直辖市为例，从表4-11中看到4个直辖市在不包括独立建制的少儿图书馆在内时，0—14岁少儿拥有少儿阅览室座席的数据。北京市0—14岁的少儿860名拥有1.853个座席，天津市0—14岁少儿980名拥有1.624个座席，上海市0—14岁少儿863名拥有1.693个座席，重庆市0—14岁少儿1698名拥有1.659个座席。如果将4个直辖市的少儿馆计算在内，各地拥有少儿阅览室座席的比率也不会超过2个。因全国各大中城市无万人均拥有少儿阅览室座席数据，无法计算出与0—14岁少儿人口的比率，但估计也不会超过4个直辖市的比率。

表 4 – 10 2014 年少儿阅览室座席数据

图书馆类型	公共图书馆								独立建制少儿馆	
地区	图书馆数量(个)	万人均拥有少儿阅览室座席数(个)	省级图书馆数量(个)	少儿阅览座席数(个)	市级图书馆数量(个)	馆均少儿阅览座席数(个)	县级图书馆数量(个)	馆均少儿阅览座席数(个)	少儿图书馆数量(个)	少儿阅览座席数(个)
总计	3117	1.54	39	9224	361	126	2716	57	108	30 417
东部小计	800	1.685	12	2872	108	203	680	83	57	16 851
北京	24	1.853	1	485			23	152	4	1442
天津	31	1.624	2	415			29	71	11	1469
辽宁	129	1.803	1	150	22	144	106	43	15	2487
上海	25	1.693	2	8			23	178	4	1656
江苏	114	1.544	1	206	17	176	96	95	9	2308
浙江	98	2.469	1	0	14	327	83	109	3	1851
福建	88	2.354	2	1056	12	228	74	70	6	3245
山东	153	1.134	1	164	17	154	135	62	1	158
广东	138	1.578	1	388	26	224	111	96	4	2235
中部小计	1124	1.389	12	4052	122	109	990	54	30	8998
河北	172	0.942	1	280	12	82	159	36	1	70
山西	126	1.399	1	212	7	73	118	37	1	35
吉林	66	1.416	1	120	10	80	55	54	4	3624
黑龙江	107	1.511	1	170	11	69	95	51	1	120
安徽	113	1.322	1	278	18	114	94	61	8	955
江西	114	2.049	1	160	11	139	102	75	0	0
河南	157	1.181	2	932	19	131	136	57	5	1564
湖北	112	1.633	1	750	16	152	95	66	4	904
湖南	136	1.479	2	770	15	111	119	63	6	1726

续表

图书馆 类型	公共图书馆								独立建制 少儿馆	
地区	图书馆 数量 （个）	万人均 拥有少 儿阅览 室座席 数（个）	省级图 书馆数 量（个）	少儿阅 览座席 数（个）	市级图 书馆数 量（个）	馆均少 儿阅览 座席数 （个）	县级图 书馆数 量（个）	馆均少 儿阅览 座席数 （个）	少儿图 书馆数 量（个）	少儿阅 览座席 数（个）
海南	21	1.494	1	380	3	44	17	49	0	0
西部 小计	1192	1.578	15	2300	131	79	1046	43	21	4568
内蒙古	116	2.233	1	60	12	117	103	40	2	230
广西	112	1.603	3	465	15	133	94	55	3	1079
重庆	43	1.659	2	755			41	103	2	824
四川	198	1.173	1	15	22	89	175	43	2	270
贵州	96	1.385	1	95	10	72	84	48	2	500
云南	151	1.521	1	88	18	72	132	44	3	450
西藏	78	0.589	1	45	3	15	74	1	0	0
陕西	114	1.337	1	284	8	40	105	42	3	522
甘肃	103	1.887	1	150	17	48	85	46	4	693
青海	49	1.028	1	43	7	24	41	9	0	0
宁夏	26	3.046	1	150	5	101	20	68	0	0
新疆	107	2.453	1	150	14	79	92	48	0	0

表4—11 北京、天津、上海、重庆直辖市少儿阅览室座席与0—14岁人口对比情况

地区	万人均拥有少儿阅 览室座席数（个）	总人口	0—14岁人口	占比率
北京	1.853	1961.2	168.7	8.60%
天津	1.624	1293.82	126.75	9.80%
上海	1.693	2301.91	198.56	8.63%
重庆	1.659	2884.62	489.8	16.98%

（五）公共图书馆评估中少儿图书馆馆舍和设施设备

2002 年后，文化部于 2004 年、2009 年、2013 年分别组织了三次公共图书馆评估。三次评估中对少儿馆读者服务总面积、阅览座席、空间布局、视听设备、计算机、网络、自动化管理等设施设备方面都提出了要求。

2004 年文化部进行了第三次公共图书馆评估、定级工作，在这次评估、定级工作中，全国有 52 所独立建制的少年儿童图书馆分别评上了等级，有 27 所被评为一级、13 所为二级、12 所为三级。上等级少儿馆数量比上一评估年度减少 2 个，但一级馆增加了 40%，分布省份为 14 个。

在 52 所上等级馆分布情况为：省市县的分布情况为省级和副省级馆 9 所、地市级馆 27 所、县级馆 16 所。地区分布情况为一级馆中吉林、安徽、福建、湖南、广西、陕西分别为 1 所，北京、天津、浙江、湖北、广东分别为 2 所，辽宁为 3 所，上海、江苏为 4 所；二级馆中，内蒙古、黑龙江、上海、浙江、福建、山东、湖南、广西分别为 1 所，湖北为 2 所，辽宁为 3 所；三级馆中，天津、辽宁、江苏、安徽、重庆、贵州、甘肃分别为 1 所，福建为 2 所，湖南为 3 所。各省市分布情况为，辽宁最多 7 所，其次为上海、湖南、江苏分别为 5 所，湖北、福建分别为 4 所，湖南和吉林 3 所，北京、安徽、广东、广西分别为 2 所，最后黑龙江、内蒙古、山东、陕西、重庆、吉林、贵州、甘肃均为 1 所。

在本次评估指标中，省、市、县级少儿馆在设施设备方面都增设了指标项和提高了指标值。省级少儿馆标准中，阅览室座席数指标每级次都提高了 50 个，电子阅览室计算机指标数为 30 台、最低值 10 台，新增设 OPAC 专用计算机和网络接口指标。市级少儿馆标准中，馆舍面积最高指标比第二次高 1000 平方米，阅览室座席数最高值比第二次提高了 50 个，电子阅览室指标值最高到 20 台，新增设网络接口和计算机指标项。县级少儿馆标准中，阅览室座席数比第二次最高值提高了 50 个，新增设低幼玩具室、电子阅览室和计算机三个指标项。

从第三次评估中上等级的少儿图书馆数量和评估标准中设施设备的要求来看，少儿图书馆的设施设备水平都有一定的提高。

2009 年第四次公共图书馆评估定级工作的开展，是对全国少儿图书馆又一次全面检阅。在这次评估、定级工作中，全国有 46 所独立建制的少儿图书馆分别评上了等级，有 30 所被评为一级、6 所二级、10 所为三级。上等级少儿馆数量比上一评估年度减少 8 个，但一级馆增加了 3 所，分布省份为 19 个。

在 46 所上等级馆分布情况为:省市县的分布情况为省级和副省级馆 10 所、地市级馆 24 所、县级馆 12 所。级别地区分布情况为一级馆中内蒙古、湖北、湖南、重庆、广西、云南、陕西分别为 1 所,北京、天津、辽宁、吉林、浙江、福建分别为 2 所,广东为 3 所,江苏为 4 所,上海最多为 5 所;二级馆中,安徽、福建、河南、湖北、广西、重庆都为 1 所;三级馆中,天津、辽宁、江苏、安徽、湖北、陕西、甘肃分别为 1 所,湖南为 2 所。各省市分布情况为,上海和江苏最多都是 5 所,其次是福建、广东、湖北、湖南、吉林、辽宁、天津分别为 3 所,安徽、北京、广西、陕西、重庆分别为 2 所,甘肃、河南、内蒙古、云南、浙江分别为 1 所。

第四次评估标准中少儿图书馆设施设备的指标值都有所提高。省级少儿馆设施设备指标值中,馆舍面积每级次的指标值都有所提高,最高值提高了 2000 平方米;电子阅览室计算机指标值提高了 5 台;计算机指标值提高了 5 台。市级少儿馆设施设备指标值中,新增设 OPAC 专用计算机指标项,计算机 2—4 级指标值都有提高。县级少儿馆设施设备指标值中,新增设 OPAC 专用计算机和网络接口指标项。

从第四次评估中上等级的少儿图书馆数量和评估标准中设施设备的要求来看,少儿图书馆的设施设备水平都有一定的提高,特别是省级少儿图书馆的馆舍面积和网络要求。

2013 年文化部开展了第五次公共图书馆评估定级工作,是对繁荣时期全国少年儿童图书馆又一次全面检阅。在这次评估、定级工作中,全国有 56 个独立建制的少年儿童图书馆分别评上了等级,达到历史最高峰。有 34 个馆评为一级、14 个馆评为二级、7 个馆评为三级。上等级少儿馆数量比上一次评估增加了 9 个,一级馆增加了 4 个,二级馆增加 8 个,上等级馆分布省份仍然为 19 个。

在 56 所上等级馆分布情况为:省市县的分布情况为省级和副省级馆 11 所、地市级馆 31 所、县级馆 14 所,各行政级别的馆都有所增长。

一、二、三级馆地区分布情况为一级馆中内蒙古、辽宁、山东、湖北、湖南、云南、陕西分别为 1 个,北京、天津、吉林、浙江、福建、广西、重庆分别为 2 个,广东为 3 个,上海为 4 个,江苏最多为 7 个;二级馆中,安徽、吉林、福建、甘肃分别为 1 个,河南、湖北、湖南分别为 2 个,辽宁为 4 个;三级馆中,天津、湖南、云南分别为 1 个,辽宁、陕西分别为 2 所。

上等级馆各省市分布情况为,辽宁和江苏最多都是 7 所,其次是湖南和上海分别为 4 个,福建、广东、湖北、吉林、天津、陕西分别为 3 所,北京、广西、河南、云南、浙江、重庆分别为 2 所,内蒙古、安徽、山东、甘肃分别为 1 所。

从评估标准指标值来看,主要是对地市级和县级的要求有所提高,特别是馆舍面积,读者用房面积、阅览室座席、低幼儿玩具室、电子阅览室计算机台数、计算机台数等。从设施设备要求,并结合上等级图书馆数量来看,全国少年儿童图书馆设施设备的水平比第四次评估都有所提高。

在第五次评估中,首次在省级公共图书馆的评估标准的建制条件中,增订了"少儿阅览室座席"指标。历次评估都只对地市和县级公共图书馆有过要求,虽然历年省级公共图书馆都有少儿阅览室座席的统计数据,但对省级公共图书馆没有明确的要求。此次评估标准中,所增加的少儿阅览室座席数量虽然要求不高,但分值不低。这一指标的分值占总分值的千分之五,占第一标段分值的六分之一。"少儿阅览室座席"指标的增加,是对促进我国少年儿童图书馆事业发展的重要举措。

表4-12　全国公共图书馆阅览座席与少儿座席统计数据

	2010		2011		2012		2013	
	阅览座席	少儿座席	阅览座席	少儿座席	阅览座席	少儿座席	阅览座席	少儿座席
总计	630 683	156 524	681 441	168 647	734 571	181 264	809 767	196 192
中央	24 315	144						
地方	606 368	156 380						
北京	12 852	2900	12 510	2946	13 525	2992	16 002	3921
天津	9072	1911	9969	1621	12 446	1830	13 526	2143
河北	21 858	5287	26 541	5706	27 259	5774	30 348	6513
山西	15 983	4169	17164	4495	19 681	4539	26 050	5125
内蒙古	16 537	4398	17 189	4828	19 222	5015	24 363	5379
辽宁	30 220	7611	30 312	7788	31 977	8166	30 523	8080
吉林	13 820	3546	14 905	3759	15 863	3803	15 645	3878
黑龙江	18 013	4228	19 688	4727	2.21	1.05	21 952	5447
上海	19 427	4190	20 017	3893	21 594	4207	22 593	4142

续表

	2010		2011		2012		2013	
	阅览座席	少儿座席	阅览座席	少儿座席	阅览座席	少儿座席	阅览座席	少儿座席
江苏	38 912	10 856	39 798	11 192	42 085	11 751	44 431	11 794
浙江	35 068	9517	35 889	9664	40 263	10 590	42 423	10 439
安徽	15 778	3906	17 026	4341	21 188	5253	27 298	6812
福建	25 136	5850	23 981	7533	26 574	8110	28 524	8612
江西	22 042	6097	23 305	6710	26 284	7562	28 283	7147
山东	37 061	8512	37 962	9053	39 582	9258	47 068	11 194
河南	23 595	5852	30 097	7499	31 857	8650	39 766	10 540
湖北	26 814	8257	25 964	8067	33 993	9430	34 860	9348
湖南	30 031	9618	31 404	10 169	33 509	10 107	30 438	9541
广东	52 9148	11 422	67 810	13 138	71 434	14 238	75 838	15 880
广西	24 665	6755	24 007	6832	26 262	6936	27 046	7340
海南	4173	942	4955	999	5228	1177	5671	1304
重庆	13 568	3705	13 001	3388	16 455	4259	17 369	4352
四川	26 281	6495	32 082	7739	34 655	7861	40 983	9101
贵州	12 220	2754	22 028	2760	14 245	3088	19 224	4602
云南	31 034	5566	22 129	6023	23 971	6918	26 376	7200
西藏	295	44	636	69	696	24	1961	236
陕西	14 355	2859	15 811	3225	16 076	3326	18 116	4107
甘肃	13 352	3352	14 514	3860	1581	4442	17 403	4478
青海	3108	644	3319	588	3855	740	3576	628
宁夏	5201	1208	7298	1325	7153	1353	7344	1729
新疆	14 187	3929	15 738	4590	16 563	4374	20 356	5041

（六）各地少儿图书馆发展情况

这一时期,新建了福建省少儿图书馆和河南省少儿图书馆两家独立建制的省级少儿馆,武汉市少儿图书馆、重庆市少儿图书馆和深圳市少儿图书馆新馆启用,新改扩建了天津市少儿图书馆、广州市少儿图书馆,重新装修了温州市少儿图书馆和杭州市少年儿童图书馆,大连市少儿图书馆总分馆建设基本完成。

2004年7月,北京少儿图书馆迁入首都图书馆新馆。2004年12月,武汉市少儿图书馆新馆开馆,馆舍面积达4182平方米。设办公室、借阅部、采编部、文献信息部、培训部等。新增了触摸屏、玩具室玩具等设备。

2008年六一,重庆市少年儿童图书馆新馆开馆。新馆为原重庆图书馆馆址。馆舍建筑面积为7535平方米,与原馆舍相比约增长60%,其中读者使用面积为4544平方米,占总面积的60.3%。阅览座席总计527个,部门设有11个,办公室、人事科、行保科、业务活动部、培训部、读者服务部、网络技术部、数字资源部、文献信息部、采编部、特藏部。特别设立的亲子阅读活动室面积为60平方米。设备方面:配有电脑60台,采用ILASⅡ系统实现图书馆业务集成管理,全馆实现了OA办公自动化管理,利用TRS软件平台实现本馆数字资源的加工与发布,利用VPN网络实现与重庆市分中心的资源共享。主要的计算机及网络设备有:服务器11台、存储空间10TB、核心千兆交换机1台、千兆楼层交换机9台、千兆防火墙1台、电脑160台,其中电子阅览室计算机78台、OPAC查询机6台。设立了网站。

2008年12月,深圳少年儿童图书馆新馆启用。新馆为六层建筑,面积为1.56万平方米,一层设外文、港澳台、亲子、连环画、多媒体等阅览区,以及读者休息区、礼仪教室等专业教室和其他办公房;二层设大堂、多功能报告厅、中、初等教育阅览区、成人家长阅览区、特殊儿童阅览区、教室等;三层设现报、现刊、过刊阅览室及会议、接待、馆长办公室及办公用房;四、五、六层为书库及机房等功能办公用房。新馆设施齐全,功能完备,配备计算机、视听、文献扫描等设备近100台。

2011年9月,正式开馆的福建省少儿图书馆,实际用地面积17 938平方米,建筑由国内知名设计师设计,主体有如彩色的积木块,活泼有趣,突出少儿图书馆的特色。新馆内能容纳60万册文献,阅读座位1000余个,除了基本的图书、音像借阅室和多媒体阅览室,还增设视障儿童阅览区、玩具游乐区、动漫体验区、幼儿专业教室、家长借阅区等特色馆室。福建省少儿馆是国内第一家使用云计算机的少儿馆也是目前国内使用智能化技术最多的少儿馆之一,其使用的自助借还书系统实现了馆内借书还书一卡通,门禁一卡通。与省电信合作的远程监控系统,通过全球眼即可实时监控,还可实现远程视频会议;动漫体验馆更让少年儿童真正实现了动漫创作和网上冲浪。同时,配备了现代化的手段,使每一个读者凭一张读者卡,就能实现在图书馆中的所有活动,包括上网、借阅、欣赏音乐影视、制作动漫、听报告等活动。还能给少年儿童提供展示个人才艺的场所,如进行书画作品展、手工作品展、组织才艺表演等;利用报告厅举办各种讲座,让少儿图书馆体现出更多的培养少年儿童动手动脑的功能。

2012年6月杭州少年儿童图书馆全新亮相。改建一新的杭州少儿图书馆建筑面积5685平方米,地下一层,地上三层,开放面积从改建前的4096平方米增加至5068平方米,开放率从原来的72%提高至近90%。阅读座位800个,是改建前的4倍。全新开放的少儿图书馆,不仅是一个藏书丰富的阅览室,也是每一个孩子和家长的教室。在低幼区内,专门开辟了独立的亲子阅读区。这一区域被两个半圆形彩色书架包围着,中间放置着彩色的、柔软的、低矮的沙发,父母和孩子可以在这里亲密共读。阅读区旁边还有"玩具天地",家长可以与幼儿一起玩那里的各种玩具。儿童图书区分两层,一楼大厅为低幼儿阅读区,以动漫、艺术、教育、自然、社科类图书为主,二楼大厅为少年阅读区,更多是拼音读物、文学类图书。

2013年6月,投资近千万元改造的温州市少年儿童图书馆开馆,馆舍面积9600余平方米,馆内设有幼儿天地、小学借阅室、中学借阅室、教参借阅室、动漫馆、益智馆、ihouse等对外服务窗口,收藏图书、报刊、非书资料等各类文献,实行藏、借、阅、导读、活动、咨询一体化,面向不同年龄层读者,开展文献阅览外借、阅读指导、读书活动、参考咨询等各类服务。

大连市少儿图书馆始建于1956年,1997年12月,市政府投资建设的位于人民广场南侧的新馆落成。2008年进行一次较大规模的馆舍改扩建后,建筑面积达6480平方米。2008年7月,开始在全市推行总分馆制的尝试,相继选择不同类型图书馆,建立试点十个。2011年开始,以每年建成20个分馆为目标,进入高速发展阶段。2009—2012年,大连市级财政分4期对大连少儿图书馆数字化工程进行投入,共计2242.7万元,有力保障了总分馆体系建设的经费需求。同时,大连市财政承诺将根据各地区少儿图书购置预算安排情况,给予涉农地区少儿图书资源购置奖励,以奖代补,引导资源薄弱地区丰富少儿图书资源。大连已初步建立起与城市发展相适应、相配套的地区性少儿图书馆网络整体形态:一个中心、两大方面、三大群体、四级结构,形成以数字图书馆技术为依托的少儿图书馆网群,覆盖和服务本地区全域。一个中心是指大连市少儿图书馆总馆;两大方面是指城乡中小学和基层(教育机构、村镇社区文化站)分馆,也是网群中最重要的网络结点;三大群体是总分馆服务体系主要服务于未成年人、家长、教育工作者;四级结构是总馆—分馆—图书流通站—图书流动车。截至 2012 年年底,总分馆体系建设在全市各个片区中小学的覆盖率达到 100%。从已建成的 62 所分馆看,其中分布在偏远涉农地区的分馆有 47 所,占总量的 75.8%。据统计,从 2008 年 7 月总分馆体系实施前,截至 2014 年年底,已有 100 个分馆、60 个流通站、115 个馆藏地点。已运行 8 年的大连市少年儿童图书馆总分馆制,对全国构建公共图书馆少儿服务网络有独特的参考价值。

2014 年 6 月,河南省少年儿童图书馆正式开馆,新馆建筑总面积 2.1 万平方米,设计藏书 150 万册(件),阅览座位 1000 个。目前主要馆藏有:各类文献资源 10 余万册,内容涉及各门学科,包括中外图书、报纸、期刊、儿童益智玩具等。通过动静分区、主辅分区、楼层分区等为读者开放以下区域:公共服务区(一层)、综合借阅区(二层)、实践体验区(三层)、传统文化区(四层)。馆里根据少儿阅读的特殊性,倾力打造了多媒体阅览区,创艺乐园、数字阅览、动漫广场、5D 体验、高清影视、智能影像馆、体感游戏、科学实验室等高科技、现代化服务设施,给小读者带来许多惊喜。而四楼国学馆作为该馆的特色馆,设置历史教室、国学讲堂、书画馆、棋艺室等窗口。新馆是以少年儿童读者为主要服务对象,突出少儿特色,实现多功能、多载体、网络化、智能化,设施先进、环境高雅的现代化公共图书馆。

2014 年 6 月,新扩建的天津市少年儿童图书馆开馆,新馆建筑面积 1 万余平方米,1.47 米×2.9 米的 4D 高清电子显示屏滚动播放着馆内的实时动态和信息、品牌及特色活动的视频。在一层空间,新增设的玩具阅览室,设计儿童淘气堡及益智游戏区,亲子阅览室为亲子共读提供便利,小型报告厅的设计构思巧妙,适合举办各类型不同主题的讲座,其中音效、投影设备的配置,均充分考虑了儿童特点。在二层空间,拥有 80 台高配置电脑、提速至 100 兆带宽的电子阅览室;中小学阅览室近 10 万册内容丰富的新书,分功能设置的小型教室,涵盖音美体劳等多个领域。在三层空间,设立在其中的天津动漫文献基地,向广大动漫爱好者和动漫工作者展示其所有收录,40 976 种 112 835 册日文、港台、西文原版及国内动漫图书逐一被展示其中以供阅览,其涵盖范围之广、内容之全当时在国内遥遥领先,热门动漫图书和期刊被展示在专属领地,大型触摸屏可以随时为读者呈现已经被数据化的馆内收藏的动漫书籍。围绕教学资料室而建的各个独立的小空间,以"成长讲坛"为载体,每月开展形式多样的家庭教育指导公益活动,包括专家讲座、绘本与亲子阅读讲座、家长沙龙、家庭幸福论坛、家长学讨班活动、个别咨询等。位于大厅的自助办证机可以及时为有外借需求的读者办理书证,先进的阅报系统每天更新着 500 种报纸、千余种期刊,让不同年龄段的读者随时获得更多资讯,卫星接收器的安装让读者通过全国各地的卫视台同步获取全国各地的信息,升级的 ILAS 图书馆集成系统为图书馆的各项业务工作的开展保驾护航。

2014 年下半年,厦门市少年儿童图书馆继 2007 年在少图界首开利用 RFID 技术进行读者自助借还后,启用新型"智能书架"管理系统。新一代"智能书架"是一种架上图书精准定位管理系统,通过在书架分层设置 RFID 标签读写器等,可完成馆藏图书实时清点、查询定位、错架统计、读者自助上架归还图书等功能。通过感应读者所持 RFID 借书证,"智能书架"将可统计分析该读者在相关架位图书的取放次数、停留时间、到离馆时段等数据,结合读者借阅历史记录等情况即可该读者进行个性化分析,从而提供个性化服务。而通过对图书流通及书架布局利用情况的总体分析,可为图书排架与读者利用效率的匹配性提供数据支撑,从而为架位调整、图书采购方向等业务决策提供依据。该系统的应用对今后逐步实现图书馆的高度智能化管理奠定了基础。

2015 年 6 月,修缮一新的广州少年儿童图书馆新馆开馆,新馆面积有 17 000 平方米,包括童趣馆、绘本馆、港台馆、展览厅和休闲区等区域。值得一提的是,新馆增加了掌纹识别技术,读者可以在这里"绑定"自己的掌纹,以后伸手扫掌纹就可以借书回家,仅需几秒钟就能完成借书。新馆的自助借还区配置了两条"图书自动分拣线"。每条图书自动分拣线设有 37 个自动分拣口。广州少年儿童图书馆服务系统由总馆、联合分馆、图书流通点和汽车图书馆服务点组成,服务触角延伸至广州四面八方。目前,已在广州 10 区 2 市中相对比较偏远的黄埔区、白云区、海珠区、南沙区、从化市、增城市社区,以及在广州市少教所、广州市聋人学校、广州市边远学校等先后建立了多个联合分馆、图书流通点和汽车图书馆服务点。

这一阶段，湖北省图书馆、山西省图书馆、辽宁省图书馆、广州市图书馆、内蒙古自治区图书馆相继建成了大型的新馆，在新馆中建有面积相当大的少儿分馆（部），并为少儿服务配备了先进的设施设备。

2012年开馆的湖北省图书馆少儿部面向全省0—18岁的儿童、青少年开放，并为家长、教育工作者、儿童工作者提供服务。本部门设有亲子乐园、玩具动漫乐园、中小学生借阅区、期刊借阅区、声像资料借阅区、少儿电子阅览区、多功能活动区、家长休息区、少儿科普教育基地等各类特色服务窗口。湖北省图书馆少儿部馆藏丰富，设施先进，使用自助借还系统，设置64台电脑、ITV视频点播系统、大型LED屏幕等设备。

2012年广州市图书馆新馆开放，总建筑面积95 000平方米，是世界上最大的城市公共图书馆之一。设有少儿阅读区，悦读馆与南方分级阅读研究中心合作共建项目，为中小学生提供集图书、电脑、平板电脑、触摸屏为一体的阅读空间。南楼二楼是亲子绘本阅读馆，很有特色，提供亲子阅读活动，实施趣味阅读，还有一些试听资料。

2015年8月，辽宁省图书馆新馆开馆，新馆建筑面积10.3万平方米，是目前国内单体面积最大的省级公共图书馆。在新馆一楼区域的少儿服务区达面积3600平方米。全新开放的少儿服务区，不仅是一个拥有丰富藏书的阅览室，也是孩子们的乐园。少儿服务区设少儿阅读区、幼儿阅读区、魔幻数字体验区、玩具体验馆、多媒体阅读区及家长休息区六大主题区域和少儿国学坊、少儿阅读两个主题活动室。把阅读活动中的动和静融于一体，营造出亲子共玩、共读的温馨环境。玩具体验馆里的各类玩具、魔幻数字体验区里6米长、2.5米宽的雷达式触摸涂鸦墙、7米长的3D动画互动地面游戏、4台XBOX360游戏机以及有声音能讲解的投影书给小读者带来全新的阅读体验。

2015年11月1日，内蒙古图书馆少儿馆全新升级改造完成，迎来了第一批小读者。蒙古包形状的房间、卡通造型的桌椅、五颜六色的墙壁，仿佛让人走进了童话世界。升级改造后的新少儿馆由原来的650平方米扩大到3200平方米，新增图书4万余种，数据资源总容量达到6TB，馆内设有15个全新体验区，新进数字设备10余种，并开设影院，成为由蒙汉文借阅区、才艺活动区、亲子区、数字体验区、小小社区等组成的集益智、趣味、互动、体验为一体的多功能少儿图书馆。与扩建前不同，新少儿图书馆除了设有蒙汉文图书借阅区，还分别设有各种活动区和体验区。其中，别出心裁的才艺活动区内配放着3D打印机和钢琴、马头琴、古筝等乐器。而独具特色的小小社区里设有

"咖啡馆""邮局""医院"等依据真实的社会分工创造的虚拟社会体验区,让孩子们扮演不同的社会角色,身临其境,体验不同的社会职业。

2015 年 6 月,国家图书馆少儿馆改扩建完成,顺利开馆。新址面积增至之前的两倍,达 1200 余平方米。固定阅览座席增至 300 个,是原来的两倍。少儿馆分为楼上楼下两层。

第二节　调查与分析

2015 年 8 月,国家图书馆研究院发放"少年儿童图书馆事业发展总体情况调查问卷",对全国公共图书馆和少年儿童图书馆进行一次全面的少儿图书馆事业的现状调查。收到 30 个省、自治区、直辖市 264 家各级公共图书馆和少儿图书馆的调查表,其中有独立建制的省级和副省级少儿馆 15 家、独立建制的地市级少儿馆 31 家和县级少儿馆 5 家,省级和副省级公共图书馆 31 家、地市级公共图书馆 71 家、县级公共图书馆 111 家。

一、独立建制的少儿图书馆

(一)省级和副省级少儿图书馆

在调查统计中,可以看到独立建制的少儿馆面积上万平方米的有广州市少儿馆和河南省少儿馆,广州市少儿馆的馆舍面积已超过第五次评估标准中省级公共图书馆馆舍面积 1.5 万平方米的最低标准。调查数据中,馆均馆舍面积为 6578.658 平方米,已超过第五次评估标准中省级少儿图书馆馆舍面积 6000 平方米的最高标准,但有相当一部分馆舍面积在 3000—4000 平方米。调查数据中,阅览室座席馆均为 724 个,大大超过第五次评估标准 450 个的要求。专门服务空间大部分馆都设置齐备,计算机馆均 77 台,互联网计算机馆均 63.6 台,这两项也超过了第五次评估标准的要求,评估标准最高标准值分别 55 台和 35 台。投影仪馆均 5.6 台。大部分馆具有自借自还系统、电视和无线网络覆盖,视听系统不是很普遍。新媒体设备平板电脑、电子阅读器的配备都不是很多。半数的馆配有流动书车,大部分馆都设有分馆。

(二)地市级少儿馆

在调查统计中,可以看到,江苏省扬州市少儿馆馆舍面积最大达 13 492

平方米,超过大部分独立建制的省级少儿馆,其次是温州市少儿馆8118平方米,但大部分馆都在1000—2000平方米左右。馆均面积为2691平方米,还未达到第五次评估标准地市级少儿馆馆舍面积的最高要求的3000平方米。馆均阅览座席382个,也未达到第五次评估标准地市级少儿馆阅览座席的最高要求的450个。专门服务空间设置大部分馆齐备,表中计算机和互联网计算机馆均分别为38.5台和35.3台,计算机总数没有达到第五次评估标准地市级少儿馆计算机45台的最高标准,互联网计算机超过了评估标准的最高值25台的要求。在新媒体设备中,大部分都配有触摸屏,平板和电子阅读器较少。大部分馆都配有电视、视听、投影仪和无线网络覆盖。半数的馆配有流动书车,大部分馆都设有分馆。

(三)县级少儿馆

在调查统计中,可以看到,江苏省常州市金坛区少儿馆馆舍面积最大达1450平方米,但仍未达到第五次评估标准的县级少儿图书馆馆舍面积的最高要求的1500平方米,其他馆都在第五次评估标准的县级少儿馆馆舍面积要求的最低两档以下,有些甚至在最低要求以下。馆均阅览座席152个,也未达到第五次评估标准地市级少儿馆阅览座席最高要求的250个。专门服务空间大部分馆设置齐备,表中计算机和互联网计算机馆均分别为22.6和21.2台,达到第五次评估标准县级少儿馆这两项的最高标准。在新媒体设备触摸屏,平板和电子阅读器中,仅有1个馆都配有,其他馆较少。电视、视听、投影仪配备不多。无线网络覆盖都配有。只有1个馆配有流动书车,只有2个馆分别设有1个分馆。

从以上省市县三级少儿图书馆的情况来看,省级少儿图书馆发展的情况好些,设施设备基本上能达到第五次评估标准的要求。专门服务空间的设置上还必须完善,全部达到调查表中的"专门服务空间"设置的馆不多。视听设备有必要加强。新媒体设备,特别是平板电脑和电子阅读器还需要大量增加。地市级少儿图书馆设施设备水平有待加强,馆舍建筑面积悬殊比较大,大的有13000多平方米,小的只20多平方米,仅有大的十分之一。对照第五次评估标准指标值的要求,馆舍建筑面积、阅览室座席、计算机、互联网计算机、试听设备、新媒体设备等多项指标数都没有达到要求。县级少儿图书馆设施设备条件更为差些,各项指标值均未达到评估标准,差距还比较大。

二、公共图书馆

(一)省级和副省级公共图书馆

在调查统计中,可以看到,广州市馆的少儿服务面积最大达 6221 平方米,其次是山西省馆和湖北省都在 5000 平方米以上,馆均面积达 1497.7 平方米。湖北省馆设有 1200 个少儿座席,位于最高,馆均少儿座席 217.7 个。馆均少儿座席已超过第五次评估标准的最高指标值 140 个,但仍有 42% 的馆在 140 个以下。每个馆的少儿服务区都为独立服务区。专门服务空间数据显示广东省馆、贵州省馆、湖北省馆、江西省馆、首都馆、江苏南京馆、江苏金陵馆、四川成都馆 8 个专门服务空间比较完备,其他馆不够完备。在专门服务空间中,有 24 个馆设有阅读活动室,所占比例为 77.4%;有 15 个馆设有儿童电子阅览室,所占比例为 48.3%;有 10 个馆设有少儿视听室和母婴室;有 5 个馆设有玩具室和儿童手工室。在专门服务空间中最为主要的是阅读活动室和儿童电子阅览室,每个馆都必须设立。70% 的馆配有少儿自助服务终端。馆均计算机 24.29 台,馆均互联网计算机 21.95 台。少儿视听设备中大多数馆都配有电视和投影仪。新媒体设备中,大多数馆都配有触摸屏,但平板电脑和电子阅读器配备不多。大多数馆都设有无线网络覆盖。基本上各馆都交通便利,最近的地铁、公交等公共交通站距离少儿馆在 0.5 公里以内。

调查数据中"少儿服务面积"显示大多数馆都在 1000 平方米以下,最少的仅有 246 平方米。省级和大中城市公共图书馆少儿服务面积要设多少才比较合适,这是一个目前难以明确的问题。按第五次公共图书馆评估标准中省级公共图书馆的"少儿阅览室座席"指标最高值折算,一个少儿座席按 1.8—2.3 平方米折算,最高值 140 个座席折算后单独的少儿活动空间即少儿服务面积为 252—322 平方米。如果按这样的指标来衡量,参加调查的馆基本上都达到了最高值。评估标准中"少儿服务面积"这个指标值到底合不合适值得认真研究和论证。粗略统计全国省级和副省级公共图书馆少儿服务面积占总服务面积比例最高为 5%,最低为 0.2%。这显然不符合"儿童优先"的原则。英国公共图书馆儿童服务面积通常占总面积的 20%[15],美国公共图书馆儿童服务面积一般占总空间的 20%—40%,有的甚至占 50%。美国纽约州标准为儿童及青少年服务空间应占业务功能性空间的 20%—40%[16]。

（二）地市级公共图书馆

在调查统计中，可以看到，少儿服务面积超过 3000 平方米的有 3 家，其中首位的是江苏省盐城市馆，其少儿服务面积最大达 3770 平方米，其次是长沙市馆 3700 平方米，接着是东莞市馆的 3171 平方米。馆均面积达 634.11 平方米。重庆市南岗区馆设有 1000 个少儿座席，位于最高，馆均少儿座席 139.5 个。馆均少儿座席数已超过第五次评估标准最高指标值 100 个，但仍有约 40% 的馆少儿座席在 100 个以下。每个馆的少儿服务区都为独立服务区。各馆设立的少儿专门服务空间要比省级馆丰富些。具有 4 个以上专门服务空间的馆有 11 个，其中广东东莞市馆和内蒙古呼伦贝尔市有 5 个专门服务空间。具有 3 个专门服务空间的馆有 15 个。设有阅读活动室的馆有 57 个，所占比例为 80.2%，高于省级馆的比例；设有儿童电子阅览室的馆有 32 个，所占比例为 45%，低于省级馆；设有儿童手工室的馆为 19 个；设有少儿视听室的馆为 18 个；设有玩具室和母婴室的馆均为 8 个。在专门服务空间中，儿童电子阅览室太少，阅读活动室也没有达到 100%。配有少儿自助服务终端的馆不多。馆均计算机 12.46 台，馆均互联网计算机 12 台。少儿视听设备中大多数馆都配有电视和投影仪。新媒体设备中，大多数馆都配有触摸屏，但平板电脑和电子阅读器配备不多。大多数馆都设有无线网络覆盖。基本上各馆都交通便利，最近的地铁、公交等公共交通站距离少儿馆在 0.5 公里以内。

（三）县级公共图书馆

在调查统计中，可以看到，少儿服务面积超过 1000 平方米的有 2 家，其中首位的是浙江省台州市路桥区馆，其少儿服务面积最大达 1200 平方米，其次是福建省福州市马尾区馆 1000 平方米。馆均面积达 634.11 平方米。广西横县馆设有 1200 个少儿座席，位于最高，其次是四川省三台县设有 300 个。馆均少儿座席 139.5 个，超过第五次评估标准最高指标值 48 个，但仍有 26% 的馆在评估标准指标值 48 个以下。绝大部分馆的少儿服务区都为独立服务区。大多数馆都设立了少儿电子阅览室和阅读活动室。具有 4 个以上专门服务空间的馆有 12 个，其中辽宁省大连市金州区馆有 5 个专门服务空间。具有三个专门服务空间的馆有 17 个。设有阅读活动室的馆有 82 个，所占比例为 73.8%，低于省、市级馆；设有儿童电子阅览室的馆有 43 个，所占比例为 38.7%，低于省、市级馆；设有儿童手工室的馆为 16 个；设有少儿视听室的馆为 24 个;设有玩具室的馆 12 个和母婴室的馆为 9 个。在专门服务空间中,阅读活动室和儿童电子阅览室数量太少,比例低于省、市级馆。配有少儿自助服务终端的馆不多。馆均计算机 12.46 台,馆均互联网计算机 12 台。少儿视听设备中大多数馆都配有电视和投影仪。新媒体设备配备偏少。大多数馆都设有无线网络覆盖。基本上各馆都交通便利,最近的地铁、公交等公共交通站距离少儿馆在 0.5 公里以内。

第三节　公共图书馆少儿服务网络体系建设

2010 年 9 月,文化部在天津召开全国少年儿童图书馆工作会议和全国公共电子阅览室建设试点工作会议,出台了《关于进一步加强少年儿童图书馆建设工作的意见》(简称《意见》)。《意见》指出,要加大投入,积极构建覆盖城乡的少年儿童图书馆服务体系。各级公共图书馆都要开设专门的少年儿童阅览室。有条件的地区,要参照《公共图书馆建设标准》建立独立建制的少年儿童图书馆。努力构建包括少年儿童图书馆、少年儿童阅览室、少年儿童图书馆分馆在内的覆盖城乡的服务网络体系。

目前,我国独立建制的少儿图书馆一般都建立在大中城市,县级的少儿图书馆数量不多。在大中城市中,有的建有省级少儿图书馆,有的建有市级少儿图书馆,有的仅有区级少儿图书馆。公共图书馆少儿服务网络体系建设的情况,可以分为以下几种类型:

第一,以省级图书馆少儿部(室)+市级少儿图书馆和市级图书馆少儿部(室)+区县少儿图书馆和图书馆少儿部(室)构建覆盖全省的图书馆少儿服务网络体系。

辽宁省图书馆少儿服务网络体系为这一类型。1981 年,文化部、教育部、团中央在京联合召开了"全国少年儿童图书馆工作座谈会"。会议做出了"在中等以上城市和大城市的区逐步建立专门的少年儿童图书馆"的规划,并对少年儿童图书馆工作及管理提出很多指导性意见。会后,辽宁省文化厅制定下发《关于加强与改善公共图书馆少年儿童工作的意见》(辽文物字〔1981〕28号),提出"在今后几年内逐步建立少年儿童图书馆"及"县区图书馆有两个以上阅览室、馆舍在 400m² 以上,都要开辟专设的少儿阅览室"等要求。1982年,国家文化部召开"全国少年儿童图书馆(室)先进集体、先进工作者表彰会议"。借此东风,辽宁省文化厅于 1983 年制定下发了《关于加强和改进少年儿童图书馆(室)工作的几点意见》(辽文图字〔1983〕5 号),提出"六五"期间建市级少儿图书馆及县区级少儿阅览室,农村图书馆少儿图书专架的要求。到 1983 年年底,全省独立建制的少年儿童图书馆已恢复到 7 所,少儿阅览室由 7 个增至 48 个。1993 年由辽宁省委宣传部、省文化厅、省教委、团省委、省妇联、省关心下一代工作委员会等六部门联合制定下发了《关于进一步加强少年儿童图书馆(室)工作的意见》(辽文字〔1993〕6 号),提出:"各级政府及有关部门要把少儿图书馆建设纳入城区建设规划。到"九五"期末,各地级市均应建有一所独立建制、建筑面积不低于 1000 平方米的少儿图书馆;较大城市的区应根据实际需要建设区少儿图书馆;尚未建立少儿图书馆的市、县(区)均应在图书馆中专设少儿部、少儿阅览室,以达到我省市市、县县、区区均有少儿阅读场所的目标。"1995 年,文化部组织全国少年儿童图书馆评估定级工作,在 10 所参评的少儿馆中,沈阳、大连两所少儿图书馆被定为国家一级少儿图书馆,另有 5 所少儿馆被定为二级馆,3 所少儿馆被定为三级馆。目前,辽宁省馆少儿分馆服务面积为 3600 平方米,沈阳市馆少儿服务面积 500 平方米,沈阳市少儿馆服务面积 3300 平方米,沈阳市建有和平区、皇姑区、大东区、铁西区独立建制的少儿图书馆,大连市馆少儿服务面积 628 平方米,大连市少儿馆服务面积 4391 平方米,大连市少儿馆分馆,全省独立建制的少儿馆有鞍山市、丹东市、锦州市、辽阳市、盘锦市、铁岭市、营口市,抚顺市、阜新市、本溪市也曾有过少儿馆。

　　第二,以直辖市市级少儿图书馆和市级图书馆少儿部(室)+区县少儿图书馆和区县图书馆少儿部(室)构建的覆盖全市的图书馆少儿服务网络体系。

　　北京、天津、上海、重庆四直辖市图书馆少儿服务网络体系均为这一类型。除原独立建制的北京市少儿图书馆搬入首都图书馆内成独立服务区外,其他三市分别建有市级图书馆少儿馆、市级少儿图书馆、区(县)级图书馆少儿室、区(县)级少儿图书馆。北京市少儿图书馆搬入首都图书馆后,服务空间面积达 4000 平方米,设有"少儿综合服务区""少儿中文书刊借阅区""少儿英文阅览区""亲子借阅区""青少年多媒体空间"5 个少儿服务区。北京建有石景山区、西城区、朝阳区、丰台区 4 所独立建制的少儿图书馆,其他区图书馆也有少儿室。天津市有市少儿图书馆,市馆及其他馆设有 4 所少儿阅览室,还有和平区、塘沽区、南开区、河北区、河西区 5 所独立建制的少儿图书馆,以及河东区、汉沽区、西青区、北辰区等区都建制过少儿图书馆,现为区图书馆少儿室,天津市少儿馆建有 114 个分馆。天津市已形成覆盖全市的图书馆少儿服务网络体系。上海市图书馆建有少儿室,上海市少儿图书馆是我国最早的少儿馆之一,长宁区、普陀区、闸北区三区有独立建制的少儿图书馆,其他区图书馆有少儿室。重庆市为我国较晚成立的直辖市,但重庆市少儿图书馆是我国较早成立的独立建制的少儿馆,2008 年重庆市图书馆新馆设立儿童阅览室和少儿阅览室,市辖有独立建制的涪陵区少儿图书馆,其他区图书馆也建有少儿室。

第三,以省会城市的省级少儿图书馆和省级图书馆少儿部(室) + 省会城市市级少儿图书馆和市级图书馆少儿部(市) + 区县少儿图书馆和区县图书馆少儿部(室)构建的覆盖省会城市的图书馆少儿服务网络体系。

福建省省会城市福州市图书馆少儿服务网络体系为这一类型。福州市作为福建省省会,建有福建省级图书馆少儿分馆(室)、福建省少儿图书馆、福州市级图书馆少儿部(室)、福州市少儿图书馆、福州市台江区图书馆少儿室、福州市仓山区图书馆少儿室、福州市晋安区图书馆少儿室、福州市马尾区图书馆少儿室,福州市鼓楼区有福建省少儿图书馆。福州城区省市区三级少儿图书馆构成了覆盖福州城区的少年儿童服务体系。目前,福州市各级图书馆少儿服务面积已达 16 000 平方米,随着 1 万多平方米的新福州市少儿图书馆投入建设,未来总面积可达 3 万平方米。福州市总人口数 671.54 万,0—14 岁人口 103.11 万,所占比率为 14.49%。目前,福州市 0—14 岁人口人均拥有的图书馆少儿服务面积约为 0.14 平方米。尽管这个数据不高,但应该说福州市目前少年儿童服务体系在全国省会城市中是比较好的,也是全国仅有的设有独立建制的省级、市级、区级三级少儿馆的城市。

第四,以省级少儿图书馆和省级图书馆少儿部(室) + 省会城市市级图书馆少儿部(室) + 区县图书馆少儿部(室)构建的覆盖省会城市的图书馆少儿服务网络体系。

郑州市和长沙市图书馆少儿服务网络体系为这一类型。郑州市和长沙市分别为河南和湖南省的省会城市。它们都建有省级图书馆少儿馆、省级少儿馆、市级图书馆少儿馆、区级图书馆少儿室,也都初步构成了少年儿童图书馆服务体系。郑州市建有的河南省图书馆少儿服务面积 900 多平方米,河南省少儿图书馆 12 000 平方米,郑州市图书馆少儿服务面积 1000 平方米,郑州市区级图书馆少儿服务面积没有数据。郑州市总人口 862.65 万,0—14 岁人口 138 万,所占比率为 16%。根据目前的数据计算,0—14 岁人口人均图书馆服务面积为 0.1 平方米。长沙市建有湖南图书馆少儿馆 600 平方米,湖南省少儿图书馆 6725 平方米,长沙市图书馆少儿馆 3700 平方米,长沙市芙蓉区图书馆少儿室 180 平方米,长沙市开福区图书馆少儿室 139 平方米,长沙市天心区图书馆少儿室 120 平方米,长沙市雨花区图书馆少儿室 100 平方米,长沙市岳麓区图书馆少儿室 240 平方米,长沙市城区三级公共图书馆少儿服务面积为 11 804 平方米。长沙市总人口数 704.41 万,0—14 岁人口 95.59 万,所占比率 13.57%。0—14 岁人口人均公共图书馆服务面积为 0.12 平方米。

第五,以省级图书馆少儿部(室) + 省会城市少儿图书馆和图书馆少儿部(室) + 区县少儿图书馆和区县图书馆少儿部(市)构建覆盖省会城市的图书馆少儿服务网络体系。

广州、沈阳、武汉、长春、南宁、昆明、合肥、兰州的图书馆少儿服务网络体系为这一类型。以上 8 个城市分别是广东省、辽宁省、湖北省、吉林省、广西壮族自治区、安徽省、云南省、甘肃省的省会或首府。这 8 个城市分别建有省级图书馆少儿分馆(室)、市级图书馆少儿部(室)、市级少儿图书馆、区级图书馆少儿室。广州市拥有广东省图书馆少儿分馆 2606.55 平方米、广州市图书馆少儿部 6221 平方米、广州市少儿馆 16 000 平方米,原广州少儿馆的两处馆舍也将建成区级少儿馆,其他市区图书馆有少儿室。广州市覆盖城市的图书馆少儿服务体系已基本建成。沈阳市 9 个城区中有和平区、皇姑区、大东区、铁西区 4 个独立建制的区少儿图书馆,还有沈阳市少儿馆服务面积 3300 平方米和沈阳市馆少儿室服务面积 500 平方米,还有辽宁省图书馆少儿分馆服务面积 3600 平方米,沈阳市覆盖城市的图书馆少儿服务网络体系已基本建成。吉林省图书馆少年儿童分馆少儿服务面积 1240 平方米,设有 2 个阅览室、1 个活动室 1 个服务区、1 个 4D 小电影院。长春市图书馆少儿服务面积为 1000 平方米,长春市少儿馆服务面积 4326 平方米,长春市宽城区图书馆少儿服务面积 77 平方米。广西壮族自治区图书馆少儿分馆是我国较早建立的省级图书馆少儿分馆,南宁市图书馆少儿服务面积 140 平方米,南宁市少儿馆服务面积 3471 平方米。云南省图书馆少儿阅览室服务面积 350 平方米,昆明市图书馆少儿阅览室服务面积 200 平方米,昆明少儿图书馆服务面积 3920.94 平方米。安徽省图书馆少儿服务面积 800 平方米,合肥市图书馆亲子阅览室和少儿阅读空间少儿服务面积 120 平方米,合肥市少儿图书馆服务面积 1224 平方米。甘肃省图书馆少儿馆服务面积 625 平方米,兰州市图书馆少儿阅览室服务面积约 200 平方米,兰州市少儿图书馆服务面积 768.58 平方米。

第六,以副省级城市市级少儿馆和图书馆少儿部(室)+区县少儿馆和图书馆少儿部(室)构建的覆盖全市的图书馆少儿服务网络体系。

深圳、厦门、大连、宁波的图书馆少儿服务网络体系为这一类型。它们分别建有市级图书馆少儿馆(室)、市级少儿图书馆、区级图书馆少儿室、少儿分馆。深圳市图书馆少儿服务面积 500 平方米,深圳市少儿图书馆服务面积 891 平方米,深圳市各区图书馆都有少儿室,另加深圳少儿馆的"e 读站",深圳市已形成覆盖城市的图书馆少儿服务网络体系。厦门市图书馆少儿服务面积 345 平方米,厦门市少儿图书馆服务面积 6763 平方米,厦门市有集美区和同安区 2 所独立建制的少儿馆,其他 4 个区图书馆都有少儿室,厦门市已形成覆盖城市的图书馆少儿服务网络体系。大连市图书馆少儿服务面积 628 平方米,大连市少儿图书馆服务面积 4391 平方米,大连市少儿图书馆分馆 100 个,大连市已形成覆盖大连城市图书馆少儿服务网络体系。宁波市图书馆少儿部约 1000 平方米,宁波市少儿图书馆服务面积 500 平方米,宁波区县图书馆都有少儿服务。宁波已基本形成覆盖宁波城市的图书馆少儿服务网络体系。

第七,以地市级城市少儿图书馆和图书馆少儿部(室)+县(区)图书馆少儿部(室)构建的覆盖全地市的图书馆少儿服务网络体系。

辽宁鞍山市、丹东市、锦州市、辽阳市、盘锦市、铁岭市、营口市,吉林延吉市、白城市,山东潍坊市、烟台市,江苏连云港市、南通市、扬州市,浙江温州市、金华市,湖南衡阳市、邵阳市、湘潭市,广东湛江市、清远市,河南安阳市、洛阳市,广西北海市,山西大同市,安徽淮南市,湖北襄樊市,云南曲靖市为这一类型。以上这些城市都初具图书馆少儿服务网络体系的规模。

第四节　展望与思考

一、形势与现状

"十二五"期间,中国的城镇化率实现了两大重要突破:2010—2011 年中国城镇化率达到并开始超过 50.0%,中国整体进入城市型社会阶段;2012 年中国城镇化率达到 52.6%,超过世界总体水平(52.5%),并以高于世界平均水平的速度(年均 0.5 个百分点)快速推进。2015 年城市化率超过 58%。根据《国家新型城镇化规划(2014—2020)》预测,2020 年我国城镇化率将达到

60%左右。随着城镇化的发展,我国城镇少儿人口将越来越多。

据估算,全面放开二胎政策实行的第 1 年带来的新增人口大致为 500 万。短期人口增量可能会在未来 5 年释放,共计 1500—2500 万。从长期看,全面放开二胎政策增加了我国低年龄段的人口占比,2030 年时,与政策初始时相比,0—14 岁的人口占比将提升 2%,2012—2014 年,中国新出生人口分别为1635 万、1640 万、1687 万。

城镇化的进程和全面放开二胎政策的推行将会使我国少儿人口数量有较大的增长,也将对公共图书馆少儿服务网络体系带来新的挑战。

据统计,截至 2014 年,全国共有独立建制少儿图书馆 108 家(建有分馆 765个),拥有图书馆员 2201 人,馆藏总量 3392 万册/件,馆舍面积 34.22 万平方米,阅览座席 3.04 万个。2014 年财政拨款总额达 5.46 亿,当年共接待读者 2136 万人次,书刊外借 2324 万册次,组织各类讲座 3217 次,举办展览 589 场,网站访问量为 1099 万页次,事业发展主要指标近五年呈快速增长趋势。此外,全国县级以上公共图书馆提供少儿阅览座席近 21 万个,较 2010 年增加了约 5 万个。随着国家对中小学图书馆建设的重视,近年来中小学图书馆兴建了一些场馆,藏书量也在不断增长。据统计,2013 年全国小学和中学图书馆的馆舍总面积分别为 1512.57 万平方米和 2434.97 万平方米,馆藏图书总量分别为 177 087.66万册和 199 250.04 万册,生均册数分别为 18.92 册和 28.97 册[17]。

以上统计数据显示,现有公共图书馆少儿服务条件状况,特别是少儿图书馆基础设施设备明显不足。根据国家图书馆 2012 年和 2015 年的调研,在参加调研的全国公共图书馆和少儿图书馆中,大多数公共图书馆提供了少儿服务(界定标准为有少儿阅览室或网站提供少儿服务),但在 2012 的调研中还有 37.5%的公共图书馆未开展少儿服务。特别是县以下基层公共图书馆,大多尚无法根据未成年人的生理与心理特点,提供专门服务空间与设施,许多城乡基层的未成年人无法就近访问图书馆并获取相应服务,另外,在少儿数字图书馆方面,未成年人专用的数字设施设备也较为有限,市级以下公共图书馆面向未成年人的网站建设和网络服务较为滞后。在 2015 年调研中,各项设施设备有所加强,特别是独立建制的少儿图书馆数字图书馆设备的配备,以及以广州市少儿图书馆和内蒙古自治区图书馆等为代表的新馆的使用,对地区性公共图书馆少儿服务水平有所提高。调查发现,有的图书馆,特别是有些大中型图书馆,专门为少儿服务的设施设备较少,没有体现"儿童优先"的原则;中西部地区服务场地、服务设施和设备缺乏,有些省份少儿服务整体水平较差;

全国少儿阅读服务辅助设施设备整体水平不高,如少儿自助借还、多媒体辅助阅读设备、视听设备、功能齐全的活动场地、展览设备、数字化阅读设备等。

总之,面对我国少年儿童人口的发展,目前我国公共图书馆和少儿图书馆现有状况,是远远不能满足我国《儿童发展纲要(2011—2020)》中提出的"培养儿童阅读习惯,增加阅读时间和阅读量。90%以上的儿童每年至少阅读一本图书"的要求的。

二、对策与措施

近年来,我国在国家现代公共文化服务体系建设中不断加大对少儿图书馆建设和服务的支持与保障力度。公共文化服务体系的规划建设中明确要求对未成年人群体给予重点保障。国务院印发的《中国儿童发展纲要(2011—2020年)》强调,要"坚持儿童优先"原则,为儿童阅读图书创造条件,并明确提出增加社区图书馆和农村流动图书馆数量,公共图书馆设儿童阅览室或图书角,有条件的县(市、区)建儿童图书馆;广泛开展图书阅读活动,鼓励和引导儿童主动读书。2015年1月,中共中央办公厅、国务院办公厅印发的《关于加快构建现代公共文化服务体系的意见》中明确提出,要将老年人、未成年人、残疾人、农民工、农村留守妇女儿童、生活困难群众作为公共文化服务的重点对象。开展学龄前儿童基础阅读促进工作。此外,《图书馆建筑设计规范》(1999)、《公共图书馆建设标准》(2008)和《公共图书馆服务规范》(2012)均明确要求公共图书馆的"少年儿童阅览区应与成人阅览区分开,宜设立单独的出入口,有条件的可设室外少年儿童活动场地"等,要求在公共图书馆服务设施设备建设与资源配置上,按少年儿童的特点和需求来建设和配置。

根据以上的国家政策,我们要采取以下一系列措施来构建公共图书馆少儿服务网络体系:

(1)以"国家建立覆盖城乡、便捷实用的公共图书馆网络。县级以上人民政府设立相应的公共图书馆,并在公共图书馆内设置少年儿童阅览区域;有条件的地区可以单独设立少年儿童图书馆"为要求,全国各地加大服务少儿的馆舍建设,在总分馆建设中设立少儿分馆;按少儿服务空间布局的特点,在各公共图书馆中增大少儿服务面积,至少设立有阅览空间、活动空间、电子阅览空间;增加馆外的专门服务少儿的24小时图书馆的建设。

(2)加大自动化管理系统建设,使少儿读者最有效地利用馆藏资源。全面实行自助借阅系统和 RFID 智能书架的建设。

（3）增加听、写、读阅读设备,使少儿阅读立体化和活动化。增加平板电脑、触摸屏、投影仪等电子阅读设备,以及 3D 打印等科普设备。

（4）加大网站建设,建立少儿图书馆服务虚拟空间,扩大服务覆盖面。公共图书馆建立少儿服务网站或少儿版网页,进行数字图书馆服务;利用微信、微博等社交媒体进行全天候的服务。

参考文献:

[1][2] Thomas. F. H. The Genesis of Children's Services in the American Public Library: 1875—1906[M]. USA.:University of Wisconsin-Madision,1982:11.

[3] 刘晓琴.我国少年儿童图书馆事业发展概况[J].图书馆工作与研究,2001(6):69.

[4][8] 李晓明.中国公共图书馆未成年人服务调查[M].北京:国家图书馆出版社,2013:44.

[5] 杜文余.我国少儿图书馆事业的过去现在将来.图书馆学刊,1982(4):19.

[6][7][12] 车久值.发展中的上海少年儿童图书馆事业[J].图书馆杂志,1986(8):8.

[9][10][14] 赖嘉梅.我国少年儿童图书馆建设的回顾与前瞻[J].中国图书馆学报,2000:73.

[11] 杜文余.方兴未艾的辽宁省少儿图书馆事业[J].图书馆学刊,1989(4):55.

[13] 杜琛.天津市区、县少年儿童图书馆事业概况及展望[J].图书馆工作与研究,1999(7):45.

[15] Catherine Blanshard Children's and Young People Library Association Guidelines for Public Library Services. P36,Library Association Publishing;2nd Revised edition 1997.

[16] Nothing But The Best:Professional Standards For Youth Services In Public Libraries In New York State. P19,Published by the Youth Services Section of the New York Library Association,2006

[17] 中国教育装备行业协会.2014 年度学校图书装备发展报告[R].北京:中国教育装备行业协会,2015.

（执笔人:杨柳、薛天）

第五章　少年儿童图书馆人力资源

2013 年 8 月,中国图书馆学会第一届全国图书馆未成年人服务论坛在云南昆明召开,论坛主题正是"阅读与圆梦"。守护孩子的梦想并在孩子圆梦之路上提供支持是少年儿童图书馆的愿景,更是少年儿童图书馆从业人员的指导价值。进行社会教育一直是图书馆重要的社会职能,现代少年儿童图书馆更是将这一职能在传承中发扬光大。关注少儿发展,提供优良服务是少年儿童图书馆(部)的发展目标。梁启超先生在《少年中国说》中讲到"少年智则国智,少年强则国强,少年独立则国独立,少年进步则国进步"。少年是未来,是中国的希望,是图书馆实现其社会职能的重要服务对象,是公共图书馆的推广重点,更是少儿馆(部)的核心读者群;少年儿童图书馆从业人员则是这一少年中国梦想的守护者。本着这一精神,本报告立足于我国少年儿童图书馆人力资源现状,回顾发展历程的同时直面发展过程中反映的突出问题,展望未来发展方向。

第一节　少年儿童图书馆人力资源发展概况

一、发展历程回顾

少年儿童图书馆诞生在公共图书馆大家庭中,随着少儿阅读数量与需求的增长,有些国家诸如美国、英国等的公共图书馆开始开展针对少儿读者的服务项目。有数据显示,英国少年儿童图书馆经费支出一般一半用于资源采购与服务推广,一半用于人员报酬,足可见其人力资源占比及其对从业人员的重视程度。因历史条件等限制,我国的少年儿童图书馆服务稍晚于英美。1914 年的京师通俗图书馆设立了我国第一个少儿阅览室;相应地少年儿童图书馆员的发展也起步较晚。

(一)政策发展

1957 年,文化部社会文化事业管理局印发儿童图书馆座谈会情况并请研究如何加强改进公共图书馆的儿童阅览工作①，提出"培养和正确使用积极分子"，提到"泸州、成都、湖北等的儿童阅览室只有一个干部，通过儿童服务员把大量儿童读者组织起来，开展工作"，或许可以作为我国少年儿童图书馆志愿者管理的起点。

改革开放以来，少年儿童图书馆事业发展得到了党和政府的高度重视。1981 年 5 月，文化部、教育部、共青团中央在京联合召开全国少年儿童图书馆工作座谈会，国务院办公厅于会后转发了座谈会报告②。报告提出："在中等以上的城市和大城市的区，逐步建立专门的少年儿童图书馆。今后凡新建公共图书馆，都必须考虑少年儿童阅读设施的安排。对现有的少年儿童图书馆要加强领导，在人员、经费、馆舍、设备等方面予以重点扶植，使其臻于完善，以期在全国少年儿童图书馆事业中，起骨干和示范作用。"报告还提出："少年儿童图书馆管理人员，是图书馆工作者，更是少年儿童教育工作者。……建议在有条件的师范院校的图书馆学系设置儿童图书馆专业，或暂时先开几门专业课程（如教育学、儿童心理学、儿童文学和科普知识等），有计划地培养一些专门人才。"报告不仅关注未来人才培养，也强调"着重抓好在职少年儿童图书馆工作人员的培训和提高。……做好少年儿童图书馆工作人员业务职称的评定工作"，反映出对少年儿童图书馆相关从业人员一定的指导精神。

1994 年，人事部、文化部关于印发图书、文物、博物、档案、群众文化等事业单位贯彻《事业单位工作人员工资制度改革方案》实施意见的通知，按专业技术人员与管理人员的岗位设置分别实行专业技术职务工资与等级工资制，并设有奖励制度。少年儿童图书馆工作人员的激励机制从而有了进一步落实的政策基础。

天津、北京都专门出台有少年儿童图书馆相关法规条例。如天津市有出台《天津市区、县少年儿童图书馆业务档案工作条例》《天津市区、县少年儿童

---

① 1957 年 12 月 13 日,(57)文社图字 130 号,原文来自《图书馆法规文件汇编》(河北大学图书馆学系,1985:128 - 133),转引自:《我国图书馆事业发展政策文件选编(1949—2012)》(国家图书馆研究院,2014:5,35 - 38)。

② 1987 年 7 月 24 日,国办发〔1981〕62 号,国务院办公厅转发文化部等单位关于全国少年儿童图书馆工作座谈会的情况报告的通知。原文来自《图书馆法规文件汇编》(河北大学图书馆学系, 1985:250 - 255),转引自《我国图书馆事业发展政策文件选编(1949—2012)》(国家图书馆研究院,2014:80 - 82)。

图书馆目录组织与管理细则》《天津市区、县少年儿童图书馆书刊加工整理细则》《天津市区、县少年儿童图书馆图书、非书资料分类、著录细则》等,具体规定了少年儿童图书馆的任务、机构设置、馆藏建设和服务等内容,《天津市区、县少年儿童图书馆业务档案工作条例》[1]则进一步明确将全馆工作人员编制及管理体制情况、业务干部简历(反映业务干部的学历、职称、业务学习的成绩及成就等)等作为图书馆的基本情况列入档案收集内容与范围。2003年出台的《北京市图书馆条例实施办法》对北京市图书馆业务人员的专业知识和技能标准提出要求,将由市文化局颁发上岗证书,但办法没有明确提出少年儿童图书馆从业人员技能要求。

2010年,文化部发布《关于进一步加强少年儿童图书馆建设工作的意见》,要求各级公共图书馆都要开设专门的少儿阅览室,有条件的地区,要建立独立建制的少年儿童图书馆,并按照部颁《少年儿童图书馆评估标准》规定的标准积极开展服务。2011年,国务院印发的《中国儿童发展纲要(2011—2020年)》也有建设少年儿童图书馆的要求,进而影响了地方图书馆法规中对图书馆从业人员的指导方向。2013年1月,文化部发布的《全国公共图书馆事业发展"十二五"规划》也提出,要积极探索面向儿童的阅读服务。

进入21世纪以来,我国少年儿童图书馆事业呈现快速发展趋势,据统计显示针对独立建制少年儿童图书馆财政拨款总额2010年为2.31亿,2014年则增至5.46亿,但就总体发展水平而言,我国少年儿童图书馆的现状与广大少年儿童、家长及教师的需求还存在较大差距。2015年1月,中共中央办公厅、国务院办公厅印发的《关于加快构建现代公共文化服务体系的意见》中明确提出,要"将老年人、未成年人、残疾人、农民工、农村留守妇女儿童、生活困难群众作为公共文化服务的重点对象"。正是对这一发展需求的政策回应。

(二)组织机构发展

随着少儿阅览室、图书馆的出现,少年儿童图书馆成为少年儿童课外教育的重要基地,是推进落实全面素质教育的社会公共服务机构,起着家庭、学校教育之外的社会教育职能,是教育的重要延伸。少年儿童图书馆员走上历史舞台,每个少年儿童图书馆从业者都承担着"育人"的社会重任,因此少年儿童图书馆服务更需要高水平的指导与进一步的提高。美国图书馆协会在1900年首次召开少年儿童图书馆员圆桌会议,并于1901年在匹兹堡开办为期两年的少年儿童图书馆员培训班。至此,少年儿童图书馆服务有了更明确的培训标准,在美国公共图书馆领域推广开来。随着美国少年儿童图书馆员培训的普及,及战后美国赴欧推行"教育重建"计划,欧洲国家的图书馆员也来到美国参与这一少年儿童图书馆服务培训,进行学习。

在我国,注重培养、加强专业人才队伍建设的呼声早已有之[2],多数少年儿童图书馆也通过馆内培养、继续教育等方式加强人才建设。随着对少年儿童阅读服务的重视,从中国图书馆学会学术研究委员会下属的未成年人图书馆服务专业委员会,到如今中国图书馆学会直属的未成年人图书馆服务专业委员会,未成年人图书馆服务得到了组织上的充分重视,从协会、组织认证层面探讨少年儿童图书馆的人力资源建设是重要发展趋势。2015 年 5 月,教育部、文化部、国家新闻出版广电总局联合发布《关于加强新时期中小学图书馆建设与应用工作的意见》 其中也专门指出强化队伍建设的重要性,虽与少年儿童图书馆涉及不同的人力资源管理选聘机制,但其设立"中小学图书馆图书资料系列专业技术岗位",建立完善资格准入、岗位聘用和定期考核制度,以不断提高图书馆专业人员比例等认证举措值得借鉴。

随着政策环境、制度保障的多方面推进,我国少年儿童图书馆组织机构发展迅速。2009 年,我国共有 91 个少年儿童图书馆,从业人员 1774 人,其中高级职称 177 人、中级职称 606 人。该年共收入 21 838.8 万元,其中财政拨款 19 611.9 万元,总支出 21 454.9 万元,其中工资福利支出 8387.9 万元,约占该年总收入的 38.4%,总支出的 39.09%,另有对职工个人和家庭的补助支出达到 2512.8 万元[3]。2014 年,我国共有 108 个少年儿童图书馆,从业人员 2201 人,其中专业技术人才 1668 人、正高职称 35 人、副高职称 228、中级职称 748 人。该年收入共计 54 651.1 万元,其中财政补贴收入 52 094.1 万元,总支出 51 024.4 万元,其中工资福利支出 15 788.2 万元,占该年总收入的 30.3%,总支出的 30.9%,另有对职工个人和家庭的补助支出 5910.8 万元[4]。可以看出我国少年儿童图书馆在从业人员数量、职称比例、收入情况等方面的绝对值方面进步明显。

经过岁月的洗礼,随着事业单位人力资源管理的不断发展,各项管理标准逐渐完善。如文化部于 2015 年 1 月 9 日发布并于同年 4 月 1 日开始实施的中华人民共和国文化行业标准《公共图书馆评估指标》(WH/T 70.4—2015),其中对少年儿童图书馆人员、人力资源管理均列出详细要求。首先,明确了人力资源管理定义:指对图书馆工作人员的录用、调配、晋级、培训、奖惩以及对参与图书馆工作的志愿者的招募、培训、指导、使用、考核、激励等事宜所实施的管理。具体方法:工作人员管理重点考查岗位管理情况及人员聘用、考核、分配激励制度等方面内容;志愿者管理重点考查志愿者相关的管理制度、队伍规模以及工作效果等方面的内容。

在标准的指引下,少年儿童图书馆的各部门岗位职责也逐步清晰,如天津市少年儿童图书馆就明确公示设有采编部、辅导部、读者工作部、电子技术部、人保科、培训部、办公室等部门[5]。该馆建有全国图书馆联合编目中心"少年儿童图书馆中心",又设有"天津动漫文献基地",并承接有"少图法"(第三版)修订等,无疑都是对其人才储备的实践检验。如 2015 年天津市少年儿童图书馆的招聘即按照《天津市事业单位公开招聘人员实施办法(试行)》(津人社局发〔2011〕10 号)规定,提出《天津市少年儿童图书馆公开招聘特殊专业技术岗位工作人员方案》,经过笔试、面试选拔人才。笔试命题、监考、阅卷委托天津市人才服务中心负责。面试则由上级主管人事部门、有关专家、馆领导组成面试小组,对应聘者综合能力进行评议打分。招聘的动漫文献基地岗位、教参室岗位两个岗位也反映出现代少年儿童图书馆人力资源管理的发展趋势。东莞图书馆少儿部、深圳少年儿童图书馆等多地图书馆都在动漫、活动组织等方面对人才提出了明确需求。

2015 年 3 月 21—23 日,由中国图书馆学会主办,中国图书馆学会未成年人图书馆服务专业委员会、中国图书馆学会中小学图书馆委员会、天津市少年儿童图书馆和武汉市少年儿童图书馆共同承办的《中国图书馆分类法(未成年人图书馆版)》(第四版)培训班分别在湖北武汉市举办,来自全国各级少年儿童图书馆和公共图书馆的编目员及业务骨干共 140 余人参加培训。

(三)管理发展

20 世纪的管理经历了关注生产环节的科学管理时代(60 年代为代表);重视市场销售的管理时代(70 年代为代表);偏向资产运营的管理时代(80 年代为代表);90 年代之后,强调发挥人的潜力为主的人力资源管理得到了越来越多的关注。戴夫·乌尔里克最早提出"人力资源"的概念,起源自福利人事与科学管理,通过人事管理的漫长阶段,蜕变为人力资源管理,逐渐趋向于战略人力资源管理范畴。

我国少年儿童图书馆的发展也经历了类似的转型,1951 年开始,公共图书馆少年儿童阅览室/区逐渐出现;1955 年后,独立建制的少年儿童图书馆在北京、兰州、沈阳、天津、武汉、重庆、杭州等城市拔地而起;1957 年 7 月,在上海召开"少年儿童图书馆工作经验交流大会",回顾改革开放前我国少年儿童图书馆工作者的文章,更多是对少儿服务实践、热爱岗位工作等方面的经验交流,对少年儿童图书馆如何管理、如何服务,更具体的人员如何管理、激励甚少提及。

而随着文化部分别于上海华东师范大学(1981 年)和北京师范大学(1983年)举办的"儿童图书馆业务干部培训班",培养出近百名儿童图书馆专业人才,成为中国少年儿童图书馆事业的一支中坚力量和生力军,随后他们带着管理的意识走上儿童图书馆的领导岗位。1989 年,"华北、东北、西北地区少年儿童图书馆工作协作委员会""华东地区少年儿童图书馆工作协作委员会"和"中南、西南地区少年儿童图书馆工作协作委员会"等协会的成立反映出管理理念进步的同时,也让组织全国性大规模少年儿童图书馆活动成为可能,更加强了少年儿童图书馆员之间的沟通与学习。

1994 年以来,全国县以上公共图书馆评估定级每四年一次,已先后进行了五次评估定级,"以评促建"效果显著。而早在 1992 年,天津市就已经对所辖各少年儿童图书馆进行了评估,分内容如下表 5－1,学历、职称情况普遍不佳。而随着我国经济文化的全面发展,少年儿童图书馆工作人员的学历、职称有了明显进步:本次调研中天津市区级少儿馆学历水平提高明显,比起1992 年平均 40%左右的大专以上学历水平,如今的天津市下辖区馆有高级职称员工在馆,也有部分馆达到 84%以上的大专以上学历员工在馆。

表 5－1　1992 年天津各区少儿图书馆人员评估统计表

区馆名称	图书馆工作人员数	业务人员数	图书馆学专业背景	大专以上	职称			年龄		
					馆员	助理馆员	管理员	30以下	30—45	45以上
河西区	19	11	2	6	3	1	3	4	11	4
和平区	10	9	5	8	1	4	1	1	7	2
河东区	12	10	1	6	2	2	0	3	6	2
红桥区	14	14	4	3	1	2	0	3	9	2
南开区	19	14	2	6	3	1	3	4	10	5
汉沽区	13	13	0	5	0	1	6	8	4	2
总计	87	71	14	34	10	16	13	23	47	17

数据来源:整理自天津市区、县少年儿童图书馆科学评估统计年报表[J]. 图书馆工作与研究,1992(S1):117.

又如 1996 年评估时大同市少年儿童图书馆共有职工 18 人,其中中级以上职称 7 人,大专以上学历 3 人。根据本次调研数据,大同市少年儿童图书馆现有职工 15 人(2015 年),其中高级职称 1 人、中级职称 5 人;大专以下学历 2 人、本科学历 13 人。这些都体现出少年儿童图书馆工作人员在职称、学历结构方面的巨大进步。

图书馆所处的外部环境日益复杂,使图书馆人力资源管理的研究逐渐成为国内外学界的关注热点之一。在图书馆管理领域较为权威的外文期刊 *Library Management* 中,不断有学者从人力资源管理视角对图书馆管理提出建设性意见。从前文中所述我国少儿馆发展历程可以看出“人事管理”在对行政资源、事业编制依赖较深的少年儿童图书馆曾长期占据着绝对统治地位。而作为我国公益基本设施之一的少年儿童图书馆的现有资源,尤其是人力资源,并不能满足少儿读者随时代发展日益增长的需求。认识到少年儿童图书馆所承担的重要作用的同时,我们也直面发展过程中的问题,如人员编制不足、人员比例失调、缺乏认证资质标准等一系列现实条件仍不能支持少年儿童图书馆更好地满足少儿读者的需要。如全国第一家由社会捐赠资金建设的省级少年儿童图书馆——河南省少儿图书馆就曾因为其试运行期间遭遇的人员不足问题成为中国之声《央广新闻》的报道对象[6]。2013 年《央广新闻》报道中提到,如果想要真正实现全面开放,至少需要 100 名工作人员,而当时只有 15 名工作人员远无法满足需求。本次调研反馈数据为该馆目前馆员总数 35 人,其中在编 29 人、非在编 6 人,正式登记在册的志愿者 12 人,与报道中估计的 100 名工作人员仍有很大差距。而统揽全国少年儿童图书馆的工作人员要达到 100 人也是少之又少的。如表 5-2 所示,公共图书馆事业发达的深圳市在其 2006 年的各区少年儿童图书馆的具体工作人员数也反映出从事少儿阅览服务的人数方面的不尽人意。

表 5-2　2006 年深圳市少年儿童图书馆、各区图书馆少年儿童服务人员统计数据

序号	单位名称	建馆时间	图书馆工作人员数	从事少儿阅览服务人数
1	深圳少年儿童图书馆	1997.11.5	32	5
2	宝安区图书馆	1993.7.16	57	2
3	盐田区图书馆	2003.8.12	25	4
4	龙岗区图书馆	2005.7.1	41	6
5	福田区图书馆	2002.12.31	14	2

续表

序号	单位名称	建馆时间	图书馆工作人员数	从事少儿阅览服务人数
6	罗湖区图书馆	1998.9.8	28	
7	南山区图书馆	1994.11.28	58	2
	总计		255	21

数据来源:胡玉文．深圳市少年儿童图书馆事业发展现状及对策初探[J]．图书馆学研究,2007(8):6－10.

　　与公共图书馆服务相比,少年儿童图书馆服务在人才需求、培养等人力资源管理上有其特殊性。目前,一些国家针对少年儿童图书馆服务特性制定了专门的标准和规范。如美国图书馆协会制定的《公共图书馆少年儿童图书馆员核心能力》、俄罗斯图书馆协会编制的《少年儿童图书馆服务指南》、德国图书馆协会编写的《儿童和青少年图书馆服务指南》等。我国文化部现已分别制定了省级、地市级和县市级独立建制少年儿童图书馆评估标准,就人力资源等方面也明确了考核指标。

　　人力资源管理是在人本思想指导下,通过招聘、选择、培训、考评和薪酬等管理形式对人力资源进行组织。少年儿童图书馆的人力资源是少年儿童图书馆从业人员,此前对其的管理一直与档案、编制等紧密相连,这种人事管理制度不利于更好地发挥从业人员最大能力。和其他资源相比,人力资源的本质特性是唯一能起到创造作用的因素。人力资源作为一种资源可以自我强化、选择职业、积极劳动。在少年儿童图书馆从业人员身上表现得尤为明显,虽然少年儿童图书馆面临着没有统一认证资质、人员编制不足等问题,少年儿童图书馆从业人员通过自身努力仍在不断追求实现职业价值最大化。这种不断自我增值的人力资本正是少年儿童图书馆发展不可或缺的重要资源。人力资本是通过对人力资源投资而体现在劳动者身上的体力、智力和技能,它与物质资本共同构成了国民财富,而这种资本的有形形态就是人力资源。少年儿童图书馆从业人员除了自身不断努力之外,还可以通过政府政策制定导向等外部人力资源投资创造更多的价值。少年儿童图书馆人力资源管理正是希望通过少年儿童图书馆人力资源的能动性、稳定性、高增值性等特性为少儿读者带来更好的服务。

二、发展现状

　　我国现有14岁以下人口约为2.2558亿(2014年末总人口[7]),未成年人即18岁以下人口为2.789亿(据第六次人口普查数据[8]),而本次调研共计收到45家独立建制少年儿童图书馆和176个公共图书馆少儿部的有效回复,从业人员共有2325位(有部分馆/部未填答或填答不完整),服务人员数量较少。更存在有一线服务人员区分不清、轮岗制下没有明确的专职少儿服务人员等情况。从这个数字可看出,我国现有少年儿童图书馆从业人员远远满足不了广大未成年人成长的需求。

(一)独立建制少年儿童图书馆人力资源

根据国家统计局数据,截至2013年,我国共有3112个公共图书馆,从业人员达到56 320人,年图书流通人次49 232万人次,在不考虑不同层级图书馆区别粗略平均而言,平均每馆18名工作人员,平均每位工作人员为0.87万人次提供图书流通服务。根据同样来源的统计数据,测算我国独立建制少年儿童图书馆,截至2014年,我国独立建制少年儿童图书馆共计108家,从业人员2201人,平均每馆拥有从业人员20名左右。总藏量在3392万册/件,少年儿童图书馆书刊文献外借册次为2324万册次,共接待读者2136万人次,平均每位工作人员为0.97万人次提供图书流通服务。

普遍来看,我国少年儿童图书馆藏量等整体数据都在不断增长中,如图5-3所示,近年来少年儿童图书馆图书流通人次也在逐步增加,但从业人员却不是一个稳定增长的趋势。

表5-3 近年来少年儿童图书馆数据变化

年份	少年儿童图书馆机构数(个)	少年儿童图书馆从业人数(人)	少年儿童图书馆图书流通人次(万人次)
2014	108	2201	2136
2013	105	2170	2132
2012	99	2124	1938
2011	94	1764	1881
2010	97	2121	1839

数据来源:2010—2014年数据来自中华人民共和国国家数据。公共图书馆基本数据—少儿图书馆[EB/OL].[2016-01-11].http://data.stats.gov.cn/easyquery.htm? cn=C01。

本次调研回收有效的45家独立建制少年儿童图书馆,涉及从业人员1239位,一线服务人员655人(有7个馆未填答具体一线员工数)。因为部分少年儿童图书馆没有明确一线/行政、服务/支持员工等岗位设置。也有轮岗制图书馆,没有明确专职固定的一线少儿服务人员等情况。其中,回收有效的6家省级少年儿童图书馆基本人员情况如下表5–4,员工年龄结构存在一定老化。如湖南省少年儿童图书馆现有员工总数63人,35岁及以下员工11名,36岁及上则有52人;且该馆仅有1人为非在编员工。

表5–4　本次调研反馈省级少年儿童图书馆(独立建制馆)人员基本情况

项目	员工总数	一线员工数	男性员工	女性员工	在编员工数	非在编员工数	35岁及以下	36岁以上
总计	333	179	100	233	277	56	130	192

数据来源:本次调研情况。

图5–1更清晰地反映出45家被调研独立建制图书馆的整体男女、编制比例情况,反映出性别结构在一定程度上的比例失调,女性明显多于男性,但编制配备较好。

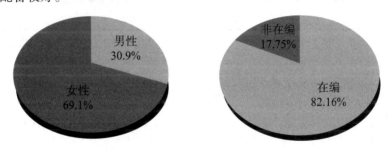

图5–1　性别、编制比例情况

如表5–5所示,省级少年儿童图书馆高级职称、高学历比例相对较高。学历结构方面以本科为主,职称结构中级职称最多,初级职称比重也较大。

表5–5　省级少年儿童图书馆(独立建制馆)员工学历、职称现状

项目	学历			职称		
	专科以下	本科	硕士及以上	高级	中级	初级
总计	58	159	21	28	70	86

数据来源:本次调研情况。

地市、区县级少年儿童图书馆中学历、职称、专业、年龄结构上存在失调。有被调研市级少年儿童图书馆 12 名职工都超过 35 岁,反馈数据中也有区级少年儿童图书馆在馆 14 名工作人员全部超过 35 岁,且只有 1 名男性职工,学历方面专科以下 9 人、本科 5 人,只有 1 人有图书馆学专业背景,1 人有高级职称。领导方面,被调查少儿馆 45 个少年儿童图书馆负责人中有 13 位具有图书情报相关学位,年龄跨度较大,于 38—59 岁之间,但都有一定的从事少儿工作的经验。

前文所提《公共图书馆评估指标》(WH/T 70.4—2015)对少年儿童图书馆岗位设置与管理、志愿者管理等内容设有指标。本次调研也考察了岗位设置的发展现状,如表 5 - 6,可以看出服务仍是少年儿童图书馆岗位配置中的核心重点,而了解少儿心理又同时掌握图书馆学知识的人员仍远低于我们的期望。据本次调研反馈各图书馆因发展方向的区别,人员构成差别更是明显。

表 5 - 6　本次调研反馈少年儿童图书馆员(独立建制省级馆)专业背景、岗位设置与培训情况

项目名	专业背景			岗位设置			培训	
	有图书馆学专业背景(人)	有少儿教育学或少儿心理学专业背景(人)	同时具有上述两种学科背景(人)	采编岗(人)	服务岗(人)	管理岗(人)	年开展培训(场次)	年参与培训(人次)
总计	74	26	1	40	191	47	80	近2701

数据来源:本次调研情况。

分级的省级、地市级和县市级独立建制少年儿童图书馆评估标准则将人力资源管理内容落实到量化细节。如省级少年儿童图书馆馆员年人均教育培训学时数基本值为 40 学时/人,良好值为 60 学时/人。大学本科以上学历人员比例的评估基本值为 25%;具有引导指向价值的评估良好值定为 40%。高级职称人员比例评估基本值设定为 5%,良好值为 10%。中级职称人员比例评估基本值为 25%,良好值为 40%。不仅是对基层员工的量化考评,也对管理层也提出考评履职能力要求,如对领导班子成员的专业作为、专业职称、相关专业工作经历及继续教育等情况的基本量化要求,也有如侧重考查领导

班子的结构、推进事业发展的作为和社会的评价度等的定性考查。对县级少年儿童图书馆则有适当调整,如对学历要求为拥有 30% 大学专科以上学历人员即达到基本值,达到 70% 为良好;中高级职称人员比例 10% 即达指标,30%属于良好值。在降低硬性条件的同时,通过对员工年人均教育培训学时数与省市级馆保持一致的(省市县统一基本值为 40 学时/人,良好值为 60 学时/人)"高"继续教育要求引导县级少年儿童图书馆发展。对业务研究部分则从省级馆员工年人均发表论文数量提出基本值为 0.02 篇/人、良好值为 0.05篇/人的要求降低到县级馆员工年人均发表论文数量基本值为 0.005 篇/人、良好值为 0.01 篇/人。

本次调研所涉 45 家独立建制少年儿童图书馆,员工总数 1239 名,2012—2014 年间共发表论文 455 篇,平均为 0.12 篇/人/年,普遍高于少年儿童图书馆评估标准。但这一统计没有如少年儿童图书馆评估标准中严格论文科研与图情学科相关等内容要求。由天津市少年儿童图书馆主办的《儿童图书馆与中小学图书馆》、中国图书馆学会中小学图书馆委员会主办的《中小学图书情报世界》等少年儿童图书馆相关领域学术期刊因故分别于 1998 年、2010 年停刊。前者虽在天津市图书馆主办的《图书馆工作与研究》辟有"儿童图书馆"专栏,但终究不似当年有专刊时更利于儿童图书馆相关理论研究与实际工作的交流。近年来关于少年儿童图书馆的研究散见于图情领域各学术期刊,虽有阅读推广、绘本阅读高涨、少儿阅读理论发展等东风的助推,但对少年儿童图书馆从业人员的业务研究、科研立项、继续学习等方面的积极性、科研深度还是有所影响。

(二)公共图书馆少儿部人力资源现状

目前,我国 14 周岁以下少年儿童约有 2.2558 亿,我国独立建制少年儿童图书馆共计 108 家,远不能承担起全国少年儿童图书馆服务职能,更多需要承担有公共服务职能的公共图书馆与少年儿童图书馆共同服务。根据国家图书馆相关研究团队 2012 年的调研,全国 488 家公共图书馆中,有 305 家提供少儿服务(界定标准为有少儿阅览室或网站提供少儿服务),还有 37.5% 的公共图书馆未开展少儿服务,东西部差距明显。发达地区,如深圳市通过《深圳经济特区全民阅读促进条例》规定每年 4 月 23 日为"深圳未成年人读书日",公共图书馆应当设置未成年人阅览室或者阅读区域,提供适合未成年人的阅读资源及服务[9]。而中西部地区,特别是其县级基层公共图书馆,大多尚无法根据未成年人的生理与心理特点,提供专门服务空间与设施,对从事少年儿童图书馆服务的专业人才需求较大。2006 年,英国公共图书馆少儿图书藏量就已达 2530 万册(人均 2.3 册),约占公共图书馆馆藏总量的 9.3% ;2011年,我国少儿馆总藏量为 2321 万册(人均 0.08 册)。2011—2012 财年英国公共图书馆少儿图书流通总量达 9653 万册,约占全部流通量的 33.57% ,专门从事少儿服务的全职馆员为 600 人,约合每位全职馆员服务 1.8 万少儿读者。数据反映出英国公共图书馆中少儿服务占公共图书馆服务的比重,特别是人均图书占有率颇高,更反映出公共图书馆少儿服务馆员的价值。

本次调研涉及 203 个公共图书馆的少儿部,回收有效的问卷 176 份。基本人员情况如下表 5 – 7,从业人员总数 1077.5 位(有某县图书馆填答人员数为 1.5 人,也有图书馆备注为轮岗制等情况,所以存在有男女员工数与总人数不对应等情况)。

表 5 – 7　公共图书馆少儿部人员基本情况

员工总数	男性员工	女性员工	在编员工数	非在编员工数	35 岁以下	36 岁以上
1077.5	164	860.5	663.5	390	556	506.5

数据来源:本次调研情况,其中针对编制这一调研项,有效填答为 168 个。

对比于独立建制少儿馆,公共图书馆少儿部男女比例更为悬殊。图 5 – 2反映的正是男女、编制比例情况,女性明显多于男性,编制配备低于独立建制少儿馆。

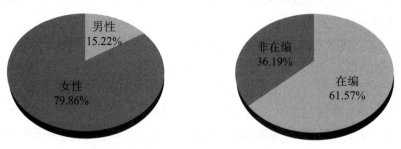

图 5 – 2　性别、编制比例情况

公共图书馆少儿部高学历员工占比明显少于独立建制少儿馆,高级职称占比更是如此,职称主要集中在初级,一定程度反映出公共图书馆中少儿部力量薄弱,尤其是在有独立建制少儿馆的城市,公共馆少儿部人力资源配置远远不足。

表5-8　公共图书馆少儿部学历、职称现状

学历			职称		
专科以下	本科	硕士以上	高级	中级	初级
317.5	594	51	62	280	379.5

数据来源:本次调研情况。

公共图书馆必须担负起培养未成年人成长的重任,在世界范围内,图书馆被公认为是支持所有儿童和他们所在社区的关键[10]。现代图书馆少年儿童图书馆馆员是少年儿童图书馆发展的基础。美国波士顿公共图书馆前任馆长 Charles F. Belden 说过这样一句话:"公共图书馆的服务始于孩子们。对于孩子们来说,图书馆是通向书的世界的主要通道。"[11]这一理念成为美国公共图书馆办馆的原则。少年儿童图书馆员在美国公共图书馆员中占据了很高比重,ALSC 是 ALA(美国图书馆协会)下属的美国儿童图书馆服务协会,该协会被公认为是儿童图书馆服务领域的领导者,通过有效地指导图书馆儿童服务,支持图书馆儿童服务馆员。其 2012—2017 年规划提出提高对所有儿童的优秀图书馆服务的价值以及青年服务馆员和受过训练的图书馆工作者服务的价值;创造资源,协助图书馆在招募、发展和保留不同高度合格的个人,专门为儿童服务,并反映日益多样化的社区。这一组织的存在让美国儿童图书馆服务馆员无论在服务方法和标准上都积累了丰富经验。

随着书香社会建设,公共图书馆阅读推广服务不断强调面向少年儿童的阅读指导与服务,更加强调公共图书馆少儿服务从业人员的水平与能力。《关于加快构建现代公共文化服务体系的意见》提出要"开展学龄前儿童基础阅读促进工作";《湖北省全民阅读促进办法》(2015)明确规定全民阅读公共服务场所应当定期开展针对未成年人的阅读指导和服务;《深圳经济特区全民阅读促进条例(草案)》规定鼓励、支持公共图书馆开设阅读能力培养指导课程;《中国儿童发展纲要(2011—2020 年)》明确提出推广面向儿童的图书分级制,为不同年龄儿童提供适合其年龄特点的图书,为儿童家长选择图书提供建议和指导。这些政策的落实都需要公共图书馆少儿服务馆员的努力奉献。

而在公共图书馆涉及少儿部(室)的人力资源标准规范制度方面仍有待健全,目前仅有文化部发布的文化行业标准《公共图书馆评估指标》,建立了对省、市、县级独立建制少年儿童图书馆的人力资源管理指标体系,但对公共

图书馆的少儿阅览部(室)人力资源建设、服务方面尚缺乏系统全面的标准规范体系支撑。长期以来,我国少年儿童图书馆管理更重视对文献信息资源的建设、书目选编等内容,人力资源管理少讲科学,更讲经验。特别是依赖领导个人的作用,如果领导重视少儿服务或少儿部领导更为优秀、强势,则少儿部风生水起。虽然优秀的领导会带来高效的变化。一位优秀的重视少儿服务的馆长或是部门主任可能会争取到更多的政策支持,甚至是人事编制的倾斜,但这种经验管理的"人治"带来的红利也将极大可能在该领导调任或退休后重新归零。实践中,馆长的频繁更替,以及经验管理和"人治"状态终究无法带领公共图书馆少儿部(室)走出科学稳定之路。

本次调研获取到数据较全的 178 个公共图书馆少儿部(室)中负责人多为副馆长、采编部主任、读者服务部主任,这说明在少儿部(室)的人才建设上要更多地引进专业人才。调研中显示大多数少儿部(室)领导任职前接受图书馆专业知识训练、在少年儿童图书馆服务一线有一定任职时间,更有多位具有幼教、小学教育、美术教育、音乐教育等教育学学科背景。

相比于独立建制少儿馆,公共图书馆少儿部(室)人力资源更为紧张,本次调研返回问卷共计 204 份,有 27 个图书馆因各种原因未填写少儿部(室)工作人数,有的图书馆则不再单独开展少儿部(室)服务,改为轮岗等不设全职少儿馆员,很不利于深入服务的开展,特别是阅读推广等需要了解少儿心理的业务。与独立建制少儿馆相同的是,公共图书馆少儿部(室)人力资源也存在着比例失调,首先是性别比,多数基层馆从事少儿服务的是清一色的娘子军。比照全国公共图书馆数量,本次调研所涉及公共图书馆少儿部(室)样本较少,反馈问卷中也存在馆员信息填写不全等情况,故在此数据基础上追加采访了部分公共图书馆,这些具体的采访沟通与前期调研数据都反映出少儿服务馆员在年龄结构、学历、职称分布上的不协调。在人力资源紧张的情况下,志愿者成为少年儿童图书馆人力资源的重要组成部分。志愿者服务、阅读推广工作也有一定开展,但比较来看,受所在城市发展水平、图书馆规模影响较大,与图书馆少儿部(室)及其工作人员本身关系并不密切。志愿者的管理机制的优劣直接影响志愿者队伍的发展,进一步影响图书馆人力资源的建设。我国少儿馆志愿者管理机制存在不完善的现象,出现的主要问题包括选拔、培训针对性不强、考核量化措施不科学、激励机制作用有限、后续跟踪管理不及时等。

本次调研没有涉及图书馆少儿部(室)人才流动的具体情况,虽然有文章认为人才流失是公共图书馆人力资源研究中普遍存在的共识问题,但仍有研究结果显示多数图书馆从业人员忠诚于其所在图书馆的可能性很高[12]。当然该研究可能存在有样本的地域与图书馆的类型方面的局限性,但也值得少年儿童图书馆(部)在设计人力资源管理时予以考量。随着图书馆内外环境的变迁,公共图书馆少儿部(室)人力资源建设需要在制度、管理等方面做出相应的变革以适应外部环境与少儿读者的需求,少年儿童图书馆与公共图书馆少儿部(室)人力资源发展任重而道远。

第二节 突出问题与对策分析

人力资源管理较之传统的人事管理,更强调以人为本、以人为中心,把馆员看作是一种重要资源、一种财富,因此,对人力资源的建设显得尤为重要。要充分挖掘和利用人力资源,激发馆员潜能,使其发挥最大效用,从图书馆工作目标和职工能力、兴趣综合考虑,促使馆员的职业生涯发展与工作需要相符,既让馆员的才能得到充分发挥,又能使图书馆短、中、长期的工作目标得以实现。前文提到"人治"的缺点,倡导人力资源管理的科学化,但部分图书馆引入实施科学人力资源管理过程中也出现一些问题,值得少儿部(室)在人力资源管理中借鉴避免。如有图书馆实行绩效定量管理后可能会牺牲服务质量;实施馆员责任制以后导致责、权、利不统一等问题。科学的人力资源管理是在建设组织文化的基础上,突出以人为本的管理思想。以人为本思想反映在图书馆少儿服务中是"以用户为中心",反映在内部管理则是"以员工为中心"。近几年的知识管理、战略管理与人本管理并称为图书馆管理新的"三驾马车"[13]。重视少儿部(室)的人力资源管理及其职业认证,是将"读者第一"与"馆员第一"有机结合起来,避免职业倦怠。

我国少年儿童图书馆人力资源建设取得一定的成绩,值得肯定。同时,也存在较多的问题,特别是一些突出问题直接影响少儿馆的整体发展,根据目前的统计数据及已有文献,并结合现有的一手资料和二手资料,对少儿馆人力资源建设中出现的突出问题归纳如下:

一、少年儿童图书馆员职业化程度低

我国少年儿童图书馆人力资源整体最清晰的缺陷是当前的职业化程度

远低于社会公共文化需求,不论是职业规划方面,还是馆长职业化与人力资源管理等组织构架方面。因此,少年儿童图书馆应首先将职业化放在人力资源发展的首位,尤其是认识到职业化的图书馆馆长对人力资源建设及少年儿童图书馆整体发展的重要性。

本次调研发现,不论是独立建制的少儿馆,还是公共图书馆少儿部(室),人力资源均十分紧张,有的少儿馆不设全职少儿馆员,以其他馆员轮岗的形式代替。这种现象反映出对少儿馆人力资源发展观不明确的本质。组织中的领导者对人力资源建设的观念和理解,直接影响着整个组织的发展。少儿馆的服务对象是少年儿童,其业务具有自身的特殊性,因此对人才的要求也具有特殊要求,领导者应将人力资源建设摆在各项建设的首位,并将其提升到战略层面。长期以来,我国少儿馆的领导者对人力资源发展观的认识存在不明确的现象,因此,必须对人力资源发展观有全面系统的了解。

(一)领导缺乏正确的人力资源发展观

人力资源管理是营利性组织重要的管理活动之一,营利性组织(下文简称企业)对人力资源管理的研究较为成熟。在企业的人力资源管理中,存在着员工流动性较大、人才结构不合理、缺乏强有力的核心领导、对人力资源管理不重视等问题。有学者指出,作为企业的领导,要正确认识人力资源管理在企业发展中的战略地位,采取相关措施,才能推动企业的健康发展[14]。以往,在"服务至上"的理念驱动下,出现过"热用户,冷馆员"的现象[15],这对图书馆的发展是十分不利的。事实上,读者和馆员都不能受到"冷落"。在热情服务用户的基础上,必须重视对馆员自身的人文关怀和职业关怀。少年儿童图书馆作为典型的非营利性组织,在自身的人力资源建设与管理方面存在与企业相同的问题:如人才专业、年龄结构不合理,创新型人才稀缺等;也存在具有特殊性的问题,如职称结构不平衡、正式编制与非编制用工比例失调等。值得注意的是,不论是企业还是少年儿童图书馆,组织中领导对人力资源建设和管理的重视程度以及认知水平,事关整个组织人才队伍质量的优劣,进而影响组织的发展。

对此,早在1994年,Wright 等提出了战略人力资源管理(简称 SHRM)的概念[16],将人力资源管理上升到战略的高度。就少儿馆领导者而言,可从以下方面对人力资源管理观进行思考:第一,将人力资源管理上升到本单位发展的战略层面,在制定或修改单位整体发展规划、规章制度、业务流程时,将人力资源管理纳入其中综合考量,之所以将人力资源管理与其他方面结合考量,原因是不论单位的整体发展规划、规章制度的制定还是业务流程的优化和重组,都必须依靠具有恰当能力和技术的人员,才能将上述方面推进,如果没有考虑到恰当的人执行恰当的事,那么一切都是空谈,无法落实到位;第二,积极与上级主管部门沟通,争取更多的人力资源指标及经费,公共馆(包括少儿馆)的人事权和财权大部分受上级主管部门的影响,因此,领导者必须积极与上级主管部门沟通,将图书馆的发展规划、业务拓展与人力资源的关系如实汇报,并努力争取上级主管部门的理解和支持;第三,亲自分管人力资源建设工作,加强对馆员的人文关怀和职业关怀,不仅从精神上对馆员进行关怀,也要从馆员的职业发展上给予及时有效的帮助和建议,以往图书馆较注重精神鼓励,忽略了对馆员职业发展以及物质鼓励的作用,导致馆员工作热情下降、优秀人才流失的情况。因此,必须将职业发展帮助、物质鼓励与精神鼓励结合起来。少儿馆的人力资源建设应放在各项建设的首位,但事实上少儿馆的人力资源建设长期处于薄弱的环节,因为人力资源的建设周期较长,无法像文献资源建设那样立竿见影,但若长期不重视,将会导致图书馆发展的人力资源瓶颈,造成恶性循环,业务停滞不前甚至倒退。为了使图书馆业务更好地发展,使馆员自身职业生涯更有意义,图书馆领导应高度重视人力资源建设,将其纳入到各项建设的首位,并将其提升到发展战略层面。

(二)职业生涯规划不足

目前,就业环境中仍存在有"图书馆工作安逸、舒适"的声音,部分图书馆员也对图书馆工作本身存在一定的认知偏差,这种对工作、行业的认识影响着其对职业生涯的规划。而少年儿童图书馆服务为主的组织结构使得图书馆员晋升机会较少,工作重复性较高,缺乏挑战性。由此导致长期以来出现的图书馆馆员和管理者对馆员职业生涯的忽视现象。图书馆馆员的职业生涯规划也成为图书馆人力资源建设中的难点和重点。能真正将馆员职业生涯规划落实、做好的图书馆较少。我国少儿馆的馆员职业生涯规划也存在一定问题,有调查分析表明,个人收入、职业环境、职业地位等是影响馆员职业生涯管理的重要因素。图书馆应当采取合理有效的措施,通过有利于馆员职业生涯管理的组织文化体系、制度体系、培训体系和工作体系,提升青年馆员的职业生涯管理[17]。否则,职业生涯规划的缺失将导致馆员工作热情的下降,同时也会影响整体的工作效率和效果,若不及时改变,将有可能造成恶性循环:少儿馆的岗位对专业人才无吸引力,形成人才的断流。职业生涯的规划是双向的,既要馆员自身有所定位,也要单位制定相应的政策、措施等保障和引导馆员的职业发展,为馆员提供良好的职业前景,令馆员安心工作。有研究指出,美国高校图书馆馆员的职业生涯规划已日趋成熟,且具体措施能落实到位,值得借鉴,其培训与发展的特点是:明确图书馆的角色,内容丰富且形式多样、进阶式馆员培训与发展体系,开展自我导向性学习方法指导[18]。因此,我国少儿馆应帮助馆员进行职业生涯规划,同时采取能落地的措施,对其开展实质性的帮助和培训,既能促进馆员的职业生涯发展、提高其专业技能素养,也能更好地为少儿图书馆的发展提供强有力的人力资源支撑。

以 2015 年 4 月 1 日起开始实施的《公共图书馆评估指标》(WH/T 70.4—2015)为例,其中对少儿图书馆人员、人力资源管理均列出详细要求:省级少年儿童图书馆馆员年人均教育培训学时数基本值为 40 学时/人,良好值为 60 学时/人;大学本科以上学历人员比例的评估基本值为 25%,良好值为 40%;高级职称人员比例评估基本值设定为 5%,良好值为 10%;中级职称人员比例评估基本值为 25%,良好值为 40%。这是由外及内的考核办法,也是通过以评促建来加强少儿图书馆馆员职业生涯培训。

二、人才结构有待系统提升

(一)学历及职称偏低、结构不合理

以本次调研的学历及职称数据为例:学历结构方面,专科及以下学历的占总数的 26.78%,本科学历的占总数的 66.90%,硕士研究生及以上学历的占总数的 6.32%。职称结构方面:初级职称占总数的 38.53%,中级职称占总数的 44.61%,高级职称占总数的 16.86%。

我国少儿图书馆馆员存在学历层次及职称偏低的问题,主要表现在:第一,馆员的学历偏低,学历结构不合理,主要以专科、本科为主,甚至因历史遗留问题存在专科以下学历的馆员。这些人员虽经进修培训,勉强达到大专以上水平,但多为学历教育(函授),且所修专业与图书馆学专业知识相去甚远,难以适应少儿图书馆的专业、特殊的工作需要。少儿图书馆的馆员面对的用户以少年儿童为主,以往外界对少儿图书馆馆员存在一些误区,认为只要"管好书、管好小孩"即完成工作任务,实则不然。少儿图书馆的业务是极具专业性的。从事专业性较强的工作必须经过正规的相关高等教育,否则无法真正开展。因此,少儿图书馆的馆员学历的高低和结构十分重要。在无法要求专业相符或相近的情况下,具备本科学历且本科学历占馆员总数较大比例成为最低要求。第二,馆员中副高以上职称占比极小。学历和职称并不是能力的直接判断标准,也不是评判工作效果的标准,但学历和职称的高低,能反映馆员受教育程度的高低和从事相应专业的经验及工作成果。高学历、高职称的少儿图书馆馆员在工作中,往往从事与业务的创新、攻克难题等较有技术含量的工作。我国少儿图书馆人力资源结构中,存在高职称(副高及副高以上)馆员缺乏的现象,究其原因,是少儿图书馆的待遇不理想、岗位的吸引力不足以及职称晋升机会缺乏等因素共同造成的。

少儿图书馆业务性质的专业性决定必须要高学历、高职称的人才进入,才能更好地开展少儿图书馆的工作,一方面应重视引进人才,另一方面要重视对人才的职业塑造,使其留得住、干得好、有奔头。

(二)专业素养有待提升

我国现有 14 岁以下人口占总人口比例约为 16.49% (2014 年人口数据[19]),未成年人即 18 岁以下人口占总人口比例为 20.39%(据第六次人口普查数据[20]),面对如此庞大的用户群体,少儿图书馆对用户的特殊性的研究势在必行。少儿图书馆的用户较之其他类型图书馆的用户有其特殊性,但我国少儿图书馆长期存在一种观念,即把少儿图书馆用户等同于其他类型图书馆用户对待,在资源建设、服务态度、服务流程等方面"一视同仁",忽略少儿图书馆用户特殊性的事实。少儿图书馆服务对象的特殊性决定了为之服务时需要关注的重点。国际图联(IFLA)《儿童图书馆服务指南》对儿童图书馆服务目标群体的定义是:"儿童图书馆的目标群有单个的或群体的儿童,包括:婴儿和学步的儿童、学前儿童、13 岁前的上学儿童、有特别需求的群体、父母和其他家庭成员、看护人以及从事儿童工作、儿童书籍和儿童媒介工作的成人。"[21]少儿馆与其他类型的图书馆相比,其服务对象具有特殊性,主要表现在以下方面:首先,少年儿童用户在馆行为不确定性较大。少儿馆服务对象是少年儿童(包括婴儿),少年儿童不论从心理认知、行为习惯等方面,较之成年用户,有极大的区别,该群体在馆内的行为不确定性高于成年人。其次,用户有特殊的陪伴群体。以往只关注少年儿童用户本身,另一个群体却被忽略,即陪同少年儿童一同到馆的家长或其他监护人,事实上,家长或其他监护人既是少儿图书馆的服务对象,也在无形中参与到少儿馆为少年儿童的服务中来,这是其他类型图书馆所没有的情况。因此,少儿图书馆的服务对象既包括少年儿童,又包括其家长或其他监护人,服务好上述两类用户是少儿图书馆面临的实际问题。最后,从事少儿工作的相关人员也是少儿馆的服务对象,容易被忽略。基于服务对象的上述特殊性,馆员在向少儿用户提供服务时,应重点关注到少年儿童的生理和心理年龄特点,以儿童心理学、教育学的知识指导自身的服务行为。在服务的过程中,扮演的角色更多的是引导者和朋友的角色。较之成人用户,馆员需要更多的耐心、细心和爱心,耐心指导和引导其发现和使用资源,细心观察和记录其需求,用爱心做好服务工作,为每一位入馆儿童认真服务。

本次调研的 178 个公共图书馆少儿部(室),结果显示大多数少儿部(室)领导任职前接受过图书馆专业知识训练、在少年儿童图书馆服务一线有一定任职时间,更有多位具有幼教、小学教育、美术教育、音乐教育等教育学学科背景。这说明少儿图书馆在考虑领导职位人选时,已意识到领导学科背景的特殊性,少儿图书馆是一个业务性和专业性都很强的机构,其自身的运作规律和专业管理要求十分特殊,作为少儿图书馆的工作人员,对相关知识的了解和掌握是必备的。然而,我国少儿图书馆馆员对少儿馆运作的特殊规律的认知不深刻,欠缺应具备的专业技能,成为阻碍少儿图书馆服务质量提升的障碍之一。国际图联(IFLA)《儿童图书馆服务指南》中对儿童图书馆馆员的素养描述包括两个方面:第一是对其专业技能和职业操守,第二是对其专业背景。我国出台的《文化部关于进一步加强少儿馆建设的工作意见》也明确提及少儿馆的人员应具备的特殊素养,如"懂教育学、儿童心理学、儿童文学等专业的优秀人才"[22]。

第一,是专业技能和职业操守的特殊性。《儿童图书馆服务指南》对馆员应具备的专业技能描述为:"儿童图书馆的高效和专业运转需要有专业技能的和负有责任心的儿童图书馆员。儿童图书馆员需要掌握的技能包括:热情、很强的沟通、协作、团队工作能力和解决问题的能力、交往和合作能力、积极主动、灵活并乐于接受建议能力、具有分析读者需求,对服务和活动项目进行设计、实施和评估的能力、有学习新技能和专业发展的强烈愿望。"[23]上述要求从字面上理解似乎无法看出其特殊性,需结合少儿馆的特点进行解析:"热情、很强的沟通、协作、团队工作能力和解决问题的能力",落实到少儿图书馆馆员身上,具体可表现为对儿童、家长及其他到馆的用户热情周到,特别对儿童用户,不能因为其年龄小而降低热情;"沟通、协作、团队工作能力和解决问题的能力",具体体现在对儿童馆用户服务时,表现为善于运用儿童心理学、教育学的知识指导自身,能用儿童适应的沟通方式与之沟通。此外,还要善于与儿童的家长或其他陪伴人进行沟通,其沟通的重点是如何通过图书馆的资源和服务,令儿童用户感受到图书馆给其带来的快乐和愉悦、帮助儿童发现兴趣、辅助开发儿童智力、提升其文化素养。当遇到突发事件时,具备相应的应急能力,能妥善处理相关事宜,特别注意的是,在少儿图书馆内发生的问题,多数与儿童用户有关,必须更加小心谨慎地进行处理。

第二,是专业背景的特殊性。《儿童图书馆服务指南》对馆员应具备的专业技能描述为:"儿童图书馆员也需要掌握以下知识:儿童心理学、阅读发展和推广的理论、艺术和文化敏感性、对儿童图书和相关媒体的知识。"[24]因此,少儿图书馆馆员的专业背景应多元化。目前,我国少儿图书馆的馆员队伍中,拥有教育学或心理学,或者同时拥有这两个专业背景的馆员占少数,而少数拥有上述一种或两种专业背景或知识的馆员,存在缺乏图书情报知识以及信息技术知识的情况。更多的情况是少儿图书馆馆员原来并非从事少儿工作或图书馆工作,而是从其他岗位调动至该岗,专业单一,与少儿工作或图书馆工作甚至毫不相关,造成无法真正理解和高质量完成少儿图书馆工作的情况。之所以要求馆员具备上述特殊专业知识背景,与儿童生理和心理年龄的特点密切相关。值得指出的是,对"艺术和文化敏感性"知识的通晓,特别有利于帮助儿童发现兴趣、开发智力,这是其他类型图书馆　般不具备的特点。少儿图书馆馆员除了图书馆员的角色,同时兼具着儿童用户的阅读老师角色,还是辅助家长或其他监护人与儿童沟通的桥梁,工作的挑战性较大,难度较高,并不是一般意义上的"图书管理员"的角色。"图书管理员"管理的对象是图书等纸质文献,其主要工作职责是对纸质文献的上架、整架等传统书库工作,而少儿图书馆馆员的主要工作职责是帮助儿童用户利用图书馆的资源,辅助儿童用户的家长或其他监护人与儿童用户沟通。因此,对儿童馆馆员的素养要求既具有特殊性,又极具专业性。

(三)资源建设人才短缺

根据前一部分的数据显示,我国少儿图书馆从业人员与服务人次之比为1∶9700,且主要是从事流通服务的工作人员,原本就稀缺的馆员队伍,专门从事资源建设的更是凤毛麟角。少儿图书馆的资源建设业务十分重要,而从事这项业务的人才是决定业务成败的关键要素。长期以来,少儿图书馆资源建设缺乏具备相应专业背景和技能的高素质人才,使少儿图书馆的资源建设水平停滞不前,甚至出现随着高素质人才流失导致倒退的现象。少儿图书馆与其他类型的图书馆相比,在资源建设方面具有其特殊性,因此,开展资源建设工作的馆员与其他类型图书馆的馆员有所不同,主要表现在以下方面:首先,文献资源的选择具有极强的年龄针对性,选择什么样的文献资源、怎么选文献资源这样的问题,看似与其他类型图书馆有共同之处,实质上又具有其特殊性,原因在于所服务的对象是少年儿童。少年儿童用户年龄小,但不意味着其对资源的需求简单。少年儿童的想象力丰富,对未知事物好奇心强,因此,在进行资源建设时,具备一定儿童心理学、教育学背景的专业馆员将更能了解少儿用户的需求,有的放矢。其次,文献类型较之其他类型图书馆更为丰富。在少儿图书馆中,除纸质文献外,传统玩具、动漫周边产品、视频、音频等其他类型的资源也被列为资源建设的内容中来,较之其他类型图书馆更为丰富。再次,文献资源的管理具有更大的挑战性。少儿图书馆不仅需要对传统的纸质文献进行管理,还需要对少儿图书馆特有的(如玩具、教具等)资源进行管理,由于后者是近年来新出现的资源类型,目前需要借鉴发达国家或地区的先进经验。另一方面,文献资源类型的丰富,使得对其管理更为复杂,加之资源的使用者为少年儿童,对资源使用规则的遵循程度较之成年人,不确定性更高,管理难度更大。

基于资源建设的特殊性,相应地对少儿馆从事资源建设的馆员提出以下方面的要求:首先,要拥有儿童心理学、教育学相关教育背景或知识背景,严把文献入藏的第一关。在进行文献资源的选择时,可根据不同年龄段的儿童的心理特点进行甄别和分类,严把文献资源质量关,依据自身的专业背景或从事儿童教育的经验,对有利于少年儿童成长的文献资源要多选,对于有可能对少年儿童造成不利影响的资源,坚决拒之门外。其次,文献资源类型的丰富,要求馆员紧跟时代,具备了解国内外少儿图书馆资源建设方面最新动态的能力。以玩具图书馆为例,国外早在 20 世纪 30 年代,出现了"玩具出租图书馆"(Toy Lending Library),经过一个世纪的发展,欧美主要发达国家的儿童玩具图书馆将学前教育、特殊儿童教育与玩具图书馆较好地结合起来[25]。而我国自 20 世纪 90 年代引入玩具图书馆以来,虽然有玩具图书馆的概念,但大部分地区未能实现真正意义上的开馆,主要原因有三:第一,缺乏具备玩具图书馆管理经验的馆员;第二,保障经费不足;第三,没有现成的经验借鉴。近年来,在我国沿海发达地区出现真正意义上的玩具图书馆,这些图书馆多借鉴国外或港台地区先进的管理理念、管理经验,对馆员的素养也提出较高要求。例如玩具图书馆的空间密度控制、玩具的种类和数量的搭配、亲子互动的引导、玩具导读等[26],都是传统图书馆服务中未曾出现的业务,既要求在提供服务过程中具备相应的技能,也要求在进行资源建设时予以注意,需要具备特殊技能的馆员才能胜任。

三、机制有待完善

(一)人员制度建设不完善

在不断加快少儿数字文献资源库和少儿数字图书馆建设的新时期,可以借助"全国文化信息资源共享工程""数字图书馆推广工程""公共电子阅览室建设计划""农家书屋工程"等重点文化工程搭建的数字传播平台、服务网络及网点,向全国城乡特别是边远农村地区的少年儿童提供资源与服务。但这种设想不光需要少儿图书馆从业人员不断加强自身学习,更需要从人员制度建设层面提供更多保障。

2010—2014 年五年间,我国少儿馆的机构数增长了 11.34%,图书流通人次增长了 16.15%,从业人员数量增加了 3.77%①。显而易见的是,从业人员的增长率远低于机构增长率以及图书流通人次增长率。这说明我国少儿图书馆的职业吸引力不足,长期以来,我国图书馆存在馆员的考评量化方法老化,无法进行科学有效的评价,评价工作业绩和工作表现时,主观因素占主要位置的现象。究其原因,缺乏科学的、可量化的评价标准是直接原因,但深层次的原因是对考评和激励机制作用的认识不到位,未能制定科学有效的激励机制和具体的落实措施,对评价还仅流于形式,导致了馆员认为干多干少一个样,干与不干收入无较大差别的现象出现。缺乏规范化的人力资源吸引、培养、稳定和业绩考核等方面的制度。

目前,少儿图书馆普遍存在的与激励机制有关的问题主要集中在以下方面:第一,薪酬机制沿用过去的"大锅饭",导致馆员工作缺乏动力;第二,缺乏相应的组织文化氛围,凝聚力不强;第三,激励手段单一。第四,上下级之间的沟通存在障碍,影响了信息的传递,导致士气不高,缺乏工作热情。上述四

---

① 数据来源:整理自天津市区、县少年儿童图书馆科学评估统计年报表[J]. 图书馆工作与研究,1992(S1):117.

点只是少儿图书馆激励机制中的主要问题,由于历史原因,各地区、各级别的少儿图书馆还存在自身特殊的激励机制的问题。人力资源管理中的激励机制是其重要组成部分,常常成为人力资源管理中的"短板",即其他事项都已细致入微,运行得当,在激励的环节出现问题,导致馆员的士气低落、有情绪,进而影响工作效率和效果。因此,要想有效地提高人力资源管理整体水平,就要重视人力资源管理激励机制的建立与完善,充分调动馆员的积极性与创造性,激励其创新意识与潜能,不断提高馆员的专业技能与综合素质,充分发挥人力资源优势,实现图书馆的战略发展目标。具体来说,图书馆的激励方式有多类型,包括物质奖励、荣誉奖励、提供继续教育如培训、访学等机会的奖励等。有研究建议,可根据图书馆发展状况给予不同程度、不同类型的奖励。

在我国图书馆事业蓬勃发展的今天,少儿图书馆的人力资源建设中不免出现的各种问题,有些问题是历史遗留的产物,有些问题是随着时代进步出现的。对于历史遗留问题和新出现的问题,我们都应该加以重视,积极探讨解决的方案,不可忽略任何细节问题。随着时代的发展,一方面,我们应该以人为本,重视人力资源建设中出现的问题,明确指导精神和原则,才能有针对性的解决面临的问题;另一方面,要与时俱进,积极学习国内外不同类型图书馆在人力资源建设中的科学、合理的各种措施、机制。

(二)志愿者管理机制不完善

根据国家统计局数据,截至 2014 年,我国独立建制少儿馆从业人员 2201 人,平均每馆拥有从业人员 20 名左右。总藏量在 3392 万册/件,少年儿童图书馆书刊文献外借册次为 2324 万册次,共接待读者 2136 万人次,平均每位工作人员为 0.97 万人次提供图书流通服务。2014 年,国家图书馆少年儿童馆接待读者数为 169 806 人次,举办文津少儿讲坛 12 场,各类故事会 140 余场[27],但其馆员总数也不过 22 人。可见,少儿图书馆的人力资源十分紧张,为缓解人力资源紧张,在巨大的流通压力和较少馆员的现实下,志愿者成为缓解人员压力的重要力量。志愿者对图书馆的运作有十分重大意义,一方面,志愿者能缓解图书馆人力资源短缺的困境。志愿者通过少儿馆的志愿服务增加了自身的社会参与经验,满足了自身对更高精神层次需求的追求。同时,志愿者通过参与图书馆的志愿服务工作,能亲身体会图书馆工作的过程以及图书馆对社会、对用户产生的影响和发挥的作用,成为图书馆的"义务宣传员",增加图书馆的社会影响力。有研究显示,少儿馆的志愿者招募对象主要集中于在校大中学生、退休教师、社会热心人士等群体[28]。志愿者是公共图书馆人力资源的重要组成部分。志愿者的管理机制的优劣直接影响志愿者队伍的发展,进一步影响图书馆人力资源的建设。我国少儿馆志愿者管理机制存在不完善的现象,出现的主要问题包括选拔、培训针对性不强、考核量化措施不科学、激励机制作用有限、后续跟踪管理不及时等。

针对少儿图书馆的具体情况,可从以下方面进行重点探索:第一,关注少儿馆志愿者来源的专业背景及受教育程度。少年儿童图书馆的志愿者服务的对象是少年儿童,该群体具有特殊性,因此在招募的志愿者时,应关注志愿者是否有相应的专业背景,如教育学、心理学等,或者从志愿者本身接受教育的程度进行一定考量。第二,对志愿者的业务培训应具有针对性。由于少儿馆志愿者的服务对象的特殊性,培训的内容应具有针对性。可依据《文化部关于进一步加强少儿馆建设的工作意见》中关于少儿馆馆员素质的具体要求,结合本馆自身实际情况,制定行之有效的、能落到实地的志愿者培训方案。第三,志愿者的工作过程的痕迹管理,对志愿者工作内容和工作量的及时记录,既是考核的依据,也是建立志愿者个性档案的原始资料,应有专人负责。第四,建立可量化的志愿者的工作考评机制。建立可量化的考评措施是志愿者管理中的难点,志愿者的考评机制向来被忽略,原因在于以往对志愿者精神内涵的片面理解,认为志愿者开展志愿工作等同于"无偿工作",忽略志愿者自身的感受。有研究指出,图书馆存在一种现象:即注重志愿服务工作的开展是否达到预期效果,而忽略志愿者自身的感受和期望,从而以结果为导向,轻视对志愿者工作过程的记录和考核[29]。加之志愿者服务工作往往具有较大的随机性,计划性较弱,且在其工作结束时,对工作量的统计往往难以精确,因此,如何量化成为"难中之难"。第五,建立行之有效的激励措施。有研究表明,志愿者参加志愿服务归根结底是出于利己的需要,是为了追求个人利益的增值范畴,志愿者的利己已经超越了物质上的利己,更多的是对于精神利己的追求,而恰恰是精神利己动机才能真正揭示志愿服务的内涵[30]。第六,长效的联络、推广以及个性化建档措施。志愿者流动性较高,因此,实施长效的联络措施有利于志愿者与图书馆关系的维护,同时也起到继续推广图书馆的作用,建立志愿者个性化档案,既是对原始资料的积累,也是对志愿者志愿精神的肯定和嘉奖。

第三节　发展趋势展望

少儿图书馆服务范围与内容的不断扩展与深入,对少年儿童图书馆人力资源提出了更高的要求。目前,我国少年儿童图书馆人力资源在年龄构成、专业结构和能力素养等方面均有提升,但也存在一定的不足。随着国内外少年儿童图书馆服务实践不断创新与理论探讨逐渐深化,为少儿图书馆人力资源发展注入新的动力。唯有把握好未来发展的新趋势、新方向,才能助推少儿图书馆的可持续发展。

一、职业化发展

少儿图书馆是服务育人的重要阵地,有助于培养青少年的阅读兴趣,建立良好的阅读习惯。少年儿童图书馆能否更好地发挥这种功能,与少儿图书馆员是否具有必要的职业精神密不可分。随着少儿服务理念、服务环境、服务内容和服务方式地不断发展与完善,对少儿图书馆馆员的综合素质提出了更高的要求,与服务相结合的职业生涯规划才能行之有效,促进服务发展。少儿图书馆员职业精神培育和职业生涯规划,对少儿图书馆的整体服务能力和全面发展具有重要的现实意义。

(一)职业精神培育

图书馆员职业精神是在长期的图书馆工作实践中所形成的一种比较稳定的思想行为风尚,包括馆员的政治态度、精神风貌、思想情操等意识及行为规范、职业技能的总和[31]。少儿图书馆馆员应该具备与其他图书馆馆员同样的职业精神,由于少儿图书馆主要是为未成年人服务,少儿图书馆馆员的职业精神更需要体现其服务育人的特色。首先,少儿图书馆馆员应当培育以少儿为本的人文精神。以人为本是图书馆职业的核心价值观,以少儿读者为本,需要有一颗关心未成年人的爱心,把读者当成自己的朋友。摒弃原本看守式的服务理念,从少儿读者实际需求出发,在服务格局、服务方式和内容、服务质量与态度等方面不断创新与完善,为少儿读者打造一个立足新技术、全方位的服务体系。其次,少儿图书馆馆员要具备崇尚真理的科学精神和勇于开拓的创新精神。图书馆自动化、信息化、数字化建设及计算机技术、音像技术的应用,让图书馆成为青少年进行知识探索和新技术体验的重要场所,少儿图书馆馆员具有科学精神和创新精神才能够不断探索运用先进的科学技术提高服务效率,创新服务内容,最大限度地满足少年儿童读者知识信息需求[32]。最后,应该培养少儿图书馆馆员的敬业乐业的奉献精神。少儿图书馆的服务要求馆员更加细致和耐心,对少儿图书馆工作的尊敬和热爱是图书馆职业精神的根本,对少儿图书馆工作有事业心、责任心,愿意投身于图书馆事业,甘于奉献读者,承担起知识导航员的职责,为少儿读者提供热情周到的服务[33]。

(二)职业生涯规划

图书馆员职业生涯规划就是图书馆通过一系列的组织管理活动来促进和帮助图书馆员达到其职业发展目标的过程。行之有效的职业生涯规划需要组织和个人两方面同时进行。对任何一个组织而言,员工目标与组织目标的一致可以带来"双赢"的效果,既让员工有较好的职业发展,同时也实现组织目标。从组织层面,图书馆要做好新入职馆员的引路人。要让新馆员意识到图书馆对其选拔、培养的重视,营造良好的职业发展环境。激发起新馆员对图书馆职业的热爱,充分调动对本职工作的积极性和创造力,实现馆员的自我价值,以达到图书馆事业和馆员个体发展的相互促进和共同发展的目标,最终实现个人成功与组织事业前进的共赢效果。借鉴国外职业生涯规划的先进做法。如加拿大图书馆协会提出的"一对一结对式"的辅导制,不采取集中教学,从辅导内容到辅导的时间、地点、辅导关系的建立和维系,都是双方自愿协定的,实习项目为图书馆员提供了实习机会,有利于信息素养项目的规划和发展[34]。对我国少年儿童图书馆员职业生涯发展具有一定借鉴意义。从个人层面,除了职业精神的培育和服务理念的树立,服务能力提升是不容忽视的。新时期少年儿童图书馆工作业务需要少儿馆员具有主动学习、终身学习的能力,通过提高自身修养,向精专业、多技能、擅创新、懂沟通、善表达的复合型人才方向发展[35]。

职业精神培育和职业生涯规划能够帮助少儿馆员树立正确的服务理念,提升综合素质,从而推动少儿读者服务的可持续发展,为广大少儿读者打造一个知识丰富、自由愉快的精神家园。

二、合理完善知识结构

馆员素质是体现少年儿童服务水准的主要因素,涵盖少儿图书馆馆员的知识结构、专业技能、服务态度、创新能力等指标,其中知识素养是基础、心理素质是关键、能力素质是核心。良好的知识素养构成不仅包括专业知识素养,即对图书馆知识的掌握情况,而且包括知识结构和储备,以及与用户的需求相关的其他专业知识。少儿图书馆馆员只有储备了丰富的相关知识,才能不断推进少儿服务发展。

目前,我国少儿图书馆人才队伍建设主要途径是人才的引进和自我培养。引进短缺的专业人才可以改善业务人员专业结构单一、人才层次结构断层的状况。但实际操作来看,通过引进方式来解决人才队伍建设比例不高。对已有从业人员的培养、认证工作更值得关注。如今的少儿图书馆需要馆员爱业、敬业、勤业的同时,更需要复合型实用人才。掌握现代知识技术,熟悉儿童心理,敏锐而透彻的分析能力都是馆员继续教育的重点。随着事业单位人事制度改革的深入,将上岗资格认证制度、竞争机制引入少儿图书馆人力资源管理中,在人本管理前提下通过资格认证、绩效评估等措施,实现少儿图书馆人力资源管理的高效高质。

(一)完善图书馆专业教育课程

我国尚未建立图书馆员资格认证制度,对少儿专业馆员服务能力没有相应的标准和规范,少儿馆员的知识结构单一,能力素质偏低成为少儿服务发展的瓶颈。美国大多数图书馆在招募少儿服务专业人员时,要求其从美国图书馆协会认可的图书馆研究生院硕士毕业,具备儿童文学素养,能开展讲故事等各类少儿服务活动。YALSA 和 ALSC 等机构都对公共图书馆青少年服务馆员素质做出了明确规定。其中,2010 年的《青少年服务馆员的能力要求:未成年人值得最好的服务》(*Competencies for Librarians Serving Youth:Young Adults Deserve the Best*)对未成年人服务馆员素质进行了详细的规定。ALSC 于2009 年发布《公共图书馆儿童服务馆员的能力要求》(*Competencies for Librarians Serving Children in Public Libraries*)。两个文件分别对青少年和儿童服务馆员的素质做出了详尽的规定。虽然具体表达方式有所不同,但两者都对未成年人服务馆员在认识和了解青少年、对青少年服务所需资源和管理、外联、宣传、专业技能等方面提出要求。YALSA2010 文件还要求未成年人服务馆员具备信息获取能力和服务能力,ALSC2009 文件则要求具备活动组织能力、沟通技巧和参考咨询能力。除此之外,还有许多区域性公共图书馆或者图书馆联盟针对未成年人服务馆员的素质进行了规定,如新泽西图书馆联盟在借鉴

ALSC2009 文件的基础上通过了《儿童图书馆员知识与技能要求》,从专门知识、馆藏发展、读者参考咨询、项目组织交流技巧、行政与管理、行为规范等方面做出规定,是对已有的新泽西图书馆员能力素养要求的补充和拓展[36]。

完善我国少儿图书馆人力资源的知识结构,可以借鉴国外制定和发布有关少年儿童图书馆员能力与素质要求的文件与标准。更为可行的举措是在人员招聘时,做好合理规划,将专业知识背景与特长综合考虑,既要引进具有良好信息素养和计算机技能的专业馆员和技术人员,还应该考虑具有少儿教育、少儿心理和艺术类学科背景的人员,能够更好地引导和帮助少年儿童进行相关的阅读活动。为了适应不断发展的少儿图书馆服务,市场营销人员和法律人员也需要被吸纳到少年儿童图书馆人力资源之中,及时掌握需求分析,进行定位与营销战略,以便为服务创新提供更为有利的条件,处理涉及设备购置、协作开发、用户与服务方面的利益纠纷,服务质量与内容纠纷[37]。

除此之外,在我国图书馆学专业教育中,应该考虑增加与儿童图书馆学密切相关的课程如儿童心理学、儿童文学等,将少儿服务作为一个研究方向,并在专业人才教育中融入相关内容,培养少儿服务专门人才,不断完善少年儿童图书馆人力资源的知识结构[38]。

(二)少儿馆员继续教育体系

继续教育是提高人力资源的重要途径,也只有通过投资人力资源培训,才能促使人力资源转变为具有创造力的人力资本。少儿图书馆馆员继续教育培训是一个完整的科学体系,也是一个长期的系统工程,为保障培训活动的持续和完整性,建立完善的培训制度和构建科学的培养体系是基础。

少儿图书馆馆员的继续教育体系构建应该以人力资源开发为中心,着眼于提高馆员素质与能力上。一是完善继续教育制度建立。通过制度规范,突显少儿馆员继续教育的重要价值和意义,让馆员了解与时俱进、不断学习的重要性,从思想上重视业务和知识学习,端正态度,提升素养。完善并坚持继续教育组织、在职自学等制度,推行自主选学、在线学习等方式,为教育培训提供多样化途径[39]。二是推进继续教育模式创新。通过创新培训模式,提高教育培训的针对性、实效性和吸引力。图书馆继续教育模式可以采用"订单培训"、菜单式自助选择培训,也可以与图书馆协会联合培养。图书馆在安排继续教育时,一方面要结合少儿图书馆馆员自身水平和基础,另一方面要考虑少儿图书馆馆员的真正需求,选择合适的培训方式和手段,增强培训效果。

可以通过推广网络培训、远程教育等,提高继续教育培训教学和管理的信息化水平,为少儿图书馆馆员创造自由便利的学习机会。三是丰富继续教育培训内容。少儿图书馆继续教育内容应紧密围绕少儿图书馆馆员的独特需求,构建具有特色的培训内容体系,培训项目应涵盖图书馆职业理念、少儿读者服务内容与服务方式、共享工程与图书馆自动化、学术规范、少儿用户心理、少儿服务创新、少儿阅读推广和阅读趣味活动等内容[40]。四是加强人力资源培训主体能力建设。少儿图书馆馆员继续教育的培训主体包括各级图书馆和学会以及专业教育机构,它们应该在继续教育体系中处于不同的层次与地位,发挥不同的作用。少儿图书馆馆员培养的主要组织机构是工作所在图书馆,图书馆领导者应重视并关注馆员培养,想方设法引进培养资源和联系培养师资,将馆员培养作为图书馆科学管理的重要绩效考核指标,保证馆员培养的持续性和连贯性。培训主体部门要实施多样化的培训方式,更新、丰富培训内容,充分考虑理论与实践的结合,不断提升继续教育质量。既要注意教育的政治性与方向性,又要注重继续教育的针对性与系统性,着重少儿馆员的专业技能提高[41]。

科学的继续教育体系需要适应经济社会发展的中长期公共人力资源培训规划,以更好地应对读者需求和社会变化,保证少年儿童图书馆的服务质量。此外,积极培育良好的组织学习氛围同样不可忽视,学习型组织文化能够有效推动继续教育实施,提升人力资源管理效率,增强组织知识整合能力。

三、大力推进绩效评价制度

科学规范、统一健全的图书馆员绩效评价是图书馆人力资源管理的基本依据与核心职能,有助于营造良好有序的图书馆工作氛围,促进图书馆员综合素质的全面发展,推动图书馆事业的和谐健康发展[42]。少儿图书馆的人力资源绩效评价制度建立一方面要充分借鉴国外的先进做法,与国内公共图书馆人员绩效评价有良好的衔接和对应;另一方面还要从少儿图书馆的服务内容和人员实际出发,绩效评价制度才能够科学合理并且适用。

国外图书馆员绩效评价是公共图书馆评估制度中的一个重要内容,通常以法规或政府文件的形式出台。美国的《公共图书馆绩效计量》包含图书馆员绩效评价的方法,被美国公共图书馆广泛应用;加拿大的《联邦政府图书馆绩效评估手册》,涵盖员工评价的方法和具体实施步骤,被认为是最好的绩效评估手册之一,为各国图书馆馆员所称道;此外还有新加坡的七范式体系、英国的《全面、高效、现代化的公共图书馆——标准与评估》等,均涉及图书馆员的评价标准、方法等内容[43]。还有图书馆会在符合法规的情况下适当变通,采用具有自身特色的评估体系。如波士顿公共图书馆的 PSA 评价系统将图书馆工作人员的表现评定为四个等级,即:E 级(exceeds standard);M 级(meets standard);N 级(needs improvement);NA 级(not applicable)。评估指标有工作质量、合作性、处理公众问题的有效性、时间管理、业务知识、基本管理技能和部门领导的高级管理技能 7 大项指标,每大项指标下面又设置 4—5项细化指标,共计 29 项细化指标,评估周期为每年[44]。又如美国国会图书馆在 2008—2013 年战略规划中将图书馆员工作为其五项规划中的重要一项,提出详细的评价指标、评价标准,并依据评价结果对馆员进行针对性的分类,提供个性化发展战略规划[45]。由此可见,国外图书馆将对馆员评价的实践操作和构建方法体系作为重点,创建较为严格的评价制度和行之有效的方法体系。

虽然国内公共图书馆馆员评价主要通过绩效评估的方式来实现,但尚未有统一规范的评价指标标准体系,大多数图书馆的评价指标、评价标准也是重定性而轻定量,实际操作中存在严重的形式主义,并没有实行真正意义上的绩效评价。近几年,一些图书馆也在不断改进图书馆人力资源的绩效评价,如国家图书馆绩效评估指标体系将业务工作作为五大评估内容之一,其下面以五层等级结构细分为 9 项小指标;东莞图书馆制定具体的员工绩效考核表,将工作纪律、岗位责任及目标、业务研究、学习型组织创建、职业道德和服务环境等均作为考核内容,并且明确了各考核内容的考核范围、考核部门和考核依据[46]。少儿图书馆馆员的绩效评价应该从评估主体、评估内容、评估程序、评估结果等方面进行改进,规避传统以德、能、勤、绩为主要内容诸多弊端。一是评估主体要多元化。考虑采用 360 度绩效评估制度,即对每一位图书馆员都要进行 360 度绩效评估:既要接受上级直接领导评估,又要接受同行评估,还要接受下级人员评估,最后还要接受服务对象的评估。评估结果依据以上四项评估值及其相应的权重来确定。在评价实践中权重确定是关键所在,需要在操作中不断斟酌与改进。二是评估内容要综合化。要从工作绩效、业务水平和社会效益三个方面对馆员进行综合评价。评估内容需要从传统考核中注重被考核者工作实际绩效扩展到对各种责任的履行情况上,并将此作为其奖励、职务升降、工资增减、培训辞退的管理依据。三是评估程序要透明化。图书馆人力资源评估过程要体现公平、公正的原则,建立有效的评价机制和公平的竞争机制。规范考核评估程序,保证评估程序的公开透明,评估手段的科学合理,确保客观性和公平性,以此提升评估结果的公信力。四是评估结果要公开化。评估结果应该向馆员进行公开,让馆员发现自身优缺点,有助于改进。评估结果同样需要有效的利用,作为对少儿图书馆人力资源激励的依据[47]。

我国少儿图书馆人力资源绩效评价制度需要推进集中管理体制下的平行式管理模式,完善从工作绩效、业务水平和社会效益三个方面对馆员进行综合评价,并反馈详细评价结果。注重对评价结果的分析,塑造良好的人力资源伦理价值观和利益观,切实推进有效的少儿图书馆人力资源绩效评估。

四、积极探索激励机制

激励机制是图书馆人力资源管理的重要机制,运用合理的激励机制能够充分挖掘图书馆员的内在潜力,调动工作热情,使图书馆员能够以积极、主动、有创造性地开展工作和服务。就少儿图书馆而言,探索有效的激励手段,才能不断挖掘少儿图书馆馆员的潜能,激发创造力,使之产生积极向上的动力,从而全身心地投入到少年儿童图书馆事业之中。

国外图书馆受现代管理学的影响,人本管理逐渐受到重视,其中员工激励是人本管理的重要方面。以人力资源管理中四项激励理论即层次需求理论、双因素理论、公平理论和期望理论为依据,国外学者构建了图书馆员工激励机制理论,并提出提升馆员积极性的三种措施即工作提升空间、优点奖励、弹性的工作时间。还有学者认为工作满意度主要受薪酬、提升、监管、福利、奖励、调控、同事、工作属性和交流9个因素的影响。国外公共图书馆的员工激励机制考量因素比较多,涉及面比较广,如国外公共图书馆推行的福利政策,给图书馆员提供完善的个人医疗保险,同时也为其未成年的子女提供医疗保险,免去后顾之忧。同时注重精神激励和物质奖励,重视沟通交流,兼顾员工个体带来的差异性需求和组织整体的统一性目标[48]。这些都是值得我国少儿图书馆借鉴的宝贵经验。

目前,公共图书馆越来越重视人力资源建设,在馆员激励方面也在不断探索,需要在细化具体措施,关注馆员需求的针对性和差异性,重视馆员职业发展规划需求,加强上下级沟通,建立双赢的机制等方面努力。杭州图书馆一直在探索和实践以服务创新为出发点的馆员创新评价和激励机制,在借鉴国内外图书馆比较成熟经验的基础上,立足实际,构建出一套既适用于杭州图书馆并具有参考价值的机制。杭州图书馆以充分发挥学术与服务创新的奖励办法作为导向,坚持科学性、公平性与可操作性相结合原则,鼓励员工在业务实践工作中的各种创新行为。凡是将已有的学术成果转化应用于日常工作并明显提高效率,促进业务发展的;或是对图书馆内部管理、业务运作、制度设立等方面提出建设性意见和建议,并且切实可行的都可以作为创新项目进行评定并给予一定的奖励。逐渐形成了杭州图书馆"激励政策—员工态度—服务创新能力"的激励路径和激励机制,对于少年儿童图书馆的激励机制具有很好的参考价值[49]。

如将馆员测评结果分成几个层次,一般馆员、助理馆员、执行馆员、主任馆员。不同馆员月收入有所不同。这样便可以在馆里形成横向比较的对象,有能力的馆员可以申请评比更高层级的馆员,获取更高的工资待遇。同时在奖励时,也要兼顾纵向评比,即要看馆员在相同层级较上次评比有无进步。首先根据岗位职责设定基础工作评价标准,以此为标准衡量馆员工作进步程度。这种横向和纵向的比较不仅体现了不同业务部门馆员的价值,也体现了相同业务馆员服务质量的差异,相对较公平[50]。激励机制既要科学合理,又要公平公正。各个馆可根据自身的实际情况,对现有的激励机制进行修正、改造甚至重塑,其目的是为了更好地激发馆员的工作积极性和创造力,其指导思想是坚持与时俱进、公平公正的原则,其具体实施的措施应灵活多样,因地、因时、因馆制宜。

少年儿童图书馆的激励机制建立应该充分考虑人力资源现实情况,不能采用千篇一律的物质激励和精神激励,虽然简单实用,但是难以达到理想的激励效果。少儿图书馆工作人员存在职称、知识背景,个人能力与性格的差别,可以尝试根据各个不同层次和背景的馆员使用相应的激励策略,最大限度地挖掘潜能和激发热情,淋漓尽致地发挥激励作用[51]。主要可以从以下几方面考虑:

一是需求激励。对少儿图书馆馆员而言在不同时期会有不同的需求,满足这些需求则在一定程度产生激励作用。在解决生活需求、提供心理激励方面,可以为文献整理等特殊岗位定制美观耐用的工作服,增加双休日、节假日值班人员的交通补助;在安全需求激励方面,为计算机工作人员发放防辐射服装,积极帮助救治大病患者的馆员等;在社交需求激励方面,可以为单身馆员举办联谊活动,鼓励有音乐特长的馆员参加歌唱类比赛;在尊重需求激励方面,积极接受馆员的合理意见和建议,对工作业绩突出的馆员进行表彰等;在自我实现需求的激励方面,可以通过组织形式多样、内容丰富的活动为有能力和特长的馆员创造展示自我的平台,并予以嘉奖。

二是目标激励。目标激励应用到少儿图书馆馆员身上的内容很多,包括岗位业务、科研任务、职称职务晋升、学习进修等。在运用目标激励时,首先目标既要有一定的难度,具有挑战性,但又要考虑少儿图书馆馆员的现实状况,不能脱离实际。过高或者过低的目标都会难以达到应有的激励作用。其次目标要明确。明确、具体的目标能够让图书馆员有的放矢,有计划分步实施,具有较强的可操作性,产生良好的激励效果。最后目标具有可接受性。目标设定要尊重馆员意愿,做好事前沟通,使馆员真正乐于接受、认真配合、积极实施,这样才能发挥目标作用,调动馆员的积极性。

三是情感激励。情感激励亦是一种非常有效的激励策略,可以根据情况采取不同的策略。具体包括:发挥榜样的力量,图书馆领导应以身作则、率先垂范,不能违反各项图书馆的各项规定和纪律,自觉地置于群众的监督之下;鼓励馆员参与决策,在图书馆工作的重大决策过程中,让全体馆员尽量参与,鼓励大家积极思考,激发集体智慧,施展个人才能,并积极采纳合理意见和建议。通过献计献策,让少儿图书馆馆员实现自我价值,增添成就感和责任感;在工作中和生活上,通过宽容、赏识和关爱等情感激励,消除工作中产生的误解和消极情绪,能赋予馆员积极向上的力量,营造真诚温暖的氛围,从而激发工作热情,达到激励的目标[52]。

五、充分借助社会力量

2013年7月,李克强总理在国务院常务会议上提出"研究推进政府向社会力量购买公共服务",一系列鼓励政府向社会力量购买公共服务的财政、金融、产业等政策陆续出台,为社会力量参与图书馆建设创造良好的条件和环境。从现实角度看,我国少年儿童图书馆建设与发展需要社会力量的加入。充分借助社会力量,通过阅读形象大使、阅读推广人和志愿者在各个层面有效补充少年儿童图书馆人力资源,能够更好地挖掘少年儿童图书馆人力资源优势,提升少儿服务质量,并增强少年儿童图书馆社会影响力[53]。

(一)少儿阅读形象大使

当下很多的公益活动都会请一些文体界的明星做形象大使,通过他们的号召力更好地推动活动的宣传与推广。少儿图书馆阅读推广活动可以推进这方面的尝试。榜样的力量是无穷的,通过阅读形象大使的示范作用,为少儿读者播下阅读的火种,营造良好的阅读氛围,培养少儿读者热爱阅读的习惯,对于少儿读者的成长起到积极推进作用,同时拉动社会文化建设。为了发挥少儿阅读形象大使的独特示范作用和重要价值,在选聘策略和阅读推广过程中要针对少儿阅读推广的特殊性,通过认真审视、规范管理,不断完善品牌塑造、效果评价和激励促进等常态发展机制。通过少儿阅读形象大使的示范力,为少儿读者不断输送正能量,借助少儿阅读形象大使的社会影响力,提升少儿阅读推广的效果,并有效补充少年儿童图书馆人力资源的不足[54]。

（二）少儿阅读推广人

2014 年,中国图书馆学会在"阅读推广人"培育行动中对阅读推广人进行定义:阅读推广人是指具备一定资质,能够开展阅读指导、提升读者阅读兴趣和阅读能力的专职或业余人员。阅读推广人培育行动的对象包括各级各类图书馆和科研、教学、生产等相关企事业单位人员及有志参与阅读推广事业的其他社会人员。由此可见,阅读推广人的基本职责就是通过多样化的形式和渠道进行推广阅读,目的是培养公众的阅读兴趣、提升阅读能力和素养,最终促进全民阅读[55]。

阅读推广工作的专业化走向需要专业队伍与专业机构的支撑。少年儿童图书馆作为阅读推广工作的重要阵地,需要探索阅读推广人培育工作,开展专业化培训,建立阅读推广人制度。首先要广泛吸引社会力量参与。通过免费公益性服务,广泛接受社会各层面有志于从事阅读推广工作人员的报名,以免费培训扩大活动的受益面,有助于吸引更多社会人士参加到阅读推广工作中。其次要设计分类分级的培训内容。根据服务对象及需求,对阅读推广人进行分类划分,如幼儿阅读推广人、少年阅读推广人等,并开发设计适合不同类型推广人的培训内容体系,建立系统的教学评价。最后需要制定合理的认证模式与管理办法。为规范阅读推广人培养和后续管理工作,有必要对阅读推广人的分类分级、认证程序、选聘条件、晋级办法、活动支持做出了明确的规定和说明。

此外,少年儿童图书馆培育阅读推广人的实践中,还需要加强相关理论研究,逐步打造专业稳定的师资队伍,合理整合资源,有效推动培训成果的转化,让阅读推广人在少儿服务中发挥积极作用,真正促进少儿阅读良好氛围的形成[56]。

（三）少儿服务志愿者

少儿图书馆读者量不断上升,而馆员数量和素质却存在不足,使得读者需求与图书馆服务的矛盾突显。作为公共文化服务部门,引入志愿者服务是一个行之有效的做法。发挥志愿者的力量,不仅能够弥补人手不足,还能够优化知识结构,提升服务水平[57]。

1. 成人志愿者

根据志愿服务内容的不同,少年儿童图书馆招募对象的范围也不尽相同。在招募少年儿童图书馆志愿者时,要对其年龄、教育水平、工作单位、专业技能和兴趣爱好进行综合考虑,选择适合从事少年儿童图书馆服务的志愿者,保证少年儿童图书馆志愿者团队的服务质量,如心理健康服务志愿团队要求志愿者必须具有国家心理咨询师资质、具备一定工作经验等。少儿图书馆进行志愿者岗前培训也是非常必要的。首先要简要介绍图书馆的业务知识,包括熟悉图书馆环境、馆藏分布、业务功能、规章制度、处罚条例等。其次需要志愿者学习一些与少儿教育、学习和成长的相关知识,包括儿童心理学、教育学、少年儿童图书馆学等。有利于志愿者初步了解少儿在成长期间的特点,学习和掌握少儿的生理与心理特点,便于提升志愿者与青少年的沟通、交流、互动上的技巧,在从事少年儿童图书馆志愿者服务时更加得心应手[58]。

2. 少儿志愿者

在少年儿童图书馆志愿者群体中,小志愿者即少儿志愿者日益增多,向公众展现出更为细致、更加人性化的服务,拓展和延伸了少儿图书馆功能,强化了少儿图书馆的教育作用。少儿志愿者的岗位设置一方面要延续传统岗位如导读岗位、整架岗位和活动岗位,另一方面还有为少儿志愿者特设一些岗位,如爱心岗位、文明岗位和宣传岗位等。还可以尝试单独设立管理岗位,让青少年志愿者实行自治管理。在少儿志愿者管理方面需要引入介入反馈机制,安排专门人员对工作状态进行动态跟踪,掌握服务情况和心理状态。采取定期汇报方式,了解少儿志愿者工作情况和遇到的问题,少儿图书馆员还应该适时地对少儿志愿者进行指导与帮助,并通过读者的反馈了解志愿者的优缺点等。通过建立激励机制促进推广效果。评选出年度优秀志愿者和志愿者组织,并开展经验交流,分享优秀志愿者的心得。举办志愿者之间的联谊活动,组织志愿者参观等,通过此类活动加强志愿者之间的沟通与联系,增强志愿者团队的凝聚力[59]。

3. 开发志愿者少儿服务项目

图书馆志愿者可参与的服务项目应该是多样的,它不应只局限于图书管理、读者咨询等常规的项目。图书馆志愿者服务应该遵循延展性原则,即对志愿者的管理目标具有一定的广延与伸展性,在有效促进提升图书馆服务质量的同时,更要重视志愿者自身综合素质的提高,注重其对社会志愿者活动的推动。图书馆招募志愿者要做到因人而异,可结合馆情、志愿者人员情况,创造性地开辟新的服务项目,形成特色。既充分利用志愿者本身资源,又使志愿者在无私奉献的同时,增加知识和能力;既吸引读者,又为志愿者提供一种寓学习于服务的模式,并通过志愿者这个载体宣传图书馆,吸引更多的志愿者参与图书馆的管理,从而达到"三赢"结果[60]。

我国少儿图书馆人力资源的开发、管理等方面与国际先进图书馆还存在较大差距,关注行业动态,借鉴人力资源管理方面的先进理论和经验,依据少儿图书馆的实际情况和服务需求,不断探索一套切实有效的少儿图书馆人力资源管理制度,对于提升我国少年儿童图书馆服务水平和促进整体事业发展极为重要。

参考文献:

[1] 天津市区、县少年儿童图书馆业务档案工作条例(试行)[J].图书馆工作与研究,1992
(S1):71-72.

[2] 宁国誉,李颖.21世纪少图事业发展战略之我见[J].图书馆工作与研究,1999(4):
43-45.

[3][20] 中国图书馆学会,国家图书馆.中国图书馆年鉴2010[M].北京:国家图书馆出版
社,2010:622-625.

[4] 中国图书馆学会,国家图书馆.中国图书馆年鉴2015[M].北京:国家图书馆出版社,
2015:428-431.

[5] 天津市少年儿童图书馆.天津市少年儿童图书馆各部门岗位职责[EB/OL].[2015-
12-08].http://www.tjclib.org.cn/index.php? s =/Home/Article/detail/id/2025.html

[6] 中国广播网.河南省少儿图书馆陷困境 人员匮乏60%以上区域难开放[EB/OL].
[2015-12-08].http://china.cnr.cn/ygxw/201308/t20130827_513427689.shtml

[7] 中华人民共和国国家统计局.人口年龄结构和抚养比[EB/OL].[2015-12-11].
http://data.stats.gov.cn/easyquery.htm? cn = C01

[8] 国务院人口普查办公室.第六次人口普查数据—年龄[EB/OL].[2015-12-11].
http://www.stats.gov.cn/tjsj/pcsj/rkpc/6rp/indexch.htm

[9] 深圳经济特区全民阅读促进条例[N].深圳特区报,2016-01-03(A04).

[10] American Library Association. ALSC Strategic Plan,2012-2017[EB/OL].[2015-12-
20].http://www.ala.org/alsc/aboutalsc/stratplan.

[11] 李静霞.美国公共图书馆的服务特色及其启示[J].图书馆论丛,2005(3):42-49.

[12] Awan M R,Mahmood K. Relationship among leadership style,organizational culture and employee commitment in university libraries [J]. Library Management,2010,31:253 – 266.

[13][24] 国家图书馆研究院. 国内外图书馆学研究与实践进展(2007—2008)[M]. 北京:国家图书馆出版社,2009:20.

[14] 刘欢,申长庚,覃士超.领导如何将人力资源管理运用到企业发展中去[J].经营管理者,2011,20:158.

[15] 沈洋.人文关怀:新常态下图书馆人力资源管理研究[J].新世纪图书馆,2015(8):13 – 16,30.

[16] Patrick M. Wright,Gary C. McMahan,Abagail McWilliams. Human resources and sustained competitive advantage:a resource-based perspective[J]. International Journal of Human Resource Management,1994,5(2):301 – 326.

[17] 刘岩.高校图书馆青年馆员职业生涯管理实证研究[J].人才资源开发,2015(12):125 – 126.

[18] 李金芳.美国高校图书馆馆员培训与发展的典型案例研究[J].大学图书馆学报,2015(1):43 – 50.

[19] 宁国誉,李颖.21世纪少图事业发展战略之我见[J].图书馆工作与研究,1999(4):43 – 45.

[21] 国际图联.国际图联儿童图书馆服务指南中文版[EB/OL].[2015 – 12 – 15]. http://www. ifla. org/files/assets/libraries-for-children-and-ya/publications/guidelines-for-childrens-libraries-services-zh. pdf.

[22] 文化部.文化部关于进一步加强少年儿童图书馆建设工作的意见[EB/OL].[2015 – 12 – 15]. http://www. gov. cn/zwgk/2010-12/14/content_1765361. htm.

[23] 国际图联.国际图联儿童图书馆服务指南中文版[EB/OL].[2015 – 12 – 15]. http://www. ifla. org/files/assets/libraries-for-children-and-ya/publications/guidelines-for-childrens-libraries-services-zh. pdf.

[25] 沈剑娜.儿童玩具图书馆的发展及其社会服务功能的探讨[J].图书馆理论与实践,2013(3):16 – 18.

[26] 熊剑锐.玩具图书馆流通管理之探讨[J].图书馆,2009(6):110 – 112.

[27] 国家图书馆年鉴编纂委员会.国家图书馆年鉴2015[M].北京:国家图书馆出版社,2015:69.

[28] 张蓉.少年儿童图书馆开展志愿者服务活动的探讨[J].图书馆学研究,2011(10):99 – 101,61.

[29] 余和剑.图书馆志愿者激励考核机制研究[J].山东图书馆学刊,2013(1):74 – 76.

[30] 张月英."经济人"视角的图书馆志愿者激励研究[J].图书馆,2015(8):12 – 18.

[31] 林之楠.少年儿童图书馆员的职业精神[J].中小学图书情报世界,2008(11):29 –

30,38.

[32] 王玉君.浅谈少年儿童图书馆员的职业精神[J].黑龙江科技信息,2009(26):138.

[33] 王翠.浅谈少年儿童图书馆员的职业精神[J].科技情报开发与经济,2012(11):
64 – 66.

[34] 刘文祖,张淑香.新入职图书馆员职业生涯规划与设计问题探讨[J].长春教育学院
报,2015(22):133 – 134,144.

[35] 黄瑾.少年儿童图书馆青年馆员职业生涯规划与服务再造探微[J].贵图学刊,2012
(1):6 – 8.

[36] 黄如花,邱春艳.美国公共图书馆未成年人服务的特点[J].中国图书馆学报,2013
(4):48 – 58.

[37] 王若岩.馆员素质与少年儿童图书馆服务[C]//华北、东北、西北少年儿童图书馆工
作协作委员会.开放、创新、共享、发展:少年儿童图书馆论坛 2009——第十一届"华
北、东北、西北"地区少年儿童图书馆学术暨工作研讨会论文集.华北、东北、西北少
年儿童图书馆工作协作委员会,2009:466 – 469.

[38] 张熹.中美公共图书馆少年儿童服务比较研究[J].四川图书馆学报,2014(6):
93 – 97.

[39] 宫漫.公共部门人力资源管理的发展趋势及对策[J].中国人才,2009(1):21 – 22.

[40] 孟华.少年儿童图书馆员培养探析[J].科技情报开发与经济,2014(7):78 – 79.

[41][47] 张焕英,王德新,张雪峰.公共部门人力资源管理的发展趋势与应对研究[J].理
论探讨,2007(4):170 – 172.

[42] 工兆辉,工祝康.图书馆员绩效评价指标体系研究[J].图书馆理论与实践,2015(4):
35 – 38

[43] 冯琳,高波.美国公共图书馆绩效评估理论研究[J].图书馆建设,2012(3):22 – 26.

[44] 沈静.国外图书馆员工作评估体系介绍及其特点研究[J].山东图书馆季刊,2006
(4):30 – 38

[45][48] 龚娅君,屠淑敏.公共图书馆员工评价及激励机制的探索和实践[J].图书馆研
究与工作,2014(2):21 – 24.

[46] 李映嫦.公共图书馆绩效管理探索与实践——以东莞图书馆为例[J].高校图书馆工
作,2012(1):33 – 36.

[49] 龚娅君,叶伟巍.公共图书馆服务创新与人员激励[J].河南图书馆学刊,2014(9):
33 – 34.

[50] 康岩,陈媛媛.基于人力资源的图书馆管理创新研究——以新疆师范大学图书馆为
例[J].农业图书情报学刊,2015(4):202 – 204.

[51] 周红梅.不同职称需求导向下的图书馆激励机制分析[J].浙江高校图书情报工作,
2014(1):34 – 35.

[52] 安向前.图书馆员激励策略及其应用分析[J].科技情报开发与经济,2010(26)：
    49－50.

[53] 邓银花.社会力量参与图书馆建设的缘由、模式和激励[J].图书馆杂志,2014(2)：
    14－19.

[54] 王宇,张艳伟.阅读形象大使及其常态机制的思考[J].图书情报工作,2015,59(19)：
    62－67.

[55] 中国图书馆学会.中国图书馆学会召开第六届青年学术论坛和阅读推广人培育行动记
    者会[EB/OL].[2015－11－06] http://www.lsc.org.cn/c/cn/news/2014-11/06/news_
    7571.html.

[56] 杨飞.构建专业化的阅读推广人队伍——上海市图书馆学会阅读推广人培育工作实
    践[J].新世纪图书馆,2015(7)：38－42.

[57] 许铭瑜.少儿公共图书馆开展志愿服务探析[J].河南图书馆学刊,2013(6)：86－89.

[58] 杨清.关于少年儿童图书馆开展志愿者活动的思考[J].科技情报开发与经济,2015
    (9)：107－110.

[59] 吴小蕊.少年儿童图书馆对未成年人志愿者的岗位设置和培育模式研究[J].图书馆
    理论与实践,2015(2)：26－28.

[60] 张蓉.少年儿童图书馆开展志愿者服务活动的探讨[J].图书馆学研究：应用版,2011
    (10)：99－100.

（执笔人：柯平、邹金汇、苏福、宫平、贾子文、刘杰）

第六章　民办少儿图书馆

公共图书馆是公益文化事业,由政府资助开设,是为全体民众提供文化信息服务的社会机构,因此,我们将社会上那些不是由政府提供资金但面向民众开放,提供文献借阅服务的社会文化机构统称为民办图书馆,对其中专门以少年儿童为主要服务对象的称为民办少儿图书馆。需要指出的是,这些民办少儿图书馆的名称多样,但其服务对象和功能大致相似,都是面向少年儿童提供的类图书馆服务,因此,对绘本馆、读书会、童书会、阅读屋等名称各异的少儿阅读机构统一称为民办少儿图书馆。

民办少儿图书馆是民办图书馆的一种类型,两者都是由公民个人、社会团体、基金会以及非政府组织等利用自筹资金创办,只是两者的服务对象和藏书范围有些不同。早期的民办图书馆没有专门面向少年儿童,尽管明清时期徐火勃的红雨楼、周永年的籍书园、国英的共读楼等私人藏书楼已经开始面向贫寒学子提供阅读,但都是面向成年人进行服务,很少关注少年儿童这个群体。到了近代,全国各地出现一批民办图书馆,如上海《申报》流通图书馆、北京木斋图书馆、无锡大公图书馆、景堂图书馆、北碚图书馆,这些民办图书馆也主要面对成年人进行服务,但其中有些民办图书馆开始关注少年儿童群体,如 1914 年在北京建立的京师通俗图书馆儿童阅览室;1928 年,商务印书馆的东方图书馆儿童阅览室;1931 年 10 月至 1938 年 10 月,湖南大学学生自治会附设的民众学校为扩充儿童知识,创办和经营一所面向麓山地区的儿童图书馆;1947 年 4 月 4 日,中国福利基金会及陈鹤琴氏主办的上海清华儿童图书馆在上海胶州路晋元公园开馆。

不过对于我国第一家独立创办民办儿童图书馆的成立时间还有争议,据资料调研情况,有学者认为我国第一家民办儿童图书馆是上海儿童图书馆。这个馆是在抗战时期上海租界形成"孤岛"后,由应永玉先生发起并参与创办的。1940 年,由中华慈幼协会上海办事处、上海工部局儿童保障科等 11 个团体,正式组织上海儿童图书馆筹备委员会。1941 年 7 月 12 日,在静安寺路(现南京西路)大华商场十三号举行开馆仪式。1943 年又增建新馆,并在市内开设 30 个流通站,利用摆书摊的方法,巡回流动到各街头巷尾,办理免费阅览。图书馆还举办"读书演讲会""新书介绍会""故事比赛会""阅读成绩报告会"等活动,以激发儿童读书兴趣,培养良好习惯。上海儿童图书馆为不少在抗战期间失学和流浪的少年儿童提供免费借阅书报的机会,受到广大上海群众的欢迎。但也有学者对此表示怀疑,张建国根据湖南省双峰县发现的《湘乡青树镇议事会第一次报告书》(共21篇),其中"议决推广教育案"等三篇记载了儿童图书馆的设立、开办内容,以此来推定青树镇儿童图书馆成立的时间应是1912年7月21日[1]。

新中国成立后我国实行计划经济,公共图书馆成为公共文化服务的提供主体,基本上没有民间力量参与的民办少儿图书馆。改革开放后,一些民间力量开始涉足公共文化服务提供,一些基金会在扶贫的过程中发现农村留守儿童因缺书少阅读而导致的知识贫困,因此,开始致力于乡村图书馆建设。如爱华基金会图书馆和健华基金会图书馆等都是这一类型,它们与当地乡村学校合作,为农村留守儿童提供图书馆读物。此外,还有大量公民个人从事民办少儿图书馆有关工作,如一些退休的老教师利用自己的私藏开展少儿图书馆服务。

世界上很多国家都比较重视图书馆对少年儿童的服务。英美等国的公共图书馆一般都设有儿童部为少年儿童服务。苏联1989年有独立的儿童图书馆8000多所,成人图书馆中还有1000多个儿童部,形成全国儿童图书馆网络。发达国家的很多儿童图书馆除了收藏印刷型的书刊资料、图片资料以外,还提供非印刷型知识载体,如唱片、录音磁带、幻灯片、电影片、玩具、游戏器具等,以吸引儿童的读书兴趣,加强图书的直观宣传,传播科学文化知识,促进少年儿童的智力发展。

近些年我国在国家战略层面对阅读也非常重视,2012年党的十八大报告提出,要开展全民阅读活动,2013年全民阅读立法列入2013年国家立法工作计划;2014年全国两会上,"全民阅读"首次被写入《政府工作报告》;2015年《政府工作报告》首次倡导"建设书香社会"。在全民阅读环境下,儿童阅读推广的重要性也越来越被关注,根据国家统计局的数据,2013年中国有13.6亿人,15岁以下的人有2.23亿,每年我国新出生幼儿2000多万,如今我国又全面放开二胎政策,少儿阅读尤其是早期阅读开发需求将非常旺盛。民办少儿图书馆致力于0—12岁儿童阅读事业,以提升全民族素质尤其是少年儿童素质为目标,是公共图书馆的重要补充,在我国图书馆事业发展尤其是全民阅读中将占据重要位置。

为掌握民办少儿图书馆的概况,本研究采取网络调查的方式对我国现有民办少儿图书馆进行调查,在问卷调查外,本研究还对部分民办少儿图书馆负责人进行半结构化访谈,希望通过多方数据验证,增强结论的解释力和合理性。本研究根据这 977 家民办少儿图书馆进行整理,汇总这些民办少儿图书馆的基本统计数据,分析民办少儿图书馆存在的问题,并预测民办少儿图书馆未来发展。

第一节 民办少儿图书馆基本概况

一、民办少儿图书馆的分布

本次研究通过网络或电话调查一共获取民办少儿图书馆数量为 977 家。根据调查数据显示,目前我国 977 家民办少儿图书馆在我国除港、澳、台外的 31 个省级行政区都有分布,其中,北京民办少儿图书馆数量最多,共有 93 家,其次是广东 88 家,山东 83 家,江苏 67 家,浙江 60 家,河北 59 家,山西 50 家,湖北 45 家,河南 44 家,陕西 37 家,辽宁、湖南都是 34 家,四川 33 家,上海 32 家,福建 29 家,天津 27 家,江西 21 家,重庆 18 家,新疆 16 家,内蒙古、安徽和吉林都是 14 家,黑龙江 12 家,云南 10 家,海南 7 家,贵州 5 家,宁夏、甘肃都是 3 家,西藏、青海都是 2 家。977 个民办少儿图书馆在全国 31 个省级行政区的分布情况如图 6 − 1 所示。

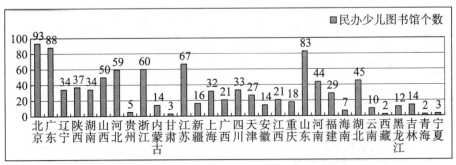

图 6 − 1 民办少儿图书馆在全国 31 个省级行政区的分布情况

按中、东、西部分布划分这 977 个民办少儿图书馆,其排列分布情况如图 6 − 2。从图 6 − 2 可以看出,977 个民办少儿图书馆的分布,在东部的 11 个省级行政区有 579 个民办少儿图书馆,所占比重为 59%。中部 8 个省级行政区有 234 个民办少儿图书馆,所占比重为 24%。西部 12 个省级行政区有 164 个民办少儿图书馆,所占比重为 17%。

民办少儿图书馆个数

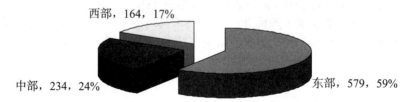

图6-2 民办少儿图书馆在东、中、西部的分布情况①

二、民办少儿图书馆的建馆时间

从网络及电话调研的977家民办少儿图书馆的信息资料中,部分民办少儿图书馆有明确的创立时间,其具体情况详见表6-1。

表6-1 64所民办少儿图书馆成立时间

所在地	馆名	建立时间	所在地	馆名	建立时间
北京	皮卡书屋万柳馆	2006年	湖北	咕噜熊故事屋武汉怡佳馆	2009年
陕西	西安乐乐趣童书馆	2006年	湖北	比邻而居绘本馆	2009年
北京	小考拉童书馆	2007年	福建	亲子树玩具绘本馆	2010年
北京	皮卡书屋三元桥馆	2008年	福建	淘乐堡绘本馆	2010年
北京	墨盒子绘本书馆	2008年	河南	嘟豆小书屋	2010年
福建	棒棒仔书屋(东街店)	2008年	湖北	格鲁伯绘本馆	2010年
重庆	龙湖晶郦馆	2008年	湖北	常青藤儿童绘本馆	2010年
北京	蓝月亮儿童图书馆	2009年	陕西	安妮鲜花的网络英文图书馆	2010年
北京	快乐开始英文图书馆	2009年	陕西	宝鸡书香童年公益童书馆	2010年
河南	绘本TAXI图书馆	2009年	陕西	想想树阅读馆	2010年

---

① 东部地区包括11个省级行政区,北京、天津、河北、辽宁、上海、江苏、浙江、福建、山东、广东、海南;中部地区包括8个省级行政区,黑龙江、吉林、山西、安徽、江西、河南、湖北、湖南;西部地区包括12个省级行政区,四川、重庆、贵州、云南、西藏、陕西、甘肃、青海、宁夏、新疆、广西、内蒙古。

续表

所在地	馆名	建立时间	所在地	馆名	建立时间
福建	小铃铛绘本馆	2011 年	河南	咕噜熊郑州曼哈顿馆	2013 年
广西	幸福种子绘本馆	2011 年	辽宁	快乐开始英文图书馆	2013 年
湖北	梧桐若语绘本馆中南路总店	2011 年	陕西	西安果子树快乐绘本馆	2013 年
湖北	小豆丁亲子书坊	2011 年	上海	皮卡书屋上海馆	2013 年
湖北	智慧树绘本馆	2011 年	上海	小叶子绘本馆	2013 年
湖北	德芭与彩虹书店	2011 年	天津	宜家 Club 达威妙妙屋	2013 年
湖北	果壳森林书坊	2011 年	浙江	桐乡悠贝亲子图书馆	2013 年
吉林	快乐宝亲子绘本馆	2011 年	北京	皮卡书屋万科西山庭院	2014 年
重庆	重庆智慧树书吧	2011 年	北京	臻美儿童阅读馆	2014 年
北京	皮卡书屋	2012 年	长沙	安东尼绘本馆	2014 年
广东	灯塔少儿英文图书馆	2012 年	广东	小米亚绘本馆	2014 年
广东	爱子乐阅读馆	2012 年	广东	小蜗牛亲子图书馆	2014 年
山东	泰安小鸭子绘本馆	2012 年	广西	格林亲子绘本馆	2014 年
陕西	小书虫绘本馆	2012 年	河南	悦虫中英文绘本馆	2014 年
四川	yoyo 国际绘本馆	2012 年	黑龙江	故事妈妈绘本馆	2014 年
天津	天津蒲蒲兰绘本馆	2012 年	上海	小天使亲子绘本馆	2014 年
天津	水木书屋绘本馆	2012 年	新疆	启蒙树绘本馆	2014 年
天津	ok 绘本馆	2012 年	云南	安东尼绘本馆	2014 年
重庆	绘本盒子@绘本馆	2012 年	云南	奶与蜜·BookBerry 书果乐园	2014 年
上海	绘本 TAXI 图书馆	2012 年	广东	小蚂蚁绘本馆	2015 年
北京	亦庄公益童书馆	2013 年	山东	神奇世界绘本馆济宁店	2015 年
广东	安妮鲜花广州彩虹悦读馆	2013 年	重庆	拾壹阅读之家	2015 年

由表 6 - 1 可以清晰地看到,从 2006 年开始每年都以递增的形式在全国涌现出大量的民办少儿图书馆,发展趋势图详见图 6 - 3。2006 年成立的 2 个,2007 年建馆 1 个,2008 年建馆 4 个,2009 年建馆 5 个,2010 年建馆

8个,2011年建馆9个,2012年建馆11个,2013年建馆9个,2014年建馆12个,2015年建馆3个。这些民办少儿图书馆主要由个体或基金会出资兴办。

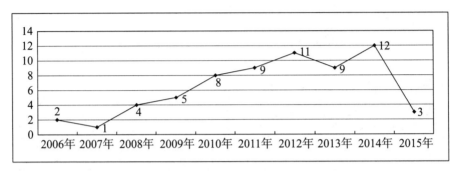

图6-3　民办少儿图书馆各年成立分布状况

三、民办少儿图书馆的馆舍情况

本次调研的民办少儿图书馆中有一些填写了具体的馆舍面积,其中具体19个独立馆舍的现有建筑面积总计约为7614平方米,馆均约为400平方米。民办少儿图书馆馆舍面积最大的是四川yoyo国际绘本馆1600平方米;其次是咕噜熊郑州曼哈顿馆1500平方米,接着是广东的爱子乐阅读馆1200平方米。但馆与馆之间差距较大,馆舍面积最小的只有16平方米,是位于北京市丰台区的"臻美儿童阅读馆"。通过调研我们也发现,现阶段我国民办少儿图书馆以小型馆为主,馆舍面积大多是在100平方米之内。造成这样的状况,一是因为大中型馆的运作经营不好掌控,二是民办少儿图书馆的投资者都是私人,并没有太充足的经费供给。

馆舍条件也为其发展带来一定的影响,大的馆舍能为读者们提供阅读空间及举办室内活动等提供更多的便利。例如深圳爱子乐阅读馆,馆舍面积1200平方米,藏书2万多册,配备有50余人的专业员工队伍,投资200多万元,全公益模式进行运营,创设爱上阅读的良好环境、提供专业的阅读指导课程,提升儿童的文学和美术的艺术境界,培养儿童积极向上的价值观。馆舍的设计、布局及装饰均从提高儿童阅读兴趣的角度来完成,藏书则以绘本为主,丰富多彩[2]。又如,由江西省二十一世纪出版社开办的世纪童书馆,馆内总面积700余平方米,有2000多种儿童读物,馆内分设阅读区、演示区、活动区及休息区等,为读者提供一个良好的阅读环境[3]。此外,河北保定的爱之儿童馆,是保定三家儿童馆实际条件稍微好点儿的儿童馆,有上下两层楼,每层约有 35 平方米,一楼是为儿童提供专门的高端学习产品的区域,比如卖儿童点读笔专区(以此作为馆内收入的另一种来源形式);二楼是专门的亲子阅读会所,有各式各样的儿童绘本、图画书籍,符合儿童的设置格局与儿童小座椅,儿童拿到书后随时可以坐下来阅读。当然也有一些馆舍较小的,如沧州书香宝贝绘本馆的馆舍是 90 多平方米的住宅改装,石家庄六一绘本馆馆舍面积 80 多平方米。这些民办少儿图书馆因为地方狭小,仅能放置书架进行陈列,没有阅览桌和开展活动的地方,对于少儿的阅读氛围营造和阅读意识培养造成不便。

与民办图书馆相比,政府投资办的公共少儿图书馆,尤其是独立建制的少儿馆,面积都很大,条件相对好些,馆舍面积 1000 平方米以上的包括:天津市少年儿童图书馆 10 000 平方米;重庆市少年儿童图书馆 7535 平方米;北京西城区青少年儿童图书馆 6548 平方米;天津市少年儿童图书分馆 5022 平方米;昆明少儿图书馆 5000 平方米;南宁市少年儿童图书馆 4789 平方米;广州少年儿童图书馆 4200 平方米;上海少儿图书馆 4200 平方米;北京市少年儿童图书馆 4000 平方米;北京石景山少儿图书馆 3236 平方米。

四、民办少儿图书馆的馆藏资源

截至 2015 年,本次调查的民办少儿图书馆中有 49 个有确切的馆藏总量,这些民办少儿图书馆现有馆藏图书数量总计约为 59 万册,馆均藏书 12 000 册。陕西省西安市高新区紫薇田园国际公寓的"安妮鲜花的网络英文图书馆",藏书约 7 万册,成为图书总藏量最多的民办少儿图书馆。其次是四川省成都市的"yoyo 国际绘本馆"藏书约 5 万册,广东省深圳市的"爱子乐阅读馆"藏书也达 5 万册,共同位居第二。北京市的"快乐开始英文图书馆"藏书约 4 万册,北京市的"皮卡书屋万柳馆"藏书约 3.8 万册。在这次统计中,馆藏总量超过一万册图书的民办少儿图书馆有 15 个。分别是北京朝阳区三元桥曙光西里甲 5 号凤凰城商业街的"皮卡书屋"、天秀南一路附近的"皮卡书屋"、万科西山庭院的"皮卡书屋"、通州武夷花园的"小考拉童书馆"、福建省福州市的"亲子树玩具绘本馆"、金山榕城广场的"淘乐堡绘本馆"、东街口的"棒棒仔书屋(东街店)"、广州市海珠区的"安妮鲜花广州彩虹悦读馆"、河南省洛阳市涧西区的"神奇世界绘本馆洛阳中泰店"、花园路 85 号新闻大厦的"嘟豆小书屋"，黑龙江哈尔滨市南岗区学府路的"故事妈妈绘本馆"，山东省的"泰安小鸭子绘本馆"、陕西省宝鸡市的"宝鸡书香童年公益童书馆"，西安市未央区的"小书虫绘本馆"、浙江省桐乡市的"桐乡悠贝亲子图书馆"。但需要指出的是，馆与馆之间的差距也很大，馆藏仅 1000 册图书的民办少儿图书馆有 4 个，分别是广西的"幸福种子绘本馆"，重庆的"爱贝乐亲子图书馆"，湖北省武汉市的"格鲁伯绘本馆"和"常青藤儿童绘本馆"。

　　整体来看，民办少儿图书馆在馆藏总量上与政府投资的少儿图书馆有很大差距。抽取东中西部三个地区的 13 个少儿图书馆作为对比对象。北京的西城区青少年儿童图书馆、北京市少年儿童图书馆、石景山少儿图书馆、上海市的上海少儿图书馆、杨浦区少年儿童图书馆、天津市的天津市少年儿童图书馆（3 个分馆，天津市和平区鞍山道 59 号，复康路 15 号，北辰区文化中心 A 座四楼）、河南省少儿图书馆、广州少年儿童图书馆、云南省的昆明少儿图书馆、重庆市少年儿童图书馆、广西的南宁市少年儿童图书馆。有藏书数量总计约 738 万册，馆均藏书 57 万册。"广东省广州少年儿童图书馆"沿江馆位于沿江西路 149 号（原永安堂），其藏书量达到 188 万册。河南省郑州市健康路 131 号的"河南省少儿图书馆"藏书量达 150 万册。重庆市渝中区两路口长江一路 11 号的重庆市少年儿童图书馆藏书量 86 万。

　　尽管民办图书馆的馆藏数量与公共图书馆还有一定的差距，但是这些民办少儿图书馆的馆藏类型还是相对丰富的。根据调查发现，大多数民办少儿图书馆以 0—12 岁儿童为主要阅读对象，其馆藏资源主要以国内外经典绘本为主，以绘本为载体，利用小型品格教育剧场、创意美术画坊、情景故事派对等形式，旨在丰富孩子内心世界，激发孩子"悦"读兴趣，培养孩子"悦"读能力。如咕噜熊故事屋与台湾格林文化建立亲密的战略合作关系，出版高画质儿童绘本，图画书版权销售世界各地，搭建创意分享、快乐学习的亲子共读互动平台，提升儿童欣赏艺术的能力。悠贝亲子图书馆侧重根据不同的年龄段特点进行分段阅读指导。书的类型包括：布书、洗澡书、纸板书、图卡、翻翻书、触摸书、异型书、图画书、故事书。目前，淘乐宝绘本馆提供 0—12 岁少儿绘本阅读，包括泡泡书、立体书、胶片书、翻翻书、布书等各种形式的书籍上万册，让小读者们爱不释手。

五、民办少儿图书馆的读者服务

(一)民办少儿图书馆的服务时间

在调研的民办少儿图书馆中有 52 个民办少儿图书馆有明确的开馆天数。这 52 个民办少儿图书馆的开馆天数具体详见图 6 - 4 所示。从图中可以清楚看到,一周中开馆 3 天的有 1 个民办少儿图书馆,一周中开馆 4 天的有 4 个民办少儿图书馆,一周中开馆 5 天的有 3 个民办少儿图书馆,一周中开馆 6 天的有 24 个民办少儿图书馆,一周中开馆 7 天的有 22 个民办少儿图书馆。

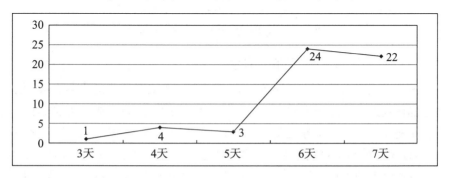

图 6 - 4　民办少儿图书馆每周开馆天数

由于各民办少儿图书馆每天开馆的时间分配上并不统一,避免以天为单位造成的误差,本研究又对所调研的 92 个民办少儿图书馆中有明确开馆时间的 59 个民办少儿图书馆的开馆时数,进行汇总和分析,如图 6 - 5 所示。从图 6 - 5 中可以看到,每天最少开馆 6 小时的有 2 个,它们是北京的"小考拉童书馆"和陕西省西安市的"想想树阅读馆";每天开馆 12 个小时的民办少儿图书馆有 6 个,它们是浙江省的"桐乡悠贝亲子图书馆",湖北武汉武昌区中南路 2—6 号中建广场 C 座 12 层 B 室的"梧桐若语绘本馆"(中南路总店),湖北武汉洪山区街道口珞珈山大厦 A 座 2605 室的"德芭与彩虹书店",广东省广州市海珠区工业大道光大花园 A 区康榕路 23 号的"阅享绘本馆",上海浦东新区的"绘本 TAXI 图书馆",广东佛山市的"小蜗牛亲子图书馆"。其他大部分民办少儿图书馆的开馆时间是 8—11.5 小时,这部分民办少儿图书馆有 45 个,占总数的 76%。

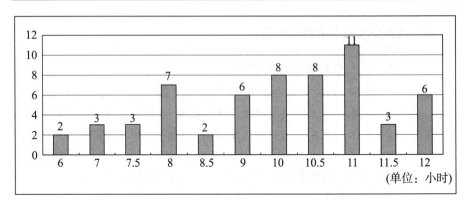

图 6-5　民办少儿图书馆每天开馆时长

（二）民办少儿图书馆的服务对象

民办少儿图书馆的服务对象大多数是 0—12 或 0—18 的少年儿童,创办理念都是致力于为孩子开创一个全新的阅读场所,让阅读成为习惯,让快乐阅读伴随孩子一生。服务儿童,专注阅读是民办少儿图书馆最具个性化的特色。郑州的"绘本 TAXI 图书馆",希望通过从欧美和日本引进原创优秀绘本,创办专业绘本图书馆,把适合儿童阅读的书籍集中起来,供家长和孩子们挑选借阅。北京"皮卡书屋"侧重为 0—15 岁小读者们介绍和提供生动活泼的英、中文图书,尤其是英文图书,并组织丰富多彩寓学于乐的活动,借此倡导快乐读书,提供英文环境。陕西的"宝鸡书香童年公益童书馆"是面向 2—16岁少年儿童,以让更多的孩子爱上阅读为初步目标而建立的纯民间、纯公益、互助性的图书馆。山东泰安"小鸭子绘本馆"以满足 0—12 岁不同年龄层次儿童阅读为主要目标。

（三）民办少儿图书馆的服务内容

在调研的民办少儿图书馆中有 49 个填写有明确的特色服务内容。这 49个民办少儿图书馆的特色服务项目和活动内容具体详见表 6-2 所示。由表6-2 可以清楚地看出,民办少儿图书馆在服务内容上呈现出多样化和个性化特征,大都专注读者的阅读尤其是儿童阅读,开展各种活动来培养儿童读者的阅读兴趣。除传统的外借和阅览外,更多的是组织各种公益活动,多数民办少儿图书馆通过提供图书借阅、课程培训、咨询、代购及举办快乐健康的少儿活动来培育、引导和帮助少年儿童对图书、阅读的兴趣。如皮卡书屋网站上,清晰地列出他们的服务,除了每周二到周日的图书借阅、导读、新书推荐外;更多的是每天定时举行的中/英文故事会、手工、视听;每周一次的英语角、英语游戏、英语阅读课;寒暑假期间皮卡英语冬令营、夏令营;以及不定期举行的学术讲座和文化交流、节日派对、生日会等,还有小朋友的绘画作品展览,另外还有面向家长的"亲子阅读问答"以及供家长与专家交流的"皮卡论坛"等。天津南开区广开四马路格调春天18楼301室的"咕噜熊故事屋"以绘本为主题设计各种生日会节庆主题活动以及户外体验大自然活动,让孩子体验阅读的另外一种形式,让孩子的身心得到完全舒展。此外,咕噜熊推出品格剧场,通过"Play"游戏及角色扮演,来体验各种人格与品格的特质,经过不断的反复实践,让孩子的行为及意识有所领悟和改变。成都"哈里爷爷读书汇"也面向小区和附近的学校等招募志愿者来为读书汇的孩子们讲故事,做手工、游戏等。郑州"绘本 TAXI 图书馆"也在图书馆设立免费父母书架,鼓励家长学习科学育儿理念,与孩子一起成长。

表6-2　民办少儿图书馆特色服务内容

所在地	馆名	地址	特色服务内容
北京	皮卡书屋(万柳馆)	北京市海淀区万柳中路碧水云天社区1号楼底商302室	故事会、英语角、文化交流、冬令营、夏令营、节日派对、生日会
北京	臻美儿童阅读馆	丰台区云岗南区西里44号楼北侧	免费阅读本馆图书;免费参加艺术创意体验课程;免费参加故事会、讲座、展览等活动
北京	快乐开始英文图书馆	北三环东路胜古家园3号楼E座906室	外教集训
北京	蓝月亮儿童图书馆	海淀区(牡丹园地区)花园东路32号仰源大厦A座1019	主题文化活动、亲子阅读分享活动、主题讲座、故事表演
北京	咕噜熊故事屋(大望路馆)	朝阳区建国路88号SOHO现代城D座9层908	绘本剧场,生日会,节庆主题活动,绘本小画家

所在地	馆名	地址	特色服务内容
北京	小考拉童书馆	通州武夷花园综合楼（华联商厦北面）252 单元 6b	亲子阅读指导、育儿咨询、父母成长、故事会、自然教育、社会活动、英文学习
北京	亦庄公益童书馆	亦庄金地格林小镇会所二层休息区	儿童故事会、特色绘本课、主题竞赛、节庆活动、亲子制作
北京	梦工厂儿童绘本馆	北京市石景山区鲁谷路远洋山水南区 28 号楼 2 单元 103 室	英语、手工、绘画、围棋、书法、轮滑、科学等课程
北京	爱贝乐亲子图书馆	朝阳区常营朝阳北路 22 号院柏林爱乐四期 16－4－201	烘焙课，软陶课，音乐课，不定期活动
长沙	安东尼绘本馆	长沙雨花亭沃尔玛旁阳光景城 8 栋 104	阅读、手工、儿童剧场
福州	亲子树玩具绘本馆	八一七北路冠亚广场地下一层 251—252 店面	玩具＋绘本
福州	淘乐堡绘本馆	金山榕城广场 7#07 店面	亲子手工、读书会、讲座
福州	棒棒仔书屋（东街店）	东街口五洲大厦 17 层	专家讲座、亲子活动等
福州	小铃铛绘本馆	仓山区金山大道 418 号江南名城汇创名居一期 13#804	提供篮球、海洋球、保龄球、沙滩玩具、陶瓷画、沙画等儿童活动
佛山	小米亚绘本馆	广东佛山南海西樵镇雅居乐广场 2 楼	故事会、亲子活动
佛山	小蜗牛亲子图书馆	广东佛山市顺德区大良新基三路欢腾教育城 212 室	听讲座、玩游戏、做手工
深圳	爱子乐阅读馆	深圳市龙岗区横岗街道红棉二路 92 号	讲故事、手工制作、创意绘画、公益活动

续表

所在地	馆名	地址	特色服务内容
广州	安妮鲜花广州彩虹悦读馆	广州市海珠区石榴岗路信步东街 20 号 603 房	安妮鲜花磨耳朵课，绘本精读课，故事会，英语小剧场，circle time
南宁	幸福种子绘本馆	南宁市航洋国际购物中心北广场 1 号（香榭里花园侧面）	故事会、自创绘本
桂林	格林亲子绘本馆	桂林市象山区文明路 38 号漓江出版社五楼	创意手工、创意美术、科学小实验、DIY 玩具、DIY 美食
唐山	神奇世界绘本馆（唐山海港店）	河北省唐山市海港开发区神奇世界绘本馆	故事会 + DIY 创意手工
郑州	咕噜熊郑州曼哈顿馆	郑州市金水区金水路 288 号升龙大厦 3 楼 C 区	绘本推荐，分享阅读，故事屋
郑州	神奇世界绘本馆（郑州五龙口店）	郑州市中原区冉屯路与秦岭路交叉口向北 300 米正商明钻二期南门对面	手工制作、启智玩具、故事会
洛阳	神奇世界绘本馆（洛阳中泰店）	洛阳市涧西区丽春西路与瀍洲路口中泰世纪花城四号门西 30 米	故事会、绘本作义、科学实验、手工、绘画
郑州	万家宝儿童图书馆（棉纺路店）	棉纺路与嵩山路交叉口东 50 米路北 26 号绿洲书苑 3 号楼 5 单元 7 楼西	亲子读书会
郑州	万家宝儿童图书馆（曼哈顿店）	未来路与顺河路口东 50 米路南吉祥花园 264 楼西门领 0402（曼哈顿南隔壁）	绘本推介、亲子阅读、妈妈论坛、绘本 DIY
郑州	绘本 TAXI 图书馆	河南省郑州市花园路二十一世纪社区湖适商业街	专业老师上门指导；绘本课程延伸

续表

所在地	馆名	地址	特色服务内容
洛阳	悦虫中英文绘本馆	洛阳市洛龙区 广利街帝都国际 37—25—2 号	故事会等;英文启蒙;家长沙龙
哈尔滨	故事妈妈绘本馆	南岗区学府路凯德广场 5 楼	免费讲座、免费故事会
武汉	常青藤儿童绘本馆	常青花园步行街 36 号附 5 号二楼	故事会、绘本创意课程、户外亲子活动
长春	快乐宝亲子绘本馆	吉林省长春四联大街车城名仕 A 区 345 栋 2 门一楼	故事会、创意绘画课
大连	快乐开始英文图书馆	大连市甘井子区万科魅力之城乐居园 10—11 号	免费开展各种语言活动
宝鸡	宝鸡书香童年公益童书馆	宝鸡市清姜路 56 号	不定期举办亲子 Party、亲子户外活动、妈妈沙龙
西安	小书虫绘本馆	西安市未央区太元路中段华远君城 11 号楼 10205 室	国学经典读经班、剑桥少儿英语班
西安	想想树阅读馆	陕西省西安市 兴善寺东街蓝溪花园 7 号楼 A202	中英文故事会、欢乐主题 PARTY、家庭工作坊、阅读能力指导
上海	小叶子绘本馆	上海市闵行区中春路 8889 弄 55 支弄 45—202	英文原版绘本、故事会、绘本延伸、手工活动
上海	小天使亲子绘本馆	上海市闵行区天山西路 4158 号 3 楼闻广教育	亲子故事会、亲子手工、家长沙龙、绘本英语
上海	绘本 TAXI 图书馆	浦东新区秀沿路 1181 号 202 室	绘画课
成都	yoyo 国际绘本馆	锦江区东大路 238 号市妇女儿童中心 5 楼	故事会、创意绘画、手工折纸、烘焙、音乐

续表

所在地	馆名	地址	特色服务内容
成都	安妮花英文图书馆——成都心兰绘本馆	成都市锦江区西丁字街 5 号三合苑 2 单元 6 号	英文绘本故事会活动
天津	水木书屋绘本馆	天津市河东区万达广场尚东雅园 3—1—302 号	亲子阅读、创意手工、家长沙龙
天津	ok 绘本馆	天津开发区第一大街与太湖西路交口博润商务广场 3—3—104	创意美术
天津	天津老约翰绘本馆	天津南开区如意大厦 1—902	定期举行故事会、手工、亲子等活动
昆明	奶 与 蜜 · BookBerry 书果乐园	昆明市盘龙区金康园 134 栋 1 楼	故事会、创意手工等
嘉兴	桐乡悠贝亲了图书馆	桐乡市世纪大道 789—791 号马德利花园商铺	亲子阅读会、新书讨论会、父母沙龙
重庆	龙湖晶郦馆	重庆渝北区龙湖水晶郦城一组团 37 号（重庆会馆北侧商业内街）	故事会、创意手工
重庆	绘本盒子@绘本馆	重庆北部新区民心路 513 号附 14 号新世纪百货 1F	英语角、手工折纸、电影沙龙
重庆	拾 壹 阅读之家	重庆市巴南区李家沱恒大城 1 期 4—5	故事会、创意绘画、手工折纸
重庆	重庆爱贝乐亲子图书馆	重庆渝北区空港广场新世纪楼上 703	故事会、烘焙课、软陶课

六、民办少儿图书馆的类型

说到类型就要有分类标准,按照不同的分类标准会有不同的类型模式,如按照馆藏图书的语种不同可以分为中文少儿图书馆和英文少儿图书馆;按照服务对象年龄的不同可以分为婴幼儿图书馆和学龄儿童图书馆;按照藏书范围的不同可以分为绘本图书馆和普通图书馆;按照运作模式的不同还可以分为会员制图书馆和收费制图书馆等。但无论哪种分类模式都会有很多交叉和重复,同时,也会出现很多漏分现象。因此,本研究对于民办少儿图书馆选择按照创办者的不同来作为分类标准,可以分为由父母自发创办少儿图书馆、基金会创办的少儿图书馆、绘本公司创办的少儿图书馆。

(一)父母家长自发创办

这类民办图书馆的创办人几乎都是孩子的妈妈,她们有感于自己孩子的阅读经历,到公共图书馆借书成本高、不方便,自己买书看,看完后放在家里又浪费;此外,大部分是独生子女家庭,孩子缺少一起阅读的同伴,于是想到不如把这些书拿出来与其他孩子分享。更重要的是,近些年国内经济高速发展,居民生活水平不断提升,大量"70后""80后"的人荣升为父母,他们具有高等教育背景,对少儿教育的重视程度较高,也深刻认识到阅读对孩子的重要性,所以,对拥有类似国外社区儿童图书馆的需求普遍存在并非常强烈。一些妈妈便萌生了自己创办少儿图书馆的想法并尽力实施。

我们所调研的"蓝月亮儿童图书馆""北京皮卡书屋""妈妈心儿童之家""安妮鲜花的网络英文图书馆"等都是这类图书馆。这类图书馆尽管创办者的经历不同,理念和目的也不尽相同,但创办少儿图书馆的目标却是一致的,就是满足儿童的阅读需求。所以,这类民办少儿图书馆都以国外社区图书馆的运作和服务为蓝图,以方便读者利用图书馆与提供贴心服务为核心,培养孩子阅读意识和养成阅读习惯,让图书馆真正成为孩子生活的一部分。陕西宝鸡市的"书香童年公益童书馆",就是由注重儿童阅读的在职家长自愿发起建立的纯民间、纯公益、互助性的图书馆,面向2—16岁少年儿童提供专业服务。

这类民办少儿图书馆最大的优势是创办者热情高涨,全面了解读者,能够选取国内外优秀、经典、流行的儿童读物供孩子使用,以开拓思维、教育孩子真善美为最终目标,关注孩子的全面素质启蒙。使家长和孩子在潜移默化的氛围下,依赖和信任他们的服务。这是最少功利思想,完全是公益投入的一种民办少儿图书馆。

这类图书馆最大的劣势是图书馆创办者都是凭借对孩子的一腔热血和无私的关爱来创办,对于图书馆的经营和管理没有科学的思路和规划,也缺乏持续稳定的办馆经费,图书馆的可持续性问题会随着创办者自己孩子年龄的增长和环境的变化日益暴露和凸显。福州最早、最大的丁当书屋鼎盛时期,共有4家分店、2个借阅点,如今只剩一家。曾共同创办丁当书屋的三个妈妈,现在只有一人在坚持[4]。

(二)基金会创办

由基金会创办的民办少儿图书馆是一些基金会或志愿者团体在农村扶贫、关注农村教育公平过程中推动的,他们在扶贫的过程中认识到,农村贫困地区在教育上的问题主要表现是阅读材料和公共文化服务机构的匮乏,因此,他们决定把搜募书籍创办图书馆和提高农村学生阅读水平和能力作为扶贫的重点,从而与当地中小学合作,运作乡村学校图书馆项目,或者与当地公共图书馆合作,运作乡村图书馆。本次调研共收集到42个NGO创办的图书馆,详细目录见表6-3。这42个非政府组织创办的图书馆都是面向农村儿童运作独立的图书馆项目和阅读推广项目,例如海外中国教育基金会、健华基金会、爱华基金会、美国明德基金会以及北京天下溪教育咨询中心等基金会创办的图书馆。

表6-3　参与图书馆建设和乡村阅读的非政府组织

序号	资助团体组织名称	项目名称	创办时间	网址
1	美国科技教育协会	认助乡村学校图书室	1980	http://www.esscare.org/en/programs/reading/arpl.aspx
2	滋根基金	图书阅读	1988	http://www.zigen.org.cn/Item/Show.asp?m=1&d=261
3	美国加州健华社	健华图书馆联盟	1989	http://blog.sina.com.cn/s/articlelist_1258611607_0_1.html

续表

序号	资助团体组织名称	项目名称	创办时间	网址
4	中国青少年发展基金会	希望工程图书室	1989	http://www.cydf.org.cn/
5	海外中国教育基金会	图书室	1992	http://china.ocef.org/articlelist-112.html
6	山西永青咨询服务中心	流动图书馆	1993	http://www.evergreenchina.net
7	中国红十字基金会	红十字书库	1994	http://new.crcf.org.cn/
8	青树基金会	青树乡村图书馆	2001	http://www.evergreeneducation.org/index.php
9	美国明日中华教育基金会	图书馆	2001	http://www.ctef.org
10	北京天下溪教育咨询中心	天下溪公益图书平台	2003	http://blog.sina.com.cn/qiulu119
11	上海微笑青年公益服务中心	微笑图书室	2003	http://www.smilinglibrary.org/
12	NGO参考图书馆	图书馆	2003	www.creative-initiatives.org
13	梦想国际	梦想行动	2004	http://www.dreamcorps.org/
14	中华文学基金会	育才图书室	2004	http://www.chinalf.org.cn/
15	美国明德基金会	少儿英文图书馆	2004	http://www.appletreelibrary.cn/
16	担当者行动	班班有个图书角	2004	http://www.dandang.org/

续表

序号	资助团体组织名称	项目名称	创办时间	网址
17	北京捐书助学网	儿童阅读、图书馆	2005	http://www.juanshu.org/
18	麦田教育基金会	麦田图书项目	2005	http://www.mtjy.org/main.shtml
19	新华财经图书馆基金会	图书馆	2005	http://blog.sina.com.cn/s/blog_516710ad01009tfc.html
20	同心希望家园	图书角	2005	http://blog.sina.com.cn/txxwjy
21	乡村教育促进行动	图书捐赠	2005	http://zh.ruralchina.org/
22	爱心传递慈善基金会	蒲公英乡村图书馆	2006	http://www.passlove.org/
23	我们的自由天空	爱心书库	2006	http://www.ourfreesky.org/
24	北京市西部阳光农村发展基金会	图书馆	2006	www.wcsta.org
25	香江社会救助基金会	香江爱心图书室	2007	http://www.hkf.org.cn
26	烛光图书馆	图书馆	2007	http://www.douban.com/group/290913/
27	浙江省新华爱心教育基金	爱心图书室	2007	http://www.xhef.org/
28	攀枝花公益网	乡村图书室项目	2007	http://www.pzhgy.org
29	心平基金会	图书阅读、公益图书室	2008	http://xinpingstory.blog.163.com/blog/static/10494978520090134233724/

续表

序号	资助团体组织名称	项目名称	创办时间	网址
30	北京桂馨慈善基金会	桂馨书屋	2008	http://www.greenandshine.org/
31	上海真爱梦想公益基金	梦想中心、梦想书屋	2008	http://www.adream.org/index.php
32	荒岛图书馆	图书馆	2009	http://weibo.com/islibrary
33	华益助弱服务中心	图书银行	2009	http://huayicn.org/
34	香港乐施会	苏州工友家园	2009	http://suzhougongyou.blog.163.com/
35	云南士恒教育基金会	图书馆	2009	www.shiheng.org
36	传递童年教育促进会	乡村小学图书室	2009	http://blog.sina.com.cn/transmitchildhood
37	芥菜种公益	图书室	2010	http://blog.sina.com.cn/jiecaizhongxiaozu
38	一公斤捐书网	捐书	2010	http://www.1kgbook.org/Project/project_list.aspx?state=1
39	木兰社区活动中心	流动图书馆	2010	http://blog.sina.com.cn/mulanhuakai201001
40	北京慈弘慈善基金会	慈弘图书角项目	2010	http://www.cihongcharity.org
41	满天星青少年公益发展中心	公益图书馆、阅读推广	2012	http://www.starscn.org/
42	广州市千千树公益促进会	苍梧县图书室计划	2012	http://weibo.com/ngoqianqianshu

以海外中国教育基金会为例,该基金会在助学过程中感到中国农村图书资源的匮乏,从2003年启动图书资助项目,为贫困区的小学和初中筹集图书,建立小型图书室,服务对象主要是中小学生,具体运作依靠当地侨联等非政

府组织、农村协调员队伍和大城市的志愿者网络。2004—2014 年,一共募集新旧书籍 520 880 本,帮助 850 个学校建立图书室[5]。

此外,北京天下溪教育咨询中心,在支持农村教育项目运行中,注意到在中国广大的农村地区,教育基础设施建设普遍比城市落后,九年制义务教育阶段中小学生的人均课外读物数量远远低于城市水平,因此于 2003 年开始天下溪乡村图书馆项目的运作。根据学校情况有针对性地选配书籍——图书运到当地后参与图书馆管理制度的建立——后期回访监察——围绕图书馆和受援方共同展开多样性的文化活动(如读书征文、文化科技培训等)[6]。"公益图书采购中盘"项目 2010 年 1 月由心平公益基金会和北京天下溪教育咨询中心共同发起,旨在联合基金会、企事业单位、图书出版发行机构、公益组织以及志愿者团体,为中国乡村图书室的建设搭建一个基于书目服务、图书采购、藏书配置和物流运输的专业化、非营利的平台,以适应乡村图书室建设过程中小批量、多批次、非标准化的图书采购需求。截至 2010 年年底,公益图书采购中盘为全国 20 多个省市自治区 100 余所中小学校和社区采选了超过 110 000 册的高品质正版图书,把最优秀的图书送到最偏远的乡村[7]。

这类图书馆都与当地政府或当地公共图书馆签订有正式合同,尤其像健华、爱华这些由海外基金依托的民办少儿图书馆项目都在选择合作意向、申请、选址、资金投入、场地提供以及后续维护发展资金等方面签订合同,明确各自责任。因其力量雄厚且管理规范,无论是馆藏质量还是办馆数量都较其他类型的图书馆好。

但其缺点也是显而易见的,即要办好公益性的乡村学校图书馆,不是一劳永逸的事情,日常运转和书刊更新,以及办馆的社会效果等都需要有及时的反馈。此外,农村基层的情况千差万别,基层留守儿童对文化知识和信息的需求也是多种多样,更需要贴近留守儿童的真正需求和提供针对性强的服务方式,但联合办馆各方都限于各自的任务,没有整体计划,使得有一些图书馆最终关门。

(三)绘本公司创办

绘本起源于西方,是以绘画为主,兼附有少量文字的书籍,适合 0—8 岁的小朋友阅读,绘本不仅可以用来讲故事、学知识,而且可以全面帮助孩子建构精神,培养多元智能,因此国际公认"绘本是最适合幼儿阅读的图书"。被称为"图画书之父"的捷克教育家扬·阿姆司·夸美纽斯在 1658 年出版了一本名为《世界图绘》的图书,被认为是第一本真正为儿童编撰的绘本[8]。日本的绘本从 20 世纪 50 年代开始起步,70 年代,我国的台湾地区开始绘本阅读,80 年代以后大陆也开始出现绘本,但仍处在初级阶段。

最近这些年,少儿阅读市场出现了大量绘本馆,如本次调查的童立方亲子绘本馆、小绿萝儿童绘本馆、武汉梧桐若语绘本馆、彩虹树绘本馆、爱心树绘本馆、墨盒子绘本书馆、羽翼亲子绘本馆等众多绘本图书馆。尽管这些绘本馆无论是阅读理念还是提供的服务都无可挑剔,但其经营管理却举步维艰。原因是绘本的类型众多,购买成本较高,对开设区域的要求也很高。

仅以绘本的类型为例,目前市场上的绘本分类五花八门,按照不同的分类标准,绘本可以分为很多类型。依阅读对象分为婴儿书(Baby books)、较大儿童图画书(Picture Books for Older Readers),等等;依特定目的设计分为玩具书(Toy books)、立体书(Popup books)、字母书(Alphabet books)、数数书(Counting books)、概念书(Concept books)、预测性图书(Predictable Books),等等;依版式分为硬纸板书(Board Books)、纸板造型书(Shaped Board Books),等等;依材质分为纸书、布书、塑料书、感觉触摸书,等等;依文、图叙事比例分为"无字图画书"(没有文字只有图像叙事的)、"图画故事书"(图文叙事分量并重的)[9]。面对如此庞大的绘本市场,一个简单的绘本馆很难囊括所有的绘本类型。

所以,目前占据市场比例很高的绘本馆都是由绘本公司创办的。绘本公司依托自己拥有的出版社能够获取大量的绘本,采取加盟连锁的方式在全国各地开设分馆,如咕噜熊故事屋[10],是由台湾最大传媒集团——城邦传媒进驻大陆创立的文化品牌,依托格林文化出品的众多优质绘本,通过咕噜熊亲子共读网、咕噜熊电子杂志、咕噜熊故事屋等线上线下互动平台,为 3—12 岁小朋友的家庭提供可以激发梦想与创意的亲子空间,进而培养孩子们的学习与创造能力。以"阅读是最好的游戏,绘本是最好的玩具(Reading is the Best Game,Picture Book is the Best Toy)"为核心理念开展亲子绘本阅读活动。同时提供品格培养的创意课程、阅读指导、咕噜熊故事剧场、周末影院、主题派对等富有特色的服务内容,致力打造成为内地家庭文化交流平台中的翘楚。

截至 2016 年 1 月,咕噜熊故事屋在全国共有 16 个加盟店,其中北京 4 家、天津 4 家、重庆 1 家、湖北 4 家、贵州 1 家、浙江 1 家、宁夏 1 家。网站(http://story.gurubear.com.cn/)提供各地加盟馆的超链接,主页上滚动播放各馆的最新活动,并在显著位置详细备注地址、电话、开放时间等信息,方便读者利用。值得一提的是,咕噜熊网站依托格林文化,使用同一模式设计,各加盟馆信息互相超链,合作共享。给人感觉该公司的文化渗透在各个方面,做得非常专业。

这类民办少儿图书馆最大的优势是绘本馆和出版社紧密联系,绘本出版社建立网络"云平台",为绘本馆提供绘本活动以及课程支持。与此对应,绘本馆可以成为出版社的窗口,开展新书试读、展览、推广、选题调研等活动,从而形成共赢。此外,拥有品牌影响力也是其另一大优势,作为绘本出版的专业机构,经过多年的实践和发展,积累了丰富的品牌宣传与市场推广的经验,可提供绘本馆品牌活动策划、宣传推广与市场推广资源支持。但需要注意的是,这类图书馆的创办者是为其背后支持的绘本公司或绘本出版社服务的,其企业性质追逐营利的本质会影响其公益性。

第二节 民办少儿图书馆的特点与问题

一、民办少儿图书馆的特点

(一)组织模式连锁化

连锁经营是一种紧密的组织形式,通过规范化经营,实现规模效益品牌效应,很多民办少儿图书馆运行采用连锁经营的模式,如上面分析的目前最大的三个民办少儿图书馆品牌都是采用连锁经营的模式。悠贝亲子图书馆2009年初在北京创立;2010年发展到10家;2011年走出北京开始布局全国,图书馆数量达30家;2013年悠贝亲子图书馆全国总数突破100家;2014年搭建悠贝成长俱乐部;2015年悠贝推出系列阅读课程及综合阅读解决方案,开始创设英文图书馆,截至2015年9月,悠贝亲子图书馆在全国有分馆236家。皮克布克绘本王国2006年在北京花家地开办实体绘本馆,2008年在部分省市尝试网上借阅,截至2014年年底,皮克布克绘本王国在全国有367家分馆,遍布31个省、自治区、直辖市。老约翰绘本馆由宁波海曙老约翰文化传播有限公司在2011年8月9日注册创立,截至2015年9月,在全国的分馆有282个,分布在29个省、自治区、直辖市。这3个绘本馆都采用连锁经营模式,用短短10年时间就在全国总共建有885个分馆,分布在全国的31个省、直辖市和自治区。

（二）运行模式会员化

会员制是民办少儿图书馆惯常采用的模式，会员图书馆在独立战争之后的美国发展迅速，一些学术图书馆的会员股票被作为珍贵的家财，世世代代传下来。"会员模式"采取个人入股的方式，即每个会员拿出一定的金额，通过会员缴费来维持图书馆的后续发展。这种依靠读者的力量，通过会员缴费来维持的会员图书馆运作模式，在现阶段我国一些民办图书馆中普遍存在，尤其是面向儿童服务的民办少儿图书馆大多采用了会员制。

北京皮卡书屋的会费价格年卡800元，半年卡500元，押金200元，一次可以借6本书。连续入会5年即可成为皮卡书屋的终身会员，可享受免费借书服务。郑州的"绘本TAXI图书馆"年度借阅卡580元。北京快乐开始原版英文图书馆普通年卡费用是400元，同在北京的安妮鲜花网络英文图书馆普通年费是每年900元。Our Time美好时光图书馆也实行会员制服务，所有会员均可以会员价享受价格优惠的借阅卡、活动卡和快递卡。也有一些民办少儿图书馆是通过捐赠图书成为会员的，如"哈里爷爷读书汇"只需捐赠两本绘本就可入会，以后每月仅交纳10元钱的会费。这些民办少儿图书馆正是通过会员制模式，才使得市场运作公益服务的个性化图书馆得以生存和维持。

（三）服务方式网络化

网络化时代，依托网络进行服务既可以节约成本，又能满足个性化需求，还没有地域的限制，市场发展范围广泛，是民办少儿图书馆生存和发展的主要途径。此次采取网络调研的方法，发现网调的92个民办图书馆都有自己固定的主页和网站，并能够保证通过网络，完成注册、缴费、开通、借阅、续借、预订等各项基础服务。除了依托网络完成基本的服务外，多数民办少儿图书馆通过网络开展与读者的互动，把LIB2.0的功能呈现得淋漓尽致。通过线上线下的推广，重视体验式营销，加强社区资源的整合，有效利用公共媒体（电视、报纸、杂志等）以及自媒体（微博、博客、各种群等）资源展开宣传。

如在北京皮卡书屋网站的论坛里，经常有家长把自己在培养孩子阅读和学习英语过程中的困惑提出来，寻求专家或朋友的帮助，而这样的寻助帖子经常能得到关注并得到近乎完美的答复。通过网络的交流和互动，整合各种育儿资源做成电子版发送分享给会员和潜在读者，帮助家长通过民办少儿图书馆来体会增值服务，使得每一个会员感觉自己像在一个亲密的团队中，从而帮助民办少儿图书馆持续拥有稳定的读者群。Our Time美好时光亲子书馆也是在网上开有自己的博客、微博以及同名淘宝店,开通网络选书平台,为广大会员提供网上图书借阅、购买服务。

（四）服务范围社区化

在国外,图书馆被誉为"居民的第二起居室",主要说明其便利性和可及性。我国的民办少儿图书馆,主要依托自身资源和资金创办,为维持可持续发展能力,必须在创办之初就要考虑在城市中的布局和位置,一定是以读者的便利和可及性为主要指标,同时由于资金有限,这些民办图书馆的馆藏也主要以利用率的高低来判断,不会单纯考虑收藏数量,所以,大多数民办少儿图书馆都把社区作为发展重点,在办馆定位上都没有把大、全、馆舍规模作为重点,只是侧重使用,并且与社区物业密切合作,获得支持。

北京的皮卡书屋创办者四个海归妈妈就是以美国社区图书馆为蓝本来定位和创办的。他们主要依托社区开展服务,皮卡书屋的劲松店和三元桥店都是由所在小区物业主动以非常低廉的价格邀请皮卡书屋到所在小区办馆的。成都哈里爷爷读书汇运作模式就是通过社区拼书方式办幼儿图书馆,他们的活动场所就在所在小区7楼物管会议室。深圳"小书房"是依托一个城中村社区—龙光社区开办的图书馆,组织少儿阅读推广和针对四点半学校的读书活动。这种面向社区,扎根基层的运作模式对于具有浓郁公益色彩的民办少儿图书馆服务来说无疑是正确的。

（五）服务意识主动化

民办少儿图书馆因其资金来源和发展模式需要自给自足,有着与公共图书馆不同的发展压力,所以,在提供服务上更侧重服务的主动性和针对性,表现在三个方面。

一是主动宣传自己,民办少儿图书馆在创办之初、装修之中都把宣传和推广自己作为重点,他们会主动到所在的亲子机构、儿童医院、少儿活动中心以及当地的幼儿园分发宣传资料,介绍入会规则和优惠措施等,以此来吸引读者。

二是主动拓展个性化服务,民办少儿图书馆的所有读者都是通过缴纳会费或其他费用等有偿形式来接受服务的,因此,读者对自己在接受服务时的收获也会有更多期待,所以,民办少儿图书馆提供的服务除了基本的借阅服务外,更多的是主动开设家长教育、亲子阅读、手工创意、色彩搭配、大脑训练等有针对性的课程来拉拢和稳定读者。

三是主动与读者合作,进行图书馆与读者的互动活动。尽管对任何图书馆来说,读者资源都是图书馆依存的重要力量,但相对公共图书馆,民办少儿图书馆更依赖读者的资源和支持,从最初的办馆经费、会员数量以及读者的口碑等都需要会员读者的强力持续支持。

因此,民办少儿图书馆会为会员读者建立详细的读者档案,会邀请读者定期参加馆内活动,会定期评比读者的阅读效果,会主动推送新资源和特色服务。民办少儿图书馆也是通过这种互动与合作来满足读者的个性化需求,更通过这种互动与合作来及时回馈读者的需求和推广自己的各种服务。

二、民办少儿图书馆存在的问题

公共图书馆是政府占主导并承担主要责任的公益事业,但由于我国目前的公共图书馆在少儿服务方面存在欠缺和不足,使得少儿图书馆需求和供给没有达到平衡,大量民众对少儿图书馆的需求长期得不到满足,从而使得一些个人、机构或非政府组织参与提供这种服务,才出现各种形式和模式的民办少儿图书馆。这些图书馆对公共图书馆是个补充,是满足人们少儿阅读需求的重要力量,但其本身的发展仍存在一些问题。

(一)运作资金问题

民办少儿图书馆发展面临的最大问题是资金问题。在对一些民办少儿图书馆馆长进行半结构性访谈时,很多图书馆创办者都提到运作资金问题是最大的问题。主要表现在前期图书馆创办占用资金很大。一个运作绘本馆的馆长说:"绘本馆的绘本数量和质量决定吸引到的读者数量,按一般每个家长一次借走 3 本,每本大概 3 周归还的周期来计算,经营一家绘本馆,库存图书至少要在 1000 册以上。按每册绘本定价 30 元来计算,前期仅绘本购买就需要 30 000 元,还没有计算场地的租金和人员费用。如果后期吸纳会员多,还需要根据自己的顾客量来决定绘本数量,要不断扩充购买新的绘本,才能满足会员的基本需求,否则很快就没有新的绘本可以出借,稳定会员数量也将成为空谈。"

其次,会员拓展、举行活动等费用也是制约民办少儿图书馆发展的重要因素。武汉梧桐若语绘本馆老板汪贤说:"绘本馆的收入主要是年费,梧桐若语绘本馆开业 5 个多月,累计会员 140 多个,为了吸引人气,只收 280 元一年。平均一个月支出 1 万多元,会员要达到 500 个以上,才能勉强收回前期近 20 万元的投入,目前的经营一直在亏。"深圳三叶草故事家族的发起人张红说:

"资金问题很大,目前的活动经费基本上由会员自发捐赠或实行 AA 制,只能支持一些小型活动。"深圳彩虹花公益小书房创办人"喜悦妈"介绍:"小书房在龙光社区举办针对四点半学校的读书活动,每场成本约 500 元,一个月最少有 10 场,很多时候,活动成本需要义工捐款或 AA 制来填补。"丁当书屋工作人员贵丽说:"经营绘本馆,店租、工资投入太大,以之前的万象城店面为例,仅 30 多平方米的场地一个月租金需 6000 多元。一张会员年卡仅为 500 元,靠会费支撑房租,意味着一个月要新发展 40 位会员。还要进货、开工资、交水电等杂费……开一天赔一天。"

因此,目前在我国,这些本着"花少量的钱就可以看到几千册的绘本,应该能受到妈妈们的欢迎"这一朴素愿望的民办少儿图书馆创办者都表示,尽管民办少儿图书馆"看上去很美",实际经营中却困难重重。

(二)运行场地问题

场地是在资金压力外摆在民办少儿图书馆创办者面前的又一困难,被调查的民办少儿图书馆创办人都说活动的场地非常难解决。由于民办的少儿图书馆是以市场为手段,以图书期刊租赁、发展连锁经营与业务加盟为主营项目,对读者收取一定费用来维持图书馆和后续发展,他们是市场主体,以市场手段做公益事业,通过辛苦劳动获取微薄的利润。因此他们需要通过仔细考察,认真做好市场调研,谨慎投资,布局馆址多会选在交通便利、人流量大的地方,这种地方一般会是城市或社区的中心,租金必然高昂,所以,很多民办少儿图书馆的馆舍面积不大,如果开展一些吸引读者的活动就需要另外租借场地。为了解决场地问题,三叶草故事家族的负责人张红说"我们组织的活动常常在公园或其他室外地方进行,妈妈们之间的互相交流则在网络上进行。我们有 20 多个在线聊天群,如果有好的交流或讲座,有人负责向各个群转播"。北京市天秀南一路附近的"皮卡书屋"馆舍面积只有 60 平方米,其负责人说:"我们经常分批次开展活动,每次只能通知 3 到 6 个孩子来参与活动,大大降低了活动的效果,也增加了我们的成本和精力。"

(三)工作人员问题

根据调查的反馈分析,民办少儿图书馆人员的素质是在资金和场地之外,最被普遍关注的问题,其中既包括创办者自身的素质,也包括图书馆对外服务人员的素质。对于创办者自身,尤其是依靠自己融资开办少儿图书馆的馆长来说,无论其最初的目的和理念是什么,但后期要运行好一个民办少儿图书馆仅靠热情和努力是不够的,还需要有一些图书馆的专业知识,以及管理能力。大部分绘本馆经营者都重情怀,忽略了推广和销售,而这恰恰是绘本馆得以生存的重点。但目前我们的民办少儿图书馆创办者很少有人同时具备这两种素质。

其次,民办少儿图书馆工作人员的素质也直接制约图书馆的发展,因其主要面对少儿提供服务,了解孩子的心理、调动孩子阅读兴趣、培养孩子的阅读习惯等都需要专业的人员进行指导,而目前,民办少儿图书馆的工作人员还缺乏这些素质。以阅读推广者或故事讲述人的素质为例,深圳市少儿图书馆少儿阅读指导专家赵艺超认为:"在民间公益少儿阅读推广组织发展方面,深圳走在全国前列,与香港相差也不大,但与更早注重少儿阅读教育的台湾相比,深圳落后了起码20年。深圳目前的民间阅读推广仍处于初级阶段,不少阅读推广人没有经过培训,他们甚至不知道如何选择传达方式以及传达什么样的内容。"赵艺超举例说,比如中国人常常喜欢讲意义,很多故事义工在讲故事的时候,无论什么故事都会提炼出个"意义"出来,或者做过多的延伸。"其实并没有这个必要,对于小朋友来说,要允许很多故事没有意义,只有乐趣;同时,对于不同年龄的孩子应该讲述什么样的故事、侧重哪些方面也是非常专业的问题;此外,绘本有很艺术的内容或形式,如果讲述人没有专业知识,很难将这些表达出来。"

可喜的是,越来越多的民办少儿图书馆认识到这个问题,并开始着手解决,目前,三叶草故事家族、蒲公英故事会等组织都有一套故事讲述人培养机制。悠贝亲子图书馆成立悠贝阅读学院,开发专门系统的培训课程,对专业的阅读人才进行培训与指导。而针对故事讲述人的培养,深圳市少儿图书馆也已经开展了喜悦读书会,专门培养故事讲述人和阅读推广者。相信随着这些规范教育的普及,民办少儿图书馆的服务人员素质会得到极大提升。

(四)可持续发展问题

作为公共文化服务的补充,民办少儿图书馆用公益的形式开展面向基层的服务,面临很多问题。我们这次所调查的各馆都存在资金困难、场地难租、缺乏支持和维持艰难等现实问题,但这些民办少儿图书馆的创办者都是基于想解决国内社区图书馆资源匮乏、孩子们无处看书和缺乏引导等理念,艰难地从事这一本应由政府来解决的公益事业。因此,民办少儿图书馆的可持续发展问题是目前这些创办者面临的重大问题和挑战。

　　民办少儿图书馆创办者创办初期都不以营利为首要目的,不营利并不代表不要发展。但调查的绝大多数民办少儿图书馆经营初衷都太理想化,开办图书馆没有明确清晰的定位,对于具体的服务对象,服务对象的收入层次,民办少儿图书馆辐射的区域范围,民办少儿图书馆与公办图书馆的区别在哪里,自己的优势和特色是什么,怎么吸引读者和家长等方面的问题都没有认真思考和清晰的定位。

　　此外,大多数民办少儿图书馆也尝试多元化增值服务,比如开展绘画培训、周末读书会等,来增加创收维持运行,但总体来看目前民办少儿图书馆、绘本馆等营利模式匮乏,没有在经营中大胆进行创新,没有寻找到持续盈利的突破点。更重要的是,民办少儿图书馆初期需要大量的藏书才能满足会员的租阅需求,是个投资占用资金大但回报周期长的项目,在建立初期会员较少而后期维持持续进新书的压力又很大,长期投入而得不到回报使得经营压力大,不利于民办少儿图书馆的良性发展。

　　另外,民办少儿图书馆的服务对象主要是低幼儿童,阅读以亲子阅读为主,整个行业中缺乏懂孩子心理,对亲子阅读有深入理解的亲子阅读老师和服务人员,使得阅读推广因为资金和人员的限制得不到很好的推广模式,长时间达不到收支平衡。尤其对于为读者提供免费服务的公益型民办图书馆来说,如果没有政府的经济支持,自身财政状况又不太雄厚,这类民办少儿图书馆很难长期维持下去。

　　但需要指出的是,尽管这些民办儿童图书馆都存在经费短缺问题,也都有各种困难和缺陷,但各类型民办儿童图书馆都填补了公共图书馆的缺位,都是公益文化事业的重要组成部分,所以,政府应采取多种措施保证它们的健康持续发展。

第三节　民办少儿图书馆的未来发展趋势

一、民办少儿图书馆将迎来大发展的最好机遇

　　2015 年,是国家公共文化服务体系构建重要的一年,国家高度重视公共文化,出台一系列的政策来推动、鼓励和吸引社会力量参与公共文化服务。2015 年 1 月,中共中央办公厅和国务院办公厅发布《关于加快构建现代公共文化服务体系的意见》,要求将适合由社会组织提供的公共文化服务事项交

由社会组织承担,2015 年 5 月国务院办公厅转发文化部、财政部、新闻出版广电总局、体育总局《关于做好政府向社会力量购买公共文化服务工作的意见》(以下简称《意见》),对建立健全政府向社会力量购买公共文化服务机制,完善公共文化服务供给体系,提高公共文化服务效能做出重要部署。国务院办公厅出台的《关于在公共服务领域推广政府和社会资本合作模式的指导意见》提出,充分激发社会资本活力,打造大众创业、万众创新和增加公共产品,明确在公共服务领域推广 PPP 模式。2016 年 6 月,财政部《关于进一步做好政府和社会资本合作项目示范工作的通知》中明确公共文化服务领域是重点。

2015 年 12 月,由文化部起草的《中华人民共和国公共图书馆法(征求意见稿)》面向社会广泛征集意见,征求意见稿第二条将公共图书馆的设立主体明确为政府、公民、法人和其他组织。征求意见稿第六条指出国家鼓励公民、法人或者其他组织依法设立公共图书馆或者向公共图书馆捐赠,并按照有关规定给予税收优惠和其他扶持政策。第十七条规定公共图书馆可以依法以捐赠者姓名、名称命名文献信息资源专藏或者专题活动。公民、法人或者其他组织设立的公共图书馆,可以依法以捐赠者的姓名、名称作为公共图书馆的馆名,或者命名图书馆的馆舍、其他设施。第十九条规定国家推动公共图书馆建立法人治理结构,吸纳有关方面代表、专业人士和公众参与管理。作为公共图书馆的基本大法,这些条款的设置明确了民办图书馆机构的合法身份,也为社会力量参与公共图书馆建设指明了方向和设置了发展路线图。对社会力量积极持续地参与公共图书馆建设将起到巨大作用。

可以预见,政府政策的密集出台,必将带动各地公共文化服务在吸引社会力量参与上有更多的创新,先前积累的经验也会得到逐步加强。在国家政策的支持下,作为民办图书馆的重要组成部分,民办少儿图书馆也将迎来最好的发展机遇和机会。

二、民办少儿图书馆将由单独运作走向广泛合作

随着国家大政方针政策的调整和社会环境的变化,以及民办少儿图书馆数量的增多,这些过去仅关注自身发展的图书馆和绘本馆,开始意识到只有联合起来,才能增强行业的社会影响力,才能形成共赢。所以,目前民办少儿图书馆除了通过网络联系外,开始加大线下交互平台的构建,把关注资源云共享,形成"行业合力",扩大民办少儿图书馆和绘本馆的社会认知度和美誉度作为重要工作,广泛开展各种合作。如2011年7月在北京童立方亲子绘本馆举行北京地区绘本馆经营与发展漫谈会第一次会议,北京地区17个绘本馆的负责人参加会议,会议主题是讨论绘本馆共同面临的问题——"绘本馆项目市场推广的难点与策略",通过讨论谋求合作和业务拓展。此外,全国范围的私人绘本馆联盟,已经开办五次聚会,目的就是要增进各绘本馆之间的相互了解,加强经营与发展经验交流。

除了民办少儿图书馆之间的合作外,更多的民办少儿图书馆开始与政府进行合作,共同寻求发展出路。2011年,四川文轩幼儿教育管理有限公司与成都市妇联、成都市妇女儿童中心联合共同打造四川文轩yoyo国际绘本馆,使其成为全国最大、西南地区首家以手绘图书为主题的婴幼儿早期教育、青少年场馆,整体面积3200平方米,可同时容纳500名幼儿在这里看绘本、听音乐、讲故事。此外,也有一些民办少儿图书馆与幼儿园合作,如2011年武汉梧桐若语绘本馆与汉口一家幼儿园合作,把绘本馆植入到幼儿园内,幼儿园提供场地,绘本馆提供图书,减去了每月几千元的房租支出,试运营成功,一个月便开始有盈利。

三、成为各地政府购买公共文化服务的备选对象

2015年1月,中共中央办公厅和国务院办公厅发布《关于加快构建现代公共文化服务体系的意见》,对加快构建现代公共文化服务体系做出了全面部署,并且提出要加大政府购买公共文化服务的力度,各级政府都要制定政府购买公共文化服务的指导性意见和购买目录,而且要求各级政府的公共文化服务经费要拿出一部分来用于购买公共文化服务。此外,《意见》明确提出:"未来,新增加的公共文化服务,原则上都要通过政府购买的方式实现。"随后在2015年5月国务院办公厅出台《关于做好政府向社会力量购买公共文化服务工作意见》,以改革的思维对国家公共文化服务供给模式创新进行专门部署,对公共文化服务的购买主体、购买内容、提供者、购买方式以及购买效果评估进行了详细部署和规定。

随着政府购买的强力推进,很多民办少儿图书馆基于多年的积累和发展,已经成为公共文化服务购买的首选对象。如北京皮卡书屋与东城区图书馆签署合作协议,由政府免费提供活动场地、承担水电费开销,并为图书馆提供一定金额的启动资金,皮卡书屋负责图书馆的专业化运营和日常管理,并以比市场更加优惠的价格为辖区居民提供服务。悠贝亲子图书馆与朝外街道文化服务中心、朝阳区图书馆三方正式签署了《社会力量参与朝外地区图书馆运营合作协议书》。在无锡,基层政府开办的无锡蠡湖街道图书馆与"老约翰"的网络绘本馆进行合作,通过市场化运营,将现代营销手段引入街道图书馆,将过去相互脱节的百姓需求和公共文化产品供给,重新对接起来,做到企业和政府的双赢。

可以想见,在这样的大环境下民办少儿图书馆应该积极与社区开展合作,为社区文化服务提供一些公益服务,如建立四点钟学校、提供公益书坊等活动项目,真正发挥民办少儿图书馆作为孩子成长的文化空间的真正意义,从而成为政府向社会购买公共文化服务的一个环节,保证民办少儿图书馆持续健康发展。

四、成为儿童阅读推广的重要参与力量

少儿阅读是各国关注的重点,很多国家都有自己全国性的阅读推广计划,如英国的"图书起跑线运动"(Bookstart)计划,美国的"从出生就阅读"(Born to Read)计划,以及新加坡的"天生读书种,读书天伦乐"(Born to Read, Read to Bond)计划等[11]。

此外,儿童是阅读活动的重要社会群体,一些国家设立全国性的读书节,或是在其中专门设立儿童阅读节,由政府组织实施,大力推广儿童阅读。如墨西哥政府制定了促进青少年阅读的国家阅读计划,在全国三十二州和墨西哥城设立国家阅读办公室,在每年的2—3月为学校和班级图书馆选书,各出版社共推出1万种书籍参与遴选。每年的4—6月,由非政府组织和有关专家按标准确定约1000种的预选书目,后由全国阅读办公室组成国家评选委员会向教育、文化界人士广泛咨询,为最后选书把关。参与者包括教师、学校行政主管、学生家长和学生,平均每个州有500人参与这个评选,全国有1.6万人参与评选,以确保书籍的质量和评选过程的透明度,最后再由墨西哥政府公开招标采购。

在英国,英国政府在阅读年里,借助各种传播手段,从连续剧到网络,到处宣传阅读信息。活动重点包括:送书到学校,1998—1999年,英国政府额外拨出1.15亿英镑的购书经费,平均每个学校获得4000英镑,全国中小学图书馆总共增加了2300万册图书;增加小学阅读课程,从1998年9月的新学年开始,小学每天都有一小时的语文课程,专门用来提升读写能力;政府也额外拨款1900万英镑,训练小学教师如何教导学生识字、阅读及写作;和媒体、企业、民间

组织形成伙伴关系,拨款80万英镑赞助86个民间组织提出阅读推广计划。

在日本,日本政府颁布《儿童阅读推进法》,指定日本儿童阅读日,拨款改善下一代的读书环境。这些措施极大提升了该国少年儿童的阅读意识和阅读能力,对培养阅读习惯有很好的促进作用。

在我国,国家提倡全民阅读,为进一步促进全民阅读活动的开展,保障公民的阅读权利,国家新闻出版广电总局根据国务院立法工作计划起草了《全民阅读促进条例》(征求意见稿),并于2016年2月15日面向社会公开征求意见,征求意见稿明确要求重点保障未成年人尤其是农村留守儿童等群体的基本阅读需求。《中国儿童发展纲要(2011—2020年)》里也提到一个目标,就是"明确提出要培养儿童阅读习惯,增加阅读时间和阅读量。要求90%以上的儿童每年至少阅读一本图书"。

但是,当前我国儿童人均读书量少并且偏重考试教材等实用书籍,还没有做到儿童本位。此外,在儿童阅读研究和推广方面起步很晚,尤其儿童阅读的观念、方法、材料、环境等方面与发达国家比都有较大差距,专业性不强。

想要解决这些问题就必须通过加强机制建设来推动儿童阅读推广的普及。我国目前的状况是仅靠公共少儿图书馆的力量还很难保障阅读推广的普及,目前需要公共图书馆少儿部、独立建制的少儿图书馆和民办少儿图书馆一起努力,来保障我国少年儿童的阅读需求得到最大限度的满足。可喜的是,目前我国一些民办少儿图书馆,事实上已经成为各地少儿阅读推广的先锋军和标兵,这些民办少儿图书馆以"让更多的父母学会亲子阅读;让更多的孩子爱上阅读"为目标,面向社区儿童开展阅读推广活动。早在2005年中国图书馆学会就授予海外中国教育基金会"阅读推广贡献奖",以表彰非公办的基金会为少儿阅读做出的贡献。

如今,在深圳,由市民自发组织的少儿阅读推广活动团队也越来越多,比如由美术老师创办的彩虹花公益小书房从2009年开始每月定期举办公益亲子读书会。由几百名义工参与的三叶草故事家族也是公益民间阅读组织,目前已经有8000多个家庭会员参与其中,不定期举办讲座、讲故事大赛,以吸引众多家长和孩子参与。还有梅林一村幼儿园组织的蒲公英故事会等公益组织都为少儿阅读推广活动做出重要贡献,也事实上成为公办少儿图书馆的补充,成为少儿阅读推广的重要力量。

第四节　民办少儿图书馆未来发展的建议

一、最佳选址区域是基层农村和城市社区

对于我国图书馆布局的基本概况,我们过去一直重视县(区)以上公共图书馆的建设,忽视城市社区和基层农村图书馆的建设,造成公共图书馆在这两个地方的缺位。民办少儿图书馆作为公办图书馆的补充,其发展定位和服务对象应该与公办图书馆的侧重有所不同,应在基层农村和城市社区进行重点发展。这一定位也是有理论根据的。早在1972年,美国学者索普就地理位置对读者文献使用的影响作过调查,他得出这样一个著名的论断:一个情报源越易接近,被利用的可能性就越大。因此,要提高文献的利用率,让所有的少年儿童都能有书看,有报读,最行之有效的办法就是把图书馆办到他们的家门口。合适的选址,合理的布局,会令广大青少年儿童更好地利用图书资源。因大部分民办少儿图书馆的规模较小、场所不大,所以这类图书馆的发展必须扎根于当地,开办地点应选择在人口密集度较高的地方,特别是服务城市社区的民办少儿图书馆,必须扎根于社区,尤其是离公共图书馆较远的新建小区,这样更能体现民办少儿图书馆的社会价值,同时也有利于其发展。

二、最佳工作重心是少儿阅读推广

我国素来有良好的阅读传统,尤其重视少年儿童的阅读,在国家倡导全民阅读的大环境下,政府也越来越重视我国未成年人的阅读权利,为弥补公办少儿图书馆的不足,更多的民办少儿图书馆将成为儿童阅读推广的重要参与力量。因此民办少儿图书馆和绘本馆应将阅读推广作为工作重心,专业的阅读推广人员应成为民办图书馆的核心工作人员。基于这一任务,民办少儿图书馆应重点做好两件事情,一是将专业阅读推广人员的招聘和培养列为重点。此外,为减少成本,民办少儿图书馆应充分利用会员妈妈的资源,动员会员的妈妈参与民办少儿图书馆的阅读推广活动,可以采取激励的措施,比如扩大借阅权限或者突出优先级别等方法来激励更多的妈妈担任讲故事志愿者,弥补阅读推广工作人员的不足。此外,针对缺乏专业阅读推广人员的问题,可以建立区域民办图书联盟组织建立"联盟培训学校",邀请专业人员为民办少儿机构培训师资,增强工作人员的专业性。

二是做好阅读推广的宣传和策划。为扩大民办少儿图书馆的知名度,针对普通大众阅读认知度低的情况,民办少儿图书馆要考虑面向广大家长和社区居民,开设免费的阅读推广讲座、开放式阅读活动,来提升普通民众对少儿阅读重要性的认识,提升家长的阅读意识。针对重点会员和目标会员,要开设特色的个性化讲座,要邀请国内知名作者、亲子教育专家以及优秀学生家长等做专题阅读推广讲座,增强民办少儿图书馆与核心会员的粘合力。此外,也要充分联合民办少儿图书馆周边的幼儿园、亲子中心、儿童游乐场以及居委会等其他机构,进行社区资源整合,共同策划组织阅读推广活动,扩大民办少儿图书馆的影响力。更重要的是,在网络时代,一定还要充分利用线上的微博、博客、各种 QQ 群等社会化媒体资源,开展阅读推广活动。

三、最佳商业模式是文化 + 教育

在项目调研的过程中,我们发现很多民办少儿图书馆因为资金匮乏,为了维持民办少儿图书馆的持续发展,选择在馆内附带销售方便阅读的文具、提高阅读兴趣相关的玩具或文创产品来换取运营费用,弥补纯公益性少儿图书馆的各种费用。也有一些民办少儿图书馆选择将文化和教育相结合产品或服务来达到一种可持续发展的良性循环。为了达到这样的目的,民办少儿图书馆或绘本馆应在以下方面进行业务拓展:

一是收费课程和免费活动相结合。目前,大量少儿图书馆开设美术、音乐、陶艺、手工课、表演等艺术类课程是收费课程,需要读者缴费才能参加。但为了扩大少儿图书馆的影响,吸引读者的参加,很多民办少儿图书馆实施凡参加民办少儿图书馆各种课程的学员,都可以免费参加书馆举办的各种读书会活动,并且可以作为会员免费阅读图书。

二是教育与体验相结合。目前,大多数独生子女缺乏户外活动,民办少儿图书馆可以经常组织馆内小朋友郊游,把绘本里讲的、图书里看的人物、地点以及历史事件用体验的方式去展示,可以开展各种主题的省际旅游、展览旅游以及出国旅游和教育旅游,从而开阔视野。

三是为家长提供育儿教育的增值服务。民办少儿图书馆要取得可持续发展,长期保持稳定的核心会员,就必须让所有核心会员都有收获,除了对会员读者进行必要的阅读辅导、开设讲座等活动外,更多的要考虑对家长进行教育和培训,比如优秀育儿经验介绍、育儿心理辅导等讲座,免费为会员读者家长提供增值服务,从而保持会员读者的忠诚度。

四是馆内阅读与社区便民服务相结合。比如可以代家长托管孩子,为会员提供上门送书等服务。民办少儿图书馆温馨、环保的环境,可以使孩子放学后不受时间限制,无拘束地在馆内阅览,为家长和小孩提供方便。此外随着目前人们网购数量的增多,民办少儿图书馆可以为所在社区的居民提供代收代送快递的服务。这些便民服务可以对会员进行免费服务,对非会员收取少量费用。最终形成与所在社区融洽和谐的成人达己氛围。

四、最佳定位是公办图书馆的补充和补位

图书馆是公益事业,世界各国政府都大力支持发展公共图书馆事业,尤其是少年儿童图书馆,重点培养未成年人的阅读素养。从各国少儿图书馆发展历史可以清楚看到国家的重视是少儿图书馆发展壮大的重要保证。在我国,2015年1月,中共中央办公厅、国务院办公厅印发《关于加快构建现代公共文化服务体系的意见》,对保障人民群众基本文化权益做了全面部署。在保障特殊群体基本文化权益里边,重点提到"将老年人、未成年人、残疾人、农民工、农村留守妇女儿童、生活困难群众作为公共文化服务的重点对象。积极开展面向老年人、未成年人的公益性文化艺术培训服务、演展和科技普及活动。开展学龄前儿童基础阅读促进工作和向中小学生推荐优秀出版物、影片、戏曲工作。指导互联网网站、互联网文化企业等开发制作有利于青少年身心健康的优秀作品。将中小学生定期参观博物馆、美术馆、纪念馆、科技馆纳入中小学教育教学活动计划。加强乡村学校少年宫建设。实施青少年体育活动促进计划"。倡导全民阅读,重视儿童阅读已经成为国家战略。

2015年5月,国务院办公厅转发文化部等部门关于做好政府向社会力量购买公共文化服务工作意见的通知,明确提出要积极有序推进政府向社会力量购买公共文化服务工作,根据《国务院办公厅关于政府向社会力量购买服务的指导意见》(国办发〔2013〕96号),文件附件"政府向社会力量购买公共文化服务指导性目录",明确提出"民办图书馆、美术馆、博物馆等面向社会提供的免费或低收费服务都将成为政府购买的对象"。2016年,国务院在《关于加强困境儿童保障工作的意见》中也提出,要建立政府主导与社会参与良性互动机制,通过培育专业社会工作服务机构、志愿服务组织,围绕困境儿童基本生活、教育等需求实施慈善项目、提供专业服务。同时要落实国家有关税费优惠政策,通过政府和社会资本合作(PPP)等方式,支持社会力量参与围绕少年儿童提供各种服务[12]。在这种大环境,未来民办少儿图书馆的补位作用

将越发明显。因此,未来的民办少儿图书馆是公共图书馆的重要补充,将在特色服务、特色馆藏、特色活动以及特色运作模式上对公共图书馆服务进行补位。

参考文献:

[1] 张建国.我国第一个儿童图书馆考正[J].图书馆,1987(6):42-44.

[2] 彭珊,钟玲.爱子乐阅读馆项目让孩子爱上阅读[N].深圳侨报,(2015-03-16)[2016-11-24].http://www.szlg.com/2015/0316/86656.shtml.

[3] 段萍.二十一世纪开办世纪童书馆,江南都市报[N].(2010-02-12)[2016-11-24].http://news.163.com/10/0212/06/5VA7B5SF000120GR.html.

[4] 林姗.私人绘本馆"活"得并不滋润[N].福建日报,2015-08-05(05).

[5] 海外中国教育基金会图书项目简介[EB/OL].(2016-03-18)[2016-11-24].http://china.ocef.org/article-591.html.

[6] 天下溪乡村图书馆项目[EB/OL].(2007-04-13)[2015-05-08].http://www.brooks.ngo.cn/xctsg/jgwt/cys.php.

[7] 公益图书采购中盘简介[EB/OL].(2010-04-17)[2016-02-13].http://gongyi.163.com/10/0417/18/64GAIN7I00933KBT.html.

[8] 王惠君.绘本阅读　与孩子一起欣赏图画书[M].北京:国家图书馆出版社,2011:7.

[9] 绘本知识普及? 绘本的分类? [EB/OL].(2015-06-14)[2016-02-13].http://www.wtoutiao.com/author/ibei2011.html.

[10] 咕噜熊故事屋[EB/OL].(2012-04-21)[2015-11-10]http://story.gurubear.com.cn/dwl/.

[11] 王林.天堂应该是图书馆的模样[N].中国教育报,2007-03-29(07).

[12] 国务院关于加强困境儿童保障工作的意见[EB/OL].(2016-06-17)[2016-09-14].http://ccn.people.com.cn/GB/n1/2016/0617/c366510-28452184.html.

（执笔人:马艳霞）

附录 新中国成立以来少儿图书馆（室）建设相关政策及标准规范目录

表1 中央政府发布的少儿图书馆（室）建设专门政策及标准规范

序号	政策名称	文号	发布主体	发布时间
1	文化部社会文化事业管理局印发儿童图书馆座谈会情况并请研究如何加强改进公共图书馆的儿童阅览工作	(57)文社图字130号	文化部	1957－12－13
2	国务院办公厅转发文化部等单位关于全国少年儿童图书馆工作座谈会的情况报告的通知	国办发〔1981〕62号	国务院办公厅	1981－07－24
3	文化部关于在县以上公共系统少年儿童图书馆进行评估、定级工作的通知	文图发〔1995〕21号	文化部	1995－05－15
4	文化部关于命名一、二、三级少年儿童图书馆的决定	—	文化部	1996－05
5	文化部关于印发省、地、县级图书馆评估标准和省、地、县级少年儿童图书馆评估标准的通知	文图发〔1997〕78号	文化部	1997－10－22
6	文化部关于进一步加强少年儿童图书馆建设工作的意见	文社文发〔2010〕42号	文化部	2010－12－09

表2　地方政府发布的少儿图书馆(室)建设专门政策及标准规范

序号	政策名称	文号	发布主体	发布时间
1	天津市文化局关于颁发《天津市市区、县图书馆工作条例》、《天津市市、区、县少年儿童图书馆工作条例》的通知	津文化字(86)第35号	天津市文化局	1986－05－24
2	山东省人民政府转发省文化局、教育厅、团省委关于认真做好少年儿童图书馆阅览工作的意见	鲁政办发[1981]78号	山东省人民政府	1981－12－12
3	关于加强湖南省市、县少年儿童图书馆(室)建设的若干规定(试行稿)	—	湖南省文化厅	1988－07－06
4	大连市少儿图书资源全域共享建设实施方案	—	大连市文化广播影视局、大连市教育局、大连市财政局	2012－03

表3　中央政府发布的少儿图书馆(室)建设相关政策及标准规范

序号	政策名称	文号	发布主体	发布时间	备注
1	文化部关于加强与改进公共图书馆工作的指示	文社图字第52号	文化部	1955－07－02	文件指出在服务对象上,存在有对少年儿童设有给予较低水平的群众所需要的现象,并提出要把各种通俗书刊深入到群众,尤其是青少年和儿童中去

续表

序号	政策名称	文号	发布主体	发布时间	备注
2	中共中央批转文化部党组和共青团中央书记处关于进一步改善少年儿童读物的报告	—	中共中央	1960 – 03 – 15	报告包含少年儿童读物及阅读场所方面的一些问题,并提出增添少年儿童的阅读场所等建议
3	国务院批转国家文物事业管理局关于图书开放问题的请示报告	国发〔1998〕81号	国务院	1978 – 04 – 24	文件要求图书宣传,注意做好对读者特别是青少年读者的指导工作
4	文化部、国家文物局印转《中央会议决定事项通知》和《图书馆工作汇报提纲》	(80)文图字第1017号、(80)文物字第213号	文化部、国家文物局	1980 – 08 – 05	文件指出中等城市以上的城市和大城市的区都要设立少年儿童图书馆,县、区、市图书馆要设立少年儿童阅览室
5	文化部、教育部、全国科协、全国总工会、共青团中央关于切实解决青少年文化活动场所的意见	(80)中青联字第39号	文化部、教育部、全国科协、全国总工会、共青团中央	1980 – 10 – 10	意见提出各地图书馆应附设少年儿童阅览室;建议中等以上的城市图书馆、县、区、市图书馆要设立少年儿童阅览室,以满足少年儿童文化活动的要求
6	文化部图书馆事业管理局关于要求各级图书馆积极配合读书活动的通知	—	文化部	1983 – 12 – 28	文件提出要抵制坏书对青少年读者的影响;把青少年读者吸引到读书活动中来,通过正确的阅读指导,使他们真正受到爱国主义、共产主义和各种有益的教育

续表

序号	政策名称	文号	发布主体	发布时间	备注
7	中央宣传部、文化部、国家教育委员会、中国科学院关于改进和加强图书馆工作的报告	文图字〔87〕第044号	中央宣传部、文化部、国家教育委员会、中国科学院	1987 – 03 – 20	报告指出要继续发展少年儿童、中小学校图书馆
8	国务院办公厅转发国家教委等部门关于创造良好的社会环境保护中小学生健康成长的若干意见的通知	国发〔1991〕64号	国务院办公厅	1991 – 10 – 08	意见提出各地要重视青少年活动场所设施的建设;努力使中等以上城市都建有一定规模和数量的少儿图书馆等少年儿童校外教育活动基地
9	中央宣传部、文化部、国家教委、国家科委、广播影视部、新闻出版署、全国总工会、共青团中央、全国妇联关于在全国组织实施"知识工程"的通知	文图发〔1997〕1号	中央宣传部、文化部、国家教委、国家科委、广播影视部、新闻出版署、全国总工会、共青团中央、全国妇联	1997 – 01 – 02	文件指出中等以上城市和大城市的区要建立独立建制的少年儿童图书馆,县、区、市公共图书馆中设立少年儿童阅览室

续表

序号	政策名称	文号	发布主体	发布时间	备注
10	文化部关于印发《文化事业发展"九五"计划和2010年远景目标纲要》的通知	文办发〔1997〕7号	文化部	1997 – 02 – 05	文件提出省、自治区、直辖市有条件的地区(市)建立独立的公共少儿图书馆
11	中共中央办公厅、国务院办公厅关于加强青少年学生活动场所建设和管理工作的通知	中办发〔2000〕13号	中共中央办公厅、国务院办公厅	2000 – 06 – 03	文件要求国家设立的图书馆、文化馆等公益性文化设施要为青少年学生提供免费服务
12	文化部关于开展2003年县以上公共图书馆评估定级工作的通知	文社图发〔2002〕54号	文化部	2002 – 12 – 01	文件包含了《省、地、县图书馆、少儿图书馆评估标准》以及《省、地、县图书馆、少儿图书馆定级必备条件》
13	中共中央、国务院关于进一步加强和改进未成年人思想道德建设的若干意见	中发〔2004〕8号	中共中央、国务院	2004 – 02 – 26	文件要求图书馆等场所要发挥教育阵地作用,积极主动地为未成年人开展活动创造条件

续表

序号	政策名称	文号	发布主体	发布时间	备注
14	文化部、国家文物局关于公共文化设施向未成年人等社会群体免费开放的通知	文社图发〔2004〕7号	文化部、国家文物局	2004－03－19	文件要求有条件的地方可根据本地实际,创办少儿图书馆等未成年人文化设施或场所。公共图书馆要通过开设少儿阅览室,举办少儿集体参观接待日等方式,有针对性地向未成年人提供服务,培养未成年人使用图书馆的讲座与培训,有针对性地向未成年人提供服务,培养未成年人使用图书馆的意识,积极开展适合未成年人实际需求的各种文献信息服务。各级公共图书馆要开设专门为未成年人服务的网页、专栏,提供为广大未成年人喜闻乐见的文化服务内容;组织开展各种形式的网上文化活动
15	文化部、国家发展改革委、教育部、科技部、民政部、财政部、国家文物局、解放军总政治部、中华全国总工会、共青团中央、全国妇联、中国科协关于公益性文化设施向未成年人免费开放的实施意见	文办发〔2004〕33号	文化部、国家发展改革委等12部委	2004－10－13	文件提出加大公益性文化设施向未成年人免费开放力度;免费开展丰富多彩的活动,丰富思想道德建设内容

续表

序号	政策名称	文号	发布主体	发布时间	备注
16	公共图书馆建设标准	建标 108—2008	文化部	2008 – 11 – 01	少儿阅览区应与成人阅览区分开,并宜设置单独的出入口,有条件的,可设室外少年儿童活动场地。公共图书馆的主要阅览室特别是少儿和老龄阅览室应有良好的日照,并应充分利用自然通风和天然采光
17	文化部办公厅关于开展县以上公共图书馆第四次评估定级工作的通知	办社图发〔2009〕8 号	文化部	2009 – 05 – 15	文件包含了《省级少年儿童图书馆评估标准》《地市级少年儿童图书馆评估标准》《县市级少年儿童图书馆评估标准》以及《省、地市、县市级少年儿童图书馆定级必备条件》
18	文化部社会文化司关于印发县以上公共图书馆评估细则的通知	社文函〔2009〕8 号	文化部	2009 – 07 – 23	文件包含了《省级少年儿童图书馆评估标准细则》《地市级少年儿童图书馆评估标准细则》《县市级少年儿童图书馆评估标准细则》
19	文化部办公厅关于印发《公共电子阅览室建设试点工作方案》的通知	办社文发〔2010〕31 号	文化部	2010 – 11 – 04	方案提出公共电子阅览室各试点省(市)要运用现代技术手段,安装信息浏览监控和屏蔽软件,加强对未成年人的保护;重点加强对未成年人的上网管理;对未成年人免费开放

续表

序号	政策名称	文号	发布主体	发布时间	备注
20	文化部、财政部关于开展国家公共文化服务体系示范区(项目)创建工作的通知	文社发〔2010〕49号	文化部、财政部	2010-12-31	文件提出城市各类公共文化设施免费或优惠向农民工、老人、少年儿童和残疾人士以及老年人、少年儿童方便残障人士的活动区域和服务项目
21	文化部、财政部关于推进全国美术馆、公共图书馆、文化馆(站)免费开放工作的意见	文财务发〔2011〕5号	文化部	2011-01-26	意见明确了少年儿童图书馆(室)正式免费开放范围
22	中国儿童发展纲要(2011—2020年)	国发〔2011〕24号	国务院	2011-07-30	纲要提出要"培养儿童阅读习惯,增加阅读时间和阅读,90%以上的儿童每年至少阅读一本图书。"并提出了相应的策略措施
23	文化部关于印发《文化部"十二五"时期文化改革发展规划》的通知	文政法发〔2012〕13号	文化部	2012-05-07	实施公共电子阅览室建设计划,为基层群众特别是广大青少年提供内容健康、服务规范、环境良好的公益性互联网服务

序号	政策名称	文号	发布主体	发布时间	备注
24	国务院关于深入推进义务教育均衡发展的意见	国发〔2012〕48号	国务院	2012 - 09 - 05	图书馆要积极开展面向中小学生的公益性教育活动
25	文化部、中央文明办关于广泛开展基层文化志愿服务活动的意见	文公共发〔2012〕31号	文化部、中央文明办	2012 - 09 - 12	在公共电子阅览室组织文化志愿者为基层群众特别是未成年人等特殊群体提供上网辅导
26	文化部关于三馆一站免费开放督查工作情况的通报	文财务发〔2012〕37号	文化部	2012 - 09 - 27	天津市少年儿童图书馆在全国率先启动移动少儿图书馆项目
27	《中华人民共和国未成年人保护法》（修订版）	中华人民共和国主席令第65号	全国人民代表大会常务委员会	2012 - 10 - 26	确立了未成年人优先的基本原则，将图书馆面向未成年人免费开放列入到了未成年人社会保护的范畴
28	文化部办公厅关于开展县以上公共图书馆第五次评估定级工作的通知	办公共函〔2012〕523号	文化部	2012 - 11 - 16	文件规定了《省级少年儿童图书馆评估标准》《市级少年儿童图书馆评估标准》《县级少年儿童图书馆评估标准》以及《省、市、县级少年儿童图书馆定级必备条件》

续表

序号	政策名称	文号	发布主体	发布时间	备注
29	文化部关于印发《全国公共图书馆事业发展"十二五"规划》的通知	文公共发〔2013〕8号	文化部	2013-01-31	加强面向未成年人等特殊群体的图书馆服务;开辟面向未成年人的绿色网络空间,为青少年健康利用网络、提高信息素养提供条件,积极探索面向儿童的阅读服务;鼓励开展少儿图书馆等专业图书馆建设;公共电子阅览室计划要以未成年人等群体为重点服务对象
30	全国"知识工程"领导小组办公室关于在全国开展2013年图书馆服务宣传周活动的通知	—	文化部	2013-04-08	通知六个有关要求之一为面向基层、服务群众。具体要求报告积极开展针对老年人、残疾人、未成年人及进城务工人员特点的阅读活动
31	文化部关于加强流动文化服务工作的意见	文公共发〔2014〕21号	文化部	2014-05-20	意见指出大力开展流动文化服务,有利于促进基本公共文化服务均等化,解决老少边穷地区以及老年人、未成年人、残疾人和农民工等特殊群体公共文化服务供给不足的问题

续表

序号	政策名称	文号	发布主体	发布时间	备注
32	中共中央办公厅、国务院办公厅《关于加快构建现代公共文化服务体系的意见》	—	中共中央办公厅、国务院办公厅	2015-01-14	意见指出将老年人、未成年人、残疾人、农民工、农村留守妇女儿童、生活困难群众作为公共文化服务的重点对象。积极开展面向老年人、未成年人的公益性文化艺术培训服务、演展和科技普及活动。开展学龄前儿童基础阅读促进工作和向中小学生推荐优秀出版物、影片、戏曲工作。指导互联网网站、互联网文化企业等开发制作有利于青少年身心健康的优秀作品
33	关于加强新时期中小学图书馆建设与应用工作的意见	教基一〔2015〕2号	教育部 文化部 国家新闻出版广电总局	2015-05-20	意见指出中小学图书馆要与本地公共图书馆特别是少年儿童图书馆、高等学校图书馆积极开展合作，推进资源共享，探索实现通通借通还
34	中华人民共和国公共图书馆法（征求意见稿）	—	国务院	2015-12-09	第十条提出县级以上人民政府设立相应的公共图书馆，并在公共图书馆内设置少年儿童阅览区域；有条件的地区可以单独设立少年儿童图书馆

续表

序号	政策名称	文号	发布主体	发布时间	备注
35	全民阅读促进条例(征求意见稿)	—	国务院法制办	2016 – 02 – 15	在"重点群体阅读保障"专章中,详细规定了政府促进未成年人阅读,未成年人监护人职责,学龄前儿童阅读,中小学生阅读,以及农村留守儿童,低收入家庭儿童等特殊儿童群体的内容
36	公共文化服务保障法	—	全国人大常委会	2016 – 12 – 25	要求各级人民政府应当根据未成年人、老年人、残疾人和流动人口等群体的特点与需求,积极创造条件,提供相应的公共文化服务

表 4　地方政府发布的少儿图书馆(室)建设相关政策及标准规范

序号	政策名称	文号	发布主体	发布时间	备注
1	北京市图书馆条例	北京市人大常委会公告第 60 号	北京市人大常委会	2002 – 07 – 18	条例要求少年儿童图书馆每周的开放时间不少于 43 小时。在全国家法定节假日和学生寒暑假期间,每天开放时间不少于 8 小时
2	北京市文化局关于发布《〈北京市图书馆条例〉实施办法》的通知	京文法[2003]6 号	北京市文化局	2003 – 04 – 24	办法指出新建、改建、扩建少年儿童图书馆不仅要适应图书馆服务的需要,还要适合少年儿童的特点,并提出了一些基本要求

续表

序号	政策名称	文号	发布主体	发布时间	备注
3	北京市文化局关于印发《北京市文化局关于北京市公共图书馆计算机服务网络管理的规定》的通知	京文社〔2005〕39号	北京市文化局	2005-01-14	文件所有内容都适用于少儿图书馆,并特别提出本市各区县公共图书馆和少年儿童图书馆必须加入服务网络
4	北京市文化局关于印发《北京市公共图书馆文明服务规范(试行)》的通知	京文社〔2007〕47号	北京市文化局	2007-01-15	文件所有内容都适用于少儿图书馆
5	北京市人民政府关于进一步加强基层文化建设的意见	京政发〔2002〕26号	北京市人民政府	2012-10-08	意见提出要加快建设少儿图书馆,少儿图书馆可以附设在区县图书馆,也可以利用现有教育资源,附属于教育设施,鼓励建设独立的少儿图书馆
6	山西省新闻出版局、共青团山西省委员会关于联合开展向全省青少年推荐优秀图书活动的通知	晋新出发〔2013〕17号	山西省新闻出版局,共青团山西省委员会	2013-09-23	要求认真做好向全省青少年推荐54种优秀图书的宣传推广工作,积极组织青少年开展系列读书活动
7	陕西省文化厅、省计委、省财政厅、省建设厅关于进一步加强基层文化建设的实施意见	—	陕西省文化厅、省计委、省财政厅、省建设厅	2002-12-10	意见提出大城市及中等城市的辖区应从实际出发,设置少年儿童图书馆或特色图书馆

续表

序号	政策名称	文号	发布主体	发布时间	备注
8	内蒙古自治区人民政府办公厅转发文化厅关于进一步加强基层文化建设意见的通知	内政办字〔2005〕67号	内蒙古自治区人民政府办公厅	2005-03-15	通知提出图书馆要开辟少儿文化活动室
9	黑龙江省市、县图书馆工作暂行条例	—	黑龙江省文物管理委员会	1979-06-12	文件要求各馆都应增设儿童阅览室或安排儿童阅览的时间。并提出对工农兵群众和青少年要大力开展各种形式的读书指导工作
10	上海市区县图书馆管理办法	—	上海市人民政府	1987-09-26	办法适用于少年儿童图书馆。并专门指出区县图书馆应在本地区内设立区县少年儿童图书馆;少年儿童图书馆应根据少年儿童的特点,入藏图书,设立少年儿童阅览室;少年儿童图书馆内设置少年儿童阅览室,暂时无少年儿童图书馆的,应在区县图书馆内设置少年儿童阅览室,并办理少年儿童图书的外借;加强对少年儿童读者的阅读辅导

续表

序号	政策名称	文号	发布主体	发布时间	备注
11	上海市公共图书馆管理办法	沪府发〔1996〕64号	上海市人民政府	1996-11-28	办法规定有条件的地区,应当设置独立建制的少年儿童图书馆;无独立建制少年儿童图书馆的地区,应当在公共图书馆内开设少年儿童图书室。并对少儿馆每周开放时间标准及周末和寒暑假开放时间做出了规定
12	上海市公共图书馆行业服务标准(试行)	—	上海市人民政府	2007-03-14	办法适用于少年儿童图书馆(或服务区域)。办法指出无独立建制少年儿童图书馆的区县和街道(乡镇),应在本区县和街道(乡镇)图书馆内设立单独的少年儿童服务区域,其建筑面积不低于总面积的10%。明确规定少年儿童图书馆(区域)除向少年儿童服务外,还应接待家长和少年儿童工作者。规定了各级少年儿童图书馆(区域)的每周及节假日和寒暑假开放时间。提出要引导未成年人控制上网时间

续表

序号	政策名称	文号	发布主体	发布时间	备注
13	江苏省人民代表大会常务委员会关于促进全民阅读的决定	—	江苏省人民代表大会常务委员会	2014－11－27	决定提出地方各级人民政府应当高度重视培养未成年人的阅读能力和习惯,建立家庭、学校与社会相结合的促进全民阅读工作机制。制定儿童早期阅读推广计划,鼓励亲子阅读。父母或者其他监护人应当为未成年人做好阅读示范和指导,培养未成年人良好的阅读条件,营造未成年人阅读环境,开展阅读指导培训,满足未成年人的阅读需要。建立和完善专门面向未成年人的阅读服务场所。鼓励创作、提供有利于未成年人健康成长的作品,扶持出版、制作和传播以未成年人为对象的内容健康的图书、报刊、音像制品、电子出版物以及网络信息

续表

序号	政策名称	文号	发布主体	发布时间	备注
14	江苏省公共图书馆服务规范	—	江苏省文化厅	2013－08－28	规范提出图书馆少儿阅览区应与成人阅览区分开,并设置单独的出入口。图书馆向社会公众开放,并向未成年人等社会弱势群体提供形式多样、内容丰富的公益服务。少年儿童图书馆除向适龄儿童开放外,还应接待少儿读者家长,以及幼儿教师、中小学教师、青少年社工等少年儿童工作者。各级少儿图书馆每周开放时间不少于40小时
15	江苏省公共图书馆管理办法(征求意见稿)	—	—	—	办法规定设区的市,有条件的县同时设立少年儿童图书馆
16	苏州市政府办公室关于转发苏州市公共图书馆总分馆体系建设实施方案的通知	苏府办〔2011〕180号	苏州市政府办公室	2011－09－14	方案规定了图书馆内少儿阅览区面积的最低标准;要求图书分馆内设有少儿阅览桌椅等基本配置
17	浙江省公共图书馆管理办法	浙江省人民政府令第161号	浙江省人民政府	2003－08－06	规定市及有条件的县(市、区)应当设立少年儿童图书馆。规定了少年儿童图书馆的每周开放时间,及节假日和寒暑假开放时间

续表

序号	政策名称	文号	发布主体	发布时间	备注
18	嘉兴市人民政府办公室关于印发嘉兴市构建城乡一体化公共图书馆服务体系的实施意见的通知	嘉政办发〔2008〕21号	嘉兴市人民政府办公室	2008-08-25	文件规定规模较大的乡镇分馆应设立少儿阅览等区域
19	海宁市政府办公室关于印发构建城乡一体化公共图书馆服务体系实施意见的通知	海政办发〔2008〕145号	海宁市人民政府办公室	2008-08-25	文件规定规模较大的镇（街道）分馆应设立少儿阅览等区域
20	浙江省文化厅关于推进全省城乡一体化公共图书馆服务体系建设的指导意见	浙文社〔2011〕49号	浙江省文化厅	2011-09-09	意见规定乡镇分馆实行少儿阅览等服务；杭州少年儿童图书每周开放63小时
21	安徽省县级图书馆工作暂行条例	—	安徽省文物管理局	1980-04-01	条例规定县馆可设立一个综合阅览室和外借室。有条件的县馆可设少年儿童阅览室。阅览室应做好对青少年的阅读辅导工作
22	安徽省市级图书馆工作暂行条例	—	安徽省文物管理局	1980-04-01	条例规定市馆一般应设置少年儿童阅览室。阅览室应对青少年进行阅读辅导
23	中共安徽省委、安徽省人民政府关于进一步加快文化事业改革和发展的决定	—	中共安徽省委、安徽省人民政府	1999-01-01	省辖市要建立少儿图书馆

续表

序号	政策名称	文号	发布主体	发布时间	备注
24	江西省文化厅关于颁布《江西省公共图书馆服务标准（试行）》的通知	—	江西省文化厅	2008－11－11	标准规定公共图书馆应设立少儿服务部（室），并对建筑面积占全馆比例做出了规定。提出少儿服务部（室）除向少年儿童服务外，还应接待家长和少年儿童工作者。规定了少年儿童馆的每周开放时间，及节假日和寒暑假开放时间。引导少年人成年人控制上网时间。对各级图书馆购买少儿读物的经费比例做出了规定
25	江西省文化厅关于印发《江西省公共图书馆服务规范》的通知		江西省文化厅	2014－03－05	规范提出应设立少儿图书分馆或少儿服务部（室）。省级和市级馆用于少年儿童的藏书与借阅之和不低于全馆的藏书和借阅区面积的10%，县级馆用于少年儿童的藏书与借阅区面积之和不低于全馆借阅区总面积的20%，并应位于馆区一楼。省会城市和国家公共文化服务体系示范区所在地的设区市应设立独立建制的少年儿童图书馆。另外，各级建立独立建制的少年儿童图书馆每周开放时间不少于40小时，其中节假日和学校寒暑假期间应全天开放

续表

序号	政策名称	文号	发布主体	发布时间	备注
26	山东省公共图书馆管理办法	山东省人民政府令第211号	山东省人民政府	2009－04－23	办法提出具备条件的设区的市和县(市、区),可以设置独立的少年儿童图书馆;不具备条件的,应当在公共图书馆内设置独立的少年儿童阅览室。提出公共图书馆在学生寒暑假期间,应当适当延长开放时间
27	河南省市、县(区)图书馆工作条例(试行)	—	河南省文化厅	1986－01－10	条例提出为加强少儿工作,应设少儿部;提出市、县(区)图书馆首先应好综合性阅览室,并积极创造条件开设儿童阅览室
28	河南省公共图书馆管理办法	河南省人民政府令第71号	河南省人民政府	2002－07－23	文件适用于少年儿童图书馆;规定少儿馆每周开馆时间不少于40小时;提出少年儿童图书馆的文献资料应当符合少年儿童图书馆的特点,借阅范围图书得含有不利于少年儿童身心健康的内容;公共图书馆对借阅图书、报刊实行免费服务优先照顾未成年人、老年人和残疾人

续表

序号	政策名称	文号	发布主体	发布时间	备注
29	洛阳市人民政府办公室转发市文化广电新闻出版局市财政局关于洛阳市公共图书馆总分馆体系建设实施方案的通知	洛政办〔2014〕39号	市文广新局,市财政局	2014－03－31	方案规定设在乡镇文化站和街道文化中心的图书馆分馆内要有少儿阅览桌椅等基本配置;每个分馆纸质图书不少于3000册,农家书屋和社区图书室纸质图书不少于2000册(其中适合少年儿童的读物不少于总量的三分之一)
30	湖北省公共图书馆条例	湖北省人大常委会公告第12号	湖北省人大常委会	2001－07－27	条例提出市、州,较大市的区以及有条件的先(含市、区)可以设立少年儿童图书馆
31	湖北省全民阅读促进办法	政令376号	省政府办公厅	2014－12－06	第十七条专门就面向未成年人的阅读指导和服务,以及相关的资源建设和研究工作等,对各级政府部门及各类公共阅读服务机构提出了明确要求
32	湖南省省市、县图书馆业务工作规范(试行)	一	湖南省文化厅	1988－12－08	规范适用于市,县少年儿童图书馆;提出少儿阅览室阅读活动应体现少儿阅览特点

续表

序号	政策名称	文号	发布主体	发布时间	备注
33	广东省人民政府办公厅印发广东省文化事业发展"十一五"规划的通知	粤府办〔2007〕33号	广东省人民政府办公厅	2007-04-10	全省建立20所以上专门的少儿图书馆
34	广东省建设文化强省规划纲要(2011—2020年)	—	中共广东省委、广州市人民政府	2010-07-23	纲要的附件《广东文化强省建设十项工程》中提到有条件的市要逐步建设少儿图书馆,县级以上图书馆设立少儿阅读区
35	广州市公共图书馆条例	—	广东省人民代表大会	2015-01-13	条例对少儿馆的设立、面积、开放时间、合作,以及少儿图书的呈缴等方面做了规定
36	深圳市建设"图书馆之城"(2003—2005)三年实施方案	—	深圳市文化局	2003-09-11	方案规定在2005年实现市少儿图书馆新馆开馆
37	深圳市文体旅游局、深圳市财政委员会关于印发《深圳市公共图书馆总分馆建设指导意见》的通知	—	深圳市文体旅游局,深圳市财政委员会	2012-08-17	指导意见提出以深圳少年儿童图书馆为总馆,以联盟形式逐步实现与全市中小学图书馆(分馆)的数字资源共建共享、纸质图书通借通还,打造覆盖全市的少年儿童文献保障体系和服务网络

续表

序号	政策名称	文号	发布主体	发布时间	备注
38	深圳经济特区全民阅读促进条例	—	深圳市人大常委会	2015-12-24	对未成年人阅读进行了专章规定,其中规定公共图书馆,中小学校,幼儿园等公共机构应当结合实际,制定并实施推进未成年人阅读的措施;规定公共图书馆应当设立未成年人阅读服务部门,并鼓励和支持公共图书馆开设阅读能力培养方面的指导课程
39	广西壮族自治区人民政府批转自治区文化厅关于重申做好地方文献资料征集工作意见的通知	桂政发〔1993〕4号	广西壮族自治区人民政府	1993-01-28	通知规定广西少年儿童图书馆也是自治区(省)级图书馆,各单位应将本单位及个人编印的文献资料完整,及时地检送他们;有关少年儿童读物则寄送给广西少年儿童图书馆
40	广西壮族自治区公共图书馆管理办法(修订稿)	—	广西壮族自治区人民政府	2002-11-15	办法规定有条件市(地),县(市)应当设置独立建制的少年儿童图书馆;无独立建制少年儿童馆地区,应当在公共图书馆内开设少年儿童图书阅览室。并对独立建制的少年儿童图书馆和公共图书馆开设的少年儿童图书室的每周开放时间做出了规定。提出少年儿童图书馆的同编制可参照图书标准定编人员编制可参照统计图书标准定编并上报同级文化主管部门批准

续表

序号	政策名称	文号	发布主体	发布时间	备注
41	四川省文化厅关于进一步加强公共电子阅览室管理的通知	川文发〔2004〕第27号	四川省文化厅	2004－07－29	通知提出要加强对未成年人上网的管理,规范上网内容;让公共图书电子阅览室成为真正意义上的青少年绿色网络空间
42	四川省公共图书馆条例	四川省第十二届人民代表大会常务委员会公告第3号	四川省人民代表大会常务委员会	2013－07－26	
43	贵州省县级图书馆工作条例	黔府〔1985〕49号	贵州省人民政府	1985－06－07	条例提出县馆可以设儿童等阅览室
44	青海省公共图书馆服务标准(暂行)	—	青海省文化和新闻出版厅	2012－11－15	标准提出公共图书馆内的一般阅览室,少年儿童阅览室等公共空间设施场地向公众免费开放。有条件的图书馆参照《公共图书馆建设标准》建立独立建制的少年儿童图书馆。无独立建制的少年儿童图书馆的地区,应建立公共图书馆少年儿童分馆或在公共图书馆内设立单独的少年儿童文献服务区域。用于少年儿童的藏书和数字面积之和不低于全馆藏书和借阅区总面积的10%

续表

序号	政策名称	文号	发布主体	发布时间	备注
45	新疆维吾尔自治区文化厅关于印发《新疆维吾尔自治区公共图书馆服务标准》(试行)的通知	新文社字〔2010〕19号	新疆维吾尔自治区文化厅	2010－04－30	少年儿童图书馆或少儿阅览室除向少年儿童服务外,还应接待家长和少年儿童工作者。各级图书馆少儿服务部(室)全年平均每周开放时间不少于35小时,其中节假日和学校寒暑假期间应全天开放。省级图书馆电子阅览室应建立电子阅览专区,在专区区内,应安装绿色控制软件,防止不健康网站对未成年人的侵害。为了避免未成年人沉迷网络,省级图书馆应对未成年人免费上网做出具体规定
46	乌鲁木齐市公共图书馆管理办法	乌鲁木齐市人民政府令第91号	乌鲁木齐市人民政府	2008－03－21	标准提出少儿服务部(室)除向少年儿童服务外,还应接待家长和少年儿童工作者;独立建制的少儿图书馆每周开放时间不少于52小时以上;要引导未成年人控制上网时间,未成年人上网须在家长的陪同下每天连续上网时间不宜超过1小时

办法提出有条件的区(县)和乡、镇(街道)可以单独设立少年儿童图书馆

后　记

　　《中国图书馆事业发展报告》是我国图书馆界第一套较为完整的事业发展蓝皮书,也是国家图书馆履行全国图书馆发展研究中心职能的一项重要成果。该系列蓝皮书以综合报告和专题报告交替出版的形式发布,由国家图书馆研究院组织编纂。

　　本书是继《中国图书馆事业发展报告·农村图书馆卷》《中国图书馆事业发展报告·数字图书馆卷》之后该系列蓝皮书的又一个专题报告,主要对新中国成立以来我国少年儿童图书馆建设和发展的历程进行系统梳理,从不同侧面对少年儿童图书馆建设过程中的重点、热点和前沿问题进行研究和探讨。本书邀请一批在少年儿童图书馆建设与服务方面具有丰富实践经验和深厚研究积累的专家学者参与撰写。全书编纂过程的组织、联络和协调工作由国家图书馆研究院负责,各章内容撰写的具体分工如下:资源建设部分由厦门市少年儿童图书馆研究馆员黄天助负责,池莲香、苏妍、林卢鹏、张国英、张盛参与执笔;未成年人服务部分由杭州图书馆研究馆员褚树青负责,屠淑敏、刘莹、丁晓芳、聂凌睿、吴白羽参与执笔;阅读推广部分由华东师范大学教授范并思负责,王巧丽、李琼瑶参与执笔;设施建设部分由湖南省少年儿童图书馆研究馆员杨柳负责,薛天参与执笔;人力资源部分由南开大学教授柯平负责,邹金汇、苏福、宫平、贾子文、刘杰参与执笔;民办少儿图书馆部分由洛阳师范学院图书馆副教授马艳霞负责。文后的资料性附录由国家图书馆研究院杨凡整理。

　　为客观掌握各地区少年儿童图书馆建设的基本情况以及设施建设、文献信息资源建设、服务、人力资源、交流合作、制度建设等情况,国家图书馆研究院在全国范围内对公共图书馆少儿图书部/室、独立建制少年儿童图书馆进行问卷调查,共回收问卷近 260 份,在此对这些图书馆表示感谢。自 2015 年4 月编纂工作启动以来,编写组全体成员反复沟通,精心锤炼,数易其稿,终成全书,在此一并致谢!

国家图书馆研究院

2016 年 11 月